COMO SHAKESPEARE
SE TORNOU SHAKESPEARE

A marca FSC® é a garantia de que a madeira utilizada na fabricação do papel deste livro provém de florestas que foram gerenciadas de maneira ambientalmente correta, socialmente justa e economicamente viável, além de outras fontes de origem controlada.

STEPHEN GREENBLATT

Como Shakespeare se tornou Shakespeare

Tradução
Donaldson M. Garschagen
Renata Guerra

1ª reimpressão

Copyright © 2004 by Stephen Greenblatt

Grafia atualizada segundo o Acordo Ortográfico da Língua Portuguesa de 1990, que entrou em vigor no Brasil em 2009.

Título original
Will in the world: How Shakespeare became Shakespeare

Capa
João Baptista da Costa Aguiar

Foto de capa
© Corbis/Corbis (DC)/LatinStock

Preparação
Alexandre Boide

Revisão
Renata Del Nero
Ana Maria Barbosa

Índice remissivo
Luciano Marchiori

Dados Internacionais de Catalogação na Publicação (CIP)
(Câmara Brasileira do Livro, SP, Brasil)

Greenblatt, Stephen
  Como Shakespeare se tornou Shakespeare / Stephen Greenblatt ; tradução Donaldson M. Garschagen, Renata Guerra. — São Paulo : Companhia das Letras, 2011.

  Título original : Will in the world : How Shakespeare became Shakespeare
  Bibliografia
  ISBN 978-85-359-1992-9

  1. Dramaturgos ingleses - Início da Era Moderna, 1500-1700 - Biografia 2. Inglaterra - Vida intelectual - Século 15 3. Shakespeare, William, 1564-1616 4. Teatro - Inglaterra - História - Século 16 I. Título.

11-11820   CDD-822.33

Índice para catálogo sistemático:
1. Shakespeare : Teatro : Literatura inglesa 822.33

[2016]
Todos os direitos desta edição reservados à
EDITORA SCHWARCZ S.A.
Rua Bandeira Paulista, 702, cj. 32
04532-002 — São Paulo — SP
Telefone (11) 3707-3500
Fax (11) 3707-3501
www.companhiadasletras.com.br
www.blogdacompanhia.com.br
facebook.com/companhiadasletras
instagram.com/companhiadasletras
twitter.com/cialetras

*Para Josh e Aaron, mais uma vez,
e agora para Harry*

Sumário

Prefácio 9
Agradecimentos 13
Nota ao leitor 15

1. Cenas primevas 19
2. O sonho de reabilitação 52
3. O grande medo 87
4. Namoro, casamento, arrependimento 117
5. A travessia da ponte 150
6. A vida nos subúrbios 176
7. Shakespeare sacode a cena 200
8. Senhor-senhora 228
9. Riso ao pé do cadafalso 260
10. Falando com os mortos 294

11. O rei e os feitiços 330
12. O triunfo do cotidiano 364

Notas bibliográficas 399
Crédito das imagens 419
Índice remissivo 421

Prefácio

Jovem de uma pequena cidade provinciana — homem sem fortuna, sem amigos poderosos e sem formação universitária — muda-se para Londres no fim da década de 1580 e, logo, torna-se o maior dramaturgo não somente de sua época, mas de todos os tempos. Suas obras atraem eruditos e iletrados, refinadas plateias urbanas e provincianos que vão ao teatro pela primeira vez. Faz o público rir e chorar; transforma política em poesia; arrojado, mistura palhaçada vulgar com sutilezas filosóficas. Capta com a mesma sensibilidade a vida de reis e mendigos; num momento, parece ter estudado direito; noutro, teologia; em outro ainda, história antiga, enquanto, sem esforço, imita o sotaque de caipiras e se diverte com superstições. Como se explica uma realização dessa magnitude? Como foi que Shakespeare se tornou Shakespeare?

O teatro, na época de Shakespeare assim como na nossa, é uma forma de arte altamente social, e não um jogo de abstrações anódinas. Havia um tipo de teatro, na época da rainha Elizabeth I e do rei Jaime, que não era exibido ao público. Conhecidas pelo nome de *closet dramas*, ou peças de gabinete, essas peças nunca seriam encenadas, nem mesmo publicadas. Eram escritas para a leitura silenciosa, na privacidade de pequenas salas, de preferência sem janelas. Mas as peças de Shakespeare sempre estiveram decididamente fora dos gabinetes: estavam e estão no mundo e para o mundo. Ele não apenas escreveu para uma implacável indústria de entretenimento; também produziu textos claramente atentos às realidades políticas e sociais de seu tempo. Dificilmente poderia ter feito outra coisa: para se manter, a companhia teatral da qual ele era sócio teria de atrair de 1500 a 2000 pagantes por dia para o espaço redondo da casa de espetáculos, com suas paredes de madeira, e a concorrência de companhias rivais era selvagem. O segredo era não investir demais em temas atuais — com a censura do governo e companhias de repertório apresentando as mesmas peças adaptadas durante anos, seria muito arriscado ser atual —, apesar do grande interesse. Shakespeare teve de se familiarizar com os mais profundos anseios e temores de seu público, e o sucesso fora do comum em seu próprio tempo atesta que ele o teve de maneira brilhante. Praticamente todos os dramaturgos rivais achavam-se no caminho da fome; Shakespeare, pelo contrário, ganhou dinheiro suficiente para comprar uma das melhores casas de sua cidade natal, para a qual se retirou, já realizado, aos cinquenta e poucos anos.

Portanto, este livro trata de um caso de sucesso retumbante que resiste a explicações: pretende revelar a pessoa real que produziu a mais importante obra literária ficcional dos últimos mil anos. Ou melhor, considerando que a informação disponível sobre a pessoa real se resume a registros públicos bem documentados, este livro pretende percorrer os caminhos sombrios que levam da vida que ele viveu à literatura que ele criou.

Além dos poemas e das peças, as reminiscências sobre a vida de Shakespeare são abundantes mas esparsas. Um obstinado trabalho de pesquisa de arquivos ao longo de muitas gerações documentou alusões feitas a ele em sua própria época, um bom número de transações relativas a direitos autorais, uma autorização de casamento, registros de batismo, fichas técnicas de peças em que ele aparece como ator, recibos de impostos, declarações juramentadas triviais, pagamentos por serviços prestados e um curioso testamento, mas nenhuma pista óbvia para desvendar o mistério de tão imenso poder de criação.

Os fatos conhecidos vêm sendo analisados com frequência ao longo de séculos. Já no século XIX existiam boas biografias, ricas em pormenores e bem documentadas, e cada ano traz uma nova safra delas, às vezes complementadas com um novo detalhe descoberto a duras penas, ou algum novo achado de arquivo. Depois de examinar as melhores delas e filtrar com toda a paciência a maior parte dos vestígios existentes, dificilmente o leitor se sentirá mais perto de entender como se deram as realizações do dramaturgo. É possível que Shakespeare pareça uma pessoa ainda mais hermética e abstrusa, e as fontes íntimas de sua arte se mostrem mais obscuras do que nunca. Essas fontes já seriam bem difíceis de detectar mesmo que os biógrafos pudessem contar com cartas e diários, memórias e entrevistas da época, livros com anotações reveladoras, notas e rascunhos. Nada disso chegou até nós, nada que proporcione uma ligação clara entre a obra eterna com apelo universal e uma vida particular que deixou tantas marcas nos tediosos documentos burocráticos de seu tempo. A obra é tão surpreendente, tão luminosa, que parece ter nascido de um deus, e não de um mortal, o que dizer de um mortal de origem provinciana e pouca instrução formal.

Sem dúvida seria lícito invocar a magia de uma imaginação poderosíssima, um dom humano que não depende de uma vida "interessante". Muitos especialistas estudaram em profundidade e com bons frutos o trabalho transformador daquela imaginação sobre os livros que, como se depreende de suas peças, Shakespeare certamente leu. Como escritor, ele quase nunca começava do zero. Em geral, usava materiais que já estavam em circulação, infundindo-lhe suas energias criativas superiores. Às vezes, a reformulação exata e detalhada leva a crer que ele tinha bem em cima de sua mesa de trabalho o livro do qual tomava empréstimos, enquanto sua pena corria sobre o papel. Mas ninguém que seja tocado intensamente pela arte de Shakespeare pode crer que as peças e poemas tenham vindo exclusivamente de suas leituras. Os problemas centrais que ele enfrentava como jovem — O que vou fazer de minha vida? Em que posso acreditar? Quem eu amo de verdade? — serviram pelo menos tanto quanto os livros que leu durante toda a carreira para dar forma a sua arte.

Uma das principais características da arte de Shakespeare é o contato com o real. Como ocorre com qualquer outro escritor cuja voz tenha há muito caído no esquecimento e cujo corpo se decompôs, tudo o que resta são palavras escritas num papel. Mas no caso de Shakespeare, antes mesmo que um talentoso ator dê vida a essas palavras, elas contêm a fulgurante presença da experiência real e vivida. O poeta que notou a lebre trêmula e acuada "molhada de orvalho" ou que comparava sua reputação maculada à "mão do tintureiro", o dramaturgo que fez um marido dizer à mulher que há uma bolsa "na mesa/ Que está coberta pelo tapete turco", ou que fez um príncipe lembrar que seu companheiro pobre tinha apenas dois pares de meias de seda, uma delas cor de pêssego

— foi um artista extraordinariamente aberto para o mundo que descobriu o meio de inserir esse mundo em suas obras. Para entender como ele fez isso de modo tão eficaz, é importante observar com cuidado sua carpintaria verbal — o domínio da retórica, um estranho ventriloquismo, sua quase obsessão com a língua. Para entender quem foi Shakespeare, é importante seguir as pegadas verbais que ele deixou atrás de si na vida que viveu e no mundo para o qual estava tão aberto. E, para entender como Shakespeare usou a imaginação para transformar sua vida em sua arte, é importante usar nossa própria imaginação.

Agradecimentos

É bem significativo do deleite especial que Shakespeare confere a tudo o fato de eu ter grande prazer até mesmo em admitir as muitas dívidas em que incorri ao escrever este livro. Meus talentosos colegas e alunos da Universidade Harvard foram uma fonte incessante de estímulo intelectual e desafio, e os famosos recursos da universidade — sobretudo sua decantada biblioteca e seus competentes funcionários — permitiram-me buscar resposta para as perguntas mais enigmáticas. A Mellon Foundation deu-me o precioso presente do tempo, e o Wissenschaftskolleg zu Berlin proporcionou o cenário perfeito para a conclusão do texto. Agradeço as oportunidades que tive de testar minhas ideias na Shakespeare Association of America, no Bath Shakespeare Festival, na Universidade de Nova York, no Lionel Trilling Seminar da Universidade Columbia, na Leo Lowenthal Memorial Conference, no Boston College, no Wellesley College, no Hendrix College, no Einstein Forum e, em numerosas ocasiões, no Marlboro College e no Marlboro Music Festival.

A ideia de escrever este livro surgiu há vários anos, em conversas que tive com Marc Norman, que na época estava começando a redigir o roteiro de um filme sobre a vida de Shakespeare. O roteiro serviu de base para o famoso *Shakespeare apaixonado*, mas meu projeto permaneceu latente até que minha mulher, Ramie Targoff, deu-me o incentivo intelectual e emocional para pô-lo em prática. Recebi conselhos essenciais e a assistência de Jill Kneerim, e meus amigos Homi Bhabha, Jeffrey Knapp, Joseph Koerner, Charles Mee e Robert Pinsky deram-me muito mais de seu tempo, de seus conhecimentos e de seu bom senso do que eu possa esperar retribuir algum dia. Usufruí também da ajuda e dos questionamentos de muitos outros amigos, entre eles Marcella Anderson, Leonard Barkan, Frank Bidart, Robert Brustein, Thomas Laqueur, Adam Phillips, Regula Rapp, Moshe Safdie, James Shapiro, Debora Shuger e o falecido Bernard Williams. Beatrice Kitzinger, Kate Pilson, Holger Schott, Gustavo Secchi e Phillip Schwyzer foram assistentes incansáveis e criativos. Com paciência e discernimento exemplares, minha editora, Alane Mason, fez a revisão dos originais durante sua gravidez e graças a uma espécie de milagre conseguiu terminá-la a tempo.

Minha dívida maior e mais prazerosa fica perto de casa: é para com minha mulher e meus três filhos, Josh, Aaron e Harry. Só o mais novo, pelo fato de estar começando a aprender a andar, foi poupado de conversas intermináveis sobre Shakespeare e não contribuiu diretamente com suas ideias. Mas Harry, que veio ao mundo 104 anos depois do nascimento de meu pai, seu xará, ensinou-me o quanto estamos próximos de vidas que à primeira vista pareciam tão distantes.

Nota ao leitor

Por volta de 1598, quando a carreira de Shakespeare ainda estava no começo, um homem chamado Adam Dyrmonth, sobre quem quase nada se sabe, começou a relacionar o conteúdo de uma coletânea de discursos e cartas que ele mesmo transcrevera. Evidentemente, sua mente começou a divagar, porque ele passou a rabiscar ao acaso. Entre os rabiscos que cobriam a página estão as palavras "Ricardo segundo" e "Ricardo terceiro", ao lado de citações pela metade de *Trabalhos de amor perdidos* e *O rapto de Lucrécia*. Sobretudo, ele rabiscou repetidamente as palavras "William Shakespeare". Ao que parece, ele queria descobrir como uma pessoa se sentiria ao escrever aquele nome como se fosse o seu. Dyrmonth deve ter sido o primeiro a ser levado por essa curiosidade, mas certamente não foi o último.

Como indicam os rabiscos de Dyrmonth, Shakespeare era famoso já em vida. Poucos anos depois de sua morte, Ben Jonson celebrava-o como "a maravilha de nossos palcos" e o "astro dos poetas". Mas na época essa celebridade literária não costumava levar à produção de biografias, e ao que parece nenhum contemporâneo de Shakespeare pensou que valesse a pena guardar tudo o que pudesse encontrar sobre ele enquanto sua lembrança ainda era recente. No entanto, sabe-se mais sobre Shakespeare do que sobre a maior parte dos escritores profissionais da época, mas isso se deve em grande parte ao fato de que a Inglaterra no fim do século XVI e no início do seguinte já era uma sociedade voltada para a conservação de documentos, muitos dos quais sobreviveram para ser posteriormente vasculhados por ávidos acadêmicos. Mesmo com essa relativa abundância de informação, há imensas lacunas que tornam qualquer análise biográfica de Shakespeare um exercício de especulação.

O que mais importa são as obras, a maior parte das quais (exceto os poemas) foi cuidadosamente reunida por dois velhos amigos e sócios de Shakespeare, John Heminges e Henry Condell, que lançaram o First Folio em 1623, sete anos depois da morte do dramaturgo. Dezoito das 36 peças desse grande volume, dentre elas obras-primas como *Júlio César*, *Macbeth*, *Antônio e Cleópatra* e *A tempestade*, nunca tinham sido impressas. Sem o First Folio, teriam desaparecido para sempre. O mundo tem uma dívida imensa para com Heminges e Condell. Mas, além de notar que Shakespeare escrevia com muita facilidade — "tudo o que ele pensava", dizem eles, "expressava com tal facilidade que raramente recebíamos dele papéis com um borrão aqui e ali" —, os editores tiveram pouco ou nenhum interesse em planejar uma biografia. Preferiram organizar o conteúdo por gênero — Comédias, Peças Históricas e Tragédias — e não se preocuparam em anotar quando e em que ordem Shakespeare escrevera suas peças. Depois de muitas décadas de minuciosa pesquisa, os acadêmicos chegaram a um consenso até certo ponto definitivo, mas mesmo essa ordem de coisas, tão importante para qualquer biografia, é, como não podia deixar de ser, um tanto especulativa.

Assim são também muitos detalhes da vida dele. O vigário de Stratford lançou, no livro de registros da paróquia, o batismo de "Gulielmus filius Johannes Shakspere" em 26 de abril de 1564. Embora tudo seja questionável e muita coisa possa estar sujeita a sérias dúvidas, é certo que os estudiosos que mais tarde fixaram a data de nascimento de Shakespeare em 23 de abril — supondo de que na época era comum que houvesse um intervalo de três dias entre o nascimento e o batismo — incorreram em especulação.

Outro exemplo de maiores consequências dará aos leitores uma ideia sobre o tamanho do problema. De 1571 a 1575, o mestre-escola de Stratford era Simon Hunt, que em 1568 recebera o título de bacharel em Oxford. Assim, ele teria sido professor de William Shakespeare quando este tinha de sete a onze anos. Por volta de julho de 1575, Simon Hunt matriculou-se na Universidade de Douai — a universidade católica da França — e em 1578 tornou-se jesuíta. Isso parece indicar que o primeiro professor de Shakespeare tinha sido católico, detalhe coerente com diversas experiências de sua juventude. Mas não há provas cabais de que Shakespeare tenha frequentado a escola primária de Stratford — não existem registros referentes a esse período. Além disso, em 1598 ou antes, morreu em Stratford outro Simon Hunt, e é pelo menos possível que esse segundo Simon Hunt, e não o que se tornou jesuíta, tenha sido o tal mestre-escola. É quase certo que Shakespeare tenha frequentado a escola primária — onde mais poderia ter sido educado? —, e a coincidência de datas e o tipo de experiências tornam muito provável que o professor entre 1571 e 1575 tenha sido o Hunt católico. Mas sobre esses detalhes, assim como sobre muitas outras coisas referentes à vida de Shakespeare, não há certeza absoluta.

1. Cenas primevas

Vamos supor que desde a infância Shakespeare tenha ficado fascinado pela língua, obcecado pela magia das palavras. Existem indícios indiscutíveis dessa obsessão em seus primeiros escritos, de modo que é bastante seguro supor que tenha tido início bem cedo, quem sabe até mesmo no momento em que sua mãe murmurou uma canção infantil em seu ouvido:

Pillycock, pillycock, pousou num monte,
Se não foi embora, ainda está por lá.

(Essa mesma canção infantil esteve martelando em seu cérebro anos mais tarde, quando ele escrevia *Rei Lear*. "Pillicock se empoleirou no monte Pillicock",[1] canta o louco Pobre Tom.) Ele ouvia no som das palavras coisas que os outros não ouviam; fazia conexões que os outros não faziam; e se enchia de um prazer todo seu.

Esse foi um amor e um prazer que a Inglaterra elisabetana conseguiu despertar, satisfazer plenamente e recompensar, já que a época prezava a eloquên-

---

1. "Pillicock sat on Pillicock-hill" (3.4.73). [Todas as notas de rodapé são dos tradutores.]

cia rebuscada, cultivava o gosto pela prosa suntuosa dos pregadores e dos políticos e esperava que até mesmo pessoas de exígua cultura e sensibilidade discreta escrevessem poemas. Em uma de suas primeiras peças, *Trabalhos de amor perdidos*, Shakespeare criou um ridículo mestre-escola, Holofernes, cujos modos são uma paródia de um estilo professoral que a maior parte dos integrantes da plateia teria reconhecido de imediato. Holofernes não pode se referir a uma maçã sem acrescentar que ela "pende, tal qual uma joia, da orelha do *coelo*, do céu, do páramo, do firmamento" para cair "na face da *terra*, do solo, do chão, da terra".[2]

Holofernes é a personificação de um sistema de estudo que tinha entre seus principais livros didáticos *Da abundância*, de Erasmo, que ensinava aos estudantes 150 maneiras diferentes de dizer "Obrigado por sua carta" (em latim, é claro). Embora Shakespeare tenha escarnecido magistralmente desse jogo de palavras maníaco, jogou-o também, com exuberância, em sua própria voz e em sua própria língua, como quando escreve, no soneto 129, que a luxúria "É perjura, assassina, sanguinária, culpada,/ Selvagem, extrema, rude, cruel, desleal".[3] Em algum lugar por trás desse rompante apaixonado estão ocultas as muitas horas que o menino passou na escola, compilando longas listas de sinônimos latinos.

"Todo homem", escreveu o tutor da rainha Elizabeth, Roger Ascham, "ambiciona que seus filhos falem latim." A rainha falava latim — uma das poucas mulheres do reino que teve acesso a esse conhecimento, crucial para as relações internacionais — e o mesmo se pode dizer de seus diplomatas, conselheiros, teólogos, clérigos, médicos e advogados. Mas o domínio da língua antiga não se restringia àqueles que dela faziam uso real, prático e profissional. "*Todo homem ambiciona que seus filhos falem latim*": no século XVI, pedreiros, comerciantes de lã, luveiros, pequenos proprietários bem-sucedidos — pessoas que não tinham educação formal nem sabiam ler ou escrever em inglês, muito menos em latim — queriam que seus filhos fossem mestres do ablativo abso-

---

2. "like a jewel in the ear of *caelo*, the sky, the welkin, the heaven [...] on the face of *terra*, the soil, the land, the earth" (4.2.4-6).
3. "Is perjured, murd'rous, bloody, full of blame,/ Savage, extreme, rude, cruel, not to trust" (versos 3-4).

luto. O latim era cultura, civilidade, ascensão social. Era a língua das ambições paternas, a moeda universal da ambição social.

Foi por isso que o pai e a mãe de Will quiseram que o filho tivesse uma boa educação clássica. O próprio John Shakespeare, ao que parece, era parcialmente alfabetizado: como titular de importantes cargos cívicos em Stratford-upon-Avon, ele provavelmente sabia ler, mas durante toda a vida assinou o nome com uma rubrica. A julgar pela rubrica que após em documentos legais, Mary Shakespeare, mãe do maior escritor da Inglaterra, tampouco sabia escrever o próprio nome, embora também deva ter se alfabetizado minimamente. Mas é evidente que eles decidiram que aquilo não bastava para o filho mais velho. A criança deve ter começado, sem dúvida, com um *hornbook* — tabuleta de madeira com um pedaço de pergaminho em que estavam impressos o alfabeto e o pai-nosso, recobertos com uma fina lâmina de chifre transparente — e com o habitual livro didático da escola primária, *O ABC e o catecismo*. Em *Os dois cavalheiros de Verona*, um amante suspira "como um colegial que perdeu seu ABC".[4] Até aqui, ele estaria adquirindo apenas o que seu pai e talvez sua mãe já possuíam. Porém, provavelmente a partir dos sete anos, ele foi mandado à escola gratuita de Stratford, cujo princípio educacional básico era a imersão total no latim.

A escola chamava-se King's New School, mas não era nova nem tinha sido fundada pelo rei homenageado em seu nome, o meio-irmão de Elizabeth, Eduardo VI, morto precocemente. Como muitas outras instituições elisabetanas, acobertava com uma máscara suas origens maculadas pelo catolicismo romano. Construída pela Guilda da Santa Cruz no começo do século XV, um de seus capelães católicos deu-lhe uma dotação em 1482 para que funcionasse como escola gratuita. O prédio da escola — que ainda está mais ou menos intacto — consistia num único grande salão em cima da prefeitura, ao qual se chegava por um lance de escadas externas que um dia recebeu cobertura de ladrilhos. Deve ter havido divisões, principalmente quando um professor assistente ensinava o ABC a crianças muito pequenas, mas a maior parte dos alunos — algo como 42 meninos entre sete e catorze ou quinze anos — senta-

---

4. "like a schoolboy that had lost his ABC" (2.1.19-20).

va-se em bancos duros de frente para o mestre-escola, que ocupava uma grande cadeira na ponta da sala.

Por lei, o mestre-escola de Stratford não estava autorizado a receber dinheiro dos alunos a quem dava instrução. Tinha a obrigação de ensinar qualquer criança do sexo masculino que estivesse qualificada — isto é, qualquer uma que tivesse aprendido os rudimentos da leitura e da escrita —, desde que "sejam seus pais nunca tão pobres e os meninos nunca tão ineptos". Para isso, recebia moradia e um salário anual de vinte libras, uma importância substancial, próxima ao máximo a que um mestre-escola elisabetano poderia aspirar. A cidade de Stratford levava a sério a educação de suas crianças: depois da escola, havia bolsas especiais que permitiam aos bons alunos de poucos recursos frequentar a universidade. Não existia, com certeza, educação universal gratuita. Lá, como em qualquer outro lugar, as meninas estavam excluídas tanto da escola quanto da universidade. Os filhos de pessoas muito pobres — grande parte da população — tampouco iam à escola, já que deveriam começar a trabalhar em tenra idade e, além disso, embora a escola não fosse paga, exigia algumas despesas: os alunos deviam levar penas para escrever, uma faca para afiar as penas, velas no inverno e um artigo muito dispendioso: papel. Mas, para os filhos de famílias de alguns recursos, ainda que modestos, uma educação rigorosa centrada nos clássicos era acessível. Embora não existam mais documentos da escola de Stratford da época, Will quase com certeza frequentou essa escola, atendendo ao desejo dos pais de que ele aprendesse latim.

No verão, as aulas começavam às seis da manhã; no inverno, tendo em conta a escuridão e o frio, às sete. Às onze havia um intervalo para o almoço — Will supostamente ia para casa, situada a cerca de trezentos metros da escola — e depois disso as aulas recomeçavam para só terminar às cinco e meia ou seis da tarde. Seis dias por semana, doze meses por ano. A grade curricular fazia poucas concessões à amplitude dos interesses humanos: nada de história ou literatura inglesa; nada de biologia, química ou física; nada de economia ou sociologia; apenas noções de aritmética. Ensinavam-se questões relativas à fé cristã, que deveriam ser indissociáveis do ensino do latim. E o método de ensino não era ameno: memorização por repetição, exercícios inflexíveis, repetições intermináveis, análise diária de textos, elaborados exercícios de imitação e variação retórica, tudo isso respaldado pela ameaça de violência.

Todos aceitavam que o ensino do latim fosse inseparável das surras. Um teórico da educação da época observou que talvez as nádegas tenham sido criadas para facilitar a aprendizagem do latim. Um bom professor era, por definição, um professor severo; a reputação pedagógica se formava pelo vigor das pancadas administradas. A prática era consagrada e arraigada: como parte de seu exame final de graduação em Cambridge, um formando em línguas na baixa Idade Média tinha de demonstrar sua habilidade pedagógica açoitando um menino recalcitrante ou estúpido. O aprendizado do latim naquele período era, como diria um acadêmico moderno, um rito de passagem da puberdade masculina. Mesmo para um aluno excepcionalmente dotado, esse rito não poderia ser agradável. Assim, embora sem dúvida tenha ministrado a Will sua quota de tédio e dor, a King's New School despertou e alimentou seu apetite insaciável pela linguagem.

Havia outro aspecto da longa jornada escolar que devia dar prazer a Will. Quase todos os mestres achavam que um dos melhores meios de instilar um bom latim em seus alunos era fazê-los ler e representar peças antigas, sobretudo comédias de Terêncio e Plauto. Até mesmo o clérigo John Northbrooke, um desmancha-prazeres que em 1577 publicou uma azeda invectiva contra "o jogo de dados, a dança, peças e interlúdios frívolos e outros passatempos inúteis", admitiu que as encenações acadêmicas de peças latinas, desde que adequadamente censuradas, eram aceitáveis. Northbrooke sublinhava com nervosismo a necessidade de que as peças fossem encenadas na língua original, não em inglês; que os alunos não deviam usar figurinos chamativos e, sobretudo, que não devia haver "inúteis e indecentes jogos amorosos". Isso porque o grande perigo dessas peças, como notou o acadêmico John Rainolds, de Oxford, era que o enredo exigisse que o menino que interpretava o herói beijasse o menino que interpretava a heroína, e que beijar poderia ser a desgraça das duas crianças. Isso porque o beijo de um belo menino é como o beijo de "certas aranhas": "bastava que tocassem os homens com sua boca para provocar-lhes imenso sofrimento e enlouquecê-los".

Na verdade, é quase impossível censurar Terêncio e Plauto: expurgando-se crianças desobedientes e criados maliciosos, parasitas, embusteiros, prostitutas e pais insensatos, a ânsia febril de sexo e dinheiro, não sobra quase nada. Assim, incorporada ao currículo, havia uma espécie de transgressão teatral recorrente, uma libertação do peso opressivo do sistema educacional. Para participar plenamente da libertação, tudo o que um aluno precisava ter era a dádiva do histrionismo e um conhecimento razoável de latim para entender direito a peça. Na época em que contava dez ou onze anos, talvez antes, Will, quase com certeza, tinha as duas coisas.

Não há documentos que indiquem com que frequência, na época de Shakespeare, os professores de Stratford faziam os alunos representar peças, ou quais peças recomendavam. Talvez tenha havido uma época, um ano ou dois antes que Will saísse da escola, em que o professor Thomas Jenkins, formado em Oxford, decidiu fazer com que os meninos representassem a frenética farsa de Plauto sobre gêmeos idênticos, *Os Menecmos*. E talvez nessa ocasião Jenkins, percebendo que um de seus alunos era dotado de talento precoce para escrever e representar, tenha dado a Shakespeare um papel importante. Há fortes indícios de que mais tarde Shakespeare tenha gostado dessa particular combinação teatral de lógica e confusão vertiginosa, com os personagens evitando constantemente o encontro direto e a explicação que resolveria o caos cada vez maior. Uma vez, em Londres, quando era um jovem dramaturgo à procura de tema para uma comédia, ele simplesmente pegou *Os Menecmos*, acrescentou um segundo par de gêmeos para duplicar a confusão e escreveu *A comédia dos erros*. A peça fez grande sucesso: quando apresentada numa das escolas de direito de Londres, os estudantes brigavam para conseguir um lugar na plateia. Mas, para o talentoso colegial da King's New School, esse triunfo futuro teria parecido quase tão implausível quanto os simplórios acontecimentos narrados na peça.

Na cena de abertura de Plauto, Menecmo de Epidano discute com a mulher e vai visitar sua amante, a cortesã Erócia (na escola de Will, os papéis femininos também eram interpretados por meninos). Antes que Menecmo possa bater-lhe à porta, esta se entreabre e aparece Erócia, alvoroçando-lhe os sentidos: "Eapse eccam exit!" ("Vejam, ela está vindo!"). E nesse instante de arrebatamento — o sol fica encoberto, exclama ele, pelo brilho de seu corpo adorável — Erócia o cumprimenta: "Anime mi, Menæchme, salve!" ("Meu querido Menecmo, bem-vindo!").

Esse é o momento mais temido e odiado por moralistas aflitos como Northbrooke e Rainolds: o beijo do menino-aranha. "Beijando-se, belos meninos picam e inoculam secretamente uma espécie de veneno, o veneno da incontinência." É fácil rir dessa histeria, mas talvez ela não seja completamente absurda — numa ocasião dessas, é bem possível que o adolescente Shakespeare tenha experimentado uma excitação intensa em que o desempenho teatral e o desejo sexual se entrelaçavam.

Muito tempo antes das representações escolares, Will já tinha descoberto a paixão pela interpretação. Em 1569, aos cinco anos, o pai dele, como bailio — isto é, prefeito — de Stratford-upon-Avon, ordenou que se fizesse o pagamento a duas companhias de atores profissionais, a dos Homens da Rainha e a dos Homens do Conde de Worcester, que tinham passado em turnê pela cidade. Essas companhias itinerantes não deviam ter um aspecto lá muito impressionante: um grupo de seis a doze saltimbancos que carregavam figurinos e adereços numa carroça, obrigados pelas circunstâncias, como diria ironicamente um observador da época, "a perambular de vilarejo em vilarejo em troca de queijo e manteiga". Na verdade, a recompensa habitual era um pouco mais considerável — uma ou duas libras em dinheiro vivo, quando tinham sorte —, mas não a ponto de levar os atores a torcer o nariz para qualquer queijo ou manteiga que pudessem filar. Ainda assim, para a maior parte dos meninos pequenos, isso tudo parecia indescritivelmente emocionante.

A chegada a cidades de província geralmente seguia um padrão estabelecido. Com toque de trombetas e rufar de tambores, os atores desfilavam pela rua com suas roupagens coloridas, seus mantos escarlate e chapéus de veludo carmesim. Dirigiam-se à casa do prefeito, apresentavam suas cartas de recomendação, lacradas com sinete, para provar que não eram vagabundos e tinham um patrono poderoso a protegê-los. Em Stratford, no ano de 1569, eles teriam ido à Henley Street, à casa do próprio menino, para falar com todo respeito ao pai dele, que era quem decidiria se seriam mandados a fazer as malas ou se teriam autorização para anunciar seus espetáculos.

A primeira apresentação era chamada pelo nome de Peça do Prefeito, normalmente com a entrada franqueada ao público. Esperava-se que o bailio de Stratford comparecesse, já que era privilégio dele determinar o montante da recompensa a ser paga pelos cofres da cidade; segundo o protocolo, ele seria recebido com muito respeito e ocuparia um dos melhores lugares no auditório da prefeitura, onde tinha sido montado um palco. O alvoroço do momento não se limitava às crianças pequenas: documentos municipais de Stratford e de outros lugares relatam com frequência a quebra de janelas e danos infligidos a cadeiras e bancos pela multidão de espectadores indisciplinados, no empurra-empurra da luta por um lugar melhor.

Eram acontecimentos festivos, uma quebra da rotina diária. A sensação de permissividade, sempre à beira da transgressão, era o que fazia alguns funcionários municipais mais severos despachar os artistas, principalmente em tempos de escassez, doenças ou distúrbios, e o motivo pelo qual os atores não estavam autorizados a se apresentar aos domingos ou durante a quaresma. Mas mesmo os prefeitos e conselheiros municipais mais puritanos tinham de pensar duas vezes para não aborrecer os aristocratas cuja libré os atores envergavam com orgulho. Afinal, ao término de cada espetáculo nessas cidadezinhas, os atores se ajoelhavam solenemente e convidavam os presentes a orar com eles por seu bom amo e senhor — e, no caso dos Homens da Rainha, pela grande Elizabeth em pessoa. Dessa forma, mesmo quando proibidas de representar, as trupes eram dispensadas com alguma gratificação, uma espécie de propina para que fossem embora.

John Shakespeare, indicam os documentos, não mandava que os atores seguissem seu caminho. Permitia que eles representassem. Mas será que levava o filho de cinco anos para ver o espetáculo? Certamente outros pais levavam. Quando ficou velho, um homem chamado Willis, nascido no mesmo ano que Will, lembrava-se de uma peça (atualmente perdida) chamada *The Cradle of Security* [O berço da segurança], que tinha visto em Gloucester — a sessenta quilômetros de Stratford — quando criança. Ao chegar à cidade, escreveu Willis, os atores seguiram a rotina habitual: apresentaram-se ao prefeito, informaram-no de qual nobre eram vassalos e pediram licença para se apresentar em público. O prefeito deu-lhes a licença e recomendou aos atores que oferecessem seu primeiro espetáculo aos conselheiros e demais autoridades municipais. "Para essa peça", lembra Willis, "meu pai me levou consigo e me fez sentar entre suas pernas, ele mesmo sentado num dos bancos, de onde podíamos ver e ouvir tudo muito bem." A experiência foi excepcionalmente intensa para Willis: "Essa visão me impressionou tanto que quando cheguei à idade adulta ela permanecia tão fresca em minha memória como se a tivesse visto representar pouco antes".

Essa é talvez a maior aproximação que se pode ter da cena de teatralidade primordial do próprio Will. Quando o bailio entrou na sala, todos devem tê-lo cumprimentado e trocado umas palavras com ele; quando se sentou, a multidão deve ter ficado em silêncio na expectativa de alguma coisa emocionante e agradável que devia estar a ponto de acontecer. Seu filho, inteligente, ágil e sensível, ficaria entre as pernas do pai. Pela primeira vez na vida, William Shakespeare veria uma peça de teatro.

Qual foi a peça que os Homens da Rainha levaram a Stratford em 1569? Não há registro, e talvez isso não tenha importância. A pura magia de representar — a urdidura de um espaço imaginário, a arte da criação do personagem, os figurinos elaborados, a torrente intensa da língua — pode ter sido o bastante para seduzir o menino para sempre. Seja como for, houve mais de uma ocasião para que o feitiço fosse lançado. As trupes teatrais chegavam a Stratford com frequência — os Homens do Conde de Leicester, por exemplo, lá estiveram em 1573, quando Will tinha nove anos; os Homens do Conde de Warwick e os Homens do Conde de Worcester, em 1575, quando ele tinha onze — e a cada vez aquele impacto excitante, de início fortalecido pela percepção da importância e do poder de seu pai, deve ter sido renovado e revigorado, e os hábeis artifícios armazenados como um tesouro em sua memória.

Willis, o contemporâneo de Shakespeare, lembrou-se por toda a vida do que tinha visto em Gloucester: três mulheres sedutoras procuravam afastar um rei de seus sensatos e devotados conselheiros. "No fim ele foi deitado num berço sobre o palco", recorda Willis,

> onde as três moças, cantando em coro uma doce canção, o embalaram, fazendo-o dormir, e ele pôs-se a roncar de novo. Os panos que o cobriam escondiam uma máscara que imitava um focinho de porco e foi posta sobre seu rosto, presa a três correntinhas metálicas cujas pontas as mulheres seguravam. E aí começaram a cantar de novo e descobriam o rosto dele, permitindo que os espectadores vissem o quanto elas o haviam transformado.

Os espectadores devem ter achado aquilo muito emocionante. Alguns dos mais velhos dentre eles provavelmente recordavam a cara de suíno de Henrique VIII, e toda a plateia sabia que só em circunstâncias muito especiais seria possível admitir em público que pensavam no monarca como um porco.

Provavelmente o jovem Will viu algo semelhante. As peças de repertório entre as décadas de 1560 e 1570 eram quase sempre "peças de moralidade" ou "interlúdios morais", sermões seculares que pretendiam mostrar as terríveis consequências da desobediência, da ociosidade e da devassidão. Normalmente, um personagem — uma abstração antropomorfizada com o nome de Humanidade, ou Juventude — se afasta do caminho certo, como o Divertimento Honesto ou a Vida Virtuosa, e começa a dedicar seu tempo à Ignorância, ao Tudo-por-Dinheiro, ou ao Distúrbio.

> Ufa, ufa! Quem me chamou?
> Sou o Distúrbio, cheio de alegria.
> Meu coração está leve como o vento
> E minha cabeça, toda perturbada.
> (*O interlúdio da juventude*)[5]

A partir daí tudo vai ladeira abaixo — o Distúrbio apresenta o Moço a seu amigo Orgulho; este o apresenta a sua encantadora irmã Lascívia; esta o atrai para a taberna — e tudo indica que aquilo vai acabar mal. Às vezes tudo acaba mal mesmo — na peça a que Willis assistiu, o rei transformado em suíno mais tarde é punido por espíritos perversos — mas em geral alguma coisa acontece para despertar a tempo a consciência adormecida do herói. Em *O interlúdio da juventude*, a Caridade, lembrando ao pecador a maior dádiva que Jesus lhe fizera, liberta-o da influência do Distúrbio e devolve-o à companhia da Humildade. Em *O castelo da perseverança*, o Arrependimento toca o coração do Gênero Humano com sua lança e o salva das más companhias, os Sete Pecados Capitais. Em *Espírito e ciência*, o herói Espírito, dormindo no colo da Preguiça, é transformado num bobo, de boné e guizos, mas se salva depois de ver-se num espelho e entender que tem o aspecto "de um verdadeiro burro!". Só depois de ser açoitado pelo Decoro e educado por um grupo de professores severos — o Ensino, o Estudo e o Zelo —, o Espírito recupera sua aparência normal e pode celebrar seu casamento com a Senhora Ciência.

Incansavelmente didáticas e muitas vezes escritas de forma canhestra, as moralidades passaram a ser vistas como ultrapassadas e rudimentares — qualquer resumo delas faria com que parecessem tediosas —, mas estiveram em voga durante um longo período que se estendeu até a adolescência de Shakespeare. A mistura de elevação espiritual e energia teatral exuberante agradava a uma impressionante variedade de espectadores, dos iletrados aos mais re-

---

[5]. "Huffa, huffa! Who calleth after me?/ I am Riot, full of jollity./ My heart is light as the wind/ And all on riot is my mind (*The Interlude of Youth*)."

quintados. Se por um lado essas peças tinham pouco ou nenhum interesse por particularidades psicológicas ou pelo contexto social, por outro apresentavam quase sempre a sagacidade da sabedoria popular ao lado de uma poderosa corrente de humor subversivo. Esse humor podia tomar a forma de um rei com focinho de porco, mas com maior frequência se centrava no personagem-tipo geralmente conhecido como Vício. Esse trapalhão jocoso e tagarela — que nos diversos interlúdios usava nomes como Distúrbio, Iniquidade, Liberdade, Preguiça, Desgoverno, Duplicidade e até mesmo, num caso notável, O caçoísta — personificava ao mesmo tempo o espírito da maldade e o espírito da comicidade. O público sabia que no fim ele seria derrotado e expulso do palco debaixo de rojões. Mas por algum tempo ele saracoteava zombando dos caipiras, insultando os solenes agentes da ordem e da religião, caçoando dos desavisados, criando caso e atraindo inocentes para tabernas e bordéis. A plateia adorava.

Quando Shakespeare se pôs a escrever para os palcos de Londres, recorreu a esses entretenimentos surrados que devem tê-lo deleitado na infância. Com eles aprendeu a dar nomes emblemáticos a muitos de seus personagens: as prostitutas Doll Rasga-Lençóis e Jane Turno-da-Noite e os oficiais de polícia Arapuca e Dente de Cobra em *Henrique IV parte 2*; o bêbado sir Toby Arroto e o puritano Malvólio [má vontade] em *Noite de Reis*. Em raras ocasiões, ele ia mais longe e trazia abstrações personificadas direto para o palco — o Boato, coberto por um manto pintado com línguas em *Henrique IV parte 2*, e o Tempo, que levava uma ampulheta em *Conto de inverno*. Mas sua dívida para com as moralidades era em geral mais indireta e sutil. Desde cedo ele absorveu o impacto dessas peças, que o ajudaram a moldar os fundamentos de sua escrita, em geral ocultos bem abaixo da superfície. Essa escrita se erigiu sobre duas expectativas essenciais que as moralidades inspiravam em suas plateias: primeiro, a de que a peça digna de ser vista deve estar relacionada a alguma coisa central no destino humano; segundo, ela deve atingir não apenas o círculo da elite culta, mas também a grande massa da população comum.

Shakespeare também absorveu das moralidades elementos específicos da carpintaria teatral. Elas o ajudaram a entender como concentrar a atenção teatral na vida psicológica, moral e espiritual de seus personagens, assim como em sua conduta. Ajudaram-no a moldar emblemas físicos da vida interior, como o braço atrofiado e a corcova que simbolizam a falta de escrúpulos de Ricardo

III. Ajudaram-no a captar como se constroem peças que versam sobre a luta pela alma do protagonista: o príncipe Hal equilibrando-se entre o pai sóbrio, ansioso e calculista e o irresponsável, sedutor e impulsivo Falstaff; o vice-governador Ângelo, em *Medida por medida*, que recebe as rédeas do poder e é posto à prova por seu senhor, o duque Otelo, dilacerado entre a confiança na celestial Desdêmona e as insinuações obscenas do diabólico Iago. Acima de tudo, elas lhe deram uma fonte de representações da maldade teatralmente convincentes e subversivas.

O Vício, a grande figura subversiva das moralidades, nunca esteve longe do pensamento criativo de Shakespeare. Misturando afeição e prudência, Hal se refere a Falstaff como "o reverendo Vício, aquela encanecida Iniquidade"[6] (*Henrique IV parte 1*); Henrique IV, divertido, sarcástico e malévolo, compara-se ao "Vício formal, Iniquidade";[7] e Hamlet descreve seu tio astuto e usurpador como "um vicioso entre os reis"[8] (*Hamlet*). Não é preciso que a palavra "vício" seja invocada diretamente para que sua influência apareça. O "Honesto Iago", por exemplo, com seu ar de camaradagem, suas brincadeiras capciosas e sua franca admissão da perversidade, deve muito a esse modelo. Não é por acaso que sua trama diabólica contra Otelo e Desdêmona tome a forma de uma brincadeira, uma insuportável versão cruel das artimanhas perpetradas pelo Vício.

Pode parecer estranho à primeira vista que o cativante Falstaff se encontre em companhia de assassinos cruéis como Cláudio e Iago. Mas Shakespeare aprendeu com as moralidades outra coisa essencial a sua arte: o limite entre comédia e tragédia é surpreendentemente tênue. Em personagens como o mouro Aarão (vilão negro de *Tito Andrônico*), Ricardo III e o bastardo Edmund de *Rei Lear*, Shakespeare evoca um tipo especial de emoção que deve ter sentido pela primeira vez em menino, assistindo ao Vício em peças como *O berço da segurança* e *O interlúdio da juventude*: o sentimento de medo entrelaçado ao prazer da transgressão. O Vício, personificação do mal, é devidamente castigado no fim da peça, mas conquista a plateia durante a maior parte do espetáculo, e a imaginação ganha uma permissão temporária para o malévolo.

Os autores das moralidades se achavam capazes de reforçar o impacto

---

6. "that reverend Vice, that grey Iniquity" (2.5.413).
7. "the formal Vice, Iniquity" (3.1.82).
8. "a vice of kings" (3.4.88).

que pretendiam causar despojando seus personagens de todos os traços incidentais específicos para chegar a sua essência. Acreditavam que o público não deveria ser distraído por detalhes irrelevantes das identidades individuais. Shakespeare percebeu que na verdade o espetáculo do destino humano se tornava muito mais atraente quando ligado não a abstrações generalizadas, mas a pessoas específicas, com nome, concebidas com uma intensidade de individuação sem precedentes: não a Juventude, mas o príncipe Hal; não Qualquer Homem, mas Otelo.

Porém para chegar a essa intensidade, Shakespeare precisou também libertar-se das velhas peças de moralidade e adaptá-las. Sentiu-se livre para descartar muitos aspectos de todas elas e empregar outros, de modos que os autores originais jamais teriam podido imaginar. Às vezes ele intensificava o medo: Iago é imensamente mais perturbador e mais eficaz do que a Inveja ou o Distúrbio. Outras vezes, intensificava muito o riso: as artimanhas do Vício e seu gosto pela confusão se transformam no Puck de *Sonho de uma noite de verão*, mas sua perversidade foi totalmente expurgada, restando apenas a malícia. Da mesma forma, se a cabeça de burro usada por Bottom lembra o focinho de porco na cara do rei, o peso do proselitismo moral foi inteiramente afastado. Bottom, na verdade, é um asno, mas não é preciso nenhuma transformação mágica que revele esse fato. Com efeito, o que se revela é não tanto sua estupidez — ele não tem momento algum de constrangimento ou vergonha, e seus amigos não riem dele —, porém sua intrepidez. "Querem fazer de mim um asno", declara Bottom, resoluto, com a cabeça de burro, quando todos os seus amigos já tinham fugido aterrorizados com sua aparência, "para eu me amedrontar, como se fosse possível semelhante coisa. Mas, façam o que fizerem, não arredarei pé daqui."[9] Ele se surpreende com a apaixonada declaração de amor da Rainha dos Elfos, mas não se perturba: "Quer parecer-me, senhora, que para tanto vos assiste razão muito minguada. No entanto, para dizer a verdade, hoje em dia a razão e o amor quase não andam juntos".[10] E se sente inteiramente à vontade com seu novo corpo: "Parece-me que aceitaria de bom

---

9. "This is to make an ass of me; to fright me, if they could; but I will not stir from this place, do what they can" (3.1.106-8).
10. "Methinks, mistress, you should have little reason for that. And yet, to say the truth, reason and love keep little company together nowadays" (3.1.126-8).

grado um bom fardo de feno. Não há o que se compare ao feno perfumado!".[11] Quando por fim lhe tiram a cabeça de burro, ele não sente um despertar moral; simplesmente, como diz Puck, dá uma nova olhada no mundo com seus próprios olhos de bobo.

Aqui, e em toda a sua carreira, Shakespeare descartou completamente o fervor que caracterizava as peças que vira na juventude. A estrutura subjacente àquelas peças era religiosa. Assim sendo, ocorria com frequência que o clímax se desse num momento em que o protagonista tinha uma visão que o redimia, uma visão que, além do cotidiano e de tudo o que era familiar, apontava para uma verdade que transcendia a compreensão dos mortais. Nas palavras de Paulo na Epístola aos Coríntios, muito bem conhecidas de Shakespeare e de seus contemporâneos por causa da repetição interminável na igreja, "As coisas que o olho não viu, e o ouvido não ouviu, e não subiram ao coração do homem" são as que Deus preparou (1 Coríntios 2:9). "Tive uma visão extraordinária", começa dizer Bottom, quando recupera a forma humana. E então, numa série de solavancos, ele tenta relatá-la:

> Tive um sonho, que não há entendimento humano capaz de dizer que sonho foi. Não passará de um grande asno quem quiser explicar esse sonho. Parece-me que eu era... Não há quem seja capaz de dizer o que eu era. Parece-me que eu era... e parece-me que eu tinha... Só um bufão maltrapilho seria capaz de tentar explicar o que me pareceu que eu era. O olho de um homem nunca ouviu, a orelha de um homem nunca viu, não há mão de homem que possa degustar, nem língua capaz de conceber, nem coração capaz de relatar o que foi o meu sonho.[12]

Essa é uma brincadeira de um dramaturgo decididamente secular, um escritor que transforma habilmente o sonho do sagrado em entretenimento popular: "Vou pedir a Peter Quince que escreva uma balada sobre esse sonho,

---

11. "Methinks I have a great desire to a bottle of hay. Good hay, sweet hay, hath no fellow" (4.1.30-1).
12. "I have had a dream past the wit of man to say what dream it was. Man is but an ass if he go about t' expound this dream. Methought I was ... there is no man can tell what. Methought I was, and methought I had ... but man is but a patched fool if he will offer to say what methought I had. The eye of a man hath no heard, the ear of a man hath not seen, man's hand is not able to taste, his tongue to conceive, nor his heart to report what my dream was" (4.1.199-207).

que receberá o título de 'O sonho de Bottom', por ser um sonho desabotoado, e vou cantá-la no fim da peça".[13] A brincadeira remete a uma variedade de coisas — as solenidades do púlpito, as peças que as companhias profissionais levavam às províncias quando Shakespeare era menino, os atores amadores que encenavam versões mais toscas dessas peças, e talvez o jovem e desajeitado Shakespeare, repleto de visões que sua língua não era capaz de expressar e ávido por desempenhar todos os papéis.

Deve ter havido muitos momentos como esses na vida doméstica de Will. O jovenzinho pode ter divertido sua família e amigos imitando o que tinha visto na plataforma montada à guisa de palco na prefeitura de Stratford, ou na traseira da carroça de atores itinerantes. E, à medida que ele crescia e se tornava mais independente, seu contato com o teatro deixou de se restringir a Stratford: as companhias itinerantes cruzavam as Midlands, representando em cidades vizinhas e em palácios. Um jovem fascinado pelos palcos poderia ter visto a maior parte dos grandes atores da época atuando a algumas horas a pé de sua casa.

Mas de modo algum a vida teatral da região dependia exclusivamente da visita de companhias profissionais. As cidades vizinhas de Stratford, como as do resto do país, tinham suas temporadas de festivais em que os membros das guildas e fraternidades envergavam seus figurinos e representavam peças tradicionais. Durante uma tarde, pessoas comuns — carpinteiros, funileiros, fabricantes de flautas e coisas assim — desfilavam diante de seus vizinhos na pele de reis e rainhas, loucos e demônios. Coventry, a trinta quilômetros de Stratford, era especialmente animada; quando jovem, Will pode ter sido levado a assistir às representações da Hock Tuesday, a segunda terça-feira depois da Páscoa, que, segundo a tradição, marcava o início do semestre estival na zona rural e era festejada, em muitos lugares, por mulheres que atavam os transeuntes com cordas e lhes pediam dinheiro para caridade. Em Coventry, homens e mulheres tinham uma maneira especial de celebrar o festival: encenavam a turbulenta comemoração de um antigo massacre de dinamarqueses praticado por ingleses, acontecimento durante o qual, dizia-se, as mulheres agiram com

---

13. "I will get Peter Quince to write a ballad of this dream. It shall be called 'Bottom's Dream', because it hath no bottom, and I will sing it in the latter end of a play" (4.1.207-10).

desusada coragem. A encenação anual era bastante famosa na região e pode ter atraído, entre seus espectadores, a família Shakespeare.

No fim de maio ou em junho, época de crepúsculos prolongados e tardios, eles poderiam ainda ter visto um dos grandes espetáculos de Corpus Christi, peças que mostravam toda a história da humanidade, desde a criação de Adão e Eva e a expulsão do Paraíso até a redenção. Os chamados ciclos dos mistérios, que estavam entre as grandes criações do teatro medieval, sobreviveram até bem adiantado o século XVI, tanto em Coventry quanto em diversas outras cidades da Inglaterra. Originalmente associada a uma grande procissão em honra da Eucaristia, a produção de um ciclo de mistérios era um grande empreendimento cívico que envolvia numerosas pessoas e recursos de monta. Em vários pontos da cidade, normalmente em carroças ou andaimes construídos para esse fim, uma parte do ciclo — a história de Noé, o anjo da Anunciação, a cura de Lázaro, Jesus crucificado, as três Marias no sepulcro e assim por diante — era representada por pessoas religiosas da cidade, ou pelas mais desembaraçadas e histriônicas. Normalmente, cada guilda assumia os custos e a responsabilidade por uma peça do ciclo, às vezes com perfeita adequação: os carpinteiros navais ficavam com Noé, os ourives com os Reis Magos, os padeiros com a Última Ceia e os alfineteiros com a Crucificação.

Os reformadores protestantes, compreensivelmente hostis, queriam desmantelar a cultura tradicional católica e seus rituais — dos quais tinham surgido esses espetáculos — fazendo insistentes campanhas pelo fim das representações. Mas, a rigor, as peças não eram católicas, e o orgulho cívico e o prazer suscitado por elas eram intensos, de modo que elas sobreviveram, apesar da oposição, até as décadas de 1570 e 1580. Em 1579, quando Will tinha quinze anos, ele e sua família ainda poderiam vê-las representadas em Coventry. Algo do poder dessas peças deixou sua marca em Will — a maneira de criar uma cumplicidade com os espectadores, sua confiança em que todas as coisas dos céus e da Terra podem ser representadas num palco, a deliciosa mistura de simplicidade e exaltação.

Esses acontecimentos foram instâncias particularmente espetaculares dos festivais sazonais que moldaram em Will a noção dos períodos do ano e condicionaram seu posterior entendimento do teatro. Muitos dos feriados tradicionais tinham se debilitado em consequência dos ataques, tanto dos que achavam que o calendário oferecia aos trabalhadores ocasiões demais para representar quanto dos que rejeitavam esses costumes por estarem permeados de catolicismo ou paganismo. Mas os moralistas e os reformadores ainda não tinham conseguido submeter o calendário festivo a uma implacável sobriedade. "Certa vez, quando viajava a cavalo de Londres para casa, cheguei a um lugar", escreveu o proeminente bispo protestante Hugh Latimer em 1549,

> e naquela noite mandei informar à cidade que na manhã seguinte faria uma pregação porque era dia santo [...]. A igreja ficava em meu caminho, de modo que peguei meu cavalo, meu séquito e rumei para lá. Pensei que ia encontrar muita gente na igreja, mas quando lá cheguei dei com a porta bem trancada. Esperei mais de meia hora até que finalmente a chave foi encontrada, e um dos paroquianos veio me dizer: "Senhor, hoje é um dia muito ocupado para nós, não poderemos ouvi-lo, é o Dia de Robin Hood. Os paroquianos saíram a fim de colher para Robin Hood [...]". Fui obrigado a dar a vez a Robin Hood.

É provável que uma brincadeira tradicional do mês de maio ocupasse os paroquianos naquele dia — no primeiro dia do mês, as pessoas celebravam a lenda de Robin Hood, com rituais barulhentos e frequentemente fesceninos.

Trinta e quatro anos depois, Philip Stubbes, um polemista irascível, reiterava a queixa:

> Ao chegar maio, no dia de Pentecostes ou qualquer outro dia, todos os moços e moças, os velhos e suas esposas, perambulam a noite toda nas florestas [...] onde passam a noite dedicados a agradáveis passatempos, e de manhã voltam, trazendo consigo bétulas e galhos de árvores [...]. Mas a principal joia que trazem consigo é o Mastro, transportado com grande veneração, como segue: eles têm de vinte a quarenta juntas de bois, cada boi com um buquê de flores na ponta dos chifres, e os bois levam para casa esse Mastro (esse ídolo horrendo, melhor dizendo), que é todo coberto de flores e folhagens, decorado com fitas de cima a baixo e às vezes pintado em cores variadas, com duzentos ou trezentos homens, mulheres e crianças seguindo-o com grande devoção. Assim, excitados por lenços e bandeiras que tremulam no topo do Mastro, eles se espalham pela relva em todas as direções, amarram-lhe ramos verdes, montam tendas abertas e caramanchões em torno dele. E então se põem a dançar a sua volta, como fazem os

povos pagãos em homenagem a seus ídolos, do qual este é um exemplo perfeito, senão a coisa em si.

Stubbes escrevia em 1583, quando Will tinha dezenove anos. Mesmo admitindo em Stubbes algum exagero ranzinza quanto ao poder de penetração e à vitalidade dos velhos costumes populares — cujo atrativo sobreviveu ao horror piedoso que suscitavam —, ele não estava inventando: as festas tradicionais, embora sempre perseguidas, persistiram até depois de findo o século XVI.

O quanto Will pode ter participado dessas festas, tendo crescido em Stratford e adjacências? Homens, mulheres e crianças, com o rosto ruborizado de prazer, dançando em volta de um mastro enfeitado com fitas e guirlandas. Um espetáculo tosco de Robin Hood, com um Frei Tuck bêbado e uma Maid Marion lasciva. Uma jovem com grinalda de flores no papel de Rainha de Maio. Um rapaz vestido de bispo desfilando pelas ruas com solenidade galhofeira. Um Senhor do Desgoverno aos peidos e arrotos, virando, por um momento, o mundo de pernas para o ar. Dias em que tudo estava de cabeça para baixo, em que as mulheres perseguiam os homens e os colegiais trancavam os professores fora da sala. Procissões à luz de tochas apresentavam os homens vestidos de animais fabulosos, selvagens e gigantes. Saltitantes dançarinos de *morris* — de origem supostamente moura —, com guizos em volta dos joelhos e dos tornozelos, saracoteavam com dançarinos montados em artefatos de vime que imitavam cavalinhos de pau. Gaiteiros, tamborileiros e bobos com vestimentas coloridas levavam cetros de fancaria e bexigas de porco infladas. Concursos de bebidas, concursos de comida, concursos de canto nos festivais da tosa de ovelhas e da colheita. Mas o mais interessante de tudo, na época do Natal, talvez fosse a peça de mímica em que se representava um louco, seus cinco filhos — Picles de Arenque, Calção Azul, Calção Pimenta, Calção Gengibre e Senhor Todas as Especiarias — e uma mulher chamada Cicely (ou, às vezes, Maid Marion). Primeiro o louco briga com o cavalo de pau e com uma "minhoca selvagem", ou seja, um dragão. Os filhos decidem então matar o pai; entrecruzam suas espadas em torno do pescoço dele, obrigam-no a se ajoelhar e a fazer o testamento antes de mandá-lo desta para melhor. Um dos filhos, Picles de Arenque, bate os pés no chão e traz o pai de volta à vida. A peça — que, por sua frequência sasonal, seus ritmos primordiais e sua indiferença ao realismo, talvez devesse ser chamada de ritual — se encaminha para o fim quando pai e filhos cortejam Cicely juntos com grotescas danças *morris* e de espadas.

Esses costumes populares, todos eles firmemente enraizados nas Midlands, tiveram forte impacto na imaginação de Shakespeare, modelando seu senso dramático ainda mais que as moralidades levadas à província pelas companhias itinerantes. A cultura popular está presente em toda a sua obra, na rede de evocações e nas estruturas subjacentes. Os amantes que se encontram nas florestas atenienses em *Sonho de uma noite de verão* são reminiscências dos amantes do Primeiro de Maio; o Duque Senior, deposto na Floresta de Arden em *Como gostais* tem algo de Robin Hood; o bêbado sir Toby e principalmente Falstaff são Senhores do Desgoverno que deixam as coisas de pernas para o ar; e, como rainha do banquete, a engrinaldada Perdita em *Conto de inverno* comanda um rústico festival de tosa, complementado por pastores e donzelas dançarinos e um pedinte espertalhão e mão-leve.

O autor de *Conto de inverno* não é um artista popular, e deixou isso claro de muitos modos. Um festival de tosa representado no palco do Globe Theatre como parte de uma sofisticada tragicomédia não é na verdade um festival de tosa; é uma fantasia urbana sobre a vida rural, contendo toques de realismo conhecidos mas cuidadosamente distanciados de suas raízes. Shakespeare era um mestre nesse distanciamento; embora aceitasse com simpatia os hábitos campestres que conhecia, tinha meios de mostrar que não eram o seu elemento. Os amantes atenienses na verdade não estão na floresta para festejar o Primeiro de Maio; Duke Senior não tem semelhança real com Robin Hood; a rainha do festival da tosa não é filha de um pastor, mas de um rei; e, se um velho pai louco torna-se objeto de um ataque criminoso por parte de seus filhos, isso não ocorre na grotesca comédia de mímicos, mas na sublime tragédia *Rei Lear*. Ninguém poderá bater o pé no chão e trazer Lear ou sua filha Cordélia de volta à vida. Sir Toby e Falstaff chegam mais perto da maneira como os Senhores do Desgoverno atuavam — eles por algum tempo suprimem a sobriedade, a dignidade e o decoro —, mas Shakespeare se desvencilha de seus hábitos quando fala deles depois de findo seu reinado de desordem: "Como! Isto é hora de brincadeiras e galhofas?", grita o príncipe Hal com raiva, atirando em

Falstaff uma garrafa de xerez (*Henrique IV parte 1*).[14] "Odeio um safado bêbado", resmunga sir Toby, arrasado e de ressaca (*Noite de Reis*).[15]

Mas não havia nada de defensivo no modo como Shakespeare tomava essa distância, nenhum nariz em pé que reafirmasse sua sofisticação e sua cultura, nenhuma adesão consciente ao que fosse urbano ou cortês. Ele tinha profundas raízes no campo. Quase todos os seus parentes próximos eram agricultores, e ele mesmo passara longos períodos da infância nos pomares e hortas da família, nos campos e florestas circunvizinhos e em minúsculos povoados rurais, com seus festivais sazonais e seu folclore. Ao crescer, era como se levasse em si cada coisa desse mundo rústico, e, até onde se sabe, ele mais tarde não repudiou isso nem tentou passar-se por quem não era. O erudito George Puttenham, crítico da literatura elisabetana, escreve com arrogância sobre os "rapazes ou sujeitos do campo" que ouviam com deleite harpistas cegos e menestréis de taberna cantarem velhas romanças e gostavam de canções entoadas nas ceias de Natal e nos banquetes de casamento à moda antiga. Will era quase com certeza um desses sujeitos do campo. Não parece ter se incomodado com tais prazeres, embora posteriormente tenha se deslocado para círculos que zombavam dessa rusticidade. Ele simplesmente levou-os consigo a Londres, como sua propriedade, para usá-los muito ou pouco, segundo sua vontade.

Shakespeare era tudo menos indiferente quanto a ser considerado um cavalheiro. Mas sua preocupação com a posição na vida, sua ambição de sucesso social e seu fascínio pela vida de aristocratas e monarcas não implica a supressão do mundo de onde viera. (Talvez simplesmente amasse demais o mundo para desistir de qualquer parte dele.) Pelo contrário, ele usava suas experiências de infância — da mesma forma que usava praticamente todas as suas experiências — como uma inexaurível fonte de metáforas.

Em uma de suas primeiras peças históricas, *Henrique VI parte 2* (escrita por volta de 1591), Shakespeare faz o ambicioso e intrigante Duque de York explicar que tinha incitado o obstinado camponês Jack Cade, de Kent, a uma rebelião. "Na Irlanda, vi esse incrível Cade" lutando contra um batalhão, York observa:

---

14. "What, is it a time to jest and dally now?" (5.3.54).
15. "I hate a drunken rogue" (5.1.193-4).

E lutou tanto, que suas coxas varadas por flechas
Ficaram como um porco-espinho de agudos espetos;
E no fim, tendo sido resgatado, pude vê-lo
Levantar-se e corcovear como um mourisco selvagem
Sacudindo as flechas sangrentas como se fossem guizos.[16]

O próprio Shakespeare, com toda probabilidade, nunca foi à guerra nem viu jamais a coxa de um soldado perpassada por flechas, mas, como menino do campo, certamente viu sua quota de ouriços espinhentos e, já adulto, deve ter visto o porco-espinho que a rainha Elizabeth mantinha em seu pequeno zoológico perto da torre. Com certeza tinha visto também sua quota de dançarinos de *morris* — "mouriscos selvagens" — chacoalhando numa espécie de êxtase. A partir dessas visões, construiu a surpreendente imagem do irrefreável Cade. Mais importante ainda, foi desse acúmulo de visões, sons e rituais, que ele construiu sua ideia da magia do teatro.

Porém não foram apenas esses rituais folclóricos tradicionais, com seu ilusório mas convincente ar de atemporalidade, que exerceram uma poderosa influência imaginativa sobre ele; um acontecimento especial nas vizinhanças, muito destacado na época, parece ter marcado fortemente sua visão do teatro. No verão de 1575, quando Will tinha onze anos, a rainha foi às Midlands numa de suas viagens oficiais, acompanhada de um enorme séquito. Nessas ocasiões, coberta de joias qual um ídolo bizantino, ela se mostrava ao povo, supervisionava seu reino, recebia tributos e por pouco não levava seus anfitriões à falência. Elizabeth, que já tinha visitado a região em 1566 e de novo em 1572, era a suprema senhora nessas ocasiões, ao mesmo tempo emocionando e aterrorizando os que a viam. Em 1572, ela foi recebida oficialmente pelo juiz municipal de Warwick, Edward Aglionby, dignitário local que Shakespeare provavelmente conheceu. Aglionby era um personagem culto e imponente, mas tremeu em presença da rainha. "Chegue mais perto, pequeno juiz", disse a rainha, dando-lhe a mão a beijar. "Disseram-me que teria medo de olhar para mim ou de ousar falar-me; mas não tinha tanto medo quanto eu do senhor." Ninguém,

---

16. "And fought so long till that his thighs with darts/ Were almost like a sharp-quilled porcupine;/ And in the end, being rescued, I have seem/ Him caper upright like a wild Morisco,/ Shaking the bloody darts as he his bells" (3.1.360, 362-6).

muito menos o "pequeno juiz", acreditou naquela mentira gentil vinda da filha de Henrique VIII.

O ponto alto da viagem real de 1575 foi uma permanência de dezenove dias — de 9 a 27 de julho — em Kenilworth, castelo de Robert Dudley, conde de Leicester e favorito da rainha. Kenilworth fica vinte quilômetros a nordeste de Stratford, cidade que, como toda a região, deve ter entrado na rede de preparativos febris para a visita. Com toda probabilidade, John Shakespeare, membro do conselho legislativo de Stratford na época, era uma pessoa demasiado insignificante para ter chegado muito perto dos requintados entretenimentos preparados para a rainha pelo homem que ela chamava de "meus olhos", mas é muito possível que tenha levado o filho Will para dar uma olhada no que pudesse; a grande chegada da rainha, recebida com discursos de Sibila, Hércules, a Dama do Lago e (em latim) um poeta emblemático; fogos de artifício; um diálogo entre o Homem Selvagem e Eco, um *bearbaiting* ("brincadeira" que consiste em atiçar mastins contra um urso acorrentado a uma estaca); mais fogos, a exibição de um acrobata italiano e um elaborado desfile aquático.

Leicester, cuja condição de favorito estava em perigo e via tudo aquilo como uma ocasião em que nada que desse prazer à rainha devia ficar de fora, encomendou também espetáculos rústicos. Esses espetáculos eram o equivalente às manifestações culturais falsamente típicas de nossos dias, apresentadas a dignitários visitantes ou turistas ricos. Incluíam uma boda, danças *morris*, tiro ao alvo e a tradicional representação da Hock Tuesday em Coventry. Esses entretenimentos populares eram do mesmo tipo daqueles que eram atacados pelos moralistas e reformadores severos, o que Leicester sabia perfeitamente. Ele sabia também que a rainha gostava desses espetáculos, era hostil às críticas moralistas e veria com simpatia um apelo a sua continuidade.

Will pode ter visto esses elementos de sua própria cultura encenados para visitantes ilustres. No mínimo, deve ter ouvido a narrativa desses acontecimentos em detalhes entusiásticos, e possivelmente leu também uma minuciosa descrição numa longa e maravilhosa carta redigida por um pequeno oficial — "funcionário da câmara do conselho" —, Robert Langham, ou Laneham. A carta, reproduzida por um método barato de impressão, circulou amplamente e teria sido uma leitura útil a qualquer pessoa ligada ao negócio de entreter a rainha — e muito em breve Shakespeare estaria no ramo.

A carta de Langham deixa claro que a apresentação da Hock Tuesday tinha sido uma montagem cuidadosa de exibição de política cultural. Certo "homem de Coventry de bom coração", avisado por um maçom chamado capitão Cox, ficou sabendo que o vizinho deles, o conde de Leicester, estava querendo entreter a rainha. Cientes de que ele pretendia deixar a soberana "alegre e contente" com todos aqueles agradáveis divertimentos, os artesãos de Coventry pediram para reencenar seu antigo espetáculo. Eles achavam que a rainha gostaria bastante da comemoração do antigo massacre porque mostrava "de que maneira valente se comportavam nossas mulheres inglesas por amor a seu país". Esse apelo ao interesse especial da rainha fazia parte da estratégia defensiva que Langham resume adequadamente: "A coisa, dizem eles, está radicada na história, e costumava ser representada anualmente em nossa cidade por divertimento, destituída do exemplo nefasto dos maus modos, do papismo e de quaisquer superstições, e ainda ocupava a cabeça de muita gente que provavelmente estaria pensando em reflexões piores". Essas solicitações acabaram sendo as que volta e meia se repetiriam durante a vida de Shakespeare, tanto em defesa de alguma peça em particular quanto em favor do teatro em geral: a peça em questão baseia-se na história ("radicada na história"), é uma modalidade tradicional de entretenimento, livre de contaminação ideológica e de imoralidades e distrai de pensamentos potencialmente perigosos, "reflexões piores". Quer dizer, os integrantes da plateia, que de outra forma poderiam estar tramando despautérios — planejando injustiças, ou ansiando pela religião antiga, ou incubando rebeliões —, teriam a cabeça mantida em segurança, ocupada com o espetáculo do antigo massacre dos dinamarqueses.

Qual era o problema então? Por que a representação da Hock Tuesday, que tinha "um começo antigo e uma longa continuidade", precisava ser tão defendida? Porque, reconheceram os artesãos, ela tinha sido "ultimamente deixada de lado" — ou seja, proibida. Os homens coçavam a cabeça e diziam que não conseguiam entender direito: "Eles não tinham ideia da causa disso". E então, como se de repente algo lhes tivesse ocorrido, eles se saíam com uma explicação: "a menos que fosse por causa do zelo de alguns de seus pregadores, homens de conduta e sabedoria muito respetáveis, muito doces em seus sermões, mas um tanto quanto severos demais no que se refere aos entretenimentos deles". A apresentação de Kenilworth, portanto, não foi simplesmente um meio de divertir a rainha. Ou melhor, em toda e qualquer tentativa de divertir a rainha havia um propósito encoberto. Nesse caso, o propósito era conseguir que a rainha pressionasse o clérigo local para que suspendesse a campanha contra uma apreciada festividade local: "eles gostariam de fazer seu humilde pedido a sua alteza para que possam ter de volta suas peças".

Apesar do planejamento cuidadoso da apresentação da Hock Tuesday — o espetáculo foi apresentado bem debaixo da janela da rainha —, a ocasião foi desastrosa. Havia coisas demais acontecendo ao mesmo tempo — as núpcias e as danças chamaram a atenção da rainha, e ela ficou mais entretida com a "grande aglomeração e a desordem" da multidão admitida no pátio (no meio da qual poderia ter se insinuado um menino de onze anos). Elizabeth conseguiu ver apenas um pedacinho da peça. Depois de tantos ensaios e planejamentos estratégicos, os homens de Coventry deviam estar arrasados. Mas então, inesperadamente, tudo foi salvo — a rainha ordenou que o espetáculo fosse repetido na terça-feira seguinte. Foi um sucesso. "Sua Majestade morreu de rir." Os atores da cidade, recompensados com duas lebres para o banquete e cinco peças de prata, ficaram em êxtase: "Regozijando-se com sua farta recompensa e triunfantes com a boa aceitação, eles se vangloriavam de que sua peça nunca tinha sido tão honrada, nem ator nenhum tão glorificado". E os documentos de Coventry para o ano seguinte são uma confirmação decisiva daquele triunfo: "Prefeito Thomas Nicklyn [...]. Este ano, o mencionado prefeito ordenou que a Hock Tuesday, em que se rememora o massacre dos dinamarqueses pelos habitantes desta cidade, seja novamente encenada e exibida".

"Sua Majestade morreu de rir." Tendo custado a Leicester, segundo se dizia, a astronômica importância de mil libras por dia, as festividades de Kenilworth foram uma enorme máquina projetada para provocar o riso — além da admiração, do encantamento e do prazer — da notável, imprevisível e perigosa mulher que governava o país. Os espetáculos foram elaborados e atraentes, mas as atenções do conde de Leicester — e sem dúvida as de muitos outros na multidão — estavam postas numa única pessoa. Se um jovenzinho de Stratford de olhos arregalados a viu, envergando um de seus requintadíssimos vestidos, levada numa liteira sobre os ombros de guardas especialmente escolhidos por sua boa aparência, acompanhada de seus cortesãos luxuosamente trajados, ele na verdade testemunhou o maior espetáculo teatral da época. Como disse uma vez com franqueza à própria rainha: "Nós, príncipes, estamos sempre no palco, à vista de todo o mundo".

Durante toda a carreira, Shakespeare foi sensível ao poder de fascinação da realeza — a excitação que ela suscita na multidão, o tremor de homens que em outra situação seriam poderosos, o sentimento de reverência ante a grandeza. Muito tempo depois de compreender o lado sombrio desse poder; muito depois de ter admitido o orgulho, a crueldade e a ambição que o poder despertava, as perigosas intrigas que engendrava, a cobiça e a violência que estimulava e nutria, Shakespeare permaneceu em contato com o prazer inebriante e a excitação que a realeza provocava. Ao fim de sua vida criativa, na peça originalmente chamada *É tudo verdade* e hoje conhecida pelo nome de *Henrique VIII*, ele permanece presa dessa emoção, imaginando o nascimento da radiante rainha que ele pode ter visto pela primeira vez em Kenilworth, em 1575. Porque *houve* uma primeira vez em que ele a viu — se não em Kenilworth, em algum outro lugar, num desfile, ou num entretenimento de massas, ou numa recepção na corte — e certamente sua imaginação foi atiçada pelo que viu. E os acontecimentos de Kenilworth — tenha o jovem Will assistido a eles, ou ouvido testemunhas oculares, ou simplesmente lido a carta de Langham — ao que parece deixaram marcas em seu trabalho.

O mais extravagante dos entretenimentos que Leicester pôs em cena durante a longa estada da rainha foi um golfinho mecânico com mais de sete metros de comprimento que emergia das águas do lago adjacente ao castelo. No dorso do golfinho — cuja barriga abrigava um grupo instrumental de sopro — via-se a figura de Árion, o lendário músico grego que entoava, nas palavras de Langham, "uma deliciosa cantiga" para a rainha. "A cantiga versificada composta tão a propósito para a ocasião", lembra Langham,

> e depois tão deliciosamente executada por uma voz; a canção cujas várias partes um exímio artista combinou com tanta doçura; cada parte executada por seu instrumento de modo tão nítido e limpo; cada instrumento excelentemente afinado; e isso ao cair da noite, vindo das águas tranquilas, em que a presença de Sua Majestade e o desejo de ouvir silenciaram todo e qualquer ruído. Com que prazer [...] com que clareza de concepção, com que vívido deleite isso pode ter calado no coração dos ouvintes, por favor, imagina por ti mesmo, pois sabe Deus bem, malgrado minha inteligência e sensibilidade, não posso expressar, eu juro.

Anos mais tarde, Shakespeare deve ter lembrado desse luminoso espetáculo em *Noite de Reis*, quando o capitão do navio tenta convencer Viola de que seu irmão talvez não tenha se afogado no naufrágio; "como Árion no dorso do golfinho", diz ele, "eu o vi travar contato com as ondas".[17]

De modo ainda mais surpreendente, em *Sonho de uma noite de verão* (escrita em meados da década de 1590, quando Shakespeare tinha cerca de trinta anos), a imaginação do dramaturgo aborda a cena em que Kenilworth está preparando uma maravilhosa recepção para Elizabeth. A rainha provavelmente compareceu a uma das primeiras apresentações da comédia — talvez a primeira, se, como pensam muitos estudiosos, a peça foi escrita para uma boda aristocrática que ela honrou com sua presença —, e a companhia teatral obviamente sentiu que aquele ato de adulação tinha vindo a calhar. Mas Shakespeare não apenas rompeu a ilusão fazendo com que os atores se dirigissem à rainha. Ele ainda inseriu uma passagem da mitologia de lisonja à soberana que assume a forma de uma recordação. E essa recordação — de uma ocasião em que Cupido apontou sua seta para a "bela vestal que tinha o trono no Ocidente"[18] — alude claramente à tentativa de Leicester, cerca de vinte anos antes, de encantar a rainha. "Por certo ainda te lembras", pergunta Oberon, rei dos elfos, a Puck, seu principal assistente,

> De quando me sentei num promontório
> A ouvir uma sereia no dorso de um golfinho
> Cantando tão doces e harmoniosas melodias
> Que o mar furioso se acalmava com seu canto
> E estrelas ordeiras deixavam, loucas, suas órbitas
> Para ouvir a canção da sereia?[19]

Vale a pena ler os três últimos versos em voz alta para constatar que servem perfeitamente como refinado exemplo de "cantando tão doces e harmoniosas melodias". Misteriosamente, eles evocam, transpondo a distância do tempo, os fogos de artifício que se avistavam de longe — a uns trinta quilôme-

---

17. "like Arion on the dolphin's back, I saw him hold acquaintance with the waves" (1.2.14-5).
18. "fair vestal thronèd by the west" (2.1.158).
19. "Thou rememb'rest,/ Since once I sat upon a promontory/ And heard a mermaid on a dolphin's back/ Uttering such dulcet and harmonious breath/ That the rude sea grew civil at her song/ And certain stars shot madly from their spheres/ To hear the sea-maid's music?" (2.1.148-54).

tros dali, segundo um observador — com uma fantástica versão da procissão aquática. A fala prossegue, fazendo uma graciosa homenagem ao culto da virgindade da já idosa Elizabeth: a flecha de Cupido errou o alvo e "continuou a imperial sacerdotisa seu passeio/ em suas virginais meditações, sem fantasias".[20] Tendo feito uma mesura tão delicada à rainha, a peça retoma seu enredo momentaneamente suspenso. A flecha dirigida à bela vestal, explica Oberon a Puck, atingiu por engano uma florzinha do Ocidente. Quando derramado sobre as pálpebras de um homem ou de uma mulher a dormir, o suco dessa flor fará com que essa pessoa se apaixone pela primeira criatura que vir. É justamente esse elemento, o elixir do amor, aplicado por engano às pálpebras das pessoas erradas, que causa toda a confusão da peça.

    O vislumbre do dorso do golfinho é apenas um momento à parte de *Sonho de uma noite de verão*, um ornamento decorativo. Mas os versos sobre a canção da sereia, embora irrelevantes para o enredo, falam de algo de suma importância para a peça e para a imaginação do dramaturgo. A lembrança de Kenilworth serviu para evocar o poder que tem a canção de criar silêncio profundo e suscitar uma atenção quase obsessiva. Esse paradoxo — a arte como fonte simultânea de calma e de profunda perturbação — foi essencial em toda a carreira de Shakespeare. Como dramaturgo e poeta, ele era, a um só tempo, agente da civilidade e da subversão. Essa dupla perspectiva deve tê-lo levado de volta ao impressionante espetáculo montado perto de sua casa quando ele tinha onze anos: um imenso mar de espectadores impacientes silenciados pela presença da rainha, todos eles se esticando, ansiosos, para ouvir o canto de Árion, o poeta primordial.

    O que Shakespeare articulou em *Sonho de uma noite de verão* foi uma fantasia cultural profundamente arraigada que os entretenimentos de Leicester tentaram materializar com custos e minúcias exorbitantes. A fantasia vinha de um mundo de mágica beleza que, atingido por forças ocultas, criava uma intensa energia erótica que pairava no ar, à qual sucumbiam todas as criaturas, menos uma — a "bela vestal que tinha o trono no Ocidente". A realidade jamais poderia chegar perto desse sonho: os fogos de artifício de modo algum eram estrelas que fugiam de suas órbitas; não havia mar, só uma multidão indisciplinada à

---

20. "the imperial vot'ress passèd on,/ In maiden meditation, fancy-free" (2.1.163-4).

beira do lago do palácio; a bela vestal era uma mulher de meia-idade e dentes estragados; o golfinho mecânico não teria aspecto melhor do que os flutuadores mais caros, e a figura que se encontrava no dorso do golfinho não era Árion nem uma sereia, mas um cantor chamado Harry Goldingham. Como revela um relato inédito da época sobre as festividades, o cantor não tinha a voz lá muito boa:

> Organizou-se para a rainha Elizabeth um espetáculo aquático e, entre outros, Harry Goldingham devia representar Árion sobre o dorso do golfinho, mas, vendo que sua voz estava muito roufenha e desagradável quando começou a interpretar, ele arrancou sua fantasia e declarou que não, não era Árion nenhum, mas ainda assim era o honesto Harry Goldingham; essa abrupta revelação agradou à rainha mais do que se as coisas tivessem prosseguido da maneira prevista.

A reação condescendente da rainha conseguiu salvar o encanto da tarde, apesar do aparente desastre. Coisa semelhante poderia ser dita acerca de qualquer montagem de *Sonho de uma noite de verão*: a plateia não vê elfos esvoaçando entre as florestas enluaradas de Atenas; vê um grupo de atores absolutamente humanos pisando no palco. Mas o risco da desilusão parece apenas aumentar a experiência de maravilhamento.

Leicester conseguiu o efeito que queria mediante um enorme dispêndio. Shakespeare proporcionou uma magia bem menos cara: os atores de *Sonho de uma noite de verão* alimentam a esperança vã de serem recompensados com o pagamento de seis pence por dia e por cabeça. Isso porque o dramaturgo se vale não de uma complicada maquinaria, mas da língua, simplesmente as palavras mais belas que uma plateia inglesa já ouvira:

> Sei de um lugar onde o tomilho exala seu perfume
> Onde crescem prímulas e se debruçam violetas,
> Protegidas pelo dossel de madressilvas luxuriantes,
> Ao lado de dulcíssimas malvas e mosquetas.
> Ali adormece Titânia durante parte da noite
> Embalada pelas flores com suas danças e deleite.[21]

---

21. "I know a bank where the wild thyme blows,/ Where oxlips and the nodding violet grows,/ Quite overcanopied with luscious woodbine,/ With sweet musk-roses, and with eglantine./

Shakespeare, que já escrevera peças como *A megera domada* e *Ricardo III*, era capaz de uma linguagem dramática de espécie bem diversa, ao mesmo tempo mais forte e mais fraca, mas em *Sonho de uma noite de verão* deu rédea solta ao que se pode chamar, para tomar em empréstimo um dos adjetivos que ele usa aqui, de poesia luxuriante.

Sonho de uma noite de verão é uma das raras peças de Shakespeare para a qual os acadêmicos nunca encontraram uma fonte literária dominante; sua visão das florestas enluaradas povoadas de elfos brota evidentemente de raízes imaginativas mais idiossincrásicas e pessoais. Shakespeare era capaz de valer-se de sua familiaridade com "os dedos nodosos do olmo" ou de "uma mamangaba de ancas vermelhas no alto daquele cardo".[22] E, se esse relato de sua infância estiver correto, ele era capaz também de recorrer a experiências de primeira mão, como as delícias rodopiantes do Primeiro de Maio e da Hock Tuesday e as lembranças dos entretenimentos visionários e pródigos que Leicester encenou para comprazer sua hóspede real.

Se a percepção de Shakespeare do poder transformador da ilusão teatral remonta ao que ele ouviu e viu pessoalmente em Kenilworth em 1575, sua percepção da áspera realidade que jaz sob as ilusões pode muito bem remontar àquele mesmo momento festivo. Praticamente todo o último ato de *Sonho de uma noite de verão* é coerente com uma paródia burlesca de tais entretenimentos teatrais amadores, que são ridicularizados por sua laboriosa incompetência, sua ingenuidade, sua incapacidade de manter uma ilusão convincente. A peça da Hock Tuesday, encenada pelos artesãos de Coventry para a rainha e seus cortesãos, se transmuta em "cena breve e tediosa do mancebo Píramo e sua amada, a bela Tisbe; tragédia engraçada",[23] representada por artesãos atenienses para os casais bem-nascidos unidos pelo matrimônio. Os recém-casados e a plateia de *Sonho de uma noite de verão* se comprazem em rir dos grotescos absurdos da peça e da incompetência espetacular dos atores, "homens de mãos

---

There sleeps Titania sometime of the night,/ Lulled in these flowers with dances and delight" (2.1.249-54).
22. "the barby fingers of the elm, a red-hipped humble-bee on the top of a thistle" (4.1.41, 11-2).
23. "A tedious brief scene of young Pyramus/ And his love Thisbe: very tragical mirth" (5.1.56-7).

calejadas que trabalham em Atenas/ e que nunca até hoje exercitaram seu espírito".[24]

Um dos canhestros artesãos de *Sonho de uma noite de verão*, o marceneiro Snug, até parece imitar a "abrupta revelação" da verdadeira identidade de Harry Goldingham. O obtuso Snug, que representa um leão, preocupou-se desde o início com o papel, e todos os atores estavam receosos de que ele assustasse as senhoras. Dessa forma, quando entra em cena, ele age como um Harry Goldingham:

> Senhoras minhas, cujos ternos corações
> Tremem de medo ao ver um ratinho no chão;
> Talvez tremam agora, e se arrepiem
> À vista do leão a rugir enfurecido?
> Sabei, pois, que sou Snug, o marceneiro;
> Sob a pele do leão [...][25]

Sem dúvida, a risível inépcia agrada à autoridade. "Um animal verdadeiramente cortês", comenta o duque Teseu, "e de boa consciência."[26] O espetáculo consegue chegar onde todos os espetáculos querem chegar: ao sorriso da gente grada. "Sua Majestade morreu de rir."

Sonho de uma noite de verão — escrita cerca de vinte anos depois das festividades de Kenilworth — marca a aproximação do dramaturgo adulto a uma das mais memoráveis cenas de sua infância e, ao mesmo tempo, revela a grande distância que o separava de suas origens. Em 1595, Shakespeare entendia claramente que sua carreira tinha sido construída com base no triunfo da indústria londrina do entretenimento sobre as representações amadoras tradicionais. Sua grande comédia era uma celebração da fuga, assim como da competência. Fuga de quê? De peças destituídas de sensibilidade musical, como

---

24. "Hard-handed men that work in Athenas here,/ Which never laboured in their minds till now" (5.1.72-3).
25. "You, ladies, you whose gentle hearts do fear/ The smallest monstrous mouse that crepps on floor,/ May now perchance both quake and tremble here/ When lion rough in wildest rage doth roar./ Then know that I as Snug the joiner am/ A lion fell [...]" (5.1.214-9).
26. "A very gentle beast, and of a good conscience" (5.1.222).

Uma lamentável tragédia, plenamente mesclada com deliciosa alegria, que conta a vida de Cambises, rei da Pérsia, de Thomas Preston, cujo título capenga Shakespeare parodiou. Da linguagem grosseira e da métrica arrastada e declamatória fingindo-se de paixão. De atores amadores demasiado cabeças de vento para memorizar suas falas, desajeitados demais para representar com graça, demasiado tímidos para atuar com energia, ou, o pior de tudo, demasiado cheios de si para conseguir representar qualquer coisa além de seu grotesco egocentrismo. Os artesãos que interpretam "Píramo e Tisbe"— o tecelão Nick Bottom, o remenda-foles Francis Flute, o funileiro Snout, o marceneiro Snug, o alfaiate Starveling e o diretor, o carpinteiro Peter Quince — constituem uma antologia de catástrofes teatrais.

O riso no quinto ato de *Sonho de uma noite de verão* — é uma das cenas de comicidade mais duradoura entre todas as escritas por Shakespeare — se baseia num senso de superioridade no que se refere a inteligência, aprendizado, cultura e habilidade. A plateia é convidada a aderir ao encantador círculo de galhofeiros de alta classe que está no palco. A galhofa anuncia a transição definitiva que leva o jovem dramaturgo da ingenuidade e do amadorismo caseiro ao gosto sofisticado e à técnica profissional. Mas o riso que o episódio suscita é curiosamente terno e até amoroso. O que livra a cena do ridículo de se tornar demasiado dolorosa e que na verdade a mantém deliciosa é a autoconfiança dos artesãos. Diante do riso escancarado, eles ficam imperturbáveis. Shakespeare conseguiu uma dupla proeza. Por um lado, escarneceu dos amadores, que não conseguem entender as convenções teatrais mais elementares, segundo as quais eles devem ficar em seus papéis e fingir que não veem nem ouvem a plateia. Por outro, ele confere uma estranha e inesperada dignidade a Bottom e seus companheiros, uma dignidade que contrasta, a favor deles, com a rudeza sardônica dos aristocratas da plateia.

Mesmo tendo chamado a atenção para a distância entre ele próprio e seus rústicos atores, Shakespeare então faz meia-volta e acena com uma corrente de simpatia e solidariedade. Como na época em que bebia nas velhas peças de moralidade e na cultura popular, ele compreendeu definitivamente que estava fazendo uma coisa bem diferente e que tinha uma dívida. As profissões que ele atribuiu aos artesãos atenienses não foram escolhidas ao acaso — a companhia teatral de Shakespeare em Londres dependia de marceneiros, tecelões, carpinteiros e alfaiates —, e a tragédia que eles desempenhavam, com amantes desventurados, equívocos fatais e suicídios, interessava profundamente ao dramaturgo. No período em que escrevia a paródia "Píramo e Tisbe", Shakespeare escrevia também a peça *Romeu e Julieta*, extraordinariamente parecida com aquela. É bem possível que ambas tenham estado juntas, ao mesmo tempo, em sua mesa de trabalho. Um artista mais defensivo teria se dedicado com mais afinco à tentativa de remover essas marcas de afinidade, mas o riso em Shakespeare não era uma forma de renúncia ou de conciliação. "É a peça mais tola que já vi", comenta Hipólita, ao que Teseu retruca: "As melhores produções desta classe são apenas sombras, e as piores deixarão de sê-lo, se a imaginação vier em seu auxílio". "Mas nesse caso é a vossa imaginação que trabalha, não a deles", ela rebate.[27] A imaginação da plateia, não a dos atores — mas esta é exatamente a questão: a diferença entre o ator profissional e o amador não é, afinal, a consideração crucial. Ambos confiam na imaginação da plateia. E, como para encerrar a discussão, um momento depois, diante da absurda fala suicida de Píramo —

> Aproximai-vos, Fúrias mortais!
> Ó Parcas, vinde, vinde,
> Cortai o fio da vida,
> Encolhei, esmagai, consumai, silenciai![28]

— Hipólita fica indescritivelmente tocada: "Por minha alma, dá-me pena o homem".[29]

Quando reflete sobre sua profissão em *Sonho de uma noite de verão*, um Shakespeare de trinta anos, mergulhando profundamente em suas próprias experiências, divide o teatro em dois elementos: um deles mágico, praticamente inumano, que ele associa ao poder que tem a imaginação de se subtrair à coerção da realidade, e o outro totalmente humano, associado ao trabalho dos

---

27. "This is the silliest stuff that ever I heard [...]. The best in this kind are but shadows, and the worst are no worse if imagination amend them. [...] It must be your imagination, then, and not theirs" (5.1.207-10).
28. "Approach ye furies fell!/ Oh fates, come, come,/ Cut thread and thrum,/ Quail, crush, conclude, and quell" (5.1.273-6).
29. "Beshrew my heart, but I pity the man" (5.1.279).

artesãos que constroem as estruturas efetivamente materiais — edifícios, plataformas, roupas, instrumentos musicais e assim por diante —, estruturas que dão à imaginação um local habitado e um nome. Ele entendeu, e queria que o público entendesse, que o teatro tinha de ter esses dois elementos: o voo da imaginação e a sólida e prosaica concretude terrena.

Essa concretude terrena era parte integral de sua imaginação criativa. Ele nunca esqueceu o mundo provinciano e cotidiano do qual viera nem o rosto comum que estava por trás da máscara de Árion.

2. O sonho de reabilitação

Uma lenda de Stratford, documentada por volta de 1680 pelo biógrafo John Aubrey, excêntrico e fofoqueiro, dá conta de que Will Shakespeare, posto a trabalhar como aprendiz de açougueiro, como o pai, ocasionalmente participava do abate de animais: "Quando matava um bezerro, tinha de fazê-lo em grande estilo, e proferia um discurso". Sempre curioso, tentando descobrir como foi que o jovem Shakespeare resolveu se desvencilhar do trabalho e descobriu sua vocação, Aubrey quis saber o que tinha acontecido entre o período em que ele deixou a escola, supostamente em algum momento entre o fim da década de 1570 e o início da seguinte, e o momento em que, no começo da década de 1590, começou a ser conhecido como ator profissional e dramaturgo em Londres.

O mistério a respeito de como vivia Shakespeare na época que os acadêmicos chamam de "anos perdidos" — o período em que ele sumiu de vista sem deixar nenhum traço documental numa sociedade abertamente documentalista — tem gerado uma enormidade de especulações. Lendas, algumas delas mais plausíveis, outras menos, começaram a surgir cerca de 75 anos após a sua morte, ou seja, numa época em que aqueles que poderiam tê-lo conhecido pessoalmente estavam mortos, mas quando ainda havia gente que na juventude poderia ter estado com seus contemporâneos e recebido informações sobre ele. Embora a história de Aubrey sobre o açougue seja implausível — John Shakespeare não era açougueiro, e a regulamentação comercial nunca teria permitido que ele abatesse animais —, pode-se apostar que desde a infância Will tenha ajudado o pai no negócio da família, a produção e venda de luvas na loja que ocupava parte do simpático sobrado da família na Henley Street.

Ele sem dúvida escrevia poemas em momentos de folga, mas sua família dificilmente teria se empenhado em bancar sua ociosidade. O papel custava caro. Um maço de papel que, cuidadosamente dobrado e cortado, podia render cerca de cinquenta folhas pequenas custaria no mínimo quatro pence, ou o equivalente a oito quartilhos de cerveja, mais de uma libra de passas, uma libra de carne de carneiro ou de boi, duas dúzias de ovos ou dois pães. Talvez o jovem Will gravasse seus versos em árvores, como o Orlando de *Como gostais*. Mesmo assim, esperava-se que ele trabalhasse. Com efeito, dispomos de um curioso registro do tipo de contribuição que seu talento poético poderia dar ao comércio de luvas. Um certo Alexander Aspinall chegou a Stratford em 1582 para ser mestre-escola da King's New School, pouco depois de Will ter completado sua educação nesse educandário, mas quando seus irmãos mais novos ainda deviam frequentá-lo. No século XVII, alguém escreveu num livro comunitário — uma espécie de álbum em que as pessoas escreviam coisas curiosas ou dignas de nota — uns versos que acompanhavam o par de luvas enviado pelo professor Aspinall a uma mulher que ele cortejava: "The gift is small, the will is all./ Alexander Aspinall" [O presente é simples, a intenção é tudo./ Alexander Aspinall].

As luvas foram compradas presumivelmente na loja de John Shakespeare, pois na dedicatória se nota a marca do famoso poeta: "Shaxpaire upon a pair of gloves that master sent to his mistress" [Shakespeare em relação a um par de luvas que o mestre mandou para sua amada]. Em vez de fazer carreira escrevendo peças, Will bem poderia ter ficado em casa e ganhado a vida como redator de dedicatórias personalizadas, nas quais introduzia sorrateiramente o próprio nome.

Na verdade, ele nunca deixou aquilo totalmente para trás: luvas, peles e couro aparecem com frequência em suas peças, de um modo que revela intimidade com o ramo. Romeu almeja ser uma luva na mão de Julieta, e assim poder tocar-lhe o rosto. O falsário de *Conto de inverno* sentiu o perfume das luvas no pacote, "doce como rosas damascenas".[1] "Não é um pergaminho", pergunta Hamlet, "feito de pele de ovelha?" "Sim, meu senhor", replica Horácio, "e também de couro de bezerro."[2] O oficial de justiça em *A comédia dos erros* usa um uniforme de couro de bezerro — parece "um rabecão num estojo de couro";[3] Petruchio, em *A megera domada*, usa uma rédea de couro de ovelha; o sapateiro de *Júlio César* põe meias-solas em sapatos de couro legítimo; os funileiros, segundo *Conto de inverno*, levam bolsas de couro de porco. Quando Shakespeare quis falar do fantástico mundo dos elfos em *Sonho de uma noite de verão*, brincou com versões miniaturizadas de seu ofício: a "pele esmaltada" abandonada pelas cobras é "ampla o bastante para agasalhar um elfo",[4] e os seguidores da Rainha dos Elfos lutam com morcegos para "tirar-lhes as asas aveludadas/ e fazer casacos para meus pequenos elfos".[5]

Para Shakespeare, o couro não era apenas um meio de oferecer detalhes vívidos, mas também a substância da metáfora; fica claro que lhe vinha à mente com facilidade quando ele estava criando seu mundo. "Uma frase não passa de uma luva de pelica para um dito espirituoso", graceja o palhaço Feste em *Noite de Reis*, lembrando com que facilidade a língua pode ser distorcida, e "como o avesso pode virar direito".[6] O jovem Will, ajudando o pai na luvaria, sem dúvida observou as qualidade da boa pelica — pele fina muito valorizada por sua elasticidade e maleabilidade — e isso lhe causou funda impressão. "Oh, que graça de pelica", provoca Mercúcio, falando a Romeu, "que estica de uma polegada até uma vara de largura [esticava bastante: uma vara equivale a 45 polegadas]."[7] "Vossa consciência, branda como pelica", diz a velha dama a Ana Bolena, aceitaria as oferendas do rei, "se vos dispusésseis a distendê-la."[8]

John Shakespeare comprava e vendia lã, além de couros. Nisso ele trans-

---

1. "as sweet as damask roses" (4.4.216).
2. "Is not parchment made of sheepskins?/ Ay, my lord, and of calf-skins too" (5.1.104-5).
3. "a bass viol in a case of leather" (4.3.22).
4. "enamelled skin [...] wide enough to wrap a fairy in" (2.1.255-6).
5. "for their leathern wings,/ To make my small elves coats" (2.2.4-5).
6. "A sentence is but a cheverel glove to a good wit. How quickly the wrong side may be turned outward!" (3.1.10-2).
7. "O, here's a wit of cheverel that stretches from an inch narrow to an ell broad!" [big stretch: an ell was forty-five inches] (2.3.72-3).
8. "Your soft cheveril conscience/ If you might please to stretch it" (2.3.32-3).

gredia a lei, que reservava esse negócio a mercadores autorizados. Mas o comércio ilegal de lã, chamado *wool brogging*, era potencialmente lucrativo, embora ele tivesse de fechar contratos, tanto na cidade quanto na zona rural, em número que compensasse os riscos. Para fechar seus negócios, John Shakespeare precisava viajar a currais de ovelhas e mercados rurais, e é possível que levasse consigo o filho mais velho. Isso parece ter deixado uma forte impressão no espírito de Will durante muito tempo. Estamos constantemente "lidando com nossas ovelhas", diz o pastor em *Como gostais*, explicando por que ele e seus companheiros não se beijam nas mãos, à maneira dos aristocratas, "e o couro delas, como sabeis, é ensebado".[9] E, quando o camponês de *Conto de inverno* calcula detalhadamente o quanto sua tosa pode lhe render, usa termos como *wether*, no sentido de carneiro castrado, e *tod*, significando 28 libras de lã — que Will pode ter ouvido em criança ao lado do pai: "Vamos ver. Onze arrobas de pele de carneiro, cada arroba a uma libra e alguns xelins. Mil e quinhentos tosquiados, quanto dá essa lã?".[10] No século XIX, quando a ala da casa de John Shakespeare que servira de loja precisou de uma troca de piso, foram encontrados fragmentos de lã enfiados sob as tábuas do velho assoalho.

Outros indícios da loja da Henley Street e da zona rural adjacente estão preservados em peças e poemas. Um documento oficial datado de três anos antes do nascimento de Will, em 1564, designa o pai dele como *agricola*, agricultor em latim. Muito tempo depois de se radicar em Stratford, John Shakespeare não só lidava com produtos agrícolas como também comprava e arrendava terras nas proximidades da cidade. Will deve ter ido muitas vezes ao campo com o pai e a mãe. De qualquer forma, um habitante da Stratford elisabetana, cidade de apenas 2 mil habitantes, estava a um passo das fazendas e florestas circundantes. Um dos aspectos mais belos e atraentes da imaginação de Shakespeare é a facilidade, a delicadeza e a precisão com que ele penetra na vida dos animais e descreve as variações do tempo, os detalhes de flores e ervas e os ciclos da natureza. "Sou pastor do rebanho de outro homem", diz Corino em *Como gostais*, explicando aos visitantes que não pode lhes oferecer hospitalidade, "e não tosquio a lã das ovelhas que levo a pastar." Essa não é uma fantasia urba-

---

9. "handling our ewes; and their fells, you know, are greasy" (3.2.46-7).
10. "Let me see. Every 'leven wether tods, every tod yields pound and odd shilling. Fifteen hundred shorn, what comes the wool to?" (4.3.30-2).

na sobre pastores que sopram melodias em suas flautas, mas um mundo inteiramente realista. "Meu patrão é bem mal-humorado", acrescenta o pastor.

> Além disso, sua cabana, seu rebanho e os pastos
> Estão à venda, e em nosso curral de ovelhas,
> Por causa da ausência dele, não há nada
> Que possais comer.[11]

Embora tivesse intimidade com o ambiente rural — tinha visto casas de pastores por dentro e sabia que o direito de pastagem seria alienado junto com o rebanho —, William Shakespeare não era essencialmente um homem do campo, do mesmo modo que seu pai, apesar de suas origens. O filho foi fortemente marcado menos pelos conhecimentos agrícolas do pai do que pela prática da agiotagem, pela qual John Shakespeare foi levado aos tribunais em duas ocasiões no ano de 1570, e por suas transações imobiliárias, modelo da vida real para os mapas, as escrituras e os documentos de transmissão de posse que aparecem com tanta frequência em suas peças. Os principais documentos biográficos da vida adulta do poeta são documentos de propriedades. Os biógrafos muitas vezes lamentaram a abundância desses registros em lugar de coisas mais íntimas, mas o interesse permanente de Shakespeare pelos investimentos imobiliários — bem ao contrário dos demais dramaturgos — talvez seja uma revelação mais significativa do que possa parecer à primeira vista.

Os primeiros anos de Will, seja como for, devem ter sido fortemente marcados pela impressionante energia empresarial e ambição do pai. John Shakespeare, filho de um trabalhador rural sem terra da pequena cidade de Snitterfield, estava subindo na vida. No fim da década de 1550, deu um primeiro salto decisivo ao se casar com Mary Arden, filha do homem que arrendava terras ao pai dele. O nome Arden era por si só um importante capital social: a família era uma das mais distintas de Warwickshire e sua linhagem remontava ao Domesday Book, o grande livro de registro de propriedades mobiliárias e

---

11. "I am sheperd to another man/ And do not shear the fleeces that I graze./ My master is of churlish disposition [...]/ Besides, his cot, his flocks, and bounds of feed/ Are now on sale, and at our sheepcote now/ By reason of his absence there is nothing/ That you will feed on" (2.4.73-5, 78-81).

imobiliárias compilado por Guilherme, o Conquistador, em 1086. As propriedades dos Arden ocupavam quatro longas colunas do livro, e a grande extensão de florestas a norte e oeste de Stratford ainda era conhecida na época de Shakespeare como floresta de Arden.

O pai de Mary, Robert, não figurava em absoluto entre os membros proeminentes dessa família. Era simplesmente um agricultor próspero que tinha sete vacas, oito bois para puxar o arado, dois novilhos e quatro bezerros desmamados. Se é que o inventário feito por ocasião de sua morte mostra alguma coisa, diga-se que a casa não tinha talheres de mesa nem aparelho de jantar — indícios domésticos de distinção social num tempo em que as pessoas do povo normalmente comiam com a mão em pratos de madeira — nem livros. Na casa dos Arden, as mais visíveis marcas de cultura eram "panos pintados" — congêneres baratos das tapeçarias, normalmente exibindo aforismos sentenciosos —, dos quais o inventário discriminava dois no vestíbulo, cinco no gabinete e quatro no dormitório. Quando escreveu *O rapto de Lucrécia*, Shakespeare recorreu com ironia a algo que aprendera em casa: "Quem teme de um velho o aforismo ou um ditado/ Será perseguido por um pano pintado".[12]

Num mundo que levava muito a sério as relações de parentesco, era importante ser aparentado, ainda que de longe, com um homem como Edward Arden, proprietário de Park Hall, um casarão perto de Birmingham. Arden era um nome respeitado por qualquer pessoa que tivesse ambições sociais, e não foi só o nome que Mary recebeu como dote. Embora fosse a mais jovem de oito irmãs, era a favorita do pai. Quando ele morreu, em 1556 — encomendando a alma, como bom católico, a Deus Todo-Poderoso, à bem-aventurada Santa Maria Nossa Senhora e a toda a corte celestial —, deixou à filha mais nova uma considerável importância em dinheiro e sua propriedade mais valiosa, uma fazenda chamada Asbies, na cidade de Wilmcote, além de outras terras. John Shakespeare fez um bom casamento.

Não há documentos sobre a época exata em que John decidiu deixar a fazenda de Snitterfield e mudar-se para Stratford, onde deve ter aprendido o ofício de luveiro, mas seus vizinhos em pouco tempo reconheceram suas qualidades. Em 1556, quando ele estava ainda na casa dos vinte, foi eleito provador

---

12. "Who fears a sentence or an old man's saw/ Shall by a painted cloth be kept in awe."

de cerveja do bairro, um dos fiscais do pão e da cerveja. O cargo devia ser ocupado por pessoa considerada "competente e discreta" que não "se deixasse levar por favorecimento ou animosidade, mas agisse com justiça e punisse de acordo com sua razão e sua consciência". Nos anos seguintes, ocupou uma sucessão ascendente de cargos municipais: condestável (encarregado de manter a paz) em 1558-9; *affeeror* (responsável por estipular multas não previstas em lei); camerlengo (responsável pelas propriedades da prefeitura, inclusive a coleta de receitas e o pagamento de dívidas, além da supervisão de reparos e reformas em edifícios) de 1561 a 1565; membro do conselho legislativo, em 1565; bailio (prefeito), em 1568-9 e presidente do conselho legislativo, em 1571.

Essa é a folha de serviços de um cidadão muito respeitável e homem público de prestígio local, pessoa benquista e confiável. No mundo patriarcal da Stratford à época dos Tudor, todos esses cargos eram levados muito a sério. Os condestáveis da época em que John Shakespeare ocupou o cargo lutavam para manter a ordem num período de profunda incerteza e risco de violência social entre católicos e protestantes. Os conselheiros municipais vasculhavam a vida dos moradores suspeitos de agir "imoralmente"; podiam ordenar a prisão de servos que deixavam seus amos e de aprendizes que se aventuravam nas ruas depois das nove da noite, a hora do toque de recolher; decidiam se uma esposa da qual se dizia ser "resmungona" devia ser atada a uma cadeira e mergulhada nas águas do Avon. E o bailio elisabetano tinha poderes que dificilmente caberiam na ideia que temos hoje de prefeito: ninguém podia receber um estranho em sua casa sem permissão dele. Muitos dos cargos ocupados por John Shakespeare envolviam contato frequente com os magnatas da região: o senhor das terras, conde de Warwick, cujos ancestrais dominaram o feudo de Stratford na Idade Média; homens ricos como sir Thomas Lucy, que recebeu a rainha em sua casa na vizinha Charlecote; o influente e instruído bispo de Worcester, Edwin Sandys. Stratford não era governada diretamente por nenhuma dessas autoridades; era uma cidade independente, elevada à condição de distrito real em 1553. Mas os grandes homens tinham bastante poder e prestígio, e os representantes do governo local precisavam de muita habilidade, tato e astúcia para fazer valer sua autoridade. John Shakespeare deve ter sido bom nisso; de outra forma, não teria sido agraciado com aqueles cargos.

Foi então que, na época em que Will se aproximava dos treze anos, as coisas começaram a azedar para seu pai, homem otimista e bem-sucedido. Na qualidade de um dos catorze conselheiros municipais de Stratford, John Shakespeare tinha sido dado como ausente das reuniões do conselho uma única vez em treze anos. De repente, a partir de 1577, deixou de comparecer às reuniões. Devia ter grandes amigos no conselho, que muitas vezes isentaram-no de multas, atenuaram suas avaliações e conservaram o nome dele na lista. Em outros tempos, ele costumava dar muita coisa aos pobres, mas agora a situação tinha mudado. Em 1578, quando o conselho decidiu impor a seus membros um desconto de quatro pence semanais para socorrer os pobres, "Mr. John Shaxpeare", que estava entre os conselheiros, ficou isento. A isenção foi um ato de excepcional magnanimidade — nem todos os conselheiros em dificuldades financeiras eram tratados com tanta consideração. Isso se repetiu quando se fez um orçamento extremamente baixo para as despesas de equipamento da polícia da cidade: quatro alabardeiros, três homens armados de lanças e um com arco e flecha. O homem devia irradiar uma extraordinária simpatia ou ser de muita utilidade, para que seus colegas continuassem esperando que ele se endireitasse e voltasse aos assuntos públicos. Mas ele ainda não voltara a frequentar as reuniões e parecia ter dificuldade para pagar suas dívidas, até mesmo com os encargos reduzidos. Finalmente, em 1586, depois de anos de ausência, o nome de Shakespeare foi eliminado da lista. Nessa época, ele tinha deixado de ser uma pessoa importante para muita gente de Stratford. Sua carreira pública estava encerrada e sua situação particular, visivelmente deteriorada.

John Shakespeare precisava de dinheiro. Precisava com tanta urgência que em novembro de 1578 fez o que as famílias elisabetanas tinham pavor de fazer: vender e hipotecar propriedades. E não foi uma propriedade qualquer: em poucos anos, ele lançou mão de praticamente toda a herança da mulher. Em troca de dinheiro vivo, uma a uma, as propriedades que ela trouxera para o casal se esvaíram por entre os dedos de seu imprevidente marido. Sua parte nas terras de Snitterfield, onde seu pai trabalhara, foi vendida por quatro libras; Asbies foi entregue por um aluguel insignificante, supostamente em troca de um adiantamento; em 1579 outra casa e mais de vinte hectares de terras em Wilmcote foram hipotecados por quarenta libras em favor de um cunhado da mulher, Edmund Lambert, de Barton-on-the-Heath. Esse dinheiro, como não podia deixar de ser, desaparecia rapidamente. Quando a hipoteca venceu, no ano seguinte, John não conseguiu pagá-la e a propriedade foi perdida. Anos depois, em duas oportunidades, ele tentou reaver a terra, alegando que na verdade tinha se prontificado a pagar, mas os tribunais deram ganho de causa a Lambert. Tudo o que restou daquilo que a mãe de Will trouxera como dote foi o sobrenome Arden.

A ideia mais clara da situação financeira de John Shakespeare é dada por elementos captados pelos olhos inquisitivos de funcionários da rainha. O governo ansiava pela imposição da uniformidade religiosa. Embora a rainha tivesse declarado que não queria abrir a alma de cada um e indagar sobre crenças particulares, pretendia pressionar o maior número possível de súditos a observar pelo menos as práticas mais aparentes do protestantismo oficial. Esperava-se que todos os ingleses comparecessem ao culto religioso dominical da Igreja Anglicana pelo menos uma vez por mês. Nessas ocasiões, usava-se o Livro Comum de Oração e o ministro lia uma das homilias, sermões patrocinados pelo Estado, escritos pelas autoridades religiosas centrais. As pessoas que infrigissem a lei que determinava a frequência regular à igreja estariam sujeitas ao pagamento de multas e a outras penalidades. As multas foram relativamente baixas e administráveis até 1581; daí em diante, em virtude da repressão sistemática dos dissidentes, tornaram-se astronômicas.

No outono de 1591, o governo ordenou às autoridades de cada condado que fizesse uma lista dos que não iam mensalmente à igreja. O nome de John Shakespeare aparecia no rol levantado pelos funcionários locais, mas numa categoria separada, assinalada com a nota "Suspeitamos que estas nove pessoas enumeradas a seguir se ausentam por medo de processos". Alguns meses depois, os funcionários arquivaram seu relatório e reiteraram a explicação: "Comenta-se que estas últimas nove pessoas não vêm à igreja por medo de processo por dívidas". Se a explicação fosse correta e não apenas um disfarce para a dissidência religiosa, o homem que no passado fora condestável e bailio de Stratford ficava em casa aos domingos — e provavelmente em muitos outros dias da semana — para não ser preso. O homem público tornara-se um cidadão bastante recluso.

É quase certo que em 1591, quando John Shakespeare estava se escondendo, seu filho mais velho já tivesse batido asas: no ano seguinte, ele seria mencionado pela primeira vez como um dramaturgo de Londres. Mas a situação humilhante de seu pai era apenas a última cena de uma peça que vinha se desenrolando havia muito tempo e que marcara toda a adolescência de Will. Quando chegou à maioridade, Will deve ter tomado plena consciência de que alguma coisa andava muito mal. Ele não podia ficar indiferente ao que via; a vida de seu pai naufragava exatamente no mesmo momento em que ele, seu filho mais velho e herdeiro, entrava na vida adulta.

Qual teria sido a causa da decadência? Na época, como hoje, havia ciclos econômicos — as últimas décadas do século XVI tinham sido especialmente duras nas Midlands —, e é claro que em tempos difíceis as pessoas ficam menos propensas a adquirir bens supérfluos, como luvas finas. Mas muitos comerciantes de destaque em situação semelhante sobreviveram a tempos difíceis e a desastres pessoais. Outro camerlengo de Stratford, Abraham Sturley, perdeu a casa num incêndio que arrasou diversas ruas da cidade em 22 de setembro de 1594, e suas finanças nunca se recuperaram plenamente, mas ele deu um jeito de manter o filho mais velho, Henry, em Oxford, e de mandar o segundo filho, Richard, para a mesma universidade no ano seguinte. Um proeminente cidadão de Stratford, William Parsons, também perdeu a casa no incêndio, porém conseguiu mandar o filho a Oxford, além de se tornar conselheiro municipal e magistrado. As dívidas, hipotecas, multas e perdas de John Shakespeare e seu repentino desaparecimento da vida pública sugerem algo além das consequências de uma depressão cíclica no comércio de luvas.

Uma causa muito provável foi a dura repressão imposta pelo governo contra uma das principais fontes de renda de John Shakespeare. Em decorrência da escassez de lã em meados da década de 1570, as autoridades resolveram pôr a culpa nos *broggers*, homens como John Shakespeare, que já tinha sido denunciado duas vezes por negócios ilegais. Em outubro de 1576, os principais assessores da rainha, membros do Conselho Privado, convocaram os comerciantes de lã para um inquérito; em novembro, suspenderam temporariamente todo o comércio de lã; e, no ano seguinte, exigiram que todos os *broggers* identificados pagassem uma caução no valor de cem libras — uma soma altíssima — como garantia contra eventuais negócios ilegais no futuro. A decisão foi terrível para John Shakespeare.

As coisas pioraram ainda mais com outro abalo financeiro. Em 1580, a Coroa preparou uma longa lista de nomes — cerca de duzentos — e convocou todas essas pessoas a comparecerem em certo dia de junho perante a alta corte de justiça em Westminster para prestar uma fiança e "manter a paz entre a rainha e seus súditos". O nome de John Shakespeare estava na lista. Nos séculos XVI e XVII, a prestação de fiança — mais ou menos equivalente a um mandado liminar — era um método importante de policiamento e prevenção do crime. Quando uma pessoa declarava sob juramento que alguém ameaçava sua vida ou sua integridade, ou a integridade de toda a comunidade, o tribunal podia emitir uma ordem exigindo o comparecimento do suspeito para que ele desse garantias de bom comportamento e pagasse uma caução para esse fim. Os documentos remanescentes da época não revelam quem depôs sob juramento contra John Shakespeare, ou por quê. Teria sido pelo tráfico de lã, ou alguma briga de bêbados pela qual ele pudesse ter sido denunciado, ou uma suspeita de que ele abraçava a religião errada? Seja como for, ele conseguiu encontrar quatro avalistas para se apresentarem com ele, e se propôs, por sua vez, a servir de avalista para um deles. Mas, no dia marcado, nem John nem seus avalistas compareceram — a ausência nunca foi explicada — e eles perderam o dinheiro. John foi multado em vinte libras por sua falta e em outras vinte pela de John Audley, o chapeleiro de Nottingham que ele se dispusera a avalizar. Em vista de suas outras dificuldades, era uma importância que ele não tinha como pagar.

O impacto sobre sua família, ao que parece, foi grave. Ao contrário dos filhos de Sturley e de Parsons, nem Will nem os outros filhos de John Shakespeare foram para Oxford. No começo do século XVIII, Nicholas Rowe, biógrafo e editor de Shakespeare, disse que John Shakespeare enviara o filho mais velho à escola primária de Stratford, onde ele aprendeu um pouco de latim, "mas o aperto de suas Circunstâncias, e a necessidade de sua ajuda em Casa, forçaram seu Pai a tirá-lo de lá, impedindo, infelizmente que no futuro ele se tornasse Fluente naquele Idioma". Rowe acreditava, erroneamente, que John Shakespeare tivesse tido dez filhos, e portanto o resto de seu relato pode conter incorreções. Mas o caso do filho tirado da escola para ajudar em casa é sem dúvida coerente com as agruras financeiras documentadas do fim da década de 1570. Em algum momento, pode ter parecido um luxo absurdo deixar o filho mais velho fazendo a análise sintática de períodos em latim.

"Meu pai te incumbiu em testamento de me dar uma boa educação", reclama Orlando com seu irmão malvado na comédia pastoril *Como gostais*. "Criaste-me como um camponês, vedando-me e escondendo de mim todas as qualidades de um cavalheiro."[13] Uma boa educação fazia a diferença entre um

---

13. "My father charged you in his will to give me good education; you have trained me like a peasant, obscuring and hiding from me all gentleman-like qualities" (1.1.56-9).

cavalheiro e um camponês. Mesmo assim, ao que tudo indica, Shakespeare não guardava mágoas pelo fato de não ter frequentado Oxford ou Cambridge. Não dá nenhum indício de vocação acadêmica frustrada. Quanto a isso, nada em suas obras sugere uma visão sentimental da escola: a imagem que tem Jaques, na mesma comédia, de "um colegial resmungão com sua pasta/ Brilho matinal na carinha, se arrastando feito lesma/ Sem vontade de ir à escola"[14] não expressa nostalgia alguma pela felicidade perdida. O mesmo vale para a cena da aula de latim em *As alegres comadres de Windsor*, que deve chegar muito perto das lembranças pessoais de Shakespeare a respeito da King's New School. "Meu marido diz que meu filho não tira proveito nenhum desse livro",[15] reclama a sra. Page com o pedagogo galês, sir Hugh Evans, que — com seu sotaque galês que os ingleses acham engraçado — submete o pequeno William a uma dura prova:

> EVANS O que é "labis", William?
> WILLIAM Pedra.
> EVANS E o que é "bedra", William?
> WILLIAM Seixo.
> EVANS Não, é "labis". Beço que bonha isso pem na gabeça.[16]

O fastio do aprendizado por repetição é habilmente evocado, assim como o jogo de palavras — de preferência obsceno — que deve ter sido o principal alívio psíquico daquele tédio sem fim para o menino Shakespeare. A lição de latim acaba transformando genitivo em genitais e faz a palavra latina *horum* soar como a inglesa *whore* (prostituta).

> EVANS Qual é o caso genitivo plural, William?
> WILLIAM Genitivo?
> EVANS Sim.
> WILLIAM *Genitivo: "horum, harum, horum"*.

---

14. "[...] the whining schoolboy with his satchel/ And shining morning face, creeping like snail/ Unwillingly to school" (2.7.144-6).
15. "[...] my husband says my son profits nothing in the world at this book" (4.1.11-2).
16. "EVANS What 'is lapis', William?/ WILLIAM A stone./ EVANS An what is 'a stone', William?/ WILLIAM A pebble./ EVANS No, it is 'lapis.' I pray you remember in your prain" (4.1.26-32).

SRA. QUICKLY Que a peste a leve! Que vergonha! Menino, se ela é mesmo isso, nunca nem diga o nome dela.[17]

Essas piadas fesceninas emergem aos borbotões sempre que Shakespeare pensa em aulas de latim ou em aulas de línguas em geral. "Comment appelez--vous les pieds et la robe?", pergunta a princesa francesa em *Henrique V*, tentando aprender as palavras inglesas *foot* (pé) e *gown* (vestido). A resposta do tutor a desconcerta: "*De foot*, madame, et *de cown*". Em vez de *foot*, ela e a plateia (ou ao menos a parte da plateia que capta a piada) entendem a palavra francesa *foutre* (foder) e, na pronúncia levemente distorcida de *gown*, entendem *con* (boceta).

> CATHERINE *De foot* et *de cown*? O Seigneur Dieu! Ils sont les mots de son mauvais, corruptible, gros, et impudique, et non pour les dames d'honneur d'user. (3.4.44-9)[18]

Se isso não é, na verdade, engraçadíssimo, pelo menos consegue suscitar risadinhas depois de quatrocentos anos, e deve ter sido útil para aliviar o peso de uma jornada escolar demasiado longa. Mas com toda certeza não é o vislumbre de uma vocação perdida. Ben Jonson escreveu notas de rodapé eruditas para suas peças romanas e suas mascaradas em estilo clássico; Shakespeare ria e rabiscava obscenidades.

O fim de sua escolarização formal deve ter representado para Will mais tempo dedicado ao comércio de luvas, levando-o a conhecer as qualidades da pelica e do couro de cervo. Todas as crianças da família provavelmente ajudavam na loja. Mas, depois da década de 1570, pode ser que já não houvesse muito em que ajudar. Gilbert, nascido em 1566, aparece em documentos da cidade como "camiseiro" e Edmund, de 1580, tomou o mesmo caminho de Will até Londres e tornou-se ator. Não há documentos sobre como um tercei-

---

17. "EVANS What is your genitive case, William?/ WILLIAM Genitive case?/ EVANS Ay./ WILLIAM Genitivo: *"horum, harum, horum"*./ MISTRESS QUICKLY Vengeance of Jenny's case! Fie on her! Never name her, child, if she be a whore" (4.1.49-54).
18. "Senhor Deus! Essas são palavras que soam mal, corrompedoras, grosseiras e impudicas, não são para o uso de moças respeitáveis."

ro irmão, Richard, nascido em 1574, levou seus quase quarenta anos de vida. Provavelmente não se tornou luveiro; se tivesse tido alguma relação com o ramo do pai, e se tivesse tido sucesso, provavelmente teria deixado indícios disso.

Acontece com frequência, diz Hamlet a Horácio, existir nos homens "alguma marca vil da natureza",[19] alguma tendência ou fraqueza inata, que arruína o que de outra forma poderia ser uma vida admirável. O principal defeito a que Hamlet dedica sua atenção reflexiva é a embriaguez, costume nacional na Dinamarca, diz ele, "que mais se honra na quebra que na observância".[20] Outros povos nos chamam de bêbados, queixa-se Hamlet, e com essa acusação mancham nossa reputação:

> e, com efeito, subtrai
> de nossas conquistas, ainda as mais elevadas,
> a força e a essência de nosso talento.[21]

A longa reflexão de Hamlet sobre esse vício dá origem a uma passagem bastante estranha — extraordinariamente intensa, como se os pensamentos se obrigassem a tornar-se palavra, mas ao mesmo tempo irrelevante, já que seu tio, astuto e calculista, e seus aliados não aparecem em nenhum outro momento da tragédia como beberrões. Uma das versões de *Hamlet* simplesmente elimina esses versos, como se representassem um falso começo, uma ideia que Shakespeare tivesse decidido não levar adiante.

Teria sido essa a explicação da decadência de seu pai? Será que o homem que em 1556 atuou como provador de cerveja de seu bairro teve problemas com a bebida? Em meados do século XVII, quando o público inglês começava a se interessar pela vida de seu maior dramaturgo, Thomas Plume, arquidiácono de Rochester, anotou alguma coisa que tinha ouvido a respeito do luveiro de Stratford, "um velho de aspecto bonachão" que alguém tinha visto certa vez em sua loja e lhe perguntou sobre o filho famoso. "Will era um bom sujei-

---

19. "some vicious mole of nature" (1.4.18.8).
20. "more honoured in the breach than the observance" (1.4.18).
21. "and indeed it takes/ From our achievements, though performed at height,/ The pith and marrow of our attribute" (1.4.18.4-6).

to", teria dito o pai, e depois acrescentou, como se tivesse sido provocado, "mas já tive de cortar um dobrado com ele." O caso aconteceu tarde demais para ser confiável como relato de uma testemunha ocular, mas será que não contém traços do homem real, afável, de boa índole, ao mesmo tempo orgulhoso do filho e em competição com ele, e, talvez, "de aspecto bonachão" por algo além do bom humor ou da idade avançada?

Durante toda a sua carreira, Shakespeare refletiu sobre a embriaguez. Registrou o eloquente desagrado verbalizado por Hamlet, mas era ao mesmo tempo fascinado pela deliciosa irracionalidade, pela exuberância das piadas, pelos absurdos cordiais, pela indiferença ao decoro, pelas ideias brilhantes e pelo mágico desaparecimento das preocupações da vida. Mesmo quando descreve as desastrosas consequências trazidas pelo álcool, nunca adota um tom de temperança panfletária. Em *Noite de Reis*, o bêbado e desordeiro sir Toby Arroto dá o golpe de misericórdia no puritano Malvólio: "Pensais que, por serdes virtuoso, não existirão mais as boas coisas da vida?".[22] Numa cena luminosa de uma de suas mais brilhantes tragédias, *Antônio e Cleópatra*, os governantes do mundo tomaram um porre, deram-se as mãos e dançaram "as bacanais egípcias".[23] Até mesmo o sério e cauteloso César foi enredado, contra a sua vontade, na farra caótica: "É um esforço insano, quanto mais lavo meu cérebro, mais turvo ele se torna".[24] "Caros senhores, vamos ficar por aqui", diz ele, olhando o rosto dos que o acompanham e sentindo-se ele próprio ruborizado. "Já vedes que temos as faces em brasa."[25]

Se a fria sobriedade de César faz dele o mais provável vencedor da luta pelo poder, também o torna muito menos atraente que o bagunceiro e espirituoso Antônio. A verdadeira nobreza em *Antônio e Cleópatra* — nobreza que vem não só do sangue, mas do caráter — tem uma afinidade com o descomedimento, uma percepção presente em muitas peças de Shakespeare que tem a força de uma conclusão tirada da vida. Pode ser que John Shakespeare nunca tenha se parecido tanto com um nobre aos olhos de seu filho observador e imaginativo do que quando estava alto, com as faces pegando fogo.

---

22. "Dost thou think because thou art virtuous there shall be no more cakes and ale?" (2.3.103-4).
23. "the Egyptian bacchanals" (2.7.98).
24. "It's monstruous labour when I wash my brain/ And it grow fouler" (2.7.92-3).
25. "Gentle lord's, let's part/ you see we have burnt our cheeks" (2.7.116-7).

Mas nas peças a embriaguez está associada tanto a palhaços, bufões e perdedores quanto a reis. Uma de suas primeiras peças, *A megera domada*, leva a embriaguez literalmente para perto de seu mundo na figura de Christopher Sly, barulhento, agressivo, inconsequente e totalmente sem vontade de pagar pelos copos que quebrou. Quando o taberneiro o chama de vigarista e ameaça chamar o condestável, o mendigo bêbado invoca a honra de sua família — "Os Sly não são vigaristas. Podeis procurar nas Crônicas: chegamos com Ricardo, o Conquistador"[26] — e imediatamente ferra no sono. Pouco depois, um nobre decide brincar com o mendigo fazendo-o acreditar que é um lorde, e o confuso Sly se agarra a um senso de identidade mais prosaico: "O quê? Dizeis que estou louco? Então não sou Christopher Sly — filho do velho Sly de Burton Heath, mascate de nascença, fabricante de cartões por educação, tratador de ursos por transmutação e agora tendo por profissão funileiro? Perguntai a Marian Hacket, a gorda cervejeira de Wincot, se ela não me conhece".[27]

Shakespeare escreveu essa comédia pouco depois de mudar-se para Londres, e ela guarda traços bem nítidos da região que circunda Stratford: Barton-on-the-Heath, onde viviam seus primos Lambert; Wincot, onde morava uma família Hacket que ele provavelmente conheceu; talvez até mesmo o próprio Sly, já que havia um Stephen Sly em Stratford. Shakespeare deve ter achado divertido, de uma forma silenciosa e privada, introduzir esses detalhes familiares nos palcos urbanos para dar um ar realista a sua descrição da estreiteza da vida rural. Talvez, como seu personagem cômico, também ele se sentisse aturdido pela recente transmutação. De um zé-ninguém provinciano transformara-se num ator e dramaturgo profissional em Londres, e usava certas minúcias para lembrar a si mesmo quem ele era — filho do velho John Shakespeare, de Stratford. Dificilmente o personagem Christopher Sly seria comparável a seu pai — um homem cujas realizações e posição social eram muito mais elevadas — mas talvez a embriaguez, o orgulho de família, as dívidas crescentes e a

---

26. "the Slys are no rogues. Look in the chronicles, we came in with Richard the Conqueror" (Apresentação 1, linhas 3-4).
27. "What, would you make me mad? Am not I Christopher Sly, old Sly's son of Burton Heath, by birth a pedlar, by education a cardmaker, by transmutation a bearherd, and now by present profession a tinker? Ask Marian Hacket, the fat ale-wife of Wincot, if she know me not" (Apresentação 2, versos 16-20).

falta de vontade ou de possibilidade de pagar tenham sido reminiscências de casa, assim como os nomes de lugares familiares como Barton-on-the-Heath e Wincot.

A grande personificação shakespeariana da bebedeira é sir John Falstaff, o cavaleiro gordalhão cuja demanda incessante de vinho branco importado da Espanha ou das Canárias funciona virtualmente como seu lema: "Dai-me uma taça de vinho". Em *Henrique IV parte 2*, Falstaff tece loas às virtudes do xerez, vinho branco da Andaluzia, fazendo uma hilariante análise "científica" de seu poder de infundir perspicácia e coragem:

> Um bom copo de xerez faz duplo efeito; sobe-me ao cérebro, seca toda a tolice e os vapores obtusos e ásperos que o envolvem, deixando-o arguto, rápido, inventivo, cheio de formas ágeis, fogosas e deliciosas que, transformadas em voz, ganham vida pela língua e se tornam excelente espírito. A segunda propriedade do vosso excelente xerez é a de aquecer o sangue, porque este, sendo frio e pesado, deixa o fígado branco e pálido, sinal certo de pusilanimidade e covardia; mas o xerez o aquece e o faz correr de dentro para as partes de fora, ilumina o rosto, que, como um farol, chama às armas todo o resto desse pequeno reino que é o homem. E então todos os moradores e os pequenos espíritos da província se congregam em torno do seu comandante, o coração, que, engrandecido e envaidecido com seu séquito, empreende qualquer ato de coragem. Toda essa bravura vem do xerez.[28]

É claro que o dramaturgo pode ter ouvido o protótipo desse louvor à bebida na cervejaria, ou tê-lo criado por inteiro. Mas, no contexto da trajetória

---

28. "A good sherry-sack has a two-fold operation in it. It ascends me into the brain; dries me there all the foolish and dull and crudy vapours which environ it; makes it apprehensive, quick, forgetive, full of nimble fiery and delectable shapes, which, delivered o'er to the voice, the tongue, which is the birth, becomes excellent wit. The second property of your excellent sherry is the warming of the blood, which, before cold and settled, left the liver white and pale, which is the badge of pusillanimity and cowardice; but the sherry warms it and makes it course from the inwards to the parts extremes: it illuminateth the face, which as a beacon gives warning to all the rest of this little kingdom, man, to arm; and then the vital commoners and inland petty spirits muster me all to their captain, the heart, who, great and puffed up with this retinue, doth any deed of courage; and this valour comes of sherry" (4.2.86-101).

que leva o outrora próspero bailio a se esconder dos credores em sua casa, o fim dessa fala é significativo: "Se eu tivesse mil filhos, o primeiro princípio humano que lhes ensinaria seria absterem-se de beberagens leves e dedicarem-se ao xerez".[29] Talvez, com o declínio financeiro da família, Will tenha achado que fosse esse o princípio fundamental de seu pai, a herança que o decadente luveiro tivesse decidido deixar-lhe.

Mas isso não significa que Will fosse obrigado a aceitar a herança. Um dos mais antigos casos que se contam sobre Shakespeare diz que ele, embora fosse boa companhia, "não era sociável": ele "não se deixava arrastar, e, se convidado, podeis crer: ficava doente". Aubrey escreveu isso por volta de 1680, muitos anos após a morte do dramaturgo, coisa bastante esquisita como reminiscência para fazer crer que possa ser autêntica. "Ele ficava doente." Concursos de bebida com ébrios contumazes, fantasias delirantes na Taberna da Sereia ou presentes de mil libras recebidos de aristocratas apaixonados são material mais apropriado a lendas do que uma propensão a rejeitar convites com uma desculpa cortês e ficar em casa. Seja como for, certa sobriedade soa como verdadeira: de outra forma, seria difícil imaginar como Shakespeare teria feito o que fez — decorar seus papéis e representá-los no palco, ajudar na administração dos negócios complicados da companhia teatral, comprar e vender propriedades e produtos agrícolas, compor sonetos magistrais e poemas longos, além de, durante quase duas décadas, escrever em média duas esplêndidas peças por ano.

Shakespeare descrevia os beberrões em detalhe: notava a vacilação das pernas, as veiazinhas no nariz e nas faces, a fala enrolada — e fazia isso com um raro dispêndio de compreensão, deleite e até mesmo amor. Mas essa simpatia vinha entrelaçada com outros elementos, inclusive o avassalador sentimento de perda expresso por Hamlet. Ele viu em sir Toby Arroto um parasita que explora a sobrinha, engana sem piedade seu suposto amigo sir Andrew e faz por merecer a surra que leva do garoto efeminado que ele achava que podia intimidar. Em Falstaff viu algo mais ou menos semelhante — um cavalheiro afundando num pântano —, porém mais tenebroso e mais profundo: um gênio decaído, de incomensurável cinismo, um homem que inspira uma confiança quase irresistível; um monstro doentio, covarde, sedutor e adorável, um pai em

---

29. "If I had a thousand sons, the first humane principle I would teach them should be, to forswear thin potations and to addict themselves to sack" (4.2.109-11).

quem não se pode confiar. A embriaguez que em ambos os casos aparece ligada à alegria, ao espírito de improviso e a uma nobre irresponsabilidade se revela, de forma desconcertante, como parte de uma estratégia de astúcia, cálculo e impiedosa exploração de outrem. Invariavelmente, é uma estratégia fracassada: os grandes estratagemas, as riquezas imaginárias, as fantasias sobre um futuro sem limites — tudo se transforma em nada, desvanecendo-se no desprezo do filho adulto por um pai simbólico que o decepcionou. "Deus te proteja, meu doce menino!", exclama Falstaff, quando vê o triunfo de Hal em Londres. "Não te conheço, velho", responde Hal, numa das mais devastadoras falas que Shakespeare escreveu (*Henrique IV parte 2*).

> Vai rezar.
> Como caem mal as cãs a um palhaço bobo!
> Muito tempo sonhei com um homem destes,
> Inchado pelos excessos, tão velho, e tão profano;
> Mas, acordado, renego do meu sonho.[30]

São palavras que calam fundo dentro dessa peça histórica, dirigidas pelo recém-coroado rei da Inglaterra a seu amigo — muito engraçado e perigosíssimo. Ainda assim, é difícil registrar o poder avassalador e os sentimentos existentes na relação entre Hal e Falstaff sem perceber uma energia invulgarmente íntima e pessoal.

Como foi que o filho do luveiro falido fez sucesso no teatro? Na ausência de indícios documentados, a principal evidência, cuidadosamente vasculhada por gerações de fervorosos admiradores em busca de respostas, é a imensa obra que Shakespeare deixou, as peças e os poemas que, primeiro, despertam interesse por sua vida e, depois, oferecem sinais intrigantes das ocupações que ele pode ter tido.

A forte presença de situações jurídicas em suas peças e poemas, e o uso da

---

30. "God save thee, my sweet boy./ I know thee not, old man./ Fall to thy prayers./ How ill white hairs become a fool and jester!/ I have long dreamt of such a kind of man,/ So surfeit-swelled, so old, and so profane;/ But being awake, I do depise my dream" (5.5.41, 45-9).

terminologia específica — em geral com precisão, infiltrada em cenas onde menos se espera que apareça — levaram a supor que ele deve ter trabalhado no escritório de algum advogado local, alguém que se ocupasse de causas menores, como legalização de propriedades e coisas assim. Sem dúvida a maior parte do trabalho devia ser tediosa, mas punha comida na mesa e deve ter alimentado também seu apetite por palavras novas e metáforas imaginativas. É fácil imaginar o amanuense, entregue à monótona tarefa de lacrar documentos, deixando voar a imaginação — como fazia o colegial nas aulas de latim — e evocando imagens eróticas. Poucos anos mais tarde, essas imagens, ainda carregadas dos traços de sua origem modesta, tomam a forma da deusa do amor na ardente procura do jovem e belo caçador. "Castos lábios, doces sinetes nos meus gravados", diz Vênus ofegante, suplicando outro beijo,

> Que posso fazer para que jamais se lacrem?
> Consinto com prazer em vender-me
> Se me pagas, e compras, e usas a boa compra;
> E se fazes tal compra, para evitar enganos
> Estampa tua marca em meus lábios vermelhos.[31]

A imagem da marca em cera deve representar, neste relato da vida de Shakespeare, não apenas o beijo imaginado, mas também o forte impacto na imaginação do poeta daqueles meses ou anos de trabalho com as leis.

Talvez. Mas a forte presença em sua obra de termos tomados ao comércio de couros só nos parece um traço pessoal convincente por causa da probabilidade objetiva de Will ter trabalhado na loja do pai. Quando nos distanciamos da quase certeza dessa experiência, damos com a facilidade sobrenatural de Shakespeare para absorver vocabulário de uma vasta gama de atividades e a instantânea transformação de termos técnicos em registros íntimos de ideias e sentimentos. É verdade que essa absorção não é uniforme — embora no decorrer da vida ele tenha comprado e vendido casas, por exemplo, usou relativa-

---

31. "Pure lips, sweet seals in my soft lips imprinted/ What bargains may I make still to be sealing?/ To sell myself I can be well contented,/ So thou wilt buy, and pay, and use good dealing;/ Which purchase if thou make, for fear of slips/ Set thy seal manual on my wax-red lips" (*Vênus e Adônis*, versos 511-6).

mente poucos termos da arquitetura e da construção —, mas o fenômeno geral é amplo e intenso o bastante para permitir a ousadia de tomar sua linguagem como uma pista das ocupações que ele pode ter exercido formalmente. Ele recorreu, sem dúvida, a conceitos e termos legais, mas também era notavelmente receptivo a termos e conceitos teológicos, médicos e militares. Teria ele se envolvido também, diretamente, com alguma dessas profissões? Como jovem sem muitas perspectivas, poderia ter se alistado no exército, para lutar uma guerra suja nos Países Baixos — ou isso é o que alguns foram levados a pensar, impressionados com o domínio de Shakespeare sobre o jargão militar. A partir do evidente fascínio que sentia por viagens marítimas, ele bem poderia ter arrumado um lugar num navio para a América — "Buscar novos mundos", como disse sir Walter Ralegh, "pelo ouro, pelo prazer, pela glória". Mas a probabilidade estatística de retornar de aventuras desse porte era mínima. E nenhuma dessas possíveis profissões explicaria a trajetória que o teria levado de Stratford a Londres. Com efeito, todas elas parecem apenas distanciá-lo do lugar que mais importa em sua vida: o teatro.

O mais óbvio meio de acesso às companhias teatrais para um jovem talentoso era na condição de aprendiz. Mas a certidão de casamento de Will situa-o certamente em Stratford em novembro de 1582, aos dezoito anos, e o registro de nascimento de seus filhos — Susanna, batizada em 26 de maio de 1583, e os gêmeos Hamnet e Judith, batizados em 2 de fevereiro de 1585 — são fortes indícios de que ele ainda morava lá, ou pelo menos fazia visitas regulares à cidade. Os aprendizes, em geral, eram recrutados entre adolescentes e não podiam se casar (muito menos ter filhos antes dos vinte anos). Ainda assim, as técnicas adquiridas pelos aprendizes de teatro poderiam explicar algumas das coisas que o jovem Shakespeare provavelmente aprendeu a fazer, seja lá qual for o modo como ganhava a vida depois de deixar a escola.

O testamento de Augustine Phillips, um ator que era sócio e amigo de Shakespeare (deixou a seu "parceiro" Shakespeare uma "peça de ouro de trinta xelins") dá uma ideia de suas habilidades:

> Dei a Samuel Gilborne, meu antigo aprendiz, a soma de quarenta xelins, minhas meias de veludo castanho, meu gibão de tafetá branco, um costume de tafetá preto, meu manto púrpura, espada e adaga, e minha rabeca. Dou a James Sands,

meu aprendiz, a soma de quarenta xelins, uma cítara, uma bandurria e um alaúde, a serem pagos e entregues a ele ao término de seus anos de contrato de aprendizagem.

Dinheiro era apenas parte da herança. O antigo aprendiz, Gilborne, e o atual, Sands, receberam também valiosas ferramentas de trabalho: figurinos, armas e instrumentos musicais. O fato de James Sands ter de esperar pelo seu quinhão até o fim de seu contrato indica que Phillips tinha em mente sobretudo os interesses de sua companhia: não queria que o jovem ator, tendo em mãos a herança em dinheiro e instrumentos musicais, oferecesse seus préstimos a uma companhia rival.

Os termos do testamento de Phillips indicam um pouco das expectativas que as companhias teatrais tinham a respeito de seus atores. Em primeiro lugar, esperava-se que tivessem dons musicais, sendo capazes de tocar pelo menos os variados instrumentos de corda que Phillips evidentemente tocava — a cítara, uma espécie de violão; a bandurrilha (palavra da qual deriva "banjo"), semelhante ao bandolim; o popularíssimo alaúde e a rabeca. Em segundo, esperava-se que soubessem lutar com espadas e adagas, ou pelo menos imitar convincentemente uma luta. De modo geral, tinham de ser ágeis: no teatro elisabetano, as danças, assim como as lutas, eram frequentes, e todas as representações, fossem de peças trágicas ou cômicas, terminavam com danças elaboradas. (Exige certo esforço da imaginação pensar nos atores de *Hamlet*, ou de *Rei Lear*, limpando o palco ensanguentado ao término da peça, dando-se as mãos e executando uma série de passos, mas eles faziam isso.) Em terceiro, como a herança deixa claramente implícito, esperava-se que usassem as roupas com garbo. As "meias de veludo castanho" sem dúvida foram desenhadas para realçar-lhe as pernas — em uma época de vestidos longos, eram as pernas dos homens, e não as das mulheres, as que chamavam a atenção.

Juntas, a habilidade musical, a luta com espadas e sobretudo as dispendiosas roupas de veludo e seda (o tafetá naquela época era uma espécie de seda lisa) apontam para o que era provavelmente o mais importante aspecto da formação do ator elisabetano: os atores deviam ser capazes de imitar de forma convincente o comportamento de cavalheiros e damas. Ou seja, homens e meninos provenientes quase sem exceção dos 98 por cento da população que não era "fidalga" tinham de assumir os modos dos dois por cento da camada superior. É claro que nem todos os papéis das peças eram de fidalgos, e alguns atores se especializavam em personagens de classes inferiores, mas havia companhias de repertório em que a maior parte dos atores devia interpretar personagens variados. Fica claro, a partir dos orçamentos das companhias, que elas estavam dispostas a investir muito dinheiro para personificar de forma convincente a gente fidalga. Sua maior despesa, além do próprio edifício, era o custo dos figurinos — roupas magníficas e trabalhadas que o público queria ver enfeitando o corpo de atores que representavam lordes e damas.

Existe aqui um paradoxo. Oficialmente, os atores eram classificados como vagabundos; praticavam um ofício em geral estigmatizado e desprezado. Na qualidade de "homens sem patrão"— sem uma casa própria, ou um emprego honesto, ou ligação com o domicílio de outra pessoa —, eles podiam ser presos, surrados, postos a ferros e marcados a fogo. (Essa é a razão pela qual se apresentavam como empregados de aristocratas ou membros de uma guilda.) No entanto, o cerne de sua atividade era a representação persuasiva das classes superiores, capaz de dar prazer a plateias criteriosas que incluíam cavalheiros e damas. Augustine Phillips legou a seus aprendizes as ferramentas de um ofício que quase o tempo todo exigia que eles aprendessem a se apresentar e agir como seus superiores. O próprio Phillips, fica claro, quis levar a representação para além das paredes do teatro: ele simplesmente comprou um brasão ao qual não tinha direito algum, e por isso foi atacado mais tarde por um funcionário do Colégio de Heráldica, pomposamente intitulado Oficial do Dragão Vermelho (por causa da insígnia que usava).

Se pouco sabemos sobre as razões que levam ao despertar de uma vocação até mesmo em nosso próprio caso, que dirá no caso de uma pessoa que viveu há quatrocentos anos. O amor de Will pela língua, sua sensibilidade para o espetáculo e certa emoção erótica em fingir — tudo isso pode ter contribuído para atraí-lo ao palco. Mas, à luz da situação familiar de Shakespeare — uma mãe cuja família descendia dos importantes Arden de Park Hall, um pai que tinha subido na vida só para afundar outra vez —, o foco no personagem do teatro elisabetano é altamente sugestivo. Will pode ter sido atraído para o ofício de representar em parte porque isso significava imitar a vida dos fidalgos. Como estratégia prática, isso era, é claro, um absurdo: tornar-se ator ou mesmo dramaturgo era provavelmente o pior caminho para a ascensão social, algo como tornar-se prostituta com o objetivo de ser uma grande senhora. Mas, como mostram as lendas de prostitutas que se tornam grandes senhoras, trabalhar em certas profissões encerra uma magia mimética poderosa. No palco, Shakespeare podia ser a pessoa que sua mãe e seu pai diziam que ele próprio acreditava ser.

Mesmo sem um aprendizado teatral formal, Will deve ter adquirido grande parte do que precisava durante a adolescência em Stratford. Os talentos locais eram muitos; dotado de exuberância linguística e de uma rica fantasia, Will pode ter estudado alaúde com algum vizinho versado no instrumento, pode ter aprendido dança com outro, luta com espadas com outro. Observando seu reflexo num vidro ou sua sombra numa parede, pode ter declamado sonoros discursos e treinado gestos de cortesia. E, com a ligação de sua mãe com os Arden de Park Hall e a distinção ofuscada, mas ainda perceptível, de seu pai, ele pode ter chegado a crer que poderia com segurança desempenhar o papel de um cavalheiro e realizar os sonhos de seus pais.

John Shakespeare tivera no passado grandes esperanças, uma ideia de que suas realizações impulsionariam a sorte da família a um futuro glorioso. Na época de sua riqueza e de seu prestígio — em 1575 ou 1576, pouco antes de começar a afundar — ele solicitou um brasão ao Colégio de Armas, processo dispendioso a que uma pessoa se submetia não só para conferir honra a si próprio, mas para melhorar a condição de seus filhos e netos. Ser agraciado com um brasão — não comprar um por debaixo do pano, como Phillips quis fazer, mas conseguindo-o em caráter oficial — significava transcender a representação de papéis e alcançar a superioridade de fato.

A organização da sociedade elisabetana era permeada por uma hierarquia forte e bem visível: homens prevaleciam sobre mulheres, adultos sobre crianças, velhos sobre jovens, ricos sobre pobres, bem-nascidos sobre pessoas comuns. Ai daquele que violasse as regras, esquecendo-se de ceder o lugar a alguém que estivesse acima dele, ou tentando passar por uma porta à frente de seus superiores, ou inadvertidamente tomando um assento que não lhe fosse destinado, na igreja ou à mesa do jantar. William Combe, *squire* (principal dono de terras) de uma cidade próxima a Stratford, mandou um homem de nome Hicox para a cadeia de Warwick e negou-lhe fiança porque ele "não se comportava com o devido respeito em sua presença, como se fosse de propósito". A nata da sociedade vivia num mundo de gestos respeitosos cuidadosamente calculados. Exigia constantes e reiteradas manifestações de deferência daqueles que lhe eram inferiores: mesuras, reverências, o ato de tirar o chapéu, servilismo. Praticamente não existia respeito pelo trabalho; pelo contrário, o que se valorizava e incensava era a ociosidade. O modo de vestir era o oposto da democratização — nada podia estar mais longe do ambiente de Shakespeare do que uma cultura na qual magnatas e trabalhadores com frequência usam as mesmas roupas. Não se tratava apenas de dinheiro. Por determinação real, o uso da seda e do cetim estava oficialmente reservado para a nobreza. Os atores eram exceção, mas fora do teatro não podiam usar seus figurinos. Em geral, o tratamento dispensado por funcionários do governo e pelos tribunais era bem diferente para as classes superiores e inferiores. Até mesmo as execuções eram distintas: forca para o povo, decapitação para a elite.

Passar da condição de *yeoman* (pequeno agricultor) — termo que se aplicava a John Shakespeare, mesmo depois de deixar a terra e se tornar comerciante — à de cavalheiro era um enorme passo, uma verdadeira transformação da identidade social. Havia um grande número de gradações sutis na sociedade elisabetana, mas a principal divisão era entre a aristocracia e a gente "comum". Em geral essa divisão era falsamente apresentada como uma questão de sangue, uma característica herdada e mutável. Mas ao mesmo tempo era possível cruzar a fronteira, e todos conheciam os meios de fazer isso. "No que se refere aos cavalheiros", escreveu um arguto observador da época, sir Thomas Smith,

> eles fazem bons negócios na Inglaterra. Porque qualquer um que tenha estudado as leis do reino, que tenha estudado nas universidades, que tenha professado ciências liberais, e, em resumo, que possa viver no ócio sem executar trabalho manual, e deseje manter o porte, a responsabilidade e a galhardia de um cavalheiro, será chamado de patrão, pois esse é o título que os homens dão a juízes e outros cavalheiros [...]. E, se necessário, um Rei de Armas lhe dará em troca de dinheiro um brasão novo em folha e inventado, título esse que fingirá ter sido encontrado pelo mencionado heraldista ao perscrutar velhos documentos.

"Que tenha estudado nas universidades": isso não só era inconcebível para o *yeoman* e luveiro John Shakespeare como também foi algo que ele visivelmente não conseguiu obter para o filho mais velho. Mas nem tudo estava perdido. A principal exigência para alguém que ascende à categoria de elite é viver como um cavalheiro — ou seja, "viver no ócio" e manter certo nível de gastos ostensivos. A exigência seguinte é esconder a escada — ou seja, fingir que já está lá em cima. Isso se faz, observa Smith, comprando um brasão a uma instituição, o Colégio de Armas, dedicado ao peculiar negócio de dissimular a mobilidade social reinventando o passado. Em troca de dinheiro, o heraldista finge que acaba de descobrir em documentos antigos algo que ele — ou o interessado — na verdade forjou.

Não era tão simples quanto o sarcástico relato de Smith leva a crer. Para ser um *armiger*, uma pessoa autorizada a usar um brasão, era preciso cumprir certas exigências, supervisionadas por uma burocracia encabeçada pelo rei de armas da Jarreteira, o chefe do Colégio de Armas. No caso de John Shakespeare, foi o cargo público que ajudou a conferir-lhe elegibilidade. "Se uma pessoa for elevada a cargo ou dignidade da administração pública", afirmou um especialista nessas questões, "seja ela eclesiástica, militar ou civil [...] o Colégio de Armas não poderá negar-se a conceder a essa pessoa pública, assim que manifestado seu pedido e desejo de usá-la sem deslustre, uma cota de armas." O bailio de Stratford era justamente tal "pessoa pública" e, assim sendo, quando apresentou ao colégio uma descrição de seu brasão, devia estar confiante de que seu pedido seria atendido. Mas, embora não se pudesse simplesmente comprar uma cota de armas autêntica — que a pessoa e seus descendentes poderiam ostentar com orgulho para sempre, como um direito adquirido —, era preciso, em última instância, pagar por ela. Os honorários dos heraldistas eram altos. Quando sua situação financeira piorou, ascender à condição de cavalheiro deve ter parecido uma extravagância sem remédio ou talvez uma galhofa, como um mendigo sonhando com uma coroa. A demanda de John Shakespeare foi arquivada e esquecida.

Mas ao que parece seu filho mais velho não a esqueceu. Décadas depois, em outubro de 1596, o processo foi reaberto. A velha petição — "ouro, sobre uma banda preta, e uma lança sobre aquela, com ponta de aço, como de praxe; e seu timbre, ou insígnia, um falcão, com as asas abertas, sobre uma grinalda com suas cores, segurando uma lança de ouro e aço, como dito, pousado sobre um elmo com borlas e debruados" — foi retirada da estante, onde juntava pó, e novamente a solicitação de John Shakespeare foi renovada e, dessa vez, aprovada. Quem reapresentou a candidatura forneceu as informações necessárias e pagou os honorários ao notoriamente ganancioso, arrogante e irascível chefe do Colégio de Armas de Londres, sir William Dethick? Não foram o velho luveiro e sua mulher, cuja situação financeira com toda a probabilidade não estava melhor, nem, com alguma probabilidade, o camiseiro provinciano Gilbert, o insignificante Richard, o ator medíocre Edmund, ou a filha solteirona Joan. A resposta óbvia é William, já prosperando a olhos vistos no teatro londrino.

Por que ele teria se dado a esse trabalho? A resposta mais óbvia é que, ajudando o pai a completar o processo, o dramaturgo, num ato de generosidade previdente e interessado, estava conferindo a condição cavalheiresca a si mesmo e a seus filhos. Nessa altura, está fora de dúvida que Will já tivesse interpretado cavalheiros no palco, e poderia muito bem representar o papel fora da sala de espetáculos, mas ele e todo mundo sempre saberiam que estava representando alguém que não era. Mas agora tinha meios para adquirir legitimamente, por meio dos cargos públicos ocupados por seu pai no passado, um papel que até então só representara. Tinha o direito de usar fora do teatro as mesmas roupas que usava no palco. A um homem particularmente sensível à hierarquia social — e Shakespeare passou a maior parte da vida profissional imaginando a vida de reis, aristocratas e cavalheiros da pequena nobreza —, a perspectiva de ter um privilégio desses deve ter parecido aprazível. Ele assinaria seu testamento da seguinte forma: "William Shakespeare, de Straford-upon-Avon, no condado de Warwick, cavalheiro". Seus herdeiros e sua prole estariam cada vez mais longe da luvaria e, além disso, do teatro; eles teriam o luxo de dar por certa sua fidalguia e reivindicar sem ironia o lema que alguém — mais uma vez, com toda a probabilidade, o próprio Will — criou para acompanhar o escudo e o timbre: *Non sanz droict*.

"Não sem direito." Haveria nesse lema um toque defensivo, um leve senso de que a postulação à condição de cavalheiro poderia suscitar desaprovação? Se for assim, a insegurança não teria sido do luveiro insolvente, mas de seu filho, dramaturgo bem-sucedido. Quaisquer que tenham sido os problemas de John Shakespeare — bebida, empréstimos insensatos ou seja lá o que for —, ele efetiva, legitimamente, tinha, em virtude dos cargos públicos que ocupara em Stratford, a condição social necessária para postular o status de cavalheiro. Já seu filho, não. Para um homem educado, poucas eram as profissões mais estigmatizadas socialmente do que a de ator. Que Shakespeare estava bem consciente do estigma pode-se inferir dos sonetos, nos quais escreve que, como a mão do tintureiro, ele estava manchado pela profissão que exerceu. Foi com essa consciência de vergonha social — a noção do que significa ir para cá e para lá, mudando de acordo com a situação — que ele deve ter imaginado o lema da família, meio desafiador, meio defensivo.

O funcionário que escreveu as palavras no rascunho da concessão de armas cometeu um erro crasso — de modo involuntário, ou por sarcasmo — que precisou corrigir: por duas vezes, escreveu *Non, Sanz Droict*. A vírgula transformou o lema numa rejeição oficial: "Não, sem justificativa". A correção foi feita, o lema acabou sendo escrito corretamente, e o brasão foi concedido. Mas, para Will, a insegurança — ou pelo menos o senso de incongruência — provavelmente não desapareceu, pois existem piadas e lembretes desagradáveis. A maior parte das manifestações de patrulhamento social — olhares atravessados, nariz torcido, tiradas irônicas, deboche — é volátil e dificilmente dura mais de um dia ou dois, muito menos quatrocentos anos. Mas neste caso, talvez porque o volume de insultos fosse grande, talvez porque Will fosse uma pessoa muito conhecida, ainda hoje subsistem traços dessas manifestações. Na comédia satírica *Cada homem sem seu humor*, encenada pelos Homens do Lorde Camerlengo em 1599 no recém-construído Globe Theater, Ben Jonson fez um bufão caipira chamado Sogliardo pagar trinta libras por uma ridícula cota de armas, para a qual um conhecido propõe, no intuito de ridicularizá-lo, o humilhante lema "Não sem mostarda". Como membro dos Homens do Lorde Camerlengo, Will deve ter ouvido o insulto incontáveis vezes, em ensaios e espetáculos. Ele provavelmente deu um riso amarelo — de que outra forma alguém enfrentaria um escárnio desses?

Em 1602, seu desconforto se renovaria quando um genealogista e heraldista rabugento, Ralph Brooke, de York, apresentou uma queixa formal contra o rei de armas da Jarreteira, sir William Dethick, por abuso de autoridade, já que elevara pessoas do povo a uma condição a que não faziam jus. Brooke fez uma lista de 23 casos. "Shakespeare, o Ator" era o quarto nome da lista.

Shakespeare era um espirituoso gozador dos presunçosos e deve ter imaginado que estaria exposto a tais constrangimentos. Talvez tenha pensado que em troca do prestígio social valia a pena suportar esse mal-estar, mas outra explicação pode ser encontrada em certas anotações feitas nos rascunhos que Dethick redigiu quando reapresentou a solicitação em nome de John Shakespeare. Essas notas podem ter sido baseadas em informações proporcionadas pela pessoa que pagou pela solicitação, mas que poderiam ser confirmadas, caso seus funcionários estivessem agindo com responsabilidade, pelo Colégio de Armas. Não existem, é claro, referências à luvaria nem ao tráfico de lã e outros artigos. Além de uma vaga alusão à distinção dos ancestrais do suplicante, que teriam prestado "fiéis e relevantes serviços" ao rei Henrique VII, embora nenhum registro desses serviços tenha aparecido, Dethick observa que "o mencionado John casou-se com a filha e uma das herdeiras de Robert Arden, de Wilmcote", que servira como juiz de paz e bailio de Stratford, e que tinha "terras e pingues fazendas de substância" no valor de quinhentas libras.

Em 1596, isso era apenas um sonho, da mesma espécie que a afirmação de Christopher Sly ("nós chegamos com Ricardo, o Conquistador"). John Shakespeare não era provavelmente um pobretão — apesar das perdas, ainda tinha recursos —, mas deixara de ser aquilo que sua petição alegava: "um homem de substância". A história que provavelmente Will contou ao rei de armas da Jarreteira — sobre um homem cujos ancestrais prestaram serviços ao rei, um homem que se casara com uma herdeira de sobrenome distinto, um homem que tinha ascendido a altos cargos públicos, em suma, um homem de boa substância — apagou ou dissolveu o homem que hipotecou as propriedades de sua mulher, que não saía de casa com medo de ser preso por dívidas e cujas relações com seus concidadãos tinha se deteriorado a tal ponto que em 1582 ele pediu garantias de integridade contra quatro homens "por medo de ser morto e ter os membros mutilados". Naquela petição, John Shakespeare não só tinha recuperado o status perdido como ascendera a uma posição que nunca tinha ocupado.

O sonho da reabilitação rondou Shakespeare durante toda a vida. Em *A comédia dos erros*, um mercador de Siracusa, que buscava os filhos gêmeos perdidos, é preso na cidade rival de Éfeso, ameaçado de morte e forçado a pagar uma pesada multa. Ao fim de uma bizarra confusão de identidades trocadas, na qual um de seus filhos, endividado, é preso por um funcionário vestido de couro (do tipo que costumava acompanhar o bailio John Shakespeare), o pai se reúne aos gêmeos e à mãe deles, a amada esposa de quem ele fora separado num naufrágio trinta anos antes. A vida do mercador é poupada; sua multa, perdoada; a dívida do filho, paga, e a família se recupera milagrosamente. Em *O mercador de Veneza*, um rico comerciante perde toda a sua fortuna numa série de naufrágios e está a ponto de ser esquartejado por um impiedoso credor judeu quando, por meio de uma criativa interpretação da lei, recupera tudo o que perdera e fica ainda com o dinheiro do credor. Em *Noite de Reis*, o filho e a filha de um nobre são separados e naufragam na costa da Ilíria. O filho passa a viver como num sonho. A filha se faz passar por um rapaz e adota um novo nome, Cesário. Com a nova identidade, ela sofre uma vertiginosa queda em sua posição social — Cesário é um criado —, mas mesmo com seu disfarce ela permanece apegada a suas origens. "De que família és?", pergunta a orgulhosa condessa, e o criado responde: "Acima de meus infortúnios, minha posição ainda é boa./ Sou um cavalheiro". A condessa fica cativada:

> Poderia jurar que o fosses.
> Tua língua, teu rosto, teus membros, atos e espírito
> Tudo te concede um quíntuplo brasão.[32]

"Quíntuplo brasão": em seu modo de falar, seus olhares, seus gestos, embora não em suas roupas ou em sua ocupação, Cesário ostenta o brasão de um cavalheiro. E quando finalmente irmão e irmã se encontram por acaso, afirmam suas identidades trocadas:

> SEBASTIÃO Qual camponês? Qual nome? Qual família?
> VIOLA De Messalina. Sebastião era meu pai.[33]

Eles não só recuperam sua legítima identidade social como fazem casamentos acima de sua posição: a moça com o duque de Ilíria, o rapaz com uma rica herdeira.

Em nenhum desses casos a reabilitação se faz sem tropeços. O comerciante de Siracusa tem de volta uma família que, por causa do desastroso naufrágio, na verdade nunca vivera como tal. O mercador de Veneza, que despreza a

---

32. "What is your parentage?/ Above my fortunes, yet my state is well./ I am a gentleman./ I'll be sworn thou art./ Thy tongue, thy face, thy limbs, actions, and spirit/ Do give thee five-fold blazon" (1.5.247-9, 261-3).
33. "SEBASTIAN What countryman? What name? What parentage?/ VIOLA Of Messaline. Sebastian was my father" (5.1.224-5).

usura, não só recupera suas perdas marítimas; ganha também o direito "de usufruto" sobre a metade da riqueza acumulada pelo usurário judeu. Os gêmeos não só são devolvidos um ao outro e à identidade perdida como se unem também por meio dos cônjuges, casando-se Viola com o duque que durante longo tempo fora loucamente apaixonado pela duquesa, a riquíssima noiva de Sebastião. E a ascensão social é estranhamente ensombrecida com a figura do criado da condessa, Malvólio, que sonhava fazer o casamento que Sebastião conseguiu.

Malvólio funciona como o lado obscuro da obsessão de Shakespeare pela condição de cavalheiro. Nas palavras da dama de companhia Maria, que o odeia, ele é "uma besta pretensiosa que quer falar e agir como grão-senhor" — ou seja, ele memoriza e repete a fala solene e empolada de seus superiores. E é um narcisista: "cheio de si, acha-se tão dotado de ótimas qualidades que acredita piamente que quem o vê gosta dele".[34] Ele sofre daquilo que Shakespeare em seus sonetos chama de "pecado do amor-próprio": "Penso que nenhum rosto seja tão belo quanto o meu/ Não há forma mais verdadeira, nem tão proporcional".[35] Apesar dessas qualidades, os inimigos de Malvólio vão armar sua vingança, que será fazer dele "motivo de galhofa".[36]

O que se ridiculariza em Malvólio, portanto, não é simplesmente a má índole ou a severidade puritana, mas o sonho de desempenhar o papel de cavalheiro. E o ridículo chega bem perto de descrever o processo pelo qual qualquer ator, Shakespeare inclusive, deve ter aprendido seu ofício. "Ele estava sob o sol havia meia hora", diz Maria a seus cúmplices, "treinando como se comportar olhando a própria sombra."[37] Quando ele chega a ponto de ser ouvido, o que as testemunhas divertidas presenciam é o ensaio de uma fantasia: "Ser o conde Malvólio!". "Agora ele está no personagem", murmura um dos cúmplices. "Vejam para onde a imaginação o leva."[38] O público então é convidado a

---

34. "[...] an affectioned ass that cons state without book and utters it by great swarthes; the best persuaded of himself, so crammed, as he thinks, with excellencies, that it is his grounds of faith that all that look on him love him" (2.3.132-5).
35. "Methinks no face so gracious is as mine/ No shape so true, no truth of such account" (62.1,5-6).
36. "common recreation" (2.3.121).
37. "He has been yonder i' the sun practising behavior to his own shadow this half-hour" (2.5.14-5).
38. "To be Count Malvolio! [...] Now he's deeply in. Look how imagination blows him" (2.5.30, 37-8).

observar uma pessoa entrando no papel — "agora ele está no personagem" — e improvisar uma cena complementada com figurino, adereços, diálogo e aquilo que os atores chamam de contexto:

> Tendo estado três meses casado com ela e passando muito bem [...]. Reuni meus criados, usando um manto bordado, acabava de sair do sofá, onde Olívia ficou dormindo [...]. Então, fiz cara solene e depois de lançar-lhes um olhar sereno, disse-lhes que eu conhecia meu lugar e esperava que eles conhecessem o deles, e que chamassem meu primo Toby [...]. Mandei sete de meus criados atrás dele. Enquanto esperava, impaciente, talvez tenha dado corda ao relógio, ou brinquei com alguma joia preciosa [toca um cordão].[39]

Malvólio está prestes a ser pego na armadilha que tinha sido armada para ele e o levaria a usar meias com ligas amarelas, a sorrir na hora errada, a ser preso como louco e a uma cruel humilhação. Sendo um dos maiores enredos cômicos da obra de Shakespeare, a peça mergulha profundamente na vida íntima do dramaturgo, incluindo uma forte corrente de zombaria da pretensão — a sua e a de seus pais — de aspirar a uma posição social mais alta.

Shakespeare não se cansava de encantar-se com os prazeres e as ironias da reabilitação, mesmo em suas tragédias e tragicomédias. No clímax de *Rei Lear*, as filhas perversas do velho rei são derrotadas, e depois de todas as perdas e de atrozes sofrimentos, o rei retoma o "poder absoluto". Mas é tarde demais: sua amada filha Cordélia está morta em seus braços, e ele próprio morre numa agonia desesperada, misturada à fugidia esperança de que ela ainda esteja viva. Sorte similar cabe a Timão de Atenas, que por ter perdido sua fortuna acha que não tem mais amigos e vai viver sozinho nas florestas. Cavando a terra em busca de raízes para comer, encontra ouro, a última coisa que deseja, e mais uma vez se torna, para sua desgraça, um homem imensamente rico. E, em

---

39. "Having been three months married to her, sitting in my state... Calling my officers about me, in my branched velvet gown, having come from a day-bed, where I have left Olivia sleeping... And then to have the humor of state and... after a demure travel of regard, telling them I know my place, as I would they should do theirs — to ask for my kinsman Toby... Seven of my people with an obedient start make out for him. I frown the while, and perchance wind up my watch, or play with my [touching his chain] some rich jewel" (2.5.39-54).

Conto de inverno, o rei Leontes, depois de dezesseis anos, recupera a mulher e a filha que seu ciúme paranoico esteve a ponto de destruir. Mas esses longos anos não são fáceis de apagar: sua mulher, observa Leonte, "não era tão enrugada/ Tão velha" quanto a mulher que ele tinha recuperado,[40] e outras vítimas de seu ciúme — seu único filho, o príncipe Mamílio, e seu conselheiro de confiança, Antígono — não voltam da tumba por milagre. A emoção do restabelecimento do poder está fortemente presente — a ideia de que aquilo que parecia para sempre perdido foi recuperado contra toda expectativa e toda esperança — mas a recuperação nunca é bem o que parece: o passado recuperado acaba sendo uma invenção, ou desilusão, ou, no pior dos casos, uma intensificação da perda.

Bem perto do fim da carreira, Shakespeare voltou uma vez mais a essa estrutura de enredo, dando a *A tempestade* sua forma quase pura: um governante é afastado de seu ducado, lançado ao mar num barco mal vedado com a filha pequena e naufraga numa estranha ilha. Anos depois, por artes de magia, ele triunfa sobre seus inimigos e recupera o ducado perdido. Esses são temas familiares, muito tradicionais, mas mesmo assim é impactante a forma intensa como Shakespeare abraça a fantasia da recuperação da prosperidade ou da identidade perdida.

Não há relação direta entre a encenação das várias formas de reabilitação nas peças de Will e a renovação da antiga solicitação da condição de cavalheiro. A arte raramente emerge das circunstâncias de forma tão direta, e seria bem menos atraente se assim fizesse. Shakespeare estava numa atividade que atingia milhares de pessoas, nenhuma das quais tinha motivo algum para estar interessada nos negócios e na posição social de um luveiro de Stratford. Mas havia muitos meios pelos quais ele poderia ter tentado atingir seu público, e seu fascínio por certo conjunto de histórias — sua noção de que elas funcionariam bem e, ainda mais, que ele deveria tê-las em si para trabalhar com elas — não parece ser totalmente aleatório. Embora sua imaginação voasse a paragens longínquas, as fantasias que a excitavam, em geral, tinham raízes nas circunstâncias autênticas de sua vida, ou melhor, nas expectativas, nos anseios e nas frustrações gerados por essas circunstâncias. Daí que, em lugares tão remotos

---

40. "was not so much wrinkled, nothing/ So aged [...]" (5.3.28-9).

quanto a Atenas de *Sonho de uma noite de verão* ou a romântica Boêmia de *Conto de inverno*, há detalhes que nos transportam ao rapazote que cresceu na Henley Street de Stratford e sonhava ser um cavalheiro. Em algum momento do fim da adolescência, o jovem acordou e se deu conta de que o sonho tinha se dissipado com o dote da mãe e a posição social do pai. Mas, como vimos, ele não desistiu, nem na vida nem na arte.

Uma e outra vez, em suas peças, uma catástrofe imprevista — uma de suas expressões prediletas da catástrofe era o naufrágio — de repente transforma o que parecia um feliz progresso, prosperidade e vento a favor em desastre, terror e perda. A perda é, obviamente e de imediato, de índole material, mas é também, de modo mais terrível, uma perda de identidade. Ver-se sozinho, sem os amigos, sem suas relações habituais, sem sua rede familiar — essa catástrofe é frequentemente simbolizada pela deliberada alteração ou supressão do nome e, com isso, a alteração ou supressão da condição social. Os personagens de Shakespeare estão sempre precisando reivindicar uma nobreza que já não é aparente de imediato, pois seus sinais convencionais foram varridos por ondas selvagens.

Na imaginação de Will, o fracasso do pai deve ter se assemelhado a um naufrágio, mas, em primeiro lugar, os Shakespeare não tinham acesso seguro à condição cavalheiresca. A família, no melhor dos casos, estava a ponto de subir um degrau na escala social, obtendo a cota de armas à qual o pai se candidatara. É bem possível que a mãe tenha enchido a cabeça do filho mais velho com histórias dos Arden de Park Hall, ou mesmo de Turchill da floresta de Arden, o ancestral nobre cujas terras ocupavam quatro colunas no Domesday Book. Nesse caso, Will pode ter fantasiado que a família, graças aos cargos públicos ocupados pelo pai, estivesse a um passo de recuperar a posição que um dia pertencera aos Arden por direito de nascimento.

Ele parece ter acalentado também esse sonho todo o tempo. Em 1599, três anos depois que a antiga solicitação de cota de armas foi reaberta, quase com certeza por iniciativa de Will e às suas custas, foi quase seguramente ele quem estava por trás de outra solicitação acatada pelo Colégio de Armas — dessa vez o direito de acrescentar (o nome técnico é "empalamento") o brasão dos Arden àquele que agora é referido como "o Antigo Escudo de Armas" dos Shakespeare. Por fim, só as armas dos Sheakespeare figuraram em seu mausoléu, mas a mensagem simbólica é clara: não sou apenas alguém que possa ser tratado como um criado a soldo, ou escorraçado como um vagabundo; sou alguém que não apenas simula, no palco, ser um cavalheiro; sou um verdadeiro cavalheiro, com o direito de ostentar armas, tanto em função dos relevantes serviços prestados por meu pai à rainha quanto em função da distinta família de minha mãe. E, meio escondida, outra mensagem simbólica: com o fruto de meu trabalho e de minha imaginação, levei minha família de volta a um momento anterior à derrocada; afirmei a distinção do nome de minha mãe e restaurei a honra de meu pai; reivindiquei minha herança perdida; eu criei essa herança.

3. O grande medo

Mesmo que Will, no fim da adolescência ou aos vinte e poucos anos, tenha decidido tornar-se ator, não bastava apenas rumar para Londres e tentar a sorte nos palcos, parando aqui e ali para ganhar uns trocados, cantando e fazendo malabarismos para ter o que comer e onde dormir. Na Inglaterra elisabetana, a pessoa que se desligasse de sua família e de sua comunidade em geral enfrentava problemas. Tratava-se de uma sociedade profundamente desconfiada quanto à vida errante. (Em suas obras, Shakespeare voltaria muitas vezes às tribulações dos erradios e desvalidos.) A era dos cavaleiros andantes e menestréis itinerantes estava encerrada — se é que alguma vez existiu além da fantasia. É certo que existiram monges mendicantes e peregrinos, e deles há nítidas lembranças, mas as ordens religiosas foram dissolvidas pelo Estado, e os lugares sagrados, fechados ou destruídos por zelosos reformistas. Havia quem perambulasse pelas estradas, mas era gente excepcionalmente vulnerável. Mulheres desacompanhadas ou sem proteção podiam ser agredidas e violentadas quase impunemente. Homens desacompanhados corriam riscos um pouco menores, mas também precisavam de toda proteção que conseguissem obter. O comércio que exigisse viagens era estritamente regulamentado — todo mascate e todo funileiro precisava ter uma licença de dois juízes do condado em que residia, e quem não tivesse a licença poderia ser oficial ou extraoficialmente punido. Qualquer mendigo ou desocupado apto para o trabalho estava sujeito a ser detido e levado ante o juiz de paz local para interrogatório e punição. Ser capaz de cantar, dançar, executar malabarismos ou monólogos não era desculpa: a Lei de Vadiagem, de 1604, que dava continuidade a regras mais antigas, incluía entre os que deviam ser enquadrados os atores de interlúdios, receptadores, tratadores de ursos, menestréis, intelectuais e marinheiros pedintes, quiromantes, adivinhos e outros. Se o vadio não conseguisse provar que tinha terras próprias ou um patrão a quem servia, era amarrado a um poste e açoitado publicamente. Depois disso, era devolvido ao lugar de origem — para retomar o trabalho a que tinha sido destinado ao nascer — ou posto a trabalhar, ou preso no pelourinho até que alguém precisasse de seus serviços.

Um número reduzido de pessoas levava uma vida de ócio privilegiado, mas a maioria fazia parte de uma sociedade de escassez, intolerante para com aqueles que, como Shakespeare disse, não submetiam o corpo a trabalho penoso. E os frutos desse trabalho, ao menos em teoria, deviam caber a pessoas que conheciam seu lugar e nele se mantinham. As regras sociais eram espantosamente duras: para evitar que o açoite e o pelourinho parecessem muito compassivos, uma disposição de meados do século XVI mandava que os vagabundos fossem marcados a ferro em brasa e postos a trabalhar como escravos. Mesmo que essas regras draconianas não fossem estritamente aplicadas — não há indícios suficientes para tomar isso como certo —, aquela não era seguramente uma cultura em que um jovem provinciano indeciso sobre seu futuro e necessitado de uma renda para alimentar mulher e três filhos pequenos pudesse se aventurar livremente na cidade grande à espera, como diria Mr. Micawber, o personagem de Dickens, de que alguma coisa acontecesse.

Uma nota do mexeriqueiro John Aubrey, do século XVII, proporciona fortes indícios de que Will não encontrou emprego de imediato numa companhia teatral nem se mudou diretamente de Stratford para Londres em busca de emprego. "Ele foi, nos primeiros anos da juventude", escreveu Aubrey, "mestre-escola no campo." A maior parte das informações dadas por Aubrey sobre Shakespeare deve ser tomada com desconfiança, mas essa em particular é mais confiável, já que Aubrey dá como fonte o ator William Beeston, filho de um antigo parceiro de Shakespeare na companhia do lorde Camerlengo chamado Christopher Beeston. Essa, portanto, é uma informação biográfica que remonta diretamente a uma pessoa que de fato conheceu Shakespeare. Eles atuaram juntos, segundo comprovam documentos, na montagem de *Cada homem com seu humor*, em 1598. Ninguém foi capaz de determinar com certeza em que parte do "campo" Shakespeare foi professor, mas muitos especialistas acabaram por levar a sério uma afirmação polêmica, surgida em 1937, segundo a qual ele teria passado um período, talvez dois anos, em Lancashire, trabalhando para um cavalheiro católico riquíssimo, Alexander Hoghton, e depois, com a morte de Hoghton, para um amigo dele, sir Thomas Hesketh, da vizinha Rufford.

O período cruento e nebuloso dos Tudor, com seu conflito religioso, ajuda a explicar por que um adolescente recém-saído da escola pode ter deixado as Midlands para se aventurar no Norte da Inglaterra, onde teria se vinculado a uma poderosa família católica da região, e por que essa família preferiu empregar uma pessoa como ele em vez de um mestre-escola formado em Oxford ou Cambridge.

Stratford tornara-se protestante em 1533, assim como o resto do reino, quando Henrique VIII — disposto a divorciar-se e a confiscar as imensas riquezas dos mosteiros — declarou-se chefe supremo da Igreja Anglicana. Oficialmente, a Inglaterra rompeu com Roma em caráter definitivo. Mas, em questões de crença religiosa, as famílias do começo do século XVI em geral estavam divididas, e muitas pessoas se sentiam interiormente cindidas. Teria sido difícil encontrar uma família numerosa em que pelo menos alguns membros não continuassem professando a antiga religião, assim como também seria difícil encontrar um convertido ao protestantismo que não sentisse um remorso residual, pelo menos de forma esporádica, e um católico que permanecesse alheio à corrente de orgulho nacional e de lealdade quando Henrique VIII desafiou a autoridade do papa. Essa ambiguidade perdurou até mesmo durante o reinado do filho de Henrique VIII, Eduardo VI, de 1547 a 1553, quando a elite governante da Inglaterra abraçou definitivamente a doutrina e a prática protestantes. Mas houve muitas medidas destinadas a dificultar uma volta ao catolicismo, ainda que só na imaginação.

A salvação, diziam os líderes da nova Igreja Anglicana, não vem da missa nem de outros ritos do catolicismo romano, mas pela fé e somente pela fé. Agora já não eram apenas os veneráveis mosteiros e os famosos centros de peregrinação que sofriam ataques. Retábulos, imagens, crucifixos e afrescos que enchiam as igrejas foram declarados ídolos, cujo propósito era atrair o povo para a ignorância e a superstição. Foram desfigurados, caiados ou quebrados, e os zelosos vândalos passaram a atacar outros meios imemoriais de professar a fé, como ritos, procissões e autos.

O momento culminante do serviço religioso católico é a elevação da hóstia. O padre, trajado de maneira luxuosa, de costas para os fiéis e meio escondido por trás de uma divisória encimada por um grande crucifixo, ergue a hóstia consagrada. Nesse momento soa uma campainha, e os fiéis saem de suas orações íntimas e procuram com os olhos o pedaço de pão que miraculosamente se transformou no corpo e sangue de Deus. Polemistas protestantes tinham uma coleção de apelidos desairosos para a hóstia — "Corrente dos Crédulos", "Engana-trouxa", "Comida de Vermes" e assim por diante —, além de termos ofensivos semelhantes para a missa, como "Teatro do Papa".

A missa era um espetáculo que causava forte impressão, admitiam, porém era toda ela uma farsa histriônica, um emaranhado de mentiras e ilusões. O teatro podia ter seu valor — protestantes fervorosos como John Bale, que escreveu peças anticatólicas, era francamente dessa opinião —, mas não lhe cabia contaminar o culto. Não havia nenhuma transubstanciação milagrosa do pão, como afirmavam os católicos, apenas um ato solene de comemoração, que deveria ocorrer não num altar, mas à mesa. A fé devia repousar não num espetáculo vistoso, mas na palavra de Deus; não em imagens atraentes, mas nos textos. O único guia eram as Escrituras. Era um escândalo, reclamavam sem parar os reformadores religiosos, que a Bíblia Sagrada tivesse sido deliberadamente mantida longe das mãos de homens e mulheres leigos (traduções para o inglês julgadas heréticas foram queimadas em grandes fogueiras pelas autoridades católicas), e dessa forma reduzida a uma tradução para o latim mastigada baixinho pelos padres. Na década de 1520, amparados pela tipografia, os protestantes decidiram fazer uma versão inglesa para ampla distribuição, moldada pelos princípios da Reforma, e estimular a alfabetização, que daria às pessoas comuns acesso ao que eles chamavam de verdade pura e sem mácula. Dispuseram-se também a traduzir a liturgia para o inglês e promulgar o Livro Comum de Oração, de forma que todos os crentes entendessem o serviço religioso e rezassem em uníssono em sua própria língua.

Esse foi o momento crucial do desenvolvimento da língua inglesa, em que as coisas mais profundas, as coisas de que dependiam o destino e a alma, foram postas em palavras comuns, familiares e cotidianas. Acima de todos os demais, William Tyndale e Thomas Cranmer assumiram a empreitada. Sem eles, sem a grande tradução inglesa do Novo Testamento e o eloquente e altissonante Livro Comum de Oração, seria difícil imaginar William Shakespeare.

Esse avanço não se deu de forma pacífica. Radical demais para o conservadorismo doutrinário de Henrique VIII, Tyndale foi conduzido ao continente na década de 1520, onde acabou sendo capturado e condenado à morte no garrote pelas autoridades católicas. No reinado de Eduardo VI, Cranmer, na condição de arcebispo de Cantuária, liderou a Reforma protestante, mas quando o frágil Eduardo morreu, em 1553, o trono passou para sua irmã, a católica Maria Tudor. Maria inverteu o sentido do processo, e Cranmer, junto com outros destacados protestantes que não conseguiram fugir para a Alemanha ou para Gênova, foi queimado na fogueira em Oxford, em 1556. A lembrança dessas execuções — que constituem o núcleo do grande Livro dos Mártires de John Foxe — pesou como uma sombra sobre o fim do século XVI e aguçou os sentimentos violentamente anticatólicos dos reformadores.

Quando Maria morreu sem deixar herdeiros, em 1558, a roda girou mais uma vez: Elizabeth, aos 25 anos, mostrou de imediato que o país retornaria ao caminho religioso tomado no reinado de seu pai e, ainda mais, no de seu irmão. Embora cautelosa o bastante para evitar desde logo reformas extremas, a rainha deixou claras suas convicções protestantes num desfile realizado em 14 de janeiro de 1559, na véspera de sua coroação. Na altura do Little Conduit de Cheapside, ela tomou a Bíblia inglesa que lhe foi entregue por uma dama ataviada como uma alegoria da Verdade, beijou o livro, levantou-o e apertou-o contra o peito. Quando, semanas mais tarde, na abadia de Westminster, alguns monges levando incenso, água benta e círios aproximaram-se dela para dar-lhe suas bênçãos, ela os despachou com rudeza: "Fora com essas tochas", ordenou, "podemos ver muito bem com a luz do dia". Nos meses seguintes, retábulos e imagens que tinham sido restabelecidos foram mais uma vez retirados, os altares se transformaram em simples mesas, e a velha liturgia católica foi substituída pelo Livro Comum de Oração. Os padres católicos que emergiram daquilo que chamavam de pesadelo da época de Eduardo VI foram obrigados a escolher entre se adaptar à doutrina protestante ou desaparecer mais uma vez. Ou se exilariam no estrangeiro de novo ou, com maiores riscos, se esconderiam, disfarçados, em casas católicas.

No início, a repressão foi relativamente branda. A rainha Elizabeth deixou claro que estava mais interessada em obediência e conformismo do que em pureza de convicções. Francis Bacon observou que a rainha não procurava "abrir janelas para dentro do coração dos homens e de seus pensamentos secretos". O que ela queria era um ato aparente de adesão a sua autoridade e às determinações da Igreja oficial. Em termos mais específicos, ela pretendia que fossem frequentados regularmente os serviços religiosos sancionados pelo Estado, nos quais as autoridades se absteriam de formular perguntas tais como "Ansiais em segredo pelos antigos sacramentos católicos?", "Acreditais na existência do purgatório?", "Crede que os padres têm o poder de dar a absolvição?", "Crede que se um rato comer uma hóstia consagrada comerá o corpo e o sangue de Cristo?". Os funcionários do governo geralmente seguiam esse exemplo, embora às vezes com relutância, até que chegou o momento em que sentiram que a implantação da Igreja Protestante estava em perigo.

Esse momento chegou quando William Shakespeare tinha seis anos. Em maio de 1570, um proeminente católico, John Felton, pregou na porta da casa do bispo de Londres uma bula papal que excomungava a rainha Elizabeth. O papa Pio V expediu também uma ordem a todos os súditos católicos da Coroa britânica de "não obedecer à rainha, nem a suas intimações, seus mandatos e suas leis" sob pena de excomunhão. Felton foi torturado, acusado de traição e executado. Os católicos ingleses eram olhados com desconfiança cada vez maior.

Por que teria o papa — mais tarde beatificado e canonizado — posto os fiéis nessa situação insustentável? Porque em sua opinião, e na de muitos outros, Elizabeth era o único obstáculo sério ao restabelecimento da fé católica na Inglaterra. Ele acreditava que a maior parte dos homens e mulheres comuns da Inglaterra mantinha sua antiga lealdade religiosa. Em 1567, representantes do papado fizeram uma pesquisa segundo a qual 52 dos pares do reino eram católicos renitentes ou simpáticos à Igreja Católica, e apenas quinze eram protestantes convictos. A questão era se essa lealdade religiosa poderia ser transformada em ação política, e o papa decidiu que sim. A bula papal deu início a uma tenebrosa sequência de conspirações e perseguições, complôs de um lado e de outro que se estenderam durante todo o prolongado reinado de Elizabeth.

Stratford viveu as mesmas mudanças bruscas, tensões e ambiguidades que assolaram a maior parte do reino durante todo o século XVI. Nas décadas de 1530 e 1540, mosteiros e conventos da área foram saqueados, e algumas famílias — entre elas a dos Lucy de Charlecote — enriqueceram com o espólio. Na década de 1550, quando John Shakespeare mudou-se para Stratford, seus arredores estavam pontilhados de piras em que líderes protestantes locais — Laurence Saunders, de Coventry; John Hooper, de Gloucester; Hugh Latimer, de Oxford, entre muitos outros — tinham sido queimados pelos católicos reabilitados no reinado da rainha Maria. Com a ascensão de Elizabeth, eram os líderes católicos que estavam com graves problemas, embora nos primeiros anos de seu reinado a soberana, tanto por temperamento quanto por política, preferiu a aplicação de multas, a destituição e a prisão à imposição da pena capital por vias judiciais. Em Stratford, o padre católico Roger Dyos, que batizara a primeira filha de John Shakespeare, Joan, foi destituído e substituído pelo fervoroso protestante John Bretchgirdle. Foi este quem batizou o primeiro filho varão de John Shakespeare, em 26 de abril de 1564, com o nome de "Gulielmus filius Johannes Shakspere". Comoções religiosas à parte, não era lá um momento muito bom para chegar ao mundo: em julho, a cidade foi assolada pela peste bubônica, matando um sexto da população antes da chegada do inverno. Cerca de dois terços das crianças que nasceram em Stratford naquele ano morreram antes de completar um ano de vida. É possível que Mary Shakespeare tenha feito as malas e levado o recém-nascido para o campo, longe das ruas pestilentas, onde podem ter ficado vários meses.

Para os pais da geração de John e Mary Shakespeare, o mundo para o qual trouxeram os filhos deveria parecer estranho, inquietante e perigoso: lembravam-se claramente de quando a Inglaterra transitou de um catolicismo romano altamente conservador — na década de 1520, Henrique VIII atacou Lutero com dureza e foi recompensado pelo papa com o título de Defensor da Fé — a um catolicismo sob a chefia suprema do rei, a um protestantismo cauteloso, depois a um protestantismo mais radical, depois a um catolicismo renovado e militante e agora, com Elizabeth, mais uma vez ao protestantismo. Em nenhum desses regimes houve uma perspectiva de tolerância religiosa. Cada mudança foi acompanhada de ondas de conspiração e perseguição, tenazes e ferro em brasa, machados e fogueira.

Para a maior parte das pessoas era possível baixar a cabeça, fazer o que era preciso para se adequar à linha oficial e compatibilizar a consciência com as mudanças da doutrina e das práticas religiosas. O conformismo em nome da sobrevivência levou muita gente a um distanciamento cético das veementes afirmações de ambos os lados, afirmações feitas em nome do amor e ainda assim impostas por meio de tortura e execução. Mas, para os que acreditavam que o destino da alma imortal dependia da forma certa de culto — e, afinal, esse era o fulcro das mais fortes divergências —, as mudanças na religião oficial e o controle das práticas religiosas podem ter sido lancinantes. Comunidades se dividiram, amizades foram destruídas, famílias se dilaceraram — pais contra filhos, mulheres contra maridos — e a vida interior de cada pessoa foi atormentada pelos sentimentos conflitantes de piedade e medo.

Não eram apenas as pessoas piedosas as que tinham dificuldade para baixar a cabeça (ou, melhor dizendo, mantê-la no lugar), pois os ambiciosos enfrentavam o mesmo problema. Esperava-se que as mais proeminentes figuras — aristocratas poderosos, magnatas importantes, membros do Conselho Privado da rainha — expressassem suas opiniões, e o mesmo em relação a líderes civis de menor relevância, como John Shakespeare. Na qualidade de condestável em 1558-59, ele teve de manter a paz entre católicos e protestantes no ano turbulento que marcou a transição do reinado da católica Maria para o da protestante Elizabeth. Viveu, sem dúvida, momentos difíceis, mas pelo menos poderia manter, se quisesse, um ar de estudada neutralidade. Mas, como camerlengo, conselheiro municipal e bailio, tinha de pôr em prática com energia as políticas do reino, e isso significava bem mais que manter a paz.

Poucos meses depois do nascimento de Will, o camerlengo John Shakespeare começou a supervisionar o "reparo" da Capela da Guilda, o que continuou fazendo nos anos seguintes. "Reparo", no caso, é um eufemismo. Queria dizer que ele pagava trabalhadores que adentravam a capela munidos de baldes de cal e arruinavam as pinturas medievais — *Santa Helena e o encontro da cruz, São Jorge e o dragão, Assassinato de santo Thomas Becket* e, acima da arcada, o *Dia do Juízo* — que cobriam as paredes do templo. O trabalho deles não terminou aí: também quebraram o altar, pondo em seu lugar uma mesa simples, e derrubaram o coro alto — uma galeria encimada por uma cruz que separava a nave do coro e mostrava aos fiéis a imagem de Jesus crucificado. As autoridades da cidade venderam os ricos paramentos usados pelos padres católicos que antes celebravam o mistério da missa. Esses atos merecem atenção especial:

John Shakespeare não praticou pessoalmente nenhum deles, e com toda a probabilidade não tomou sozinho a decisão de executá-los, mas foi responsável por eles e deles prestou contas, administrativas — sob a forma de relatórios assinados apresentados por ele em 10 de janeiro de 1564, 21 de março de 1565 e 15 de fevereiro de 1566 — e morais.

O que significavam essas mudanças pelas quais ele remunerava os trabalhadores? Eram as manifestações materiais da religião reformada, atos calculados de violência simbólica contra o culto católico tradicional, formas de obrigar a comunidade a reconhecer a nova ordem e observar suas práticas. Em algum ponto recôndito desses atos subjaz uma teologia, sutis argumentos doutrinários e filosóficos defendidos por intelectuais incansáveis e severos. Mas os atos de Stratford, pelos quais o camerlengo efetuou pagamentos, não foram nada sutis: homens armados de martelos, picaretas e arpéus mudaram com violência a aparência da igreja e a forma de culto que seria celebrado ali.

Encarregado do pagamento do vandalismo ideológico, John Shakespeare agiu oficialmente como protestante fervoroso, agente da Reforma em Stratford. No conselho da cidade, votou pela destituição do vigário católico Roger Edgeworth e pela contratação, em seu lugar, do protestante Bretchgirdle — homem de cultura fora do comum, com uma biblioteca cheia de clássicos humanistas e livros de teologia. É difícil determinar com que sinceridade John Shakespeare executava esses atos. Poderia tê-los visto com o entusiasmo de um fanático, mas o quadro como um todo aponta para uma atitude mais complexa.

O mesmo conselho da cidade que contratou o novo vigário Bretchgirdle também contratou para a King's New School uma série de mestres de uma cultura fora do comum que tinham estreitíssimas relações com católicos. Os mestres-escolas tinham de assumir uma aparência de conformidade com a Igreja Anglicana — já que sua indicação dependia da aprovação do conde de Warwick, ardoroso protestante, e do bispo de Winchester —, mas no íntimo eles sem dúvida conservavam a lealdade à antiga fé. A julgar por suas escolhas, John Shakespeare e seus colegas não foram muito rígidos nem na identificação de afeitos às velhas crenças, nem na aplicação de um teste ideológico aos que iam ensinar as crianças de Stratford. Pelo contrário, eles permitiam — fazendo vista grossa ou quem sabe até estimulando — o ensino dos jovens não apenas por aqueles que podiam ter algum apreço residual pelo culto dos santos e da Virgem, mas até mesmo por fervorosos católicos. Procedente de Lancashire, no Norte da Inglaterra, onde a velha religião se mantinha com maior tenacidade, Simon Hunt, que foi professor de Will quando ele tinha de sete a onze anos, tomou a drástica decisão de abandonar Stratford em 1575 e ir para um seminário católico em Douai, na França, para finalmente se tornar jesuíta. Por que drástica? Porque essa decisão significava que ele deveria passar o resto da vida no exílio ou voltar clandestinamente à Inglaterra, sabendo que as autoridades iriam em seu encalço e, se pudessem, mandariam executá-lo como traidor sedicioso. Durante os anos que passou em Stratford como professor, Hunt não conservou suas convicções só para si. Ao que parece, levou consigo para Douai pelo menos um de seus alunos: Robert Debdale, sete ou oito anos mais velho que Will. Os Debdale da vizinha Shottery eram católicos, e Hunt pode ter ficado de olho em outros promissores filhos de não conformistas. Pode ter se interessado por William Shakespeare, cuja mãe era parente, ainda que distante, de uma das principais famílias católicas da região e podia até mesmo ser aparentada com os Debdale.

A deserção de Hunt e Debdale não parece ter desencorajado as autoridades de Stratford na escolha do mestre-escola seguinte. Thomas Jenkins, graduado pelo St. John's College, em Oxford, e membro de seu corpo docente, trazia uma carta de recomendação do fundador da faculdade, o católico sir Thomas White. Como todas as outras faculdades de Oxford e Cambridge, o St. John's era oficialmente protestante — nenhuma outra filiação teria sido permitida a uma instituição educacional —, mas tinha a reputação de receber católicos dispostos a se enquadrar e professar lealdade à rainha. Essa consciência dúbia — a persistência íntima na fé católica combinada com uma firme adesão pública à religião oficial — era generalizada na Inglaterra, onde havia muitos "papistas da Igreja". Jenkins, que deve ter conhecido o brilhante intelectual católico Edmund Campion, também membro do St. John's, e talvez até estudado com ele, provavelmente foi um dos que se equilibraram nessa corda bamba. O piedoso Campion conseguiu permanecer muitos anos dentro dos limites da conformidade — durante esse período, com seu brilho, ele impressionou profundamente o conde de Leicester, protestante, e a própria rainha Elizabeth —, mas em 1572 embarcou para Douai numa iniciativa que o levou ao sacerdócio, ao ingresso na ordem dos jesuítas, a um cargo de professor em Praga e à volta clandestina para a Inglaterra como missionário.

Thomas Jenkins ensinou em Stratford durante quatro anos, de 1575 a

1579, e também deve ter sido, como Simon Hunt, um professor importante para a vida de Will. Foi então que, mais ou menos na época em que Will deixou a escola, Jenkins renunciou ao cargo e foi sucedido por outro graduado em Oxford, John Cottam. Natural de Lancashire, como Simon Hunt, Cottam, que presumivelmente deu aulas aos irmãos mais novos de Shakespeare e acabou conhecendo Will, também tinha fortes laços com católicos. Thomas, seu irmão mais novo, também viajou ao estrangeiro, depois de se graduar por Oxford, e recebeu ordens como padre católico.

Em junho de 1580, o irmão do mestre-escola voltou clandestinamente à Inglaterra na missão liderada por Campion, da qual também participava outro jesuíta, Robert Parsons. Thomas Cottam pretendia ir para os arredores de Stratford, mais especificamente para o vilarejo de Shottery. Levava uma carta de apresentação de seu grande amigo, o também padre Robert Debdale, que apenas cinco anos antes tinha frequentado a escola primária de Stratford. Debdale confiara a Cottam diversos símbolos católicos — uma medalha, moedas romanas, um crucifixo dourado e fios de contas de rosário — para seus parentes e recomendou em sua carta que "se aconselhassem" com o portador "em questões de grande peso".

Thomas Cottam nunca chegou a Shottery. Ainda no continente, cometeu o erro de confiar num católico inglês chamado Sledd, que era na verdade um informante que deu uma descrição exata do viajante às autoridades. "Buscadores", como eram chamados, ficaram esperando por ele nos portos, e ele foi preso assim que desembarcou em Dover. Teve um breve momento de perdão: o homem que assumiu sua custódia depois que ele foi levado a Londres era católico em segredo e deixou o prisioneiro escapar. Mas em dezembro de 1580, quando o homem que o tivera sob custódia foi por sua vez ameaçado de prisão, Thomas Cottam entregou-se.

Decididos a extrair de Cottam seus mais íntimos segredos, os funcionários da torre usaram um de seus instrumentos de tortura mais terríveis, a "cegonha", uma argola de ferro que se fechava lentamente em torno da coluna do prisioneiro, praticamente seccionando-a em duas. Evidentemente, o governo não conseguiu tirar o bastante desse interrogatório para garantir um julgamento imediato. Em lugar disso, o prisioneiro foi mantido na torre durante quase um ano, até que fossem capturados os outros membros da missão. Cottam foi então condenado por traição, junto com os demais, em novembro de 1581. Em

30 de maio de 1582, foi executado de maneira horrenda para demonstrar toda a ira do Estado: foi arrastado pelas ruas barrentas de Tyburn, sob os insultos da multidão, levado à forca, dela tirado ainda vivo e castrado. Abriram-lhe então a barriga e retiraram-lhe os intestinos, que foram queimados diantes de seus olhos moribundos. Depois foi decapitado, esquartejado e exposto como exemplo. Robert Debdale teve o mesmo destino poucos anos mais tarde.

O conselho de Stratford deve ter ficado abalado com a prisão de Thomas Cottam. Uma coisa era contratar na surdina três mestres-escolas católicos sucessivos; outra era ter um padre católico suspeito de traição preso a caminho da região, com toda a probabilidade para visitar o irmão mestre-escola, assim como os Debdale. Em dezembro de 1581, um mês depois da condenação de Thomas, John Cottam renunciou ao cargo que ocupava na King's New School em Stratford e voltou para o Norte. O conselho pode ter sugerido informalmente que ele se fosse, ou talvez ele mesmo pode ter achado que se sentiria mais à vontade no Lancashire católico, a uma distância prudente do vigilante xerife de Warwickshire, sir Thomas Lucy, que havia muito se dedicava a desmascarar padres disfarçados e seus aliados não conformistas.

Por que o Estado estaria tão preocupado com um jovem padre educado em Oxford que levava umas quantas contas de rosário? Do ponto de vista dos católicos, uma pessoa como essa era um idealista heroico, capaz de abandonar toda possibilidade de tranquilidade, carreira, honrarias, conforto e relações familiares para arriscar a vida todos os dias a serviço da comunidade de fiéis em pé de guerra. Ordenado num seminário do continente e contrabandeado para um reino que se tornara inimigo mortal de sua religião, um padre como Cottam com certeza esperava enganar os informantes e encontrar abrigo na casa de algum simpatizante católico. Uma vez lá, disfarçado de criado ou preceptor de uma criança, ele poderia pregar, celebrar a eucaristia num altar clandestino, ouvir confissões, administrar a extrema-unção aos moribundos e talvez, como fez Robert Debdale, praticar exorcismos. Do ponto de vista dos protestantes, era no melhor dos casos um pobre tolo e iludido e, mais provavelmente, um perigoso fanático, um conspirador a serviço de alguma potência estrangeira. Isso quer dizer que era um traidor, comandado por seus sinistros chefes de Roma e disposto a qualquer coisa para devolver a Inglaterra ao poder do papa e seus aliados.

Os medos dos protestantes não eram descabidos. A Igreja Católica Romana incitara os católicos à rebelião, e o significado dessa incitação ficou explícito em 1580, quando o papa Gregório XIII proclamou que o assassinato da rainha herege da Inglaterra não seria pecado mortal. A proclamação era uma clara licença para matar. Foi exatamente nessa época que o padre Thomas Cottam, com seu pacotinho de símbolos católicos, foi preso a caminho dos arredores de Stratford. Não surpreende que a permanência de seu irmão como mestre-escola da cidade tenha sido abreviada; John Shakespeare e seus colegas membros do conselho — em especial os que tinham parentes próximos católicos — devem ter ficado muito perturbados. As pistas poderiam facilmente levar até eles.

Esse medo poderia parecer absurdo, já que o mestre-escola John Cottam não tinha feito nada de errado. Mas não se devia subestimar os sentimentos paranoicos e a realidade da ameaça durante todos aqueles anos perigosos. Um eventual assassinato de Elizabeth no começo de seu reinado teria mudado tudo no ambiente religioso da Inglaterra. E se em retrospectiva pode parecer pouco razoável o medo que muita gente tinha de que os protestantes ingleses fossem massacrados como ocorrera com os huguenotes na França, não era absolutamente irracional suspeitar de conspirações — havia muitas, de fato — ou temer que alguns católicos ingleses recebessem bem e apoiassem uma invasão estrangeira. A perseguição generalizada aos católicos tornava esse apoio praticamente inevitável; à distância, o que parece extraordinário é que muitos católicos praticantes tenham permanecido leais a um regime disposto a esmagá-los.

A missa já tinha sido declarada ilegal pelos atos que fundavam a Igreja Anglicana. Qualquer serviço religioso que não estivesse contido no Livro Comum de Oração era ilegal. Deixar de comparecer regularmente à igreja da paróquia acarretava o pagamento de multa no valor de um xelim. Em 1571, depois da bula papal de excomunhão, o Parlamento passou a considerar traição trazer ao país qualquer bula papal ou chamar a rainha de herege. Também era ilegal ir ao estrangeiro para a ordenação, levar à Inglaterra ou receber qualquer objeto de devoção, "símbolos, cruzes, imagens, contas ou outras coisas igualmente inúteis do bispo de Roma". Em 1581, em decorrência da missão jesuíta clandestina, o Parlamento declarou traição a reconciliação própria ou de outrem com a Igreja Católica com o objetivo de dissolver a lealdade à monarquia. Em 1585, já era traição *ser* padre católico; e por lei as pessoas estavam impedidas de dar abrigo, ajuda ou conforto a padres. Daí em diante, esses atos passaram a ser punidos com a pena capital. A multa por não comparecer aos cultos protestantes na paróquia local foi elevada para a astronômica importância de vinte libras por semana. Embora essa multa não fosse aplicada com muita frequência, pesava como uma ameaça de ruína sobre quem quer que se mantivesse longe da igreja. Mesmo os poucos que poderiam pagar uma multa tão alta começaram a imitar as famílias católicas mais pobres: assim que seus filhos chegavam à idade de dezesseis anos, eram mandados a localidades distantes, onde ficariam menos vulneráveis ao sistema opressivo.

Se Thomas Cottam tivesse sido preso em Stratford, bem poderia haver buscas de casa em casa, comandadas pelo xerife. Sua prisão em Londres poupou a população católica local desse terrorismo em grande escala, mas a missão jesuíta de 1580 e as intrincadas conspirações dos anos seguintes levaram a uma intensificação da boataria, da espionagem e das buscas esporádicas em casas de suspeitos de não conformismo. Muitas dessas casas guardavam segredos que uma busca detalhada teria posto a nu, e a casa da Henley Street poderia não ser exceção. Por exemplo, se Mary, mãe de Will, fosse uma católica fervorosa, como o pai dela, poderia ter guardados símbolos religiosos — um rosário, medalhas, um crucifixo — muito semelhantes aos que foram apreendidos com o padre. E se os investigadores tivessem feito um trabalho completo — e às vezes faziam um trabalho admiravelmente completo, esmiuçando praticamente todos os objetos que havia em cada cômodo da casa — teriam encontrado um documento bastante comprometedor assinado por John Shakespeare: um fervoroso "testamento espiritual" católico que desmentia sua adesão pública à fé reformada.

O documento original se perdeu — seu conteúdo é conhecido apenas por meio de uma transcrição —, mas, em vista dos riscos ligados a tal declaração de fé, é surpreendente que tenham sobrevivido vestígios dele. No século XVIII, um pedreiro que trabalhava na casa que outrora pertencera aos Shakespeare encontrou o manuscrito de seis páginas, costuradas com linha, entre os caibros e as telhas. O manuscrito, sem a primeira página, acabou chegando a Edmond Malone, grande editor de Shakespeare, que o publicou, mas depois o próprio Malone teve dúvidas sobre sua autenticidade, suscitadas por anormalidades que notou na escrita e na grafia. A autenticidade, que continua aberta a questionamento, ganhou considerável apoio com a descoberta da fonte do documento, já no século XX: um formulário escrito pelo cardeal Carlo Borromeo, grande estadista e intelectual italiano. Os jesuítas Campion e Parsons tinham estado com Borromeo em Milão, a caminho da Inglaterra, e podem ter recebido o texto das mãos dele. Traduzido e impresso, com espaços em branco para o nome do fiel, o formulário foi introduzido e distribuído clandestinamente na Inglaterra. O próprio Campion pode tê-lo distribuído quando passou pelas Midlands, detendo-se em Lapworth, a vinte quilômetros de Stratford, onde seu anfitrião era o fervoroso católico sir William Catesby, parente afim dos Arden. John Shakespeare pode ter recebido sua cópia de diversas pessoas envolvidas na rede clandestina de simpatizantes dos jesuítas que Lucy e outros funcionários de Warwickshire estavam tentando destruir.

O "testamento espiritual" contradiz profundamente a violência iconoclasta autorizada e financiada pelo camerlengo John Shakespeare. Isso indica que, para Will, quando estava crescendo, não apenas havia uma divisão entre seu pai e sua mãe, ele um agente ativo da Reforma em Stratford, ela com toda probabilidade católica, mas também uma divisão na consciência de seu pai. Um lado dele era o conselheiro que votou pela demissão do padre de Stratford e sua substituição por um ministro reformado, o oficial que assinou embaixo da ordem de caiação dos afrescos antigos e a derrubada do altar, o sorridente homem público que negociava, em nome da cidade, com protestantes ferrenhos como Thomas Lucy. O outro lado era o homem cujo nome aparecia no "testamento espiritual", que rezava pela proteção da Virgem Maria e de seu santo de devoção, são Vilfrido, e que expressava plena noção de sua indignidade como "membro da santa religião católica". Essa era, presumivelmente, a autoridade que ajudou a contratar os mestres-escolas Hunt, Jenkins e Cottam; e talvez fosse até mesmo o não conformista que ficava de fora dos serviços religiosos e tinha amigos, no conselho municipal, que cobriam sua ausência com a desculpa de que ele temia ser preso por dívidas.

Talvez o católico clandestino fosse o John Shakespeare verdadeiro, e o servidor público protestante fosse apenas a superfície mais aparente do homem ambicioso e mundano. Por outro lado, talvez John Shakespeare, com certeza protestante durante a maior parte da vida adulta, pode ter voltado brevemente ao catolicismo que deixara para trás — durante uma doença, talvez, ou tão só para apaziguar sua mulher. Conheceria a verdade o filho mais velho de John Shakespeare? Saberia ele com certeza quem era o pai "real"— o que estava subindo na vida ou o que mantinha a paz em seu lar, e talvez em seu coração, sucumbindo aos velhos temores e anseios? Ele pode ter percebido que o pai estava desempenhando um papel, sem nunca saber com certeza onde ficava o limite entre ficção e realidade. Pode ter ouvido uma discussão sussurrada entre o pai e a mãe e observado atos furtivos. E em algum momento — continuando nesta linha de especulação — pode ter chegado a uma estranha mas plausível conclusão: seu pai era ao mesmo tempo católico e protestante. John Shakespeare tinha simplesmente desistido de fazer uma escolha entre os dois credos litigantes. Muitas das pessoas que Will conhecera — os mestres-escola Simon Hunt, Thomas Jenkins e John Cottam eram, ao que parece, exemplos disso — levavam uma vida dupla: externamente obedientes ao *status quo* protestante oficial, pelo menos o quanto bastasse para garantir seus empregos, e internamente leais à velha fé. Mas John Shakespeare, conforme o filho deve ter observado, era algo mais que isso. Ele queria manter abertas as duas opções — afinal, conhecia o mundo o bastante para saber que poderia haver mais uma mudança de sentido; queria se proteger tanto em relação à vida terrena quanto ao além-túmulo; estava convencido de que ambas as posições, por mais incompatíveis que parecessem, podiam ser assumidas ao mesmo tempo. Ele tinha não apenas uma vida dupla, como também uma dupla consciência.

E Will? Na época em que estava saindo da escola, em 1579-80, aos quinze ou dezesseis anos, teria como adquirir uma dupla consciência desse tipo? As peças de Shakespeare dão muitos indícios de duplicidade e ainda mais: em certos momentos — *Hamlet* é o maior exemplo disso —, o autor parece ser ao mesmo tempo católico, protestante e profundamente cético em relação a ambas as correntes. Mas se o Shakespeare adulto foi muito marcado pelas lutas religiosas, é impossível saber em que o adolescente acreditava (se é que ele sabia em que acreditava). Porém, de um tecido de boatos, indícios e pistas obscuras, é possível vislumbrar uma imagem indistinta, como uma figura que se entrevê nas manchas de uma velha parede.

É estranho e surpreendente que diversos mestres-escola de Stratford tivessem ligações com o distante Lancashire, parte do país em que a lealdade ao catolicismo permanecia especialmente forte. A propriedade da família de John Cottam ficava a apenas quinze quilômetros de uma das principais residências do rico e influente católico Alexander Hoghton. Como sugeriram Ernst Honigmann e outros acadêmicos, os Hoghton podem ter pedido a Cottam que recomendasse um rapaz promissor para ser professor de seus filhos — não um mestre-escola diplomado, alguém que tivesse de ser declarado protestante pelo bispo local, mas um preceptor particular para uma família grande. Cottam pode ter proposto Will Shakespeare, que acabava de deixar a escola e que, como as dificuldades financeiras do pai não lhe permitiam frequentar a universidade, estava à procura de emprego. Cottam deve ter tido o cuidado de recomendar uma pessoa que não só tivesse os requisitos educacionais necessários — como se veria, ele se deparou com o talento mais assombroso do reino —, mas que fosse também um bom católico. Isso porque os devotos Hoghton quase com certeza davam abrigo clandestino a padres, assim como a objetos ritualísticos proibidos e a uma grande coleção de livros banidos ou suspeitos, e podiam querer ter como empregados apenas pessoas em quem pudessem confiar para guardar seus perigosos segredos.

A vaga indicação sobre a estada de Shakespeare em Lancashire nada tem que remeta à religião, católica ou protestante. Na verdade, aponta para o teatro. Em seu testamento, datado de 3 de agosto de 1581, o moribundo Alexander Hoghton legou todos os seus "instrumentos pertencentes a músicas [sic], e toda sorte de roupas de teatro" a seu irmão Thomas, ou, no caso de Thomas preferir não conservar e sustentar atores, a sir Thomas Hesketh. O testamento acrescenta: "E recomendo com maior ênfase que o dito sir Thomas seja amável para com Fulk Gyllome e William Shakeshafte, que agora residem comigo, e até mesmo que os tome a seu serviço ou de outra forma os encaminhe a um bom patrão". "Shakeshafte" não é Shakespeare, e os céticos lembram que muitas pessoas do lugar usavam o sobrenome Shakeshafte. Mas, num mundo de notória flexibilidade no que se refere à grafia de nomes — em muitos documentos, Marlowe é também Marlow, Marley, Morley, Marlyn, Marlen e Marlin —, as duas formas se parecem bastante. Com isso, além da ligação entre Cottam e Hoghton, da futura profissão de Shakespeare e outros pequenos indícios, muitos estudiosos se convenceram de que se tratava do Will de Stratford.

O adolescente precoce — recomendado por Cottam como inteligente, razoavelmente culto, discreto e com certeza católico — teria ido para o Norte em 1580 como mestre-escola. Os termos do testamento indicam que ele logo começou a representar, no início provavelmente como recreação e depois com seriedade cada vez maior, com os atores mantidos por Alexander Hoghton. Quaisquer que fossem suas qualidades como professor, as de ator devem ter atraído para ele, sem demora, as atenções da casa e de seu patrão, e o carisma do jovem ator deve ter-lhe permitido — como acontece com Cesário em *Noite de Reis* — superar rapidamente outros empregados mais velhos e tornar-se um dos favoritos. Depois da morte de Hoghton, em agosto de 1581, Shakespeare poderia ter estado por um curto período a serviço de Hesketh, até ser encaminhado — como pedira Hoghton — a outra pessoa. O candidato mais provável é um poderoso vizinho de Hesketh ainda mais interessado em teatro. Esse vizinho, Henry Stanley, o quarto conde de Derby, e seu filho Ferdinando, lorde Strange, empregavam um grupo de atores talentosos e ambiciosos autorizado pelo Conselho Privado com o nome de Homens de Lorde Strange. Os principais atores — Will Kempe, Thomas Pope, John Heminges, Augustine Phillips e George Bryan — formaram o núcleo da companhia londrina a que Shakespeare mais tarde se juntaria, os Homens do Lorde Camerlengo. Não é possível determinar a época exata da ligação de Shakespeare com esse grupo, mas esse vínculo mais tarde constituiu o centro de sua carreira profissional, e é no mínimo possível que os primeiros contatos — um conhecimento fundamental que se renovaria mais tarde — tenham sido feitos no Norte da Inglaterra em 1581.

A vida de Will, se é que ele realmente passou um período no Norte, deve ter sido uma combinação peculiar de teatralidade e perigo. Por um lado, uma vida de exposição aberta e exuberante, quando pela primeira vez suas qualidades — o encanto pessoal, a musicalidade, a capacidade de improvisação, o talento para desempenhar um papel e, talvez, os dotes de escritor — floresciam em apresentações fora da órbita de sua família e seus amigos. Suas apresentações podem não ter sido exatamente públicas, mas tampouco eram simples jogos privados para entreter a família depois do jantar. Os Hesketh eram riquíssimos, enquanto os Hoghton e ainda mais os Stanley eram magnatas feudais. Representavam um mundo de riqueza, poder e cultura ainda não completamente assimilado pelo sistema hierárquico centralizador da monarquia Tudor, da mesma forma como eles próprios não estavam assimilados pela religião estatal. Com pequenos exércitos de agregados e seguidores; multidões de aliados, conhecidos e arrendatários; o orgulho alimentado pela obsequiosa deferência prestada por todos os que o cercavam e a generosidade estimulada pelo desejo de serem reputados "chefes de família", recebiam grandes grupos de convidados em salões de banquete que bem podiam servir de teatros. O brilho dos espetáculos nesses salões era creditado ao magnânimo anfitrião. Nada se sabe sobre o talento de Fulk Gyllome para a impovisação e a interpretação, mas o de William Shakespeare mostrou-se suficiente para que poucos anos depois ele conseguisse emprego na principal companhia teatral de Londres. Quanto ao poder de sua imaginação, se uma mínima fração tivesse se mostrado nos salões dos ricos cavalheiros de Lancashire, sua intensidade explica claramente a benevolência do moribundo Hoghton.

Por outro lado, Will pode ter levado uma vida de segredos, em que o mais insignificante dos criados sabia de coisas — um armário trancado com o cálice, livros, paramentos e outros objetos com os quais celebrar a missa; misteriosos estrangeiros trazendo boatos sinistros sobre Maria, rainha da Escócia, ou sobre exércitos espanhóis; murmúrios conspiratórios — que poderiam, se revelados, trazer a catástrofe para a família. Lancashire nessa época fervilhava de expectativas, suspeitas e desassossego. O período em que Will deve ter estado no lugar foi exatamente o mesmo em que o jesuíta Campion se encaminhava para lá, buscando a relativa segurança proporcionada pelo mais obstinado católico dentre os súditos da rainha. Lancashire, na opinião do Conselho Privado, era "o verdadeiro ninho do papado, o lugar em que se cometem mais atos ilícitos e onde mais criminosos se homiziam do que qualquer outra parte do reino". Em 4 de agosto de 1581, um dia depois que Alexander Hoghton recomendou Shakespeare a seu amigo sir Thomas Hesketh, o Conselho Privado ordenou uma busca dos papéis de Campion "em casa de um tal Richard Hoghton" — primo de Alexander — em Lancashire. Naquele mesmo ano, numa época em que Will poderia estar a seu serviço, Hesketh foi preso por não ter eliminado o não conformismo em sua casa. A atmosfera durante os entretenimentos de que Will teria participado era um misto de festividade e paranoia.

A missão, chefiada por Campion e Robert Parsons, acendeu o fervor dos católicos e assustou profundamente o governo. Não só o papa sancionara de fato o assassinato da rainha, como uma força expedicionária liderada por um católico inglês, Nicholas Sander, chegara recentemente à Irlanda para organizar um levantamento contra os colonizadores protestantes. A tentativa fracassou de forma retumbante: depois de um cerco sem quartel em 10 de novembro de 1580, cerca de seiscentos soldados espanhóis e italianos e seus aliados irlandeses, entre eles muitas mulheres e padres, foram massacrados pelos soldados ingleses comandados por Walter Ralegh. Ao que tudo indica, a ferocidade e o sangue frio da reação inglesa pretendiam desencorajar qualquer plano futuro de invasão, mas ninguém duvidava da determinação do papa e de seus aliados de derrubar o regime elisabetano e reivindicar o reino. Mesmo os católicos ingleses firmemente leais a Elizabeth — e havia muitos deles — devem ter sentido uma apaixonada esperança de que o lento e implacável estrangulamento de sua fé poderia de alguma maneira ser revertido pela piedade missionária e pela heroica determinação dos jesuítas.

Católicos de todo o país liam e faziam circular em segredo um notável documento, que ficou conhecido como "A bravata de Campion", no qual o antigo deão de Oxford, objeto de intensa perseguição nacional, explicava sua missão. "Neste mundo diligente, observador e suspicaz", como escreveu ele num tom de resignação quase alegre, seria bastante provável que acabasse preso e pressionado a revelar seus desígnios. Portanto, para poupar a todos tempo e aborrecimentos, ele fazia uma confissão plena antecipada. Não tinha sido enviado para meter-se em política; sua tarefa era "pregar o Evangelho, ministrar os sacramentos, instruir os pobres de espírito, reabilitar pecadores, refutar erros". Ele sabia, é claro, que as autoridades diriam que essas atividades, levadas a cabo por um padre católico, eram exatamente o que se entende por meter-se em política e sabia que a reação seria violenta. Mas ele e seus companheiros estavam "decididos a nunca vos abandonar, mas ganhar o céu para vós, ou morrer sob vossas lanças". Quanto às acusações de conspiração internacional, um "empreendimento" sinistro para invadir e conquistar a Inglaterra, ele brincou, com desassombro:

> E no tocante a nossa Sociedade, sabei que constituímos uma liga — todos os jesuítas do mundo, cuja sucessão e cujo número deve ultrapassar em muito todos os praticantes da Inglaterra — para carregar alegremente a cruz que lançastes sobre nós, e nunca desesperar de vossa conversão enquanto tivermos um homem para desfrutar de vosso patíbulo, ou ser supliciado com vossos tormentos, ou consumido em vossas prisões. O custo é calculado, a empresa começou; ela é de Deus, não se lhe pode resistir. Assim a fé foi plantada; assim será restaurada.

Campion transpirava uma sublime confiança reiterada no desafio que deu apelido a seu panfleto: embora relutasse, escreveu ele, em dizer qualquer coisa que pudesse soar como uma "bravata insolente", confiava tanto na verdade transparente da fé católica que concordaria em debater com qualquer protestante vivo. Suas palavras devem ter provocado estranheza, como se ele não estivesse vivendo num mundo de conspirações, espiões e câmaras de tortura, mas num mundo em que os estudiosos montavam em seus livros e se lançavam a disputas de cavaleiros: "Cabe-me implorar, com humildade e insistência, que meçam forças com todos e cada um deles, e com os melhores que possam ser encontrados: protestando nesta prova que quanto mais bem aparelhados eles chegarem, mais bem recebidos serão".

Para Campion, a crueldade das autoridades protestantes da Inglaterra era um sinal do medo que tinham ao debate aberto e, portanto, de seu desespero. Ele deu continuidade a seu desafio com uma obra mais longa e mais acadêmica escrita em latim: as *Dez razões* — a que de início pretendia dar o nome de *Heresia em desespero*. Essa obra que de alguma forma planejou durante os meses em que conseguiu escapar dos agentes enviados em seu encalço, meses de disfarces diversos, de mudança de uma para outra casa, sustos terríveis, escapadas por pouco. Escreveu-a durante o único período e no único lugar em que teve tempo, proteção e acesso a livros que lhe permitissem escrever: o fim do inverno e o começo da primavera de 1581 em Lancashire. E mesmo no Norte ele era obrigado a fazer mudanças repentinas de esconderijo, para despistar espiões e informantes do governo. Vestido de criado, pulava da casa de um não conformista para outra, levado por um antigo aluno e sua mulher. "Nessa época", escreveu Richard Simpson, um bom biógrafo de Campion do século XIX, "ele era compelido a visitar os Worthington, os Talbot, os Southworth, os Herketh, a sra. Allen, viúva do irmão do cardeal, os Houghton, os Westby e os Rigmaiden — em cuja casa passou o período que vai da Páscoa a Pentecostes (16 de abril)."

Os Hesketh e os Hoghton: também é possível, portanto, que em áreas reservadas de uma ou outra dessas casas, Will pudesse ter visto pessoalmente o brilhante missionário perseguido. As visitas de Campion, embora clandestinas, é claro, não eram exatamente secretas. Elas reuniam dezenas ou mesmo centenas de fiéis, muitos dos quais passavam a noite em celeiros e outras dependências para ouvir a pregação de Campion às primeiras horas da manhã e tomar a comunhão de suas mãos. O padre — que então já tinha trocado as roupas de criado pelos paramentos sacerdotais — passava a metade da noite ouvindo confissões, tentando resolver dilemas morais, dando conselhos. Será que entre aqueles com quem o padre trocou sussurros estava o jovem de Stratford-upon-Avon?

Imaginemos os dois sentados lado a lado, o novel poeta e ator de dezesseis anos e o jesuíta de quarenta. Shakespeare teria achado Campion fascinante — até seus inimigos mortais reconheciam-lhe o carisma — e pode ter descoberto nele algo como um espírito irmão. Não em questões de fé, porque, embora Will (nessa versão dos fatos) fosse um católico fervoroso o bastante nessa época da vida para que lhe fossem confiados segredos perigosos, não há sinal, em sua volumosa obra posterior, de uma vocação religiosa frustrada. Mas Campion — um quarto de século mais velho — era originário de uma família igualmente modesta; chamava a atenção por sua eloquência, sua inteligência e sua energia; amava os livros e, ao mesmo tempo, era atraído pela vida secular. Era um homem culto, mas não tinha uma inteligência original; era brilhante ao dar nova roupagem a ideias tradicionais com a clareza e a graça de seu discurso e a potência energizante de sua presença. Espirituoso, imaginativo e improvisador de talento, conseguia combinar uma seriedade meditativa com uma acentuada veia teatral. Ajoelhado diante de Campion, o adolescente estaria vendo uma imagem distorcida de si mesmo.

Talvez, mesmo num breve contato, o jesuíta tenha notado algo de surpreendente no jovem. Campion era um professor talentoso que em tempos mais seguros escrevera um tratado sobre educação. O estudante ideal, escreveu, deveria ser filho de pais católicos. Assim, teria uma mente "sutil, ardente e impoluta; memória privilegiada; voz modulada, doce e sonora; andar e gestos ágeis, cavalheirescos e suaves; e o homem todo pareceria um palácio pronto para que o saber habitasse nele". Em seus anos de escola seria imerso nos clássicos: devia tornar-se íntimo "da majestade de Virgílio, da alegre graça de Ovídio, do ritmo de Horácio e do discurso trágico de Sêneca". E o bom aluno não é apenas receptáculo passivo da alta cultura; é exímio músico, orador florescente e poeta bem-dotado. Em resumo, é o jovem Shakespeare — se é que o atormentado fugitivo teve ocasião de observá-lo de perto.

Na verdade, não era bem assim. Shakespeare não estava se encaminhando para o tipo de estudo que o esquema educativo de Campion preconizava: filosofia, matemática, astronomia, hebraico e, sobretudo, teologia. E mais: num aspecto fundamental, ele com certeza já tinha violado o espírito do plano, e continuaria violando-o da forma mais cabal possível. Supõe-se que o aluno ideal, dizia Campion, estude e escreva poesia, mas com uma importante exceção: nunca lerá ou escreverá poesia de amor.

Tenha conhecido Campion em pessoa ou ouvido falar dele no turbilhão de boatos que circularam durante os anos de 1580 e 1581, Will, por sua vez, pode ter manifestado uma poderosa resistência íntima, além da admiração. Campion era corajoso, carismático, persuasivo e atraente; todos os que o conheceram reconheceram-lhe essas qualidades, que ainda hoje emanam de suas palavras. Mas estava também convicto de que conhecia a única verdade eterna, a que merecia que se vivesse e morresse por ela, a causa pela qual estava plenamente disposto a sacrificar outras pessoas e a si mesmo. Na verdade, ele não buscava o martírio. Não foi por sua vontade que voltou à Inglaterra; estava fazendo um bom trabalho pela Igreja em seu cargo de professor em Praga, contou ao cardeal Allen. Mas era soldado obediente de uma ordem religiosa organizada para a luta, e quando seu general ordenou-lhe que se lançasse à batalha, numa situação de extrema desvantagem, ele foi em frente com serenidade. Teria carregado consigo o jovem Shakespeare ou qualquer outro que valesse a pena. Era um fanático, ou, mais precisamente, um santo. E os santos, como Shakespeare soube durante toda a sua vida, eram pessoas perigosas.

Ou talvez fosse melhor dizer que Shakespeare não entendia muito bem os santos, e do que entendia não gostava nem um pouco. Na imensa panóplia de personagens de suas peças, pouquíssimos poderiam ser chamados assim. Joana d'Arc aparece numa de suas primeiras peças históricas, mas é bruxa e prostituta. O rei Henrique VI se predispõe à santidade — "toda a sua mente está voltada para a santidade/ Para desfiar ave-marias em seu rosário"[1] —, mas ele é pateticamente fraco, e sua fraqueza causa muitos problemas para seu reino. Os jovens elegantes da corte de Navarra juravam levar uma existência "plácida e contemplativa", a vida de soldados ascéticos que lutavam contra "o imenso exército dos desejos mundanos", mas *Trabalhos de amor perdidos* mostra-os sucumbindo rapidamente aos encantos da princesa da França e de suas damas. O severo Ângelo de *Medida por medida* é um homem que "mal confessa/ Que seu sangue corre",[2] mas em pouco tempo se acha tramando um jeito de obrigar a linda Isabela, uma noviça do convento, a dormir com ele. A fidelidade de

---

1. "all his mind is bent to holiness/ To number Ave-Maries on his beads" (*Henrique VI parte 2*, 1.3.59-60).
2. "scarce confesses/ That his blood flows" (1.1.51-2).

Isabela a sua vocação é admirável, mas sua determinação de preservar a virgindade, mesmo à custa da vida do irmão, não chega a ser humanamente aceitável.

Há muitas formas de heroísmo em Shakespeare, mas o heroísmo ideológico — a adesão extrema, a ponto da autoimolação, a uma ideia ou instituição — não é uma delas. Nada em sua obra indica admiração profunda pela Igreja visível. Muitos de seus personagens abertamente católicos — frei Lourenço, em *Romeu e Julieta*, é um exemplo — são essencialmente simpáticos, mas não porque sejam figuras importantes na hierarquia da Igreja. Ao contrário, as peças de Shakespeare quase sempre falam de prelados poderosos como pessoas desagradáveis, e uma de suas peças históricas, a pouco conhecida *Rei João*, embora ambientada no começo do século XIII, ataca o papa em termos contundentes, pejados de anacronismos protestantes. Como é que o papa, pergunta o rei João, indignado, a um emissário papal, se atreve a tentar impor sua vontade a um "rei sagrado"?

> Não podias, cardeal, citar um nome
> Mais ridículo, indigno e vazio
> Como o do papa para arrancar-me uma resposta.
> Dize-lhe isso, e, pela boca da Inglaterra,
> Dize-lhe ainda: nenhum padre italiano
> Terá dízimos ou impostos em nossos domínios
> E também que somos, sob Deus, o poder supremo.
> Portanto, sob ele, essa supremacia
> Onde reinamos, há de ser somente nossa
> Sem o auxílio de mão mortal alguma.[3]

Essa peça brutalmente explícita de ataque protestante ao papa não resume absolutamente a atitude do Shakespeare maduro em relação ao catolicismo no qual ele esteve imerso na juventude. E com certeza não nos diz nada a respeito

---

3. "Thou canst not, Cardinal, devise a name/ So slight, unworthy, and ridiculous/ To charge me to an answer, as the Pope./ Tell him this tale, and from the mouth of England/ Add thus much more: that no Italian priest/ Shall tithe or toll in our dominions;/ But as we, under God, are supreme head,/ So, under him, that great supremacy/ Where we do reign we will alone uphold/ Without th'assistance of a mortal hand" (3.1.74-84).

de como se sentia o jovem se e quando esteve em presença do jesuíta fugitivo. Mas a única santidade em que Shakespeare parece ter acreditado com devoção durante toda a vida deriva exatamente da questão e das emoções que Campion pretendia que seus discípulos evitassem a qualquer custo: a santidade erótica.

> ROMEU Deixa então, minha santa, que os lábios façam o que fazem as mãos. Imploro que me beijes. Atende à minha súplica, para que a fé não se transmude em desespero.
> JULIETA Os santos não se movem quando atendem a súplicas.
> ROMEU Então não te movas enquanto rezo. (*beija-a*) Teus lábios tomaram aos meus o meu pecado.
> JULIETA Então meus lábios agora têm o pecado que era teu.
> ROMEU Meu pecado? Tua doçura me leva ao crime. Quero-o de volta. (*beija-a*)
> JULIETA Sabes como beijar.[4]

Aqui há resquícios de catolicismo, de um tipo que Campion teria reconhecido de imediato, mas a teologia e as práticas ritualísticas tinham sido habilmente transformadas em desejo e na satisfação desse desejo.

As belas e deliciosas linhas de *Romeu e Julieta* foram escritas em meados da década de 1590, quinze anos depois do suposto encontro de Shakespeare com Campion. Mas a mistura furtiva de substituição e apropriação, a transformação do material religioso tradicional em teatralidade secular, e a confusão entre sagrado e profano são características de praticamente todas as obras de Shakespeare, como dramaturgo e como poeta. Em *Sonho de uma noite de verão*, peça do começo da carreira, benzem-se os leitos dos recém-casados, segundo uma prática católica popular que viria a ser proibida pelos protestantes, mas não com água benta: na verdade, os elfos salpicam os leitos com "orvalho consagrado".[5] E em *Conto de inverno*, já no fim da carreira, ele faz uma des-

---

4. "ROMEO O then, dear saint, let lips do what hands do./ Then pray; grant thou, lest faith turn to despair./ JULIET Saints do not move, though grant for prayers' sake./ ROMEO Then move not while my prayer's effect I take. (*he kisses her*) Thus from my lips, by thine my sin is purged./ JULIET Then have my lips the sin that they have took./ ROMEO Sin from my lips? O trespass sweetly urged!/ Give me my sin again. (*he kisses her*)/ JULIET You kiss by th'book" (1.5.100-7).
5. "field-dew consecrate" (5.2.45).

crição extasiada de um ritual pomposo oficiado por padres trajados com "vestes celestiais", mas os "solenes usuários" daquelas vestes não estão celebrando a missa. Fala-se de algo que mais se parece ao oráculo de Delfos:

> Devo elogiar
> O que mais me impressionou: as vestes celestiais —
> Acho que esse é o termo apropriado — e a dignidade
> de seus solenes usuários. Ah, o sacrifício?
> Cerimonioso, pomposo, e extraterreno foi o ofício![6]

Essa não é uma paródia da missa, mas também não é exatamente um tributo astucioso, celebrado diante dos olhos de um censor. Pelo contrário, as falas e muitas outras coisas na obra de Shakespeare indicam que ele absorveu o catolicismo para seus próprios objetivos poéticos, que estavam a anos-luz dos objetivos de Campion. Essa distância pode já ter se evidenciado em Lancashire, em 1581, ou talvez particularmente ali.

A questão não é apenas o temperamento de Will — ausência de vocação religiosa, uma distância cética da fé ardente do missionário, uma consciência adolescente dos reclamos de sua própria carne. Embora fosse apenas um jovem criado, Will poderia muito bem ter notado algo além da convicção religiosa no mundo estranho e perigoso que passara a habitar. O Norte era o lugar da resistência tradicional à autoridade centralizadora da Coroa, e as famílias em cujas casas ele viveu e trabalhou estavam à beira da traição. Todas as primeiras peças históricas de Shakespeare — aquelas com as quais ele se tornou famoso em Londres nos primeiros anos da década de 1590 — se relacionavam a essa rebeldia, que ele sempre viu como um assunto de família. Por segurança, essas peças estavam ambientadas na Inglaterra do século XV, e seus acontecimentos foram encontrados nas crônicas da época, mas Shakespeare precisava insuflar nelas algo mais do que os simples fatos históricos para dar um toque de realismo a seus personagens. Sua imaginação era povoada de homens e mulheres poderosos, inquietos e ambiciosos, dispostos a correr riscos extremos no perigoso jogo

---

6. "I shall report,/ For most it caught me, the celestial habits —/ Methinks I so should term them — and the reverence/ Of the grave wearers. O, the sacrifice — /How ceremonious, solemn, and unearthly/ It was i' th' off'ring!" (3.1.3-8).

do poder. A imagem que tinha dessas pessoas pode muito bem ter saído das famílias que ele observou de perto durante sua permanência no Norte.

Isso indica que, se realmente privou com Campion em 1581, Shakespeare deve ter estremecido e se recolhido para dentro de si mesmo, declinando o convite para pôr sobre os ombros a cruz e aderir à luta piedosa pela fé católica, tivesse esse convite ficado implícito na presença do santo ou formulado diretamente, com ardor. Como Hoghton deu a entender em seu testamento, Will estava despontando — talvez pela primeira vez na vida — como ator; tinha começado a perceber o que era capaz de fazer e o que tinha dentro de si. E não ia embarcar numa cruzada gloriosa, traiçoeira e suicida. Se seu pai era ao mesmo tempo católico e protestante, William Shakespeare estava a ponto de não ser nenhuma das duas coisas.

Shakespeare — supondo que seja ele o Shakeshafte do testamento de Hoghton — ficou em Lancashire até pelo menos agosto de 1581, antes de voltar a Stratford. Campion tinha ido embora pouco antes, pois Parsons lhe ordenara que voltasse aos arredores de Londres para coordenar a impressão clandestina das *Dez razões*. Trabalhando com pressa e correndo grandes riscos, os impressores conseguiram concluir o trabalho para o início das atividades em Oxford, em 27 junho: estudantes e professores perfilados no interior da igreja de Santa Maria encontraram centenas de cópias encadernadas esperando por eles em seus bancos. Semanas depois, quando voltava a Lancashire, Campion foi tocaiado, preso e levado à torre, onde puseram-no numa cela significativamente chamada de "Pouco Alívio". Após quatro dias de doloroso confinamento — a cela não permitia que o prisioneiro ficasse ereto nem deitado —, ele foi tirado de lá de inopino, levado sob custódia a um barco que se dirigiu para a mansão do poderosíssimo conde de Leicester, o homem que anos antes se prontificara a ser seu patrão. Leicester estava com o conde de Bedford e dois secretários de Estado. E, para maior assombro, a rainha Elizabeth em pessoa estava na sala. Indagaram-lhe o que o trouxera à Inglaterra. A salvação das almas, respondeu ele, enquanto Elizabeth lhe perguntava diretamente se a reconhecia como sua rainha ou não. "Não só como minha rainha", respondeu Campion, "mas também como minha mais legítima governante." A palavra "legítima" não escapou à percepção da rainha, que perguntou se o papa poderia excomungá-la "legitimamente"? Poderia dispensar seus súditos de obediência a ela? Campion veio a chamar essas perguntas de "sangrentas, muito farisaicas, que minaram minha vida". Entendeu de pronto que não podia dar as respostas que ela esperava, respostas que não apenas representariam sua liberdade como lhe trariam — isso a rainha deixou bem claro — riquezas e honrarias. Levado de volta à torre, foi interrogado, posto na roda de tortura, julgado por traição e, juntamente com Thomas Cottam e os demais, executado.

Will só poderia ter acompanhado esses fatos terríveis por boatos e talvez pelos relatórios divulgados pelo governo, extremamente distorcidos. É certo que soube da captura de Campion — era uma notícia de interesse nacional — e deve ter ouvido dizer, sem dúvida com especial ansiedade, que ele, sob tortura, revelara o nome de muitos de seus anfitriões. (Até onde teria ido essa confissão, trombeteada pelas autoridades, ainda é objeto de controvérsia, embora as prisões que ocorreram depois em Lancashire e outros lugares, como também as palavras ditas pelo próprio Campion no cadafalso, indicam que ele revelou mais do que gostaria.)

Shakespeare deve também ter ouvido ou lido algo a respeito de um notável acontecimento que se deu no intervalo entre a captura do jesuíta e sua execução. As autoridades tinham ficado francamente irritadas com "a bravata" de Campion — o desafio a um debate sobre o catolicismo — e com a publicação clandestina de *Dez razões*. Num dia do fim de agosto, Campion foi retirado de sua cela sem aviso e levado para a capela da torre. Em presença dos guardas, de outros prisioneiros católicos e de quantos privilegiados membros do público coubessem ali, foi confrontado com dois teólogos protestantes, Alexander Nowell, deão da catedral de São Paulo, e William Day, deão de Windsor. Os teólogos, sentados a uma mesa cheia de livros e anotações, eram celebrados debatedores. Numa segunda mesa estavam outros distintos personagens, dos quais não se poderia dizer que fossem neutros: William Chark, pregador da honorável sociedade Gray's Inn, e William Whitaker, professor régio da faculdade de teologia de Cambridge, que iam atuar como tabeliães. O prisioneiro teria seu debate, mas o governo determinaria o cenário e as regras.

Campion objetou que não tinha tido tempo de preparar o debate, não tinha anotações nem livros e fora submetido a atrozes torturas. O encarregado da torre, sir Owen Hopton, teve o desplante de declarar que o prisioneiro "estava pouco abatido e que aquilo antes deveria ser chamado de cãibras que de tortura". Respondendo com dignidade que "ele próprio é quem podia relatar e ser o juiz mais fidedigno, porque ele sentira a dor", Campion aceitou — já que não tinha escolha — os termos grosseiramente desequilibrados do debate. E então começou, segundo o que parece ser um consenso universal, a aniquilar seus oponentes. As autoridades ficaram desconcertadas. Nas semanas seguintes, trazendo novos debatedores e restringindo o conteúdo e a forma das respostas de Campion, eles organizaram mais três debates — dessa vez sem a presença de católicos na audiência — até que, satisfeitos, proclamaram vitória. Levaram Campion para o cadafalso em Tyburn, enforcaram-no e esquartejaram seu corpo diante da multidão. Um dos presentes, um protestante de nome Henry Walpole, estava perto de onde o carrasco atirava as partes do corpo de Campion numa tina de água fervente. Uma gota d'água tinta de sangue espirrou em sua roupa, e no mesmo instante Walpole sentiu, segundo declarou, que devia converter-se ao catolicismo. Partiu para o continente, fez-se jesuíta e foi mandado de volta à Inglaterra, onde foi também preso e executado como traidor. Assim procedem os santos e os mártires.

Não surpreende que Shakespeare nunca se refira abertamente a Campion. Talvez em *Rei Lear* haja uma recordação dissimulada do padre fugitivo e de outros missionários na figura do inocente Edgar, vilmente caluniado pelo irmão bastardo e obrigado a usar um disfarce para fugir e salvar a vida. "Eu mesmo ouvi o edital de minha captura", diz Edgar em fuga;

> E no oco oportuno de uma árvore
> Escapei à caçada. Não há porto franco, lugar algum
> Em que guardas e a mais intensa vigilância
> Não estejam à minha espreita. Enquanto puder escapar
> Estarei a salvo [...][7]

Mas Edgar não é missionário, e Shakespeare deve ter sentido, mais que qualquer outra coisa, o desejo de distanciá-lo daquilo que no inverno e na primavera de 1581 esteve assustadoramente próximo, além de um alívio profundo por não ter sido levado a um pesadelo de perseguição, tortura e morte.

No ano seguinte, Will estava de volta a Stratford. Talvez tivesse, afinal,

---

7. "I heard myself proclaimed,/ And by the happy hollow of a tree/ Escaped the hunt. No port is free; no place,/ That guard, and most unusual vigilance,/ Does not attend my taking. Whiles I may 'scape,/ I will preserve myself [...]" (2.3.1-6).

concordado em correr um pequeno risco, qualquer coisa a ver com o desafortunado Thomas Cottam e com as questões de "grande peso", fossem quais fossem, que ele tinha tentado levar até Robert Debdale no vilarejo de Shottery. Será que ele levava uma mensagem secreta aos pais do padre fugitivo? É impossível saber. Mas que o rapaz de dezoito anos esteve na cidade é certo, pois lá conheceu a filha mais velha de um antigo conhecido de seu pai, um fervoroso agricultor protestante chamado Richard Hathaway, que morrera no ano anterior. Anne Hathaway tinha 26 anos. No verão de 1582 — como para marcar seu afastamento definitivo de Campion, da religiosidade profunda e dos rumores de traição, da "cegonha" e do tenebroso patíbulo —, Will e ela fizeram amor. Para essa vida secreta houve também consequências da maior relevância, mas de uma espécie bem diversa. Em novembro eles estavam casados, e seis meses depois nascia sua filha, Susanna.

4. Namoro, casamento, arrependimento

Se é verdade que Will voltou a Stratford em 1582 para evitar a tensão da permanência em Lancashire, se concordou em ir até Shottery para levar aos Debdale uma mensagem perigosa ou um símbolo religioso, seu namoro com Anne Hathaway foi manifestamente uma rebelião contra o império do medo. O mundo de Anne era diametralmente oposto ao mundo perigoso ao qual ele pode ter sido exposto: os poderosos laços exclusivamente masculinos formados por Simon Hunt, o mestre-escola que foi para o seminário com o aluno Robert Debdale; a conspiração para proteger Campion, Parsons, Cottam e outros missionários jesuítas; o sodalício secreto de jovens piedosos e suicidas. Mas, ainda que as circunstâncias tenham sido bem menos desesperadoras, mesmo que Will fosse apenas um adolescente inexperiente de Stratford cujos principais pontos de referência social fossem sua família e os meninos da King's New School, Anne Hathaway deve ter representado uma alternativa extraordinária. A família de Will, quase com certeza, pendia para o catolicismo, e a de Anne, quase com certeza, para o lado oposto. Em seu testamento, o pai de Anne, Richard, pedia para ser "sepultado decorosamente", frase codificada para se referir ao funeral simples e austero preferido pelos puritanos. Bartholomew, irmão de Anne, também pediu um funeral desse tipo, "na esperança de despertar no

Último Dia e receber o galardão reservado a Seus eleitos". "Seus eleitos": essa gente era bem diferente de Campion e, aliás, dos Arden católicos aparentados com a mãe de Will.

Anne Hathaway representava uma fuga em outro sentido: estava na posição inusitada de ser dona de seu nariz. Pouquíssimas moças jovens e solteiras da época elisabetana exerciam um controle real sobre a própria vida; os zelosos pais de uma garota tomavam as decisões fundamentais por ela, idealmente com seu consentimento, o que nem sempre acontecia. Mas Anne — órfã na casa dos vinte, com alguns recursos deixados pelo pai em testamento e outros a receber depois do casamento — estava, como se dizia na época, "totalmente no comando de si". Era independente, de um modo que parecia sob medida para despertar o interesse sexual de um rapaz, e livre para tomar suas próprias decisões. O fascínio que Shakespeare experimentou, durante toda a vida, por mulheres nessa situação pode ter raízes na ideia de liberdade que Anne Hathaway despertou nele. Will teria sentido um alívio da repressão de sua própria família, alívio também em relação à confusão sexual e à ambiguidade que os moralistas elisabetanos associavam ao teatro. Se a interpretação imaginária da peça de Plauto pelo colegial teve algum equivalente na realidade — se Will realmente experimentou uma perturbadora excitação sexual ao representar uma cena de amor com outro menino —, nesse caso Anne Hathaway proporcionou uma tranquilizadora solução convencional para a ambivalência ou perplexidade do rapaz na área sexual.

Muito além dessa solução imaginária — cujo encanto, ainda que temporário, não deve ser subestimado —, Anne oferecia um atraente sonho de prazer. Pelo menos é o que se conclui do papel central que o namoro desempenha em toda a obra de Shakespeare, desde *Os dois cavalheiros de Verona* e *A megera domada* até *Conto de inverno* e *A tempestade*. O amor, não no sentido de intercurso sexual, mas no sentido mais antigo de cortejo, súplicas e saudade, era uma das obsessões sempre presentes do dramaturgo, uma das coisas que talvez ele compreendesse e expressasse com mais profundidade que qualquer outra pessoa no mundo. Essa compreensão pode não ter tido nada a ver com a mulher com quem ele se casou, é claro, e pelo menos em teoria pode não ter tido nada a ver com as experiências que ele viveu. Mas o próprio impulso de explorar a vida de Shakespeare nasce da poderosa convicção de que suas peças e poemas brotam não apenas de outras peças e poemas, mas de coisas que ele mesmo sentiu, no corpo e na alma.

O Shakespeare adulto faz graça com a falta de jeito dos jovens rústicos no amor. Em *Como gostais*, por exemplo, ele zomba do caipira tão enamorado de uma leiteira que beija "as tetas da vaca que suas mãos lindas e calejadas tinham ordenhado".[1] Mas em algum lugar por trás do riso pode estar à espreita uma lembrança irônica e distorcida das próprias iniciativas canhestras da adolescência, talvez recompensadas de maneira mais generosa do que ele poderia ter imaginado. No fim do verão, Anne Hathaway estava grávida.

O casamento de Shakespeare tem sido objeto de exaltado interesse desde que um grande bibliófilo do século XIX, sir Thomas Phillipps, encontrou um estranho documento nos registros do bispado de Worcester. O documento, datado de 28 de novembro de 1582, era um título de crédito num valor altíssimo para a época — quarenta libras (duas vezes o salário anual do mestre-escola de Stratford e oito vezes o de um oficial alfaiate de Londres) — emitido para favorecer o casamento de "William Shagspere" e "Anne Hathwey, donzela de Stratford, na diocese de Worcester".

Os nubentes — ou alguém ligado a eles — queriam que o casamento se fizesse sem demora. A razão da pressa não estava especificada no título, mas existe uma explicação devidamente documentada: o batismo de sua filha Susanna, em 28 de maio de 1583, seis meses depois. Apesar da linguagem empregada no título, a rigor não havia em Stratford, na diocese de Worcester, uma "donzela" Anne Hathaway.

Em condições normais, uma cerimônia de casamento só se realizaria depois que se corressem os proclamas, declaração formal da intenção de casamento, lidos em três domingos sucessivos na igreja paroquial da localidade. O tempo necessário para esse processo poderia se alongar em virtude dos caprichos da lei canônica (código de regras e regulamentos eclesiásticos), que não permitia a leitura de proclamas durante certos períodos do calendário eclesiástico. No fim de novembro de 1582, um desses períodos estava para começar. Mas havia a possibilidade de emissão imediata de uma licença de casamento

---

1. "the cow's dugs that her pretty chapped hands had milked" (2.4.44-5).

mediante o pagamento de uma taxa e a apresentação de uma declaração juramentada de que não havia impedimentos como aqueles que os proclamas poderiam trazer à luz. No entanto, para respaldar a declaração juramentada, tinha de haver uma maneira de indenizar as autoridades diocesanas se, apesar dos juramentos solenes, surgisse um obstáculo inesperado que pudesse levar a questão aos tribunais — um contrato de casamento anterior, por exemplo, a objeção de um dos genitores, no caso de um menor, ou o compromisso de não casar até o fim de um período de aprendizagem. Daí o título de crédito, que se tornaria nulo se nenhum impedimento viesse à tona.

Não se sabe se os pais de Will aprovaram o casamento do filho de dezoito anos com uma noiva grávida de 26. Na Inglaterra de então, como agora, um rapaz de dezoito anos era tido como muito jovem para o casamento. Em 1600 (a data mais recuada para a qual há números confiáveis), a média de idade na época do casamento era de 28 anos para os rapazes. Também era inusitado que um homem se casasse com uma mulher tão mais velha: nessa época, as mulheres tinham em média dois anos menos que seus maridos. As exceções estavam geralmente nas classes mais elevadas, nas quais o casamento era na verdade uma transação comercial entre famílias, que celebravam noivados de crianças muito pequenas. Nesses casos, os casamentos só eram consumados anos após a cerimônia, e os recém-casados esperavam um longo tempo antes de começar a viver juntos. No caso de Anne Hathaway, a noiva tinha alguma herança, mas dificilmente poderia ser vista como uma rica herdeira — em testamento, seu pai estipulou que ela receberia seis libras, treze xelins e quatro pence ao se casar — e John Shakespeare, homem de destaque na comunidade, apesar de seus apertos financeiros, devia esperar que a noiva do filho trouxesse um dote mais substancial. Se os pais de Shakespeare fizessem sérias objeções ao casamento, poderiam tê-lo impedido por vias legais, já que o filho era menor (a maioridade era aos 21 anos). Mas eles não fizeram objeção, talvez porque, como mostram documentos legais, o pai de Shakespeare conhecera o de Anne. Mesmo assim, é provável que, aos olhos de John e Mary Shakespeare, o filho não estivesse fazendo um bom casamento.

E Will? Ao longo dos séculos, como se sabe, os rapazes de dezoito anos não têm mostrado pressa para subir ao altar nessas circunstâncias. Claro que Will podia ser uma exceção. Certamente, como dramaturgo, ele era capaz de imaginar essa impaciência. "Quando, onde e como/ Nos conhecemos, nos apaixonamos e trocamos promessas/ Dir-te-ei mais tarde", diz Romeu a frei Lourenço na manhã seguinte ao baile dos Capuleto, "mas agora imploro/ Que consintas em nos casar hoje mesmo."[2]

Em *Romeu e Julieta*, a descrição da pressa frenética dos amantes impetuosos mistura humor, ironia, tristeza e censura, mas Shakespeare transmite acima de tudo um profundo conhecimento interior de como se sente um jovem, ansioso por casar-se, atormentado pela demora. Na grande cena do balcão, embora tenham acabado de se conhecer, Romeu e Julieta trocam "votos de amor fiel". "Se tua intenção de amante é honesta/ E se queres casar-te comigo", diz Julieta a Romeu, no fim da mais apaixonada cena de amor que Shakespeare escreveu, "manda-me um recado amanhã." Quando fica sabendo "Onde e quando se fará a cerimônia", ela declara: "Deixo todo o meu destino a teus pés e te seguirei, meu senhor, até o fim do mundo".[3]

Daí a urgência da visita de Romeu ao frade na manhã seguinte bem cedo, e daí a terrível ansiedade de Julieta pela volta de sua aia, a quem ela enviara para buscar a resposta de Romeu. "Muitos velhos agem como se já estivessem mortos", queixa-se a jovem. "Inertes, moles, pesados e pálidos como chumbo." Quando enfim a aia entra se arrastando, Julieta mal consegue pedir-lhe as importantíssimas notícias:

AIA Estou cansada. Deixa-me só por um momento.
Ai, que dor nos ossos! Como corri!
JULIETA Quisera que tivesses meus ossos, e eu, tuas notícias.
Vamos, eu te rogo, fala, boa aia!
AIA Jesus, que pressa! Não podes esperar um momento?
Não vês que estou sem ar?
JULIETA Como podes estar sem ar se tens ar bastante
Para dizer-me que estás sem ar?

---

2. "When and where and how/ We met, we wooed and made exchange of vow/ I'll tell thee as we pass, but this I pray;/ That thou consent to marry us today" (2.2.61-4).
3. "love's faithful vow [...]/ If that thy bent of love be honourable,/ Thy purpose marriage, send me word tomorrow [...]/ Where and what time thou wilt perform the rite,/ And all my fortunes at thy foot I'll lay/ And follow thee, my lord, throughout the world" (2.1.169, 185-6, 188-90).

A desculpa que dás para o atraso
É mais longa que as notícias que trazes.

....

Que diz ele sobre o casamento — que me contas?[4]

A impaciência extrema nunca foi retratada com mais habilidade e compreensão.

A pressa de Romeu é exposta com menos detalhes, e é à de Julieta que se dá mais alcance e intensidade. De forma análoga, é bem provável que Anne, grávida de três meses, mais que o jovem Will, tenha sido a fonte da impaciência que levou ao título de crédito. Na verdade, eles estavam na Inglaterra elisabetana, não na vitoriana: uma mãe solteira na década de 1580 não enfrentaria necessariamente um estigma social tão pertinaz e sistemático quanto na década de 1880. Mas a vergonha e a desonra na época de Shakespeare eram bem reais. A bastardia era severamente recriminada pela comunidade, a criança teria de ser alimentada e vestida, e as seis libras, treze xelins e quatro pence só seriam entregues a Anne quando ela encontrasse marido.

O polpudo título emitido para apressar o casamento tinha como sacados dois agricultores de Stratford, Fulke Sandells e John Rychardson, amigos do falecido pai da noiva. O jovem noivo e futuro pai pode ter ficado grato por essa simpática ajuda, mas é bem mais provável que tenha sido um beneficiário relutante, talvez muito relutante. Se a imaginação do dramaturgo criou um Romeu impaciente, ansioso para casar, criou também uma série de noivos recalcitrantes que, por vergonha ou à força, foram compelidos a se casar com as mulheres com quem tinham dormido. "Ela está de dois meses", diz o bufão Costard ao fanfarrão Armado, que seduzira uma camponesa. "O que queres dizer com isso?", pergunta Armado, tentando cair fora da situação, mas Costard insiste: "Vai indo rápido. A criança já começa a se mexer na barriga dela.

---

4. "NURSE I am a-weary. Give me leave a while./ Fie, how my bones ache. What a jounce have I!/ JULIET I would thou hadst my bones and I thy news./ Nay, come, I pray thee speak, good, good Nurse, speak./ NURSE Jesu, what haste! Can you stay a while?/ Do you not see that I am out of breath?/ JULIET How art thou out of breath when thou hast breath/ To say to me that thou art out of breath?/ The excuse that thou dost make in this delay/ Is longer that the tale thou dost excuse./ [...]/ What says he of our marriage — what of that?" (2.4.16-7, 25-46).

É teu filho".⁵ Armado não é um herói romântico: como o Lúcio de *Medida por medida* e o Bertram de *Tudo vai bem quando acaba bem*, é tratado com ironia, malquerença e desdém. Mas esses podem ser exatamente os sentimentos que Shakespeare evoca quando recordava seu próprio casamento.

Em uma de suas primeiras obras, *Henrique VI parte 1*, um personagem compara o casamento forçado ao casamento voluntário:

> Pois o casamento forçado não passa de um inferno,
> Tempo de discórdia e contínua discussão,
> Enquanto o seu contrário traz felicidade,
> E é um modelo de paz celestial.⁶

O personagem é um conde que tenta hipocritamente convencer o rei a fazer o que seria um mau casamento, mas o sonho de felicidade parece bastante válido, junto com a ideia de que o "casamento forçado" é uma receita quase infalível de infelicidade. Talvez na época em que escreveu essas falas, no início da década de 1590, Shakespeare estivesse refletindo sobre a origem de sua própria infelicidade conjugal. Talvez exista também uma reflexão pessoal na maliciosa observação de Richard de Gloucester — "Casamentos apressados quase nunca dão certo"⁷ — ou no conselho de Orsino em *Noite de Reis*:

> A mulher deve tomar um marido
> Mais velho do que ela. Assim, se ajustará a ele,
> Que será feliz e nela confiará.⁸

É claro que cada uma dessas falas está num contexto dramático específico, mas todas elas foram escritas por alguém que aos dezoito anos de idade teve de se casar às pressas com uma mulher mais velha para depois deixá-la em Strat-

---

5. "What meanest thou?/ [...] She's quick. The child brags in her belly already. 'Tis yours." (*Love's Labours Lost*, 5.2.658-63).
6. "For what is wedlock forced but a hell,/ An age of discord and continual strife,/ Whereas the contrary bringeth bliss,/ And is a pattern of celestial peace" (5.7.62-5).
7. "Yet hasty marriage seldom proveth well" (*3 Henry VI*, 4.1.18).
8. "Let still the woman take/ An elder than herself. So wears she to him,/ So sways she level in her husband's heart" (2.4.28-30).

ford. Como ele poderia ter escrito as palavras de Orsino sem de alguma forma trazer para elas sua própria vida, sua decepção, sua frustração e sua solidão?

A suspeita de que Will foi arrastado para o altar é corroborada por outro documento. O título para a concessão da licença de casamento de Willam Shagspere e Anne Hathwey é datado de 28 de novembro, mas os arquivos de Worcester também guardam uma licença expedida um dia antes, 27 de novembro, para o casamento de William Shaxpere e Anne Whatley de Temple Grafton. Como havia outros Shakespeare em Warwickshire, é possível que outro William tenha se casado justamente naquele período. Mas, admitindo que a coincidência fosse improvável, quem seria Anne Whatley de Temple Grafton, um vilarejo a oito quilômetros de Stratford? Uma mulher que Will amava e queria desposar às pressas antes de ser forçado por Sandells e Rychardson a se casar com a gestante Anne Hathaway?

Essa possibilidade tem um encanto romanesco: "Ele ia então a caminho de Temple Grafton no frio de novembro", escreveu Anthony Burgess, num arrebato de fantasia, "com os primeiros sinais do inverno se anunciando. Os cascos estalavam no gelo da estrada. Perto de Shottery, foi detido por dois homens. Chamaram-no pelo nome e ordenaram que apeasse". Mas muitos acadêmicos concordam com Joseph Gray, que em 1905, depois de uma exaustiva análise, concluiu que o escriturário que anotou os nomes na licença de casamento simplesmente se confundiu e escreveu Whatley em lugar de Hathaway. A maior parte dos especialistas imagina ainda que Will, de certa forma, estava feliz. Mas seus sentimentos à época do casamento não são conhecidos, e a atitude que teve em relação a sua mulher nos 34 anos de casamento só pode ser conjecturada. Entre a licença de casamento e o testamento, Shakespeare não deixou nenhum sinal pessoal e direto de sua relação com a esposa — pelo menos que tenha sido encontrado. Desse homem extremamente eloquente não se encontraram cartas de amor a Anne, sinais de alegria ou tristeza compartilhada, uma palavra de conselho, nem sequer transações financeiras.

Um quadro sentimental do século XIX mostra Shakespeare em sua casa em Stratford, recitando uma de suas peças para a família — o pai e a mãe ouvindo à distância, um cachorro aos pés dele, seus três filhos reunidos ao redor do pai, sua mulher levantando da costura um olhar de adoração para ele —, mas um momento desses, se é que ocorreu, dever ter sido extremamente raro. Durante a maior parte de sua vida de casado ele morou em Londres, enquanto Anne e as crianças, ao que tudo indica, continuavam em Stratford. Isso não implica necessariamente um afastamento; maridos e mulheres muitas vezes são compelidos a viver separados por longos períodos. Mas na época de Shakespeare deve ter sido muito difícil vencer essa distância para manter alguma intimidade. Ainda mais difícil terá sido se, como parece provável, Anne não soubesse ler nem escrever. É claro que naquele mundo a maior parte das mulheres era pouco ou nada alfabetizada, mas a frequência do hábito não muda os fatos: é perfeitamente possível que a mulher de Shakespeare nunca tenha lido uma palavra do que o marido escreveu, que qualquer coisa que ele mandasse de Londres para ela tivesse de ser lida por um vizinho, que qualquer coisa que ela quisesse lhe dizer — fofocas locais, notícias sobre a saúde de seus pais e sobre a doença fatal de seu único filho — tinha de ser confiada a um mensageiro.

Talvez os otimistas tenham razão, e o relacionamento do casal, apesar dos longos anos de separação, tenha sido bom. Biógrafos empenhados em afirmar que Shakespeare tenha tido um bom casamento reiteram que, quando ele ganhou algum dinheiro no teatro, instalou mulher e filhos em New Place, a bela casa que comprara em Stratford; que devia visitá-los com frequência; que preferiu aposentar-se cedo e voltar a Stratford para sempre poucos anos antes de sua morte prematura. Alguns foram mais longe e supuseram que ele levou Anne e as crianças para estar com ele em Londres durante longos períodos. "Ninguém falou com mais franqueza ou justeza das honestas alegrias de 'cama e mesa'", escreveu o antiquário Edgar Fripp, indicando versos de *Coriolano*:

> Eu amava a donzela que desposei; homem algum
> Suspirou com mais verdade. Mas ao ver-te aqui,
> Ó, nobre ser, mais dispara meu coração exaltado
> Do que quando, pela primeira vez, vi minha esposa
> Transpor minha soleira.[9]

Mas se essas falas eram, como acreditava Fripp, uma referência aos sentimentos do próprio dramaturgo muitos anos antes, era bem mais amarga do

---

9. "I loved the maid I married; never man/ Sighed truer breath. But that I see thee here,/ Thou noble thing, more dances my rapt heart/ Than when I first my wedded mistress saw/ Bestride my threshold" (4.5.113-7).

que sentimental: elas são ditas pelo guerreiro Aufídio, cujo coração dispara ao ver o homem que odiava e que havia muito sonhava matar.

Talvez seja muito mais o que Shakespeare não escreveu o que pode indicar que algo ia muito mal em seu casamento. Ele era um artista que usava praticamente tudo o que encontrava pelo caminho. Explorou, com pouquíssimas exceções, as instituições, as profissões e as relações pessoais que passaram por sua vida. Era o supremo poeta do galanteio: basta pensar no sonetista já maduro e no rapaz jovem, na ofegante Vênus e no relutante Adônis, em Orlando e Rosalinda, Petruccio e Kate, e mesmo nos deformados e intratáveis Ricardo III e lady Anne. Era ainda um grande poeta da família, com especial e profundo interesse na rivalidade assassina entre irmãos e na complexa relação entre pai e filha: Egeu e Hérmia, Brabâncio e Desdêmona, Lear e suas temíveis filhas, Péricles e Marina, Próspero e Miranda. Mas, embora o casamento seja a terra prometida pela qual lutam seus heróis e heroínas cômicos, e a diluição da família seja o tema obsessivo de suas tragédias, Shakespeare foi curiosamente econômico em sua descrição de como seria na verdade estar casado.

Sem dúvida, ele ofereceu alguns vislumbres fascinantes. Alguns de seus casais unidos em matrimônio descambaram para a execração mútua: "Oh, Goneril", grita o contrafeito duque de Albany, em *Rei Lear*, "Não mereces a poeira que o vento rude/ Sopra em teu rosto". "Sangue de barata!", devolve ela. "Dás o rosto a tapa e a cabeça ao erro [...]. Que valente ficaste num instante!"[10] Mas, na maioria das vezes, esses casais estão em estados mais sutis e complexos de estranhamento. Sobretudo as esposas que se sentem negligenciadas ou coibidas. "Que fiz eu", pergunta Kate Percy a seu marido Harry (mais conhecido como Hotspur) em *Henrique IV parte 1*, "para nas duas últimas semanas/ ter sido expulsa do leito de meu Harry?" Ela na verdade não tinha feito nada — Hotspur está preocupadíssimo, preparando uma rebelião —, mas não estava errada ao se sentir excluída. Hotspur preferira manter a mulher na ignorância:[11]

---

10. "O Goneril,/ You are not worth the dust which the rude wind/ Blows in your face.[...]/ Milk-livered man! That bear'st a cheek for blows, a head for wrongs [...] Marry, your manhood! mew!" (4.2.30-2, 51-69).
11. "For what offence have I this fortnight been/ A banished woman from my Harry's bed? [...] But hark you, Kate./ I must not have you henceforth question me/ Whither I go, nor reason whereabout./ Whither I must, I must; and, to conclude,/ This evening must I leave you, gentle Kate" (2.3.32-3, 93-7).

Mas ouve bem, Kate.
De agora em diante não me perguntes nada
Onde vou, ou por que faço isto ou aquilo.
O que devo fazer, devo fazer. E para terminar:
Esta noite devo deixar-te, doce Kate.

A rebelião é um caso de família — Hotspur aderiu a ela levado por seu pai e seu tio —, mas, embora o destino de sua mulher certamente dependesse do resultado do conflito, o pouco que ela sabia a respeito veio das palavras que o ouviu sussurrar durante o sono agitado. Com uma misoginia franca e amável, Hotspur explica que simplesmente não confiava nela.

Sei que és prudente, mas não mais prudente
Que a mulher de Harry Percy. És constante,
Mas ainda assim és mulher; a melhor para guardar segredos,
Já que, acredito, não revelarás o que não sabes.
Até esse ponto confio em ti, doce Kate.[12]

As palavras são bem-humoradas e exuberantes, como a maior parte das coisas que Hotspur diz, mas a essência do casamento deles é o isolamento recíproco. A mesma peça, *Henrique IV parte 1*, dá outra perspectiva desse tipo de casamento com Edmund Mortimer e sua mulher galesa: "Esse é o problema que mais me aflige/ Minha mulher não fala inglês, eu não falo galês".[13]

Shakespeare volta ao tema em *Júlio César*, em que Pórcia, mulher de Brutus, reclama que foi deliberadamente excluída da vida íntima de seu marido. Ao contrário de Kate Percy, Pórcia não é expulsa da cama do marido, mas o fato de estar excluída de sua mente faz com que se sinta, como ela diz, uma concubina:

---

12. "I know you wise, but yet no farther wise/ Than Harry Percy's wife; constant you are,/ But yet a woman; and for secrecy/ No lady closer, for I well believe/ Thou wilt not utter what thou dost not know./ And so far will I trust thee, gentle Kate" (2.3.98-103).
13. "This is the deadly spite that angers me:/ My wife can speak no English, I no Welsh" (3.1.188-9).

> Serei parte de ti
> Apenas num sentido tão limitado?
> Para partilhar a mesa, aquecer tua cama
> E conversar contigo às vezes? Habito apenas o subúrbio
> Da tua felicidade? Se não há nada além disso
> Pórcia é a concubina de Brutus, não sua mulher.[14]

A questão aqui e em outros pontos das peças é o grau de intimidade a que marido e mulher podem chegar, e a resposta que Shakespeare oferece é muito limitada.

Shakespeare não era o único em seu tempo a encontrar dificuldade em retratar ou mesmo imaginar a intimidade conjugal plena. Foram necessárias décadas de insistência puritana na importância do companheirismo no casamento para mudar o cenário social, cultural e psicológico. Na época em que Milton publicou *Paraíso perdido* (1667), o cenário era decididamente outro. O casamento já não era o prêmio de consolação para aqueles que não tinham a sublime vocação do celibato nem a maneira doutrinariamente correta de evitar o pecado da fornicação; nem mesmo tinha como aspecto principal a geração de prole e a concentração da propriedade. Tinha a ver com o sonho do amor eterno.

Mas não fica claro até que ponto esse sonho podia ser levado em conta quando Will, por sua vontade ou contrariado, aceitou casar-se com Anne Hathaway. Não foi por acaso que Milton escreveu importantes documentos defendendo a possibilidade de divórcio; ocorre que a procura de profunda satisfação emocional no casamento depende muito da possibilidade de divórcio. Num mundo sem essa possibilidade, a maior parte dos escritores parece ser da mesma opinião: era melhor fazer piadas sobre a perseverança, relegar a maior parte dos matrimônios a um discreto silêncio e escrever poesia amorosa sobre alguém que não fosse o cônjuge. Dante escreveu a apaixonada *La vita nuova* não para sua mulher, Gemma Donati, mas para Beatrice Portinari, a quem vira pela primeira vez quando ambos eram crianças. Da mesma forma Petrar-

---

14. "Am I yourself/ But as it were in sort or limitation?/ To keep with you at meals, comfort your bed,/ And talk to you sometimes?/ Dwell I but in the suburbs/ Of your good pleasure? If it be no more,/ Portia is Brutus' harlot, not his wife" (2.1.281-6).

ca, que provavelmente tornou-se padre, escreveu os poemas de amor definitivos da Europa continental — a grande sequência de sonetos — à bela Laura, e não à mulher sem nome e desconhecida que deu à luz os dois filhos dele, Giovanni e Francesca. E na Inglaterra, Stella, a estrela a quem sir Philip Sidney dedica olhares ansiosos na sequência de sonetos *Astrophil and Stella*, era Penelope Devereux, casada com outro homem, e não sua mulher, Frances Walsingham.

Seria razoável esperar estabilidade e conforto de um casamento, mas não muito mais que isso, e se não se achasse nele nada do que se queria, se as relações se deteriorassem, transformando-se em amargura, não havia como terminar o matrimônio e recomeçar. O divórcio — mesmo como solução apenas idealizada, para não falar em fins práticos — não existia na Stratford-upon-Avon de 1580. Não para alguém da classe social de Shakespeare, e muito raramente para quem quer que fosse. Como todos os que se casavam naquele tempo, ele o fez para a vida toda, fosse o casamento satisfatório ou desastroso, fosse a pessoa escolhida (ou a que o escolheu) capaz de um tempo depois conquistar seu coração ou enchê-lo de repulsa.

Mesmo assim, as expectativas culturais reduzidas explicam apenas em parte, no melhor dos casos, a relutância ou a inabilidade de Shakespeare para representar o casamento, como ocorria de fato, do lado de dentro. Porque ele de fato registrou o anseio frustrado de intimidade conjugal, embora atribuísse esse anseio quase exclusivamente a mulheres. A mais pungente representação da esposa negligenciada, além de Kate Percy e Pórcia, é a Adriana de *A comédia dos erros*. Por se tratar de uma farsa, além do mais baseada num modelo romano que não faz nenhum investimento emocional na figura da esposa — jocosamente, Plauto a põe à venda no fim de sua peça —, é surpreendente que Shakespeare tenha registrado de forma tão apurada a sua angústia:

> Como foi, meu marido, ah, como foi
> Que te tornaste um estranho a ti mesmo?...
> "A ti", eu disse, pois de mim já estavas longe
> E se somos indivisíveis, unidos num só corpo,
> Eu sou melhor que a melhor parte de ti mesmo.
> Ah, não te leves embora de mim;
> Pois sabe, meu amor: seria mais fácil pingares

Uma gota d'água no mar revolto,
E recuperar depois essa gota, intacta,
Sem adição ou perda de substância,
Do que arrancar-me de ti sem me levar junto.[15]

A cena em que essas palavras são ditas é cômica, já que Adriana, desavisada, dirige-se não ao marido, mas a seu gêmeo idêntico desaparecido havia muito. Ainda assim a fala é longa demais, e a dor muito intensa para que seja recebida com riso.

Embora a comédia seja pródiga em confusões disparatadas e no final Adriana seja responsabilizada (por engano, como se verá) pela confusão mental do marido — "O venenoso clamor de uma mulher ciumenta/ Mais mortal que mordida de cachorro louco"[16] —, seu sofrimento tem um estranho e insistente tom de verdade. A situação tomou conta da imaginação de Shakespeare, como se a infelicidade da esposa negligenciada ou abandonada fosse algo que ele conhecesse pessoalmente e muito bem. Em meio ao vendaval de reconhecimentos que ocorre no clímax da peça, não se vê, como seria razoável esperar, uma cena de reconciliação conjugal. Em *A comédia dos erros*, como na maior parte das peças de Shakespeare, a substância de uma reconciliação como essa — que significaria uma partilha plena da vida — parece ter-lhe escapado.

Ocasionalmente, como em *Conto de inverno*, há o vislumbre de algo mais que o desejo frustrado de intimidade. Hermíone, grávida de nove meses, consegue excitar levemente o marido, Leontes, e essa excitação revela emoções conjugais que vão além da ansiosa dependência. Leontes, que em vão vinha tentando convencer seu melhor amigo a prolongar sua já demorada visita, pede a ajuda da esposa. Quando ela tem sucesso, Leontes lhe faz um exagerado cumprimento cujo potencial canhestro Hermíone capta imediatamente:

---

15. "How comes it now, my husband, O how comes it/ That thou art then estranged from thyself?.../ Thyself I call it, being strange to me/ That, undividable, incorporate,/ Am better than thy dear self's better part./ Ah, do not tear away thyself from me;/ For know, my love, as easy mayst thou fall/ A drop of water in the breaking gulf,/ And take unmingled thence that drop again/ Without addition or diminishing,/ As take from me thyself, and not me too" (2.2.119-29).
16. "The venom clamours of a jealous woman/ Poisons more deadly than a mad dog's tooth" (5.1.70-1).

LEONTES Conseguiste convencê-lo?
HERMÍONE Ele ficará, meu senhor.
LEONTES A meu pedido não ficaria.
Hermíone, querida, nunca falaste
Por causa mais nobre.
HERMÍONE Nunca?[17]

Como convém a uma peça extraordinariamente sensível à entonação, aparentemente não há nada nessas falas que indique que algo vai mal. Mas talvez Hermíone já tivesse percebido uma leve irritação na resposta de Leontes, e instintivamente tenta transformá-la numa brincadeira conjugal:

HERMÍONE Nunca?
LEONTES Exceto uma vez.
HERMÍONE Então falei bem duas vezes? Qual foi a outra vez?
Por favor, dize logo. Com tantos elogios,
Me deixas inflada como animal de estimação.[18]

Aqui, como é comum na conversa entre marido e mulher, acontece ao mesmo tempo nada e tudo. De acordo com a convenção, Hermíone trata Leontes de "meu senhor", mas fala com ele de igual para igual, misturando brincadeira sexual e troça sutil, recebendo o elogio do marido ao mesmo tempo com prazer e humor. Compreendendo o tropeço inicial, Leontes se apressa em corrigir o que disse, transformando "Nunca" em "Exceto uma vez", e então dá à esposa grávida aquilo por que ela diz ansiar:

Ora, foi quando
Três luas enjoadas aos poucos morreram, amargas,
Antes que eu pudesse fazer abrir tua mão branca

---

17. "LEONTES Is he won yet?/ HERMIONE He'll stay, my lord./ LEONTES At my request he would not./ Hermione, my dearest, thou never spok'st/ To better purpose./ HERMIONE Never?" (1.2.88-91).
18. "HERMIONE Never?/ LEONTES Never but once./ HERMIONE What, have I twice said well? When was't before?/ I prithee tell me. Cram's with praise, and make's/ As fat as tame things" (1.2.91-4).

E tivesse certeza de teu afeto. Depois disso, disseste:
"Sou tua para sempre".¹⁹

Esse é um dos mais extensos diálogos conjugais escritos por Shakespeare, e apesar do leve ar de formalidade — afinal, marido e mulher estão conversando em presença de seu grande amigo e outras pessoas —, é plenamente convincente ao sugerir um amor confuso, uma tensão firmemente estabelecida e certa jocosidade. Leontes e Hermíone olham com prazer o passado que compartilharam. Não têm medo de excitar um ao outro, preocupam-se com os pensamentos e sentimentos do parceiro, ainda sentem desejo sexual mesmo quando estão determinados a formar uma família e ao entreter seus convidados. Mas é exatamente nesse momento de intimidade um tanto irritada que Leontes é tomado de um medo paranoico de uma infidelidade da esposa. No fim dos catastróficos acontecimentos provocados por essa paranoia, há uma cena que pode conduzir à reconciliação, porém as palavras de Hermíone estão dirigidas apenas à recuperação de sua filha perdida. A Leontes, a quem abraça, Hermíone não diz absolutamente nada.

Conto de inverno sugere que o casamento de Leontes e Hermíone não podia sustentar — e com maior razão não podia recuperar — a intimidade emocional, sexual e psicológica, ao mesmo tempo tão gratificante e tão perturbadora, que uma vez tiveram. Assim também em *Otelo*, tragédia que guarda fortes afinidades com *Conto de inverno*, a permanência irrestrita e corajosa de Desdêmona no casamento —

Apaixonei-me pelo Mouro e quis viver com ele,
Pode-se ver o quanto desejei estar ao lado dele pela violência
Com que me desfiz da antiga vida²⁰

---

19. "Why, that was when/ Three crabbed month had soured themselves to death/ Ere I could make thee open thy white hand/ And clap thyself my love. Then didst thou utter,/ 'I am yours for ever'" (1.2.103-7).
20. "That I did love the Moor to live with him,/ My downright violence and storm of fortunes/ May trumpet to the world" (1.3.247-9).

— parece disparar o ciúme homicida de seu marido. Mas talvez seja errado falar desse relacionamento em particular como um casamento: parece que dura algo assim como um dia e meio antes de acabar.

Pelo menos esses são casais verdadeiros. Muitos dos mais importantes casais unidos em matrimônio na obra de Shakespeare foram separados pela morte bem antes do início da peça. Na maior parte dos casos, foi a mulher que desapareceu: não há sras. Bolingbroke, Shylock, Leonato, Brabâncio, Lear, Próspero. Em poucos casos há alguma menção a elas: a mulher de Shylock chamava-se Léa e dera ao marido um anel de turquesa que a filha deles, Jéssica, troca sem piedade por um macaco. Ainda com menor frequência se percebe uma minúscula pista, como em *Sonho de uma noite de verão*, do motivo que levou deste mundo a mulher desaparecida: "Mas ela, sendo mortal, morreu ao dar à luz o menino".[21]

Os demógrafos já mostraram que os riscos do parto na Inglaterra elisabetana eram altos, mas nem tanto que pudessem explicar a ausência generalizada de esposas nas peças. (A mãe de Shakespeare sobreviveu ao pai dele por sete anos e, apesar da diferença de idade, sua própria mulher sobreviveria a ele também por sete anos.) É claríssimo que Shakespeare não queria que em *A megera domada* a sra. Minola tivesse suas próprias ideias a respeito dos pretendentes à mão das filhas, ou que em *Rei Lear* a mulher do velho rei discutisse seus planos de aposentadoria.

Há poucos casamentos felizes em toda a literatura, assim como relativamente poucas representações de bondade. Mas a maior parte dos romances dos séculos XVIII e XIX aposta alto em convencer o leitor de que um par romântico, com cujo casamento a obra termina, encontrará em si mesmo sua mais plena realização, ainda que os casamentos descritos ao longo da narrativa sejam, em sua maior parte, monótonos ou desesperançados. Em *Orgulho e preconceito*, de Jane Austen, o sr. e a sra. Bennett têm um relacionamento lamentável, como o de Charlotte Lucas e o estúpido sr. Collins, mas Elizabeth e Darcy, o leitor tem certeza, vencerão todas as dificuldades. Shakespeare, mesmo em suas comédias mais ensolaradas, jamais se dispôs a convencer sua plateia de uma coisa dessas.

---

21. "But she, being mortal, of that boy did die" (2.1.135).

"Os homens são como abril ao cortejar, mas como dezembro ao se casar", diz Rosalinda em *Como gostais*. "As donzelas são como a primavera, mas quando se tornam esposas, o clima muda."²² A própria Rosalinda pode não acreditar no que diz — disfarçada de rapaz, testa, de brincadeira, o amor de Orlando por ela —, mas articula a cínica sabedoria da vida cotidiana. Em *As alegres comadres de Windsor*, os mesmos sentimentos contundentes escapolem inadvertidamente da boca do simplório Slender: "Se no começo não houver grande amor, os céus poderão reduzi-lo ainda mais, quando formos mais íntimos, depois de casados, e de termos outras oportunidades de nos conhecer. Espero que com a familiaridade aumente o desprezo".²³ O que se prevê é uma sequência quase inevitável resumida por Beatrice numa sucinta fórmula em *Muito barulho por nada*: "namoro, casamento, arrependimento".²⁴

O tom em que essas opiniões se manifestam é menos sombrio do que humorístico e alegremente realista, um realismo que na verdade não está no caminho do casamento de todo mundo. No fim da peça, Beatrice e Benedick também aderem ao casamento, como fazem todos os enamorados da comédia shakespeariana, apesar do cálculo sem rebuços das prováveis consequências. Parte da magia dessas peças consiste em deixar claro esse cálculo, sem inibir a alegria e o otimismo de cada casal. Shakespeare despendeu pouco ou nenhum esforço para convencer a plateia de que esses casais em particular seriam uma exceção à regra; pelo contrário, eles mesmos dão voz à regra. A plateia é convidada a entrar no atraente círculo do amor, sabendo que é provavelmente uma ilusão transitória, mas, pelo menos por um momento — o momento da peça —, não se importando com isso.

A imaginação de Shakespeare não invoca facilmente um casal com perspectiva de felicidade a longo prazo. Em *Sonho de uma noite de verão*, o amor entre Lisandro e Hérmia desaparece num segundo, enquanto Demétrio e Helena vão se amar o tempo que durar o efeito do elixir do amor salpicado em

---

22. "Men are April when they woo, December when they wed./ Maids are May when they are maids, but the sky changes when they are wives" (4.1.124-7).
23. "if there be no great love in the beggining, yet heaven may decrease it upon better acquaintance, when we are married and have more occasion to know one another. I hope upon familiarity will grow more contempt" (1.1.206-10).
24. "wooing, wedding, and repenting" (2.1.60).

seus olhos. Em *A megera domada*, um par de bons atores pode convencer a plateia de que existe uma forte atração sexual dissimulada nos briguentos Petruccio e Catarina, mas o fim da peça se desvia do caminho original para mostrar duas visões do casamento quase igualmente desagradáveis, uma delas em que o casal briga sem parar, a outra em que o desejo da mulher acabou. O final de *Como gostais* só acontece porque ninguém é obrigado a contemplar a futura vida doméstica de Rosalinda e Orlando ou do resto dos "nubentes do interior",[25] como diz Touchstone. Como Viola mantém os trajes masculinos com que se disfarçara, *Noite de Reis* poupa a plateia de vê-la vestida como uma jovem recatada; mesmo no fim da peça, Orsino parece noivo de seu efeminado namorado. Nada em seu relacionamento durante o transcurso da peça sugere que eles se dão bem ou que uma grande felicidade espera por eles mais adiante. Em *O mercador de Veneza*, Jéssica e Lourenço podem ter prazer juntos gastando o dinheiro roubado ao pai dela, Shylock, mas sua alegre tagarelice tem um tom claramente apreensivo:

> LOURENÇO Numa noite como esta,
> Jéssica foge da casa do judeu rico com o dinheiro dele,
> E com seu amante perdulário, corre de Veneza
> A Belmonte.
> JÉSSICA Numa noite como esta,
> O jovem Lourenço jurou que estava louco por ela,
> Roubou seu coração com juras de amor,
> Mas era tudo mentira.[26]

Essa corrente de mal-estar — uma combinação de medo da caça ao dote, má-fé e traição — se estende a Pórcia e Bassânio, e até mesmo a seus cômicos parceiros Nerissa e Graziano. E esses são recém-casados com perspectivas esplêndidas se comparados a Hero e o cruel e infantil Cláudio em *Muito barulho por nada*. Só Beatrice e Benedick, naquela peça e entre todos os casais das

---

25. "country copulatives" (5.4.53).
26. LORENZO In such a night/ Did Jessica steal from the wealthy Jew,/ And with an unthrift love did run from Venice/ As far as Belmont./ JESSICA In such a night/ Did young Lorenzo swear he loved her well,/ Stealing her soul with many vows of faith,/ And ne'er a true one" (5.1.14-9).

principais comédias, parecem mostrar a possibilidade de uma intimidade perene, e nesses casos, se a plateia descontar os numerosos insultos, esquece que o namoro deles é um ardil e acredita, contra as afirmações de ambos, que estão autenticamente apaixonados um pelo outro.

Isso merece uma pausa e a tentativa de enfocar a questão como um todo: na bela sucessão de comédias que Shakespeare escreveu na segunda metade da década de 1590, obras-primas românticas com sua maravilhosa descrição do desejo que leva ao caminho alegre e inexorável do casamento, não existe um único casal de apaixonados em que ambos pareçam profundamente, e por inteiro, feitos um para o outro. Há um sem-fim de saudades, flertes e conquistas, mas surpreendentemente poucas promessas de entendimento mútuo a longo prazo. Como seria possível que o sincero, decente e um tanto obscuro Orlando combinasse com Rosalinda? Como poderia o tolo e egocêntrico Orsino chegar a entender Viola? E esses são casais alegremente envolvidos no que promete, em tese, ser um bom casamento. Há um forte indício de que Shakespeare estivesse consciente do problema que levantava em suas comédias românticas: poucos anos depois dessas peças, em algum momento entre 1602 e 1606, ele escreveu duas comédias que trazem à tona as tensões latentes em praticamente todos esses casais felizes.

No final de *Medida por medida*, Mariana insiste em se casar com o repulsivo Ângelo, que continua a mentir, conspirar e caluniar até o momento em que é desmascarado. No mesmo clímax estranho, o duque Vicenzio propõe casamento a Isabela, que já tinha deixado bem claro que sua vontade era entrar para um convento. Como se isso não fosse suficiente, o duque castiga o vilão Lúcio obrigando-o a desposar uma mulher que ele engravidara. "Suplico a Sua Alteza, não me faça casar com uma prostituta", implora Lúcio, mas o duque é implacável e insiste naquilo que é explicitamente entendido como uma forma de castigo, o equivalente a "condenar à morte, surrar e enforcar".[27] *Tudo vai bem quando acaba bem* consegue ser ainda mais desagradável: a bela e prendada Helena fica inexplicavelmente obcecada pelo grosseiro conde Bertram e, no final, apesar da objeção dele, consegue consolidar seu infeliz acor-

---

27. "I beseech your highness, do not marry me to a whore [...] pressing to death, whipping, and hanging" (5.1.508, 515-6).

do. Não pode haver sequer a pretensão de um futuro róseo para um casal tão disparatado.

Tanto em *Medida por medida* como em *Tudo vai bem quando acaba bem*, praticamente todos os casamentos parecem ser forçados por uma das partes, e o modelo de paz celestial se mostra para lá de remoto. A acrimônia no fim dessas peças, famosas pelo mal-estar que retratam — muitas vezes chamadas de "comédias-problemas" —, não decorre de negligência; mais parece ser a expressão de um profundo ceticismo sobre as possibilidades de felicidade a longo prazo para o casal, ainda que as peças insistam no casamento como a única e satisfatória solução para o desejo humano.

Há duas exceções significativas à resistência ou à incapacidade de Shakespeare para imaginar um casal numa relação de intimidade contínua, mas são de uma esquisitice desconcertante: Gertrudes e Cláudio, em *Hamlet*, e o casal Macbeth. Os dois casamentos são poderosos, de modos distintos, mas são também perturbadores e até mesmo terríveis em suas demonstrações de genuína intimidade. O vilão Cláudio, falso em quase tudo o que diz, fala com uma ternura estranhamente convincente dos sentimentos que tem pela mulher: "Ela está tão ligada a minha vida e a minha alma", diz ele a Laertes, "Que, assim como a estrela só gira em sua órbita/ Eu nada posso sem ela".[28] Gertrudes, por sua vez, parece igualmente devotada. Ela não só ratifica a tentativa de Cláudio adotar Hamlet como seu próprio filho — "Hamlet, ofendeste profundamente a teu pai (3.4.9)",[29] recrimina, depois que ele fez encenar a peça-dentro-da-peça para espicaçar a consciência do tio — como também, de modo ainda mais significativo, defende heroicamente o marido com risco para a própria vida quando Laertes irrompe no palácio. Determinado a vingar o assassinato de Polônio, Laertes está fora de si, e aqui Shakespeare oferece, como faz em momentos cruciais, uma indicação dentro do texto de como ele queria que a cena fosse interpretada. Gertrudes ao que parece se interpõe entre seu marido e o vingador; sem dúvida, ela deve tentar deter fisicamente o enfurecido Laertes, já que Cláudio diz, duas vezes: "Solta-o, Gertrudes". À pergunta de Laertes, "On-

---

28. "She's so conjunctive to my life and soul/ That, as the star moves not but in his sphere/ I could not but by her" (4.7.14-6).
29. "Hamlet, thou hast thy father much offended" (3.4.9).

de está meu pai?", Cláudio responde sem rodeios, "Morto", ao que Gertrudes logo acrescenta: "Mas não por ele".³⁰

Numa peça tão cheia de comentários, essas quatro palavras pouco chamaram a atenção. Gertrudes está desviando de seu marido o ódio assassino de Laertes e encaminhando-o para outra pessoa: o verdadeiro assassino de Polônio, o príncipe Hamlet. Ela não está planejando diretamente a morte de seu amado filho, mas o impulso dominante é salvar o marido. Isso não significa que ela seja cúmplice — em momento algum a peça afirma que ela sabia que Cláudio matara o velho Hamlet. Quando Cláudio confessa o crime, não o faz para sua mulher, mas para si mesmo, numa tentativa vã de lavar a consciência pela oração.

O laço profundo entre Gertrudes e Cláudio, como Hamlet descobre, para seu horror e repugnância, não se baseia em segredos compartilhados, mas numa intensa atração sexual recíproca. "Não podeis chamar isso de amor", declara o filho, nauseado só de pensar na sexualidade da mãe de meia-idade, "porque em vossa idade/ O clamor do sangue é manso." Mas ele sabe que o clamor do sangue de Gertrudes não é manso, e sua imaginação se fixa na imagem da mãe e do tio "no fedor suarento de vossos lençóis ensebados, molhados de corrupção, folgando e fazendo amor".³¹ Essa obsessão libidinosa com os lençóis ensebados, ou manchados de sêmen (*enseamèd*), desencadeia uma visão alucinatória do pai — ou seria uma obsessão real?— que enseja uma distração momentânea. Mas, assim que o fantasma desaparece, o filho volta ao mesmo, implorando à mãe: "Reprimi-vos esta noite".

Se a intimidade conjugal em *Hamlet* é um tanto nauseabunda, em *Macbeth* é aterrorizante. Trata-se de um dos raríssimos casos na obra de Shakespeare em que marido e mulher se falam amistosamente, como um autêntico casal. "Amor querido", é como Macbeth, afetuosamente, chama a mulher, enquanto lhe sonega um relato sobre o que andava fazendo — como se veria, tramando o assassinato de seu amigo Banquo —, de modo que ela possa melhor

---

30. "Let him go, Gertrude [...]/ Where is my father?/ Dead/ But not by him" (4.5.119, 123-5).
31. "You cannot call it love, for at your age/ The heyday in the blood is tame, [...]/ In the rank sweat of an enseamèd bed,/ Stewed in corruption, honeying and making love [...] Refrain tonight" (3.4.67-8, 82-3,152).

aplaudir a proeza quando for realizada. Quando eles recebem para um jantar que se torna horrivelmente desastroso, a leal esposa tenta proteger o marido: "Sentai-vos, digníssimos amigos", diz ela aos convidados, atônitos quando Macbeth começa a esbravejar com o fantasma de Banquo, que só ele vê, sentado em sua cadeira.

> Meu senhor fica assim com frequência,
> Acontece desde que era criança. Por favor, ficai sentados.
> É coisa de um momento. Num instante
> Estará bem novamente.[32]

Em seguida, com um sussurro, ela tenta fazer com que ele se controle: "És um homem?".[33]

A repreenda sexual dissimulada nessas palavras é o mote crucial que lady Macbeth esgrime uma e outra vez. É o principal meio pelo qual ela consegue que seu titubeante marido mate o rei:

> Quando ousaste fazê-lo, foste um homem;
> E se queres ser mais do que foste, deverias
> Ser muito mais viril.[34]

Se a repreenda deu certo foi porque marido e mulher conhecem e manipulam os medos e desejos mais íntimos do parceiro. Eles se encontram no campo de uma fúria assassina compartilhada e desejada:

> Já amamentei e conheço
> A ternura de amar a criança que suga meu leite.
> Mas enquanto ela sorria para mim, eu teria
> Tirado o seio de suas gengivas desdentadas

---

32. "Sit, worthy friends./ My lord is often thus,/ And hath been from his youth. Pray you, keep seat./ The fit is momentary. Upon a thought/ He will again be well" (3.4.52-5).
33. "Are you a man?" (3.4.57).
34. "When you durst do it, then you were a man;/ And to be more than what you were, you would/ Be so much more the man" (1.7.49-51).

e esmagado seus miolos, se eu tivesse jurado,
Da forma como juraste fazer isso.³⁵

Macbeth fica estranhamente mobilizado por essa fantasia:

Só deves dar à luz a filhos homens,
pois tua vontade inquebrantável deveria
Gerar nada além de homens.³⁶

O diálogo leva a plateia às profundezas desse casamento. Seja o que for que tenha levado lady Macbeth a imaginar a cena de sangue que ela descreve, e seja o que for o que Macbeth sinta em reação à fantasia dela — terror, excitação sexual, inveja, náusea, solidariedade no mal —, isso reside no âmago do principal casal criado pela imaginação de Shakespeare.

O que é assombroso nessa cena e em toda a relação entre Macbeth e sua mulher é a profundidade com que cada um deles penetra na mente do outro. Quando lady Macbeth aparece pela primeira vez, está lendo uma carta do marido em que ele narra seu encontro com as bruxas que profetizaram seu reinado: "Isso me fez pensar que devia contar-te as novidades, querida companheira de minha grandeza, assim poderias rejubilar-te comigo pela grandeza que nos foi prometida". Ele mal pode esperar para chegar em casa e contar-lhe tudo; precisa dela para dividir com ele a fantasia. E ela, por sua vez, não só mergulha de imediato no devaneio como também começa quase ao mesmo tempo a refletir com estudada perspicácia sobre a natureza de seu marido:

És demasiado cheio da bondade humana
Que te impede de ir direto aos fins. Queres o poder
E não te falta ambição, mas não tens
A maldade que há nela. O que mais desejas,

---

35. "I have given suck, and know/ How tender 'tis to love the babe that milks me./ I would, while it was smiling in my face,/ Have plucked my nipple from his boneless gums/ And dashed the brains out, had I so sworn/ As you have done to this" (1.7.54-9).
36. "Bring forth men-children only,/ For thy undaunted mettle should compose/ Nothing but males" (1.7.72-4).

Desejas com pureza. Não queres jogo sujo,
Mas sim a vitória suja. Precisas, grande Glamis,
De quem te diga "Faz o que deve ser feito,
Se não o fazes é mais por medo
Do que por desejar que não se faça".[37]

A riqueza desse relato, o caminho aberto por ele a partir de uma primeira observação para algo complicado até a náusea, é uma prova clara da capacidade da mulher para acompanhar as reviravoltas das facetas mais recônditas da personalidade do marido a fim de compreendê-lo. E esse íntimo entendimento a leva a desejar estar dentro dele: "Vem até aqui,/ Para que deite em teus ouvidos minha audácia".[38]

Assim, as peças de Shakespeare combinam, de um lado, uma dificuldade geral para representar os casamentos e, do outro, a imagem de uma espécie de pesadelo nos dois casamentos que são representados com algum cuidado. É difícil ler suas obras *sem* levar em conta a decisão de viver longe da mulher durante a maior parte do longo casamento. Talvez, por alguma razão, Shakespeare temesse ser totalmente controlado por sua cônjuge, ou por qualquer outra pessoa; talvez ele não conseguisse se abrir com quem quer que fosse; ou talvez simplesmente tenha cometido um erro desastroso, aos dezoito anos, sendo obrigado a conviver com suas consequências, como marido e como escritor. A maior parte dos casais, ele pode ter dito a si mesmo, são desencontrados, mesmo os que se casam por amor; nunca se deveria casar às pressas; um homem não deveria desposar uma mulher mais velha; um casamento forçado é um inferno. E talvez, além de tudo, ele pode ter dito a si mesmo, pensando em *Hamlet* e *Macbeth*, em *Otelo* e *Conto de inverno*, que a intimidade conjugal é perigosa, até mesmo sonhar com ela é uma ameaça.

---

37. "This have I thought good to deliver thee, my dearest partner of greatness, that thou mightst not lose the dues of rejoicing, by being ignorant of what greatness is promised thee [...]/ It is too full o'th' milk of human kindness/ To catch the nearest way. Thou wouldst be great,/ Art not without ambition, but without/ The illness should attend it. What thou wouldst highly,/ That wouldst thou holily; wouldst not play false,/ And yet wouldst wrongly win. Thou'dst have, great Glamis,/ That which cries, 'Thus thou must do' if thou have it,/ And that which rather thou dost fear to do/ Than wishest should be undone" (1.5.9-11, 15-23).
38. "Hie thee hither,/ That I may pour my spirits in thine ear" (1.5.23-4).

Shakespeare poderia ter dito a si mesmo que seu casamento com Anne estava condenado desde o começo. Com certeza ele disse repetidamente a seu público que preservar a virgindade até o casamento é de vital importância. Embora chame de "contrato" os votos que trocou com Romeu na escuridão, Julieta deixa claro que não vê esse contrato como o equivalente a um casamento (como teriam feito alguns elisabetanos) e que portanto naquela noite ela deixaria Romeu "insatisfeito".[39] Depois de protegida pelo casamento oficiado pelo frade — que em *Romeu e Julieta* não é um ritual social, mas um sacramento, celebrado às escondidas das famílias inimigas —, Julieta pode abandonar a reserva própria das moças. Os jovens amantes são magnificamente francos, confiantes e sem constrangimentos a respeito de seus desejos — são capazes de, como disse Julieta, "só ver inocência no ato de amor sincero e puro"[40] —, mas sua franqueza depende do compromisso assumido por ambos de casar antes de dar largas ao desejo. Esse compromisso confere ao amor deles, embora temerário e secreto, certa inocência sublime. É como se a cerimônia formal do casamento, realizada como condição da consumação sexual, tivesse uma eficácia quase mágica, um poder de transformar em perfeito decoro o desejo e sua satisfação, que de outra forma seriam corruptos e vergonhosos.

Em *Medida por medida*, escrita cerca de oito anos depois de *Romeu e Julieta*, Shakespeare chegou mais perto de relatar a situação em que ele deve ter se encontrado quando adolescente. Cláudio e Julieta trocaram solenes votos em privado — "um autêntico contrato", como diz Cláudio — e consumaram seu casamento sem cerimônia pública. A mulher está agora visivelmente grávida — "O segredo de nosso prazer mútuo/ Está escrito em letras graúdas no corpo de Julieta".[41] Quando o governo desencadeia uma campanha implacável contra a "fornicação", Cláudio é preso e condenado à morte. É surpreendente que ele pareça pronto a admitir a culpa. Sem a cerimônia pública, seu "autêntico contrato" não tem valor e, em falas repletas de autor-repulsa, ele fala da sorte que lhe coube como resultado de seu apetite sexual incontido:

---

39. "unsatisfied" (2.1.159,167).
40. "Think true love acted simple modesty" (3.2.16).
41. "a true contract [...]/ The stealth of our most mutual entertainment/ With character too gross in writ on Juliet" (1.2.122, 131-2).

Nossa natureza persegue,
Qual ratos que se encantam com veneno,
O mal da sede, e ao beber, morremos.[42]

O desejo normal, que dentro dos limites do matrimônio pode ser reconhecido de maneira tão franca e cômoda, fora deles se transforma em veneno.

A intensidade das visões nefastas do sexo antes do casamento e suas consequências pode ter tido muito a ver com o fato de Shakespeare ser pai de duas filhas. Em *A tempestade*, suas advertências mais explícitas sobre os perigos do sexo antes do casamento tomam a forma das palavras de um pai ao rapaz que está cortejando sua filha. Nas falas de Próspero nessa peça, escrita no fim da carreira, há uma sensação de que Shakespeare estava olhando para trás, para seu próprio casamento infeliz, e ligando essa infelicidade ao modo como tudo começara, muitos anos antes. "Fica com minha filha", diz Próspero a Ferdinando, e acrescenta algo a meio caminho entre uma maldição e uma predição:

Mas se o laço virginal lhe desatares antes
Que as sacrossantas cerimônias possam
Celebrar-se segundo o rito pleno e sagrado,
Os céus não deixarão cair a chuva de bênçãos
Para que o casamento prospere; mas semearão ódio,
Amargo desprezo, e a discórdia envenenará
Vosso leito conjugal de tal forma
Que ambos o odiareis.[43]

Essa fala — muito mais intensa e marcante do que teria exigido a peça — parece extraída do grande reservatório de amargura de um casamento infeliz. Em vez de uma chuva de bênçãos, a união será inevitavelmente amaldi-

---

42. "Our natures do pursue,/ Like rats that raven down their proper bane,/ A thirsty evil; and when we drink, we die" (1.1.108-10).
43. "Take my daughter./ If thou dost break her virgin-knot before/ All sanctimonious ceremonies may/ With full and holy rite be ministered,/ No sweet aspersion shall the heavens let fall/ To make this contract grow, but barren hate,/ Sour-eyed disdain, and discord, shall bestrew/ The union of your bed with weeds so loathly/ That you shall hate it both" (4.1.14-22).

çoada, avisa Próspero, se a consumação sexual preceder as sacrossantas cerimônias. Foram exatamente essas as circunstâncias do casamento de Will e Anne.

Mesmo que essa fala sombria fosse uma reflexão sumária sobre seu próprio casamento, Shakespeare não estava necessariamente condenado a uma vida sem amor. Com certeza ele conheceu a amargura, a acrimônia e o cinismo, mas não se recolheu a esses sentimentos nem tentou evadir-se deles renunciando ao desejo. Em sua obra, o desejo está em toda parte. Mas sua imaginação a respeito do amor, e com toda probabilidade suas experiências amorosas, floresceram fora do casamento. Os grandes amantes da obra de Shakespeare são Antônio e Cleópatra, símbolos máximos do adultério. E quando escreveu poemas de amor — que estão entre os mais complexos e intensos da história da literatura inglesa — compôs uma sequência de sonetos não sobre sua mulher ou sobre a corte a alguém que pudesse ser sua mulher, mas sobre suas complicadas relações com um belo jovem e com uma misteriosa mulher negra sexualmente sofisticada.

Anne Hathaway foi completamente excluída do tema dos sonetos de amor adúltero ou entre pessoas de mesmo sexo — ou pelo menos quase isso. É possível que, como acreditam muitos críticos, o soneto 145 aluda a ela no dístico final. O narrador do poema lembra que seu amor um dia lhe disse as terríveis palavras "Eu odeio", mas então lhe deu um alívio do mal que essas palavras pareciam anunciar:

> Estes lábios que a mão do Amor criou
> "Eu odeio", e esse ódio ela arremessou,
> E salvou-me a vida, dizendo "Mas não a ti".[44]

Se "*hate away*" é um trocadilho com Hathaway, como já se sugeriu, deve ter sido um dos primeiros poemas de Shakespeare, talvez o mais antigo dos que restaram, escrito supostamente no período de namoro e depois incorporado por acaso à série. Essa origem pode ajudar a explicar o metro anômalo — é o

---

44. "Those lips that love's own hand did make [...];/ 'I hate' from hate away she threw,/ And saved my life, saying 'not you'."

único soneto escrito em octassílabos, sendo todos os demais em decassílabos — e, indo mais longe, a inexperiência do autor.

Ele não tinha como escapar. Essa é a sensação dominante sobre a ligação que precipitou o casamento. Mas, depois de três anos, ele deu um jeito de não viver com a esposa. A dois dias de árdua cavalgada de Stratford, a uma distância segura da Henley Street e mais tarde da New Place, ele fez sua assombrosa obra e sua fortuna. Nos quartos alugados em que viveu em Londres, conseguiu ter uma vida privada — isso talvez explique também o significado do relato de Aubrey, segundo o qual ele "não era sociável", recusava convites e "não se deixava arrastar". Não sendo frequentador habitual de tabernas nem de amigos próximos, encontrava intimidade, lascívia e amor com pessoas cujos nomes conseguiu guardar para si. "Mulheres que ganhou para si", diz Stephen Daedalus, alter ego de James Joyce em *Ulisses*, numa das maiores reflexões sobre o casamento de Shakespeare, "gente meiga, uma prostituta da Babilônia, amantes de juízes, mulheres de taberneiros rudes. Raposa e gansos. E em New Place, um corpo flácido e desonrado que outrora foi belo, outrora doce e fresco como o cinamomo, que agora perde as folhas, todas, nu, assustado com a cova rasa e sem perdão."

Em algum momento por volta de 1610, Shakespeare, já um homem rico, com muitos investimentos, deixou Londres e voltou a Stratford e a New Place para sua desprezada mulher. Será que isso significa que ele finalmente conseguiu ter alguma intimidade com ela? *Conto de inverno*, escrito mais ou menos nessa época, termina com a reconciliação de marido e mulher que pareciam perdidos um para o outro para sempre. Talvez se tratasse de uma fantasia de Shakespeare a respeito de sua vida, mas, se assim foi, a fantasia não parece corresponder ao que ocorreu na realidade. Quando Shakespeare, já gravemente doente, fez seu testamento, em janeiro de 1616, teve o cuidado de deixar praticamente tudo, inclusive New Place e todos os seus "celeiros, estábulos, pomares, jardins, terras e benfeitorias", as terras que tinha em Stratford e arredores, para a filha mais velha, Susanna. Fez uma provisão para a outra filha, Judith; para a única irmã ainda viva, Joan; e para diversos outros amigos e parentes, e deixou uma modesta dotação para os pobres da cidade, mas o grosso de seus bens ficou para Susanna e seu marido, o dr. John Hall, que eram claramente o principal objeto do amor e da confiança do agonizante Shakespeare. Ao deixar este mundo, ele não queria pensar em sua fortuna nas mãos de sua mulher; queria imaginá-la passando para sua filha mais velha, dela para o filho mais velho, que ainda não nascera, e deste para o filho dele e assim por diante, ao longo das gerações. E não pretendia tolerar interferências ou impeditivos nesse projeto: Susanna e seu marido foram escolhidos para inventariantes. Eles poriam em prática o projeto — em que predominava o interesse deles — da maneira como Shakespeare o concebera.

Para Anne, que foi sua mulher durante 34 anos, ele não deixou nada, absolutamente nada. Alguém diria em favor dessa acintosa omissão que de qualquer modo uma viúva teria direito ao usufruto vitalício de um terço das propriedades do falecido marido. Outros objetariam que maridos precavidos na época muitas vezes explicitavam esse direito em seus testamentos, que na verdade nem sempre era respeitado. Mas, sendo um documento carregado da lembrança de amigos e parentes na disposição final dos bens tão cuidadosamente acumulados durante a vida toda, o testamento de Shakespeare — o último resquício de sua rede de relacionamentos — continua a surpreender pelo absoluto silêncio em relação a sua mulher. A questão não é apenas a ausência de termos de tratamento carinhosos — minha amada esposa, minha querida Anne, ou seja lá o que for — que convencionalmente indicavam um elo duradouro entre marido e mulher. O testamento carece desses termos em referência a qualquer dos herdeiros, de modo que Shakespeare, ou talvez o advogado que escreveu essas palavras, simplesmente tenha preferido redigir um documento frio e impessoal. O problema é que no rascunho do testamento de Shakespeare o nome de Anne Hathaway sequer é mencionado; é como se ela tivesse sido totalmente apagada.

Alguém — a filha Susanna, talvez, ou seu advogado — pode ter lhe chamado a atenção para essa total ausência de reconhecimento. Ou talvez, quando estava de cama, com as forças lhe fugindo, o próprio Shakespeare tenha lamentado sua relação com Anne — a excitação sexual que inicialmente o atraiu para ela, o fato de o casamento não lhe ter dado o que queria, suas próprias infidelidades e talvez as dela, a intimidade que ele esqueceu em algum lugar, o filho que tinham sepultado, o desagrado estranho e insuperável que ela inspirava no mais profundo de seu ser. Isso porque em 25 de março, numa série de acréscimos ao testamento — a maior parte deles destinada a impedir que o marido de sua filha Judith pusesse as mãos no dinheiro que lhe deixava —, ele enfim reconheceu a existência da esposa. Na última de três páginas, entremeada entre a cuidadosa especificação de que a propriedade devia passar na medida do possível ao herdeiro mais velho de Susanna desde que do sexo masculino, e a outorga do "grande vaso prateado" a Judith e todo o resto dos "bens, móveis, arrendamentos, baixela, joias e objetos de casa" para Susanna, havia uma nova disposição: "Deixo para minha mulher a segunda de minhas melhores camas com sua mobília".[45]

Estudiosos e outros escritores fizeram um esforço extremo para dar a essas palavras uma conotação positiva: outros testamentos do período podem ser encontrados em que a melhor cama é deixada a alguém que não a esposa; a que foi deixada a Anne pode ter sido o leito conjugal (sendo a melhor cama provavelmente reservada para hóspedes importantes); "a mobília" — ou seja, colchas e cortinas — podia ter muito valor; e até, como Joseph Quincy Adams esperava, "a segunda entre as melhores camas, embora menos cara, era provavelmente a mais confortável". Em resumo, como um biógrafo amavelmente se convenceu em 1940: "Foi a terna lembrança de um marido".

Se esse é um exemplo de terna lembrança de Shakespeare, é de dar arrepios a ideia de como seria um de seus insultos. Mas a ideia de ternura é com certeza um devaneio absurdo; trata-se de uma pessoa que passou a vida imaginando nuances extremamente precisas de amor e dilaceramento. Fica para historiadores especialistas em leis um debate: especificando um único objeto, o testador estaria na verdade tentando evitar que a viúva se apropriasse de um terço de seus bens, como era o costume — ou seja, tentava deserdá-la. Mas o que o eloquente gesto de hostilidade parece revelar, do ponto de vista emocional, é que Shakespeare encontrou confiança, felicidade, capacidade de intimidade e sua melhor cama em outro lugar.

"Brilha aqui para nós", diz John Donne ao sol nascente, e "estarás em toda parte;/ Esta cama é teu centro, estas paredes, tua órbita." Donne pode ter sido a grande exceção renascentista à regra: ao que parece, escreveu muitos de seus mais apaixonados poemas de amor a sua mulher. Em "O funeral", ele se imagina sepultado com alguma relíquia preciosa do corpo da mulher que amou:

---

45. "Item I gyve vnto my wife my second best bed with the furniture."

Quem acaso vier me amortalhar, não faça caso
Nem pergunte muito
Da pequena grinalda de cabelos em torno de meu braço.[46]

Em "A relíquia" ele volta a essa fantasia — "Um bracelete de cabelos brilhantes ao redor do osso" — e imagina que quem viesse a abrir a sepultura, para ali depositar outro corpo, deixaria os restos em paz, pensando "que ali jaz um casal amoroso". Para Donne, o sonho é tornar possível que sua alma e a de sua amada "no último dia de ofício" possam "encontrar-se nesta tumba e ficar juntas".[47]

Os grandes amantes de Shakespeare — Romeu e Julieta, no doce frenesi da paixão adolescente, e Antônio e Cleópatra, na intensidade sofisticada e levemente irônica do adultério na meia-idade — apresentam algo da mesma fantasia. "Oh, querida Julieta", medita o pobre e desiludido Romeu no mausoléu dos Capuleto,

> Por que ainda és tão bela? Devo crer
> Que a morte insubstancial se enamorou de ti
> E que esse monstro esquálido e horrendo te guarda
> Aqui no escuro para ser sua amante?
> Por medo disso, ficarei contigo,
> E do catre da noite tenebrosa
> Não sairei jamais.[48]

Quando desperta e encontra Romeu morto, Julieta, por sua vez, corre a juntar-se a ele para sempre. Da mesma forma, sentindo "saudades imorredouras", Cleópatra se veste para encontrar-se com Antônio depois da morte e com

---

46. "Whoe ever comes to shroud me, do not harm/ Nor question much/ That subtle wreath of hair, which crowns my arm."
47. "A bracelet of bright hair about the bone [...]/ that there a loving couple lies [...]/ at the last busy day/ Meet at this grave, and make a little stay."
48. "Why art thou yet so fair? Shall I believe/ That unsubstantial death is amorous,/ And that the lean abhorrèd monster keeps/ Thee here in dark to be his paramour?/ For fear ot that I still will stay with thee,/ And never from this pallet of dim night/ Depart again" (5.3.101-8).

ele se casar — "Marido, cheguei"⁴⁹ — e o vitorioso César compreende o que deve ser feito:

> Erguei-lhe o leito
> E levai do monumento os corpos das criadas.
> Ela deve ser sepultada com Antônio.
> Nenhuma sepultura da Terra guardará
> Casal tão célebre.⁵⁰

Tudo isso por um sonho de amor. Quando Shakespeare estava para morrer, tentou esquecer a mulher e lembrou-se dela com a segunda de suas melhores camas. E, quando pensava na vida após a morte, a última coisa que queria era ficar junto da mulher com quem se casara. Em sua lápide, no coro da igreja de Stratford, estão gravados estes quatro versos:

> BOM AMIGO POR JESUS ABSTÉM-TE
> DE PROFANAR O PÓ AQUI SEPULTADO
> BENDITO SEJA O HOMEM QUE RESPEITAR ESTAS PEDRAS
> E MALDITO O QUE DAQUI LEVAR MEUS OSSOS.⁵¹

Em 1693, alguém contou a um visitante do túmulo que o epitáfio "tinha sido escrito por ele mesmo pouco antes de morrer". Se isso for verdade, esses talvez tenham sido os últimos versos que Shakespeare escreveu. Talvez ele apenas receasse que seus ossos fossem exumados e atirados num ossuário próximo — ao que parece, ele tinha horror a esse destino —, mas podia ter ainda mais medo de que um dia sua sepultura fosse aberta para dar lugar ao corpo de Anne Shakespeare.

---

49. "Husband, I come" (5.2.272, 278).
50. "Take up her bed,/ And bear her women from the monument./ She shall be buried by her Antony./ No grave upon the earth shall clip in it/ A pair so famous" (5.2.346-50).
51. "Good friend for Jesus sake forbeare,/ To digg the dust enclosed heare:/ bleste be ye man yt spares thes stones,/ and curst be he yt moves my bones."

5. A travessia da ponte

No verão de 1583, com dezenove anos de idade, William Shakespeare estava começando a vida de homem casado com uma filha recém-nascida, vivendo junto com seus pais, sua irmã Joan e seus irmãos Gilbert, Richard e Edmund, além dos criados que podiam manter na espaçosa casa da Henley Street. É possível que ele trabalhasse na luvaria ou que ganhasse algum dinheiro como assistente de algum professor ou de um advogado. Em seu tempo livre, era provável que continuasse escrevendo poesia, tocando alaúde, aperfeiçoando sua técnica na esgrima — ou seja, ele se esforçava por imitar o estilo de vida de um cavalheiro. Sua estada no Norte, admitindo-se que tenha ocorrido, ficara para trás. Se em Lancashire ele começara uma carreira de ator profissional, pelo menos naquele período devia deixá-la de lado. E se é certo que teve algum contato com o mundo obscuro da conspiração católica, da santidade e do martírio — o mundo que levara Campion ao cadafalso —, deve ter voltado atrás com um arrepio. Ele abraçara a mundaneidade, ou a mundaneidade o abraçara.

Foi então que, em algum momento em meados da década de 1580 (não se conhece a data exata), ele rompeu com a família, saiu de Stratford-upon-Avon e foi para Londres. Não se sabe como foi que isso aconteceu e por que ele teria dado esse passo tão decisivo, mas até há pouco tempo os biógrafos costumavam se dar por satisfeitos com um episódio documentado pela primeira vez no fim do século XVII pelo clérigo Richard Davies. Segundo Davies, Shakespeare "tinha muita falta de sorte ao roubar cervos e coelhos, particularmente de sir *** Lucy, que o fazia açoitar com frequência e algumas vezes o mandava prender, e no fim obrigou-o a ir embora de sua terra natal, para seu imenso benefício". O biógrafo e editor Nicholas Rowe, no século XVIII, imprimiu um relato semelhante a respeito do "excesso" que teria obrigado Shakespeare "a deixar sua terra e o meio de vida que tinha adotado". Segundo Rowe, Will estaria andando em más companhias: começou a se relacionar com jovens que caçavam cervos em terras alheias; com eles, teria ido mais de uma vez à propriedade de sir Thomas Lucy em Charlecote, a seis quilômetros de Stratford, para roubar.

> Por causa disso, foi punido por aquele cavalheiro, em sua opinião, com excessiva severidade. Para vingar-se dos maus-tratos, compôs uma balada sobre o cavalheiro. Embora esta, que foi provavelmente o primeiro ensaio de sua poesia, tenha se perdido, sabe-se que deve ter sido tão ferina que redobrou a perseguição contra ele até um ponto em que foi obrigado a deixar sua ocupação e sua família em Warwickshire e buscar refúgio em Londres por algum tempo.

Em meados do século XVIII, esse caso ganhou uma sequência relatada pelo doutor Johnson: tendo fugido de casa "por medo de um processo criminal", Will encontrou-se sozinho em Londres, sem dinheiro e sem amigos. Ganhava o sustento na porta do teatro, guardando os cavalos dos frequentadores que não tinham criados. "Nesse trabalho, ele se tornou tão conhecido por seu cuidado e sua solicitude", escreveu Johnson, "que em pouco tempo todos os que ele ajudara a apear-se perguntavam por *Will. Shakespear*, e raramente outro atendente recebia um cavalo para cuidar se *Will. Shakespear* estivesse disponível. Esse foi o primeiro alvorecer de uma melhor sorte." Há certa graça em pensar em Shakespeare como o santo padroeiro dos manobristas de estacionamento, mas poucos biógrafos dos dois últimos séculos levaram essa história a sério. Os especialistas em arquivos passaram a aceitar que a família de Shakespeare, mesmo na época do declínio de seu pai, continuava ligada a uma rede de familiares e amigos; que o pai dele nunca chegou a perder tudo; e que, portanto, é implausível a ideia do jovem desvalido guardando cavalos à porta do teatro, na penúria e no isolamento.

Quanto ao roubo de caça, embora tenham circulado quatro versões paralelas desse caso no fim do século XVII, biógrafos recentes trataram-no com o mesmo ceticismo. Primeiro, porque sir Thomas Lucy não tinha um parque de caça em Charlecote naquela época; segundo, porque açoites não eram uma punição prevista em lei para o roubo de caça. Mas esses argumentos não são decisivos. Embora Lucy não tivesse um parque fechado na época em que Shakespeare poderia estar roubando caça, mantinha uma coelheira, uma área cercada onde se criavam coelhos e outros animais de caça, talvez cervos. E seguramente ele não era indiferente a seus direitos de propriedade: contratou guarda-caças para proteger os animais e procurar caçadores clandestinos e, em 1584, apresentou um projeto de lei ao Parlamento para coibir a caça clandestina. Quanto aos açoites, embora não fossem uma punição prevista em lei, o juiz de paz pode ter resolvido dar uma lição ao jovem infrator, sobretudo se suspeitasse que o caçador e seus pais pudessem ser não conformistas. Sem dúvida, não teria sido recomendável que sir Thomas Lucy, como juiz de paz, atuasse numa causa em que ele próprio era a parte prejudicada, mas teria sido ingênuo pensar que os poderosos locais se restringissem à letra da lei ou tivessem o cuidado de evitar um conflito de interesses. Afinal de contas, o caso se refere à noção do próprio Shakespeare sobre o que fossem "maus-tratos" — ou seja, ao fato de considerar o tratamento recebido mais severo do que ele merecia pela infração cometida.

A questão, portanto, não é o valor dos indícios, mas o caráter especulativo que o incidente ganhou, o acesso que proporciona algo importante para a vida e a obra de Shakespeare. O ato de que ele foi acusado já deixou de ter muito significado, e o caso passou a ser suprimido das biografias. Mas, na época de Shakespeare e durante o século XVIII, a ideia de roubo de caça tinha uma repercussão especial; era bom que fosse verdadeira uma hipótese tão poderosa para reconstruir a sequência de eventos que levou o jovem a deixar Stratford.

Para os elisabetanos, o roubo de caça não era visto em primeira instância como relacionado à fome; não estava ligado ao desespero, e sim a arriscar-se por diversão. Os rapazes de Oxford eram famosos por estudantadas como essa. Desde o início, tratava-se de um jogo perigoso: era preciso muito jeito e nervos de aço para invadir as terras de uma pessoa poderosa, matar um animal de grande porte e levá-lo embora sem ser pilhado pelos que patrulhavam a área.

"Como, tantas vezes não abateste uma corça", pergunta alguém numa das primeiras peças de Shakespeare, "e não a carregaste nas barbas do guarda-caça?"[1] Era uma hábil agressão à propriedade, uma violação simbólica da ordem social, um desafio codificado à autoridade. Mas o desafio tinha de ser mantido dentro de certas regras: o jogo implicava astúcia e uma consciência dos limites. Afinal, não se esperava que o guarda-caça fosse agredido — com isso, a infração se transformaria em crime — nem que o assaltante fosse apanhado. A caça clandestina tinha a ver com o prazer da caça e do abate, mas também com o da dissimulação e o da trapaça; com a questão de decidir até onde se pode chegar, com o projeto de fugir com alguma coisa alheia.

Durante toda a sua carreira de dramaturgo, Shakespeare foi um brilhante caçador clandestino — entrando habilmente em territórios demarcados por outrem, tomando para si o que queria e indo embora com sua presa nas barbas do guarda-caça. Era particularmente bom em capturar o patrimônio da elite — a música, os gestos, a fala — e apropriar-se dele. Trata-se apenas de uma metáfora, claro está que não há indícios de que o jovem Will tenha se lançado à caça clandestina real. O que sabemos, e o que os primeiros a propagar a lenda sabiam, é que ele tinha uma atitude complexa em relação à autoridade, ao mesmo tempo furtiva, cordial e submissa, sutilmente desafiadora. Era capaz de fazer críticas devastadoras; enxergava através de mentiras, hipocrisia e distorções; demolia praticamente todas as afirmações dos poderosos sobre si próprios. E apesar de tudo isso era de trato cordial, bem-humorado, tinha o bom costume de não ser muito direto e sabia se desculpar. Se sua relação com a autoridade não foi simplesmente incutida, e sim adquirida, a experiência que o levou a ela bem pode ter sido um choque desagradável com os poderosos de seu distrito.

Isso porque em todas as versões desse episódio alguma coisa sempre dá errado: Shakespeare foi apanhado e tratado com mais dureza do que achava adequado (e, claro está, com mais dureza do que a lei permitia). Reagiu com uma balada ferina. Como seria previsível, vieram à tona algumas versões da balada — nenhuma delas de interesse poético ou aceitável como poesia shakespeariana séria. "Se nojento é Lucy, como alguns erradamente o chamam,/ Lucy

---

1. "What, hast not thou full often struck a doe, [...] And borne her cleanly by the keeper's nose?" (*Tito Andrônico*, 2.1.93-4).

é nojento seja como for"² etc. Mais interessante é a ideia de que Shakespeare tenha reagido ao tratamento que recebeu escrevendo uma peça ofensiva, com um ataque à personalidade de Lucy ou à honra de sua mulher.

Os biógrafos modernos duvidam muito disso, principalmente por acreditar que Shakespeare não era esse tipo de pessoa e porque Lucy era demasiado poderoso e respeitável para ser insultado. "Temido e respeitado em público, sir Thomas não parecia antipático em seus assuntos domésticos", observa um dos mais favoráveis e brilhantes biógrafos de Shakespeare, Samuel Schoenbaum. "Escreveu cartas de recomendação para uma dama honesta e para um criado enfermo." Mas os boatos que circularam sobre o caso no fim do século XVII podem revelar um entendimento maior daquele mundo. Os biógrafos admitiram que um homem como Lucy podia ser bem-humorado e espirituoso em público — entretendo a rainha em Charlecote, mantendo uma companhia de atores, agindo com firmeza e decisão em tempos de vacas magras — e em privado ser de uma violência impiedosa. Eles sabiam que era perigoso escrever qualquer coisa contra uma pessoa investida de autoridade — o responsável poderia ser acusado de *scandalium magnatum*, ao escarnecer de um funcionário do governo —, mas sabiam também que um texto desse tipo era a arma predileta dos destituídos de poder. Acima de tudo, acreditavam que algo muito grave levara Shakespeare a sair de Stratford, maior do que seus sonhos poéticos e seu talento teatral, maior do que a insatisfação com o casamento, maior que as limitadas oportunidades econômicas na região.

Em outras palavras, os biógrafos duvidavam que Shakespeare simplesmente tivesse ido perambular por Londres em busca de oportunidades. Estivesse ele ajudando no negócio falido de seu pai ou trabalhando como simples escrivão (*noverint*, como se dizia) num escritório de advocacia, ou ensinando rudimentos de gramática latina a alunos da escola, eles acreditavam que sem algum tipo de choque Shakespeare teria continuado na trilha que a vida preparara para ele. Com as terras da família hipotecadas, tendo completado sua educação, sem profissão alguma e mulher e três filhos para sustentar, já estava profundamente internado naquela trilha. Os boateiros ouviram qualquer coisa que os levou a crer que problemas com as autoridades afastaram Shakespeare

---

2. "If lowsie is Lucy, as some volke miscalle it,/ Then Lucy is lowsie whatever befall it."

de seu caminho, e que a autoridade em questão seria sir Thomas Lucy. Eles também achavam que alguma coisa escrita por Shakespeare tinha a ver com o problema.

Biógrafos mais antigos não só foram em busca do desaparecido poema satírico como vasculharam minuciosamente toda a obra impressa de Shakespeare atrás de algum indício de sua querela com o agastado juiz de paz. Séculos atrás, Rowe e Davies apontaram para a cena de abertura de *As alegres comadres de Windsor*, em que Shakespeare descreve o pomposo juiz Shallow reclamando que Falstaff matou seu cervo e o ameaçando com um processo na Câmara Estrelada. Shallow se apoia em sua autoridade; ele é, como diz seu sobrinho Slender, "um cavalheiro bem-nascido" que "se assina Armígero em toda nota, mandado, recibo ou título: 'Armígero'". "É certo, é o que faço, tenho feito isso a toda hora nos últimos trezentos anos."³ O riso é direcionado para a autoimportância cristalizada no latinismo "Armígero", cuidadosamente reiterado, que significa "aquele que porta uma cota de armas". A gozação recai sobre toda uma classe de pequenos nobres desmedidamente orgulhosos de sua origem, preocupados em manter clara a diferença entre sua condição de nascimento e a de meros arrivistas. Nesse período, alguns afirmavam que uma família devia ter uma cota de armas pelo menos por três gerações antes de ser identificada com certeza como um autêntico armígero. Mas Rowe e Davies sugerem que Shallow foi criado propositadamente como uma representação burlesca de sir Thomas Lucy, o acusador de Will pelo crime de caça ilegal.

Aparentemente, essa sugestão foi induzida pelo fluxo de piadas a respeito do símbolo heráldico da família Lucy, um peixe de água doce chamado lúcio. Não é só Shallow que assina o nome como Armígero, acrescenta Slender: "O mesmo fizeram todos os descendentes que vieram antes dele e farão todos os ancestrais que vierem depois. Eles podem usar em sua cota de armas uma dúzia de lúcios brancos".⁴ Segue-se uma sequência de falas que na atualidade é quase totalmente obscura — costuma ser cortada nas montagens modernas

---

3. "[...] a gentleman born [...] who writes himself 'Armigero' in any bill, warrant, quittance, or obligation: Armigero.'" "Ay, that I do, and have done any time these three hundred years" (1.1.7-11).
4. "All his successors gone before him hath done't; and all his ancestors that come after him may. They may give the dozen white luces in their coat" (1.1.12-4).

— e que mesmo na época de Shakespeare poderia ser difícil de acompanhar. Ela se apoia numa série de trocadilhos inadvertidamente formados por sir Hugh Evans, o galês que pronuncia *louses* (parasitas) em lugar de *luces* (lúcios) e *cod* — gíria elisabetana para escroto — em vez de *coat* (cota). Como na cena da sala de aula na mesma peça, as obscenidades estão no limiar do desrespeito. O diálogo consegue, com uma perfeita simulação de inocência, arrasar a cota de armas de Lucy.

Mas se for esse o caso — se Shakespeare estava empreendendo uma vingança simbólica contra o homem orgulhoso que o humilhara e acusara por esta ou aquela infração — essa vingança foi inócua, tardia e quase velada. *As alegres comadres de Windsor* foi escrita em 1597-98, pelo menos uma década depois dos acontecimentos que podem ter levado Shakespeare a sair de Stratford. Mais próximo desses acontecimentos, como se fosse para aplacar seu acusador, o dramaturgo se deu o trabalho de, numa de suas primeiras peças, *Henrique IV parte 1*, apresentar um admirável retrato de um ancestral de Lucy, sir William Lucy.

A menção ao "Armígero" não era violenta ou cruel — era, sim, o riso contido e zombeteiro de alguém cujas feridas já estavam fechadas. E era um riso que não faz questão de identificar seu objeto fora do círculo da peça. Pouquíssimos integrantes da plateia poderiam entender a alusão específica ao homem notável de Warwickshire: ela estava lá — se é que estava mesmo — mais para o próprio dramaturgo e um pequeno grupo de amigos. Rindo de alguém que se orgulha de sua cota de armas, ele voltava o riso, sub-repticiamente, para si mesmo. Porque *As alegres comadres de Windsor* foi escrita logo depois da tentativa bem-sucedida do próprio Shakespeare de assinar-se "Armígero", renovando a solicitação de seu pai sobre a condição de cavalheiro. Talvez tenha sido a conquista de sua própria cota de armas o que o fez capaz de caçoar de Lucy e, ao mesmo tempo, distanciar-se de seu próprio anseio de ascensão social.

Shakespeare era um mestre da contradição. Gastava dinheiro para conseguir uma cota de armas, mas escarnecia da pretensão embutida nessa reivindicação; investia em imóveis, mas, em *Hamlet*, ridicularizou um empreendor exatamente como ele; dedicou sua vida e suas maiores energias à dramaturgia, mas ria do teatro e lamentava o fato de ter feito de si mesmo um espetáculo. Embora dando a impressão de ter reciclado cada palavra que ouviu, cada pessoa que conheceu, cada experiência que teve — de outra forma, seria difícil explicar a enorme riqueza de sua obra —, Shakespeare tinha ao mesmo tempo o cuidado de se esconder, de evitar a vulnerabilidade, de renunciar à intimidade. E, no caso de seu confronto com Thomas Lucy, pode ser que no fim da década de 1590 ele tenha sepultado, sob o riso público, os resíduos de um medo intenso que outrora tomara conta dele.

Mesmo depois de radicado em Londres e de se firmar como ator e dramaturgo, Shakespeare pode não ter sido capaz de ocultar inteiramente o fato de que, quando jovem, tinha se indisposto com um dos poderosos de Warwickshire. Mas tinha muitas razões para dar uma versão asséptica daquilo que o levara a fazer as malas. Pode ter havido um problema mais grave, dissimulado pela lenda do parque de caça de Thomas Lucy, um problema que o episódio da caça clandestina, tenha ou não ocorrido, ao mesmo tempo substituiu e ocultou. Muito antes das insinuações a esse respeito contidas em *As alegres comadres de Windsor*, é possível que numa conversa particular Shakespeare tenha contado o caso de uma desventura ligeiramente cômica para justificar sua partida de Stratford. O caso pode ter funcionado como um disfarce conveniente, mais ainda se tivesse ao menos um pé na realidade. É indiscutível que Lucy teve um papel no episódio, mas um papel que só poderia ser parodiado em um personagem pouco inquietante como o juiz Shallow. É indiscutível também que Shakespeare esteve em apuros, porém apuros do tipo que mais provoca vistas grossas do que processo, pelos quais os estudantes de Oxford eram famosos. A ameaça muito mais grave que Lucy poderia ter representado de fato — não no papel de defensor de sua caça, mas como incansável acusador do não conformismo — foi apagada, e Stratford assumiu a auréola tranquila de uma modorrenta cidade campestre.

Mas na década de 1580 a vida cotidiana em Stratford, como em outros lugares, não era nada tranquila. A captura, o julgamento e a execução de Campion e dos demais missionários jesuítas não tinham inaugurado, em absoluto, as lutas religiosas na Inglaterra. Não se tratava apenas de uma questão de complôs internacionais e da ambição dos poderosos. Mesmo que tenha permanecido totalmente alheio a fantasias de martírio, mesmo que tenha se mantido ocupado com as preocupações cotidianas de um pai de família de uma cidade da província, Shakespeare não poderia passar pela vida como se não existissem problemas religiosos. Ninguém que tivesse alguma capacidade de raciocínio naquele momento poderia.

Muitos homens e mulheres da Inglaterra — protestantes mais radicais, assim como católicos — estavam insatisfeitos com a situação religiosa e sentiam que não podiam praticar seus cultos como gostariam. É fora de dúvida que Shakespeare conhecia pessoas assim; membros de sua própria família poderiam ter estado entre elas. Para os mais piedosos, a experiência deve ter sido angustiante: eles acreditavam que sua salvação eterna, e a salvação de sua família e de seus amigos, dependia da forma de culto e da fé que esse culto expressasse. É por isso que, por exemplo, um jovem cavalheiro de Warwickshire, John Somerville, de Edstone, começou, no verão de 1583, a passar muito tempo conversando com o jardineiro da propriedade de seu sogro. A conversa não era sobre flores; o homem que se passava por jardineiro era Hugh Hall, um padre católico que o sogro de Somerville abrigara em segredo.

Will Shakespeare era nessa época praticamente um ninguém, apenas o filho bagunceiro de um luveiro falido; John Somerville, educado em Oxford, era rico, bem-nascido e bem relacionado. Mas podia haver um laço familiar distante entre esses dois jovens de Warwickshire: Somerville casara-se com a filha de Edward Arden, de Park Hall, chefe de uma família provavelmente aparentada a Mary Arden, a mãe de Shakespeare. E esses dois prováveis primos podem ter tido inculcado em si, desde a tenra infância, o mesmo desejo de devolver a Inglaterra à antiga fé.

Mas se Will estava se distanciando desse perigoso sonho, John Somerville se deixava atrair cada vez mais por seu poder. O padre Hugh Hall — de acordo com a alegação do promotor no julgamento de Hall e Somerville — falara-lhe sobre a grave situação da Igreja Católica na Inglaterra; das esperanças depositadas na bela e escandalosamente maltratada Maria, rainha da Escócia; e da corrupção moral da filha bastarda de Henrique VIII, a excomungada rainha Elizabeth. Enumerou alguns boatos escabrosos sobre o favorito da rainha, Robert Dudley; lembrou ao jovem que o papa tinha liberado explicitamente os ingleses de prestar obediência a ela; e relatou com simpatia uma tentativa recente de católicos espanhóis de assassinar o príncipe de Orange, protestante.

Ao mesmo tempo, provavelmente por coincidência, a irmã de Somerville deu-lhe uma tradução de um livro escrito pelo frade espanhol Luis de Granada, *Livro da oração e da meditação*. Impresso em Paris em 1582, o livro trazia na abertura uma carta do tradutor para o inglês, Richard Harris, lamentando o Cisma, a Heresia, a Impiedade e o Ateísmo na Inglaterra. Esses males eram sinais de que o mundo estava chegando ao fim, dizia Harris, e que Satã estava lutando desesperadamente para obter um triunfo demoníaco final. Era preciso sobretudo que os jovens nobres e cavalheiros "lembrassem a grande inclinação que tinham para a virtude, mais que outros de origem obscura e das camadas inferiores".

Somerville ficou profundamente mobilizado. Ao que parece, o livro incitou o jovem a tomar uma decisão desesperada: ele, sozinho, libertaria o país da víbora que ocupava o trono. Em 24 de outubro de 1583, acompanhado de um único criado que seria dispensado pouco depois, abandonou a mulher e duas filhas pequenas e rumou para Londres. Não foi muito longe. Numa pousada a cerca de seis quilômetros da capital, onde tinha parado para passar a noite, ouviram-no gritar para si mesmo que ia matar a rainha com sua pistola. Foi preso imediatamente e poucos dias depois estava sendo interrogado na torre de Londres.

As autoridades entenderam muito bem que o jovem estava transtornado, mas, fosse porque levaram a sério suas ameaças, fosse porque usaram-nas como desculpa para acertar velhas contas, imediatamente prenderam sua mulher, sua irmã, seus sogros, o padre Hugh Hall e outras pessoas. Acusados de traição, Somerville e o sogro foram condenados à morte. O jovem conseguiu enforcar-se em sua cela na noite anterior ao dia marcado para a execução, o que não impediu que as autoridades lhe cortassem a cabeça para exibi-la como exemplo. Edward Arden, que provavelmente não tinha nenhuma culpa além de ser abertamente católico e ter escolhido um louco para genro, teve o terrível destino dos traidores. Suas cabeças decepadas, espetadas em lanças, foram exibidas na ponte de Londres.

Em Stratford-upon-Avon, Will ouviu no mínimo conversas intermináveis sobre esses acontecimentos, e se o distante laço de parentesco lhe dizia alguma coisa — o fato de mais tarde ter tentado "empalar" a cota de armas dos Shakespeare e a dos Arden indica que sim —, ele com certeza deve ter se interessado pelo assunto. Pode ser que tenha se sentido aliviado por estar distante de qualquer intriga católica com que pudesse ter se deparado, mas há diversos sinais estranhos que sugerem uma atitude mais complexa.

Shakespeare evidentemente leu e assimilou o livro católico que exerceu uma influência fatal sobre Somerville. Por trás da melancólica reflexão de Hamlet no cemitério — "Achas que Alexandre se parecia a isto na Terra? [...] E tinha este cheiro? Arre!"⁵ — provavelmente jaz a reflexão de Luis de Granada sobre o horror do sepulcro:

> Que coisa é mais apreciada que o corpo de um príncipe quando vive? E que coisa mais desprezada e mais vil que o mesmo corpo quando morre? [...] Então abrem um buraco de sete ou oito pés de profundidade (mesmo que seja para Alexandre, o Grande, para quem o mundo era pequeno) e com apenas isso o corpo deve se contentar.

Essa e muitas outras ressonâncias só mostram que os dois homens de Warwickshire, de personalidades e destinos tão diversos, partilharam alguns dos mesmos pontos de referência culturais.

Uma ligação ainda mais curiosa entre Somerville e Shakespeare não foi um livro lido por ambos, mas um acusador em comum. O principal encarregado das buscas dadas nos arredores que levaram à prisão de Somerville — o juiz de paz que se ocupava das prisões, das buscas em casa de católicos suspeitos, do interrogatório dos criados e coisas desse tipo — era sir Thomas Lucy.

Lucy, nascido em 1532, exercia havia tempos considerável influência na região. Casado com uma rica herdeira à idade de catorze anos, construíra uma grande casa em Charlecote, que a própria rainha Elizabeth visitara em 1572, presenteando a filha dele com uma borboleta esmaltada entre duas margaridas. Os livros contábeis de Lucy revelam que ele tinha cerca de quarenta empregados, entre os quais uma companhia de atores, registrada em documentos de Coventry como "Atores de sir Thomas Lucy".

Lucy tinha ilibadas credenciais protestantes. Na infância, por algum tempo, tivera como preceptor John Foxe, que mais tarde escreveria um clássico da Reforma: *Acts and Monuments*, mais conhecido como *O livro dos mártires*, é a história dos que deram a vida em prol da verdadeira religião reformada. O livro, que todas as igrejas inglesas foram induzidas a comprar, fala de pessoas queimadas na fogueira durante o reinado de Maria Tudor e de famosos precursores da Reforma, como sir John Oldcastle, lorde Cobham, executado em 1417.

Durante os meses em que Foxe trabalhou como preceptor em Charlecote,

---

5. "Dost thou think Alexander looked o'this fashion i'th' earth? [...] And smelt so? Pah!" (5.1.182-5).

sua influente obra ainda não tinha sido escrita e talvez sequer imaginada, mas a profunda convicção que estava por trás dela — a crença de que a Inglaterra fora escolhida como agente de Deus na luta apocalíptica contra o Anticristo e seu agente demoníaco, a Igreja Católica Romana — já era forte dentro dele e deve ter influenciado seu jovem discípulo. Thomas Lucy tornou-se um ativo membro da mais atuante facção protestante do país. Sagrado cavaleiro pelo conde de Leicester, serviu no Parlamento, onde se destacou pelo trabalho numa lei contra padres que se disfarçavam de criados e, de modo mais geral, por seu veemente apoio à causa da Reforma.

Na época da prisão de Somerville, Lucy era uma figura importante na comissão encarregada de investigar conspiradores católicos, na esteira da missão jesuítica. Era um homem perigoso, talvez não desleal ou perverso, mas duro, ferozmente determinado e implacável na defesa do que ele entendia como a causa do próprio Deus. Ele se interessava particularmente pela parentela de Edward Arden — ao que parece, o governo a via como uma família conspiratória — e pode ter ouvido rumores de que a mulher de John Shakespeare, Mary, era aparentada com a mulher de Edward Arden, também chamada Mary. John Shakespeare, na época em que foi bailio de Stratford, pode ter conhecido Lucy e se dado conta do que ele era capaz. Se os Shakespeare alimentavam simpatias pelo catolicismo, devem ter tido motivo de alarme.

A comunidade católica local ficou assustada e tratou de esconder às pressas os papéis e objetos religiosos que pudessem incriminá-la. "A menos que possais fazer com que Somerville, Arden, o padre Hall, a mulher e a irmã de Somerville falem diretamente as coisas que quereis saber", escreveu o secretário do Conselho Privado a seus superiores em Londres, "não será possível para nós aqui descobrir mais do que já foi descoberto, porque os papistas deste condado contam com a grande vantagem de ter eliminado de suas casas todos os indícios suspeitos." Essa observação traz à baila algo que raramente é relatado em detalhe, embora deva ter ocorrido com frequência: famílias católicas correndo para queimar ou enterrar indícios incriminadores — um rosário, um crucifixo, a imagem de um santo de devoção — enquanto os agentes do governo esmurravam as portas, impacientes para começar a busca. Pode ser que, na Henley Street de Stratford, a família Shakespeare tenha se ocupado em esconder seus "indícios suspeitos".

Os temores não desapareceriam com a morte de Somerville e Arden. Em

1585, depois de um ano no Parlamento, sir Thomas Lucy voltou a Warwickshire com uma nova conquista para trombetear: ele tinha ajudado a promover uma lei "contra jesuítas, padres seminaristas e outras pessoas igualmente desobedientes". A lei contou com aprovação unânime, mas, em sua terceira leitura, um único membro do Parlamento, William Parry, levantou-se e denunciou-a como sendo "uma medida com sabor de traição, plena de sangue, perigo e desespero para súditos ingleses, prenhe de multas e confiscos que irão enriquecer não a rainha, mas indivíduos em particular". Foi imediatamente preso e interrogado. Quando veio à luz que Parry estava obscuramente envolvido numa trama de conspirações católicas contra a rainha, Lucy esteve entre os primeiros a pedir sua execução como traidor. Parry foi enforcado e eviscerado em 2 de março de 1585. Todos os ministros religiosos foram instruídos a fazer sermões condenando as tentativas de assassinar a governante escolhida por Deus, a rainha Elizabeth, e comemorar sua sobrevivência ao cruel traidor.

O triunfante Lucy devia estar mais militante e mais vigilante do que nunca. Afinal, em meados de 1580, com a insistência de rumores sobre conspirações contra a vida da rainha para pôr no trono sua prima prisioneira, a católica Maria, rainha da Escócia, a vigilância fazia sentido. Membros do Conselho Privado e centenas de protestantes em todo o país juraram matar qualquer pretendente católico ao trono no caso de Elizabeth ser assassinada. Havia boatos sombrios de que Filipe II da Espanha estava reunindo uma frota imensa, capaz de transportar um exército pelo canal da Mancha para uma invasão que seria instigada por traidores católicos ingleses. Deve ter sido nessa época de extrema tensão que Shakespeare se indispôs com Lucy e decidiu que tinha de ir embora.

A julgar pela data de nascimento dos gêmeos, em fevereiro de 1585, é provável que Shakespeare tenha ficado em Stratford pelo menos até o verão de 1586, mas em algum momento, pouco depois disso, ele deu as costas à mulher e aos filhos e foi para Londres. Um golpe de sorte pode ter cruzado seu caminho, tornando possível a fuga. Talvez ele tenha retomado o contato com os Homens de Lorde Strange, que teria conhecido durante sua permanência no Norte; talvez tenha sabido de outra companhia de atores itinerantes que por acaso precisava de mais um ator. Os Homens do Conde Leicester estiveram ali perto, em Coventry e Leicester, em 1584-85, e em Stratford-upon-Avon em 1586-87. Os Homens do Conde de Essex seguiam um itinerário parecido.

A mais curiosa possibilidade que os estudiosos vêm explorando nos últimos anos diz respeito aos Homens da Rainha, na época a principal companhia itinerante do país. Os Homens da Rainha estiveram em Stratford em 1587 e estavam desfalcados. Na cidade vizinha de Thame, em 13 de junho, entre nove e dez horas da noite, um de seus principais atores, William Knell, foi morto numa briga de bêbados com outro ator, John Towne. Não é provável que o inexperiente Shakespeare tenha substituído o celebrado Knell, mas, com uma troca de papéis feita às pressas, os Homens da Rainha podem ter aberto vaga para um novato. E se foi essa a companhia em que Shakespeare começou, ele teria um motivo especial para não revelar uma eventual lealdade católica residual ou qualquer problema, como a caça clandestina, com Thomas Lucy. Isso porque, no dizer dos especialistas, a companhia Homens da Rainha tinha sido fundada para disseminar propaganda protestante e o entusiasmo pela monarquia em todo o conturbado país.

Se alguma dessas companhias concordou em tomá-lo sob contrato, embora com salário modesto, Shakespeare teria tido a feliz ocasião de deixar Stratford. É claro que para sua mulher e os três filhos, ainda muito pequenos, sua partida não deve ter parecido um golpe de sorte. Mesmo que ele prometesse enviar dinheiro e voltar para casa o mais breve possível, ou visitá-los com frequência, a situação evidenciou-se como um abandono. O significado desse abandono — sua justificativa, se é que havia alguma — podia naquele momento não estar totalmente clara. Do ponto de vista ético, se ele parou para refletir sobre o que estava fazendo, devia esperar aquilo que um filósofo moderno, falando de Paul Gauguin e do abandono da família para dar largas a sua arte, chamou de "sorte moral". Ou seja, se Shakespeare sentia que tinha dentro de si algo importante que só poderia realizar declinando de suas obrigações domésticas, a condição para justificar seus atos só poderia ser o sucesso. Saiu devendo sorte moral, assim como sorte financeira.

Admitindo que Shakespeare tenha se unido por contrato a uma companhia de atores, é pouco provável que essa companhia tenha se dirigido imediatamente para Londres. Se em junho de 1587 ele tivesse se juntado aos Homens da Rainha, por exemplo, teria seguido em turnê por cidades e casas de nobres hospitaleiros nas Midlands. Naquele verão, em agosto, a companhia ou parte dela — já que muitas vezes os Homens da Rainha se dividiam em diferentes turnês — foi para o Sudeste, talvez proporcionando ao jovem seu primeiro vislumbre dos despenhadeiros calcários de Dover, que mais tarde ele descreveria de forma eloquente em *Rei Lear*. A companhia então seguiu seu caminho para a capital através de cidades como Hythe e Cantuária. Essa rota teria dado a Shakespeare a oportunidade de aperfeiçoar seus conhecimentos num ambiente provinciano familiar e receptivo: aprender alguns passos de dança, a trocar de roupa com rapidez, apresentar uma cena de multidão ou de batalha de modo convincente e começar a decorar o repertório. Ele tinha de aprender rápido — sem uma memória excepcional e um talento fora do comum para a improvisação, teria sido impossível sobreviver no mundo competitivo do teatro elisabetano. Sua obra sugere que ele tinha um talento singular para mergulhar em universos desconhecidos, dominar suas complexidades e sentir-se à vontade quase de imediato. Além de tudo, mesmo o mais experiente dos atores, para não falar de um neófito, devia sentir uma forte descarga de adrenalina ao chegar a Londres.

Londres era uma cidade de adventícios, inundada todos os anos por recém-chegados do interior, principalmente homens e mulheres por volta dos vinte anos, atraídos pela promessa de trabalho, pelo espetáculo de riqueza e poder, pelo sonho de um destino fora do comum. Para muitos deles, o destino era uma morte prematura: infestada de ratos, superpopulosa, poluída, propensa a incêndios e feita sob medida para distúrbios, Londres era um lugar assustadoramente inseguro e insalubre. A esses perigos comuns — imensos, pelos padrões atuais — juntavam-se os surtos de doenças contagiosas. A pior delas, a peste bubônica, grassava repetidamente na cidade, semeando pânico, dizimando famílias inteiras, devastando bairros. Mesmo em anos poupados pela peste, o número de mortes registrados nos documentos paroquiais era maior que o de nascidos vivos. Ainda assim, a cidade continuava crescendo, com seu poder de atração aparentemente irresistível.

O grosso da crescente população vivia e trabalhava numa pequena área limitada ao sul pelo Tâmisa e pelos outros lados por uma muralha de pedra fortificada, construída pelos romanos 1400 anos antes. A muralha era rasgada por uma série de portões, cujos nomes — Ludgate, Aldgate, Cripplegate, Moorgate — ainda ecoam nos ouvidos dos londrinos da atualidade, muito tempo depois do desaparecimento dessas estruturas. Mesmo na época de Shakespeare, ainda mais ou menos intacta, a muralha já estava se tornando menos visível. No começo do século, o velho fosso, bem largo e ainda profundo o bastante para afogar cavalos e homens desavisados, estava sendo aterrado, e os novos espaços eram alugados para servir como oficinas de carpintaria, terrenos de cultivo e moradias, e "por essa causa a muralha da cidade ficou escondida", no dizer de um observador da época.

O limite leste da cidade amuralhada era demarcado pela enorme e sinistra torre de Londres, cuja construção fora iniciada por Guilherme, o Conquistador; o limite oeste, pela catedral de São Paulo, que ostentava a maior nave das igrejas da Europa. Mais para oeste, à beira da margem norte do Tâmisa, havia uma sucessão de mansões que no passado serviram de residência londrina para os príncipes da Igreja e agora, depois da Reforma, eram ocupadas por poderosos aristocratas e favoritos reais. O emergente sir Walter Ralegh, por exemplo, divertia seus hóspedes no lugar onde outrora os bispos de Durham recebiam seus admiradores. O conde de Southampton vivia no casarão dos bispos de Bath e Wells. Cada uma dessas residências tinha seu próprio atracadouro, de onde serviçais de libré conduziam os ricos moradores de barco, rio acima, até o palácio real de Whitehall para uma audiência com a rainha ou para uma sessão do Parlamento, que ficava ali perto. Se tivessem menos sorte, podiam também descer o rio de barco até a torre de Londres, onde entrariam, pesarosos e trêmulos, pela Porta dos Traidores.

Com seu aglomerado de pequenas fábricas, docas e armazéns, seus enormes mercados, cervejarias, tipografias, hospitais, orfanatos, escolas de direito e sedes de guildas, seus costureiros, vidreiros, cesteiros, oleiros, carpinteiros e carpinteiros navais, latoeiros, armeiros, camiseiros, peleteiros, tintureiros, ourives, peixeiros, livreiros, fabricantes de velas, armarinheiros, armazeneiros e suas multidões de aprendizes indisciplinados, para não mencionar funcionários do governo, meirinhos, advogados, comerciantes, ministros, professores, soldados, marinheiros, carregadores, carreteiros, aguadeiros, hospedeiros, cozinheiros, criados, ambulantes, menestréis, acrobatas, carteadores, rufiães, prostitutas e pedintes, Londres transbordava por todos os lados. Era uma cidade em movimento incessante que se transformava a uma velocidade sem precedentes. No fim do século XVI, o grande antiquário londrino John Stow, já velho, escreveu um ensaio notável sobre sua cidade, anotando minuciosamente milhares de mudanças que ele testemunhara durante toda a vida. Um exemplo:

quando era menino, havia uma abadia de monjas da congregação de Santa Clara conhecidas como Irmãs Menores, onde ele fora muitas vezes buscar "meio penny de leite [...] sempre ainda quente da vaca", produzido na fazenda da abadia. A abadia foi demolida — uma baixa causada pela Reforma — e em seu lugar, escreveu Stow, existem agora "belos e amplos armazéns para armas e vestimentas de guerra". Quanto à fazenda, seu novo proprietário usou-a inicialmente como pastagem de cavalos e depois loteou-a, ganhando tanto dinheiro que agora seu filho e herdeiro vive "como um cavalheiro".

A oligarquia de conselheiros municipais, além dos xerifes e do prefeito, lutava para manter algum controle sobre a cidade por meio de um complexo sistema de regras, mas fazer com que essas regras fossem cumpridas era difícil por causa da pressão da enorme população e da existência de numerosas áreas, conhecidas como *liberties*, excluídas de sua jurisdição. Décadas antes, essas áreas — a dos Monges Negros, a dos Monges Agostinianos, o priorado da Santíssima Trindade, Aldgate e o convento das Irmãs Menores, onde Stow ia atrás de seu meio penny de leite — tinham sido grandes mosteiros, com anexos, amplos jardins e lavouras, e desfrutavam de isenção eclesiástica em relação aos códigos da cidade. Depois da Reforma, todos os frades e freiras foram embora e as terras passaram a mãos privadas. Mas as isenções permaneceram, permitindo aos proprietários escapar a qualquer tentativa das autoridades da cidade de coibir atividades — como a encenação de peças — que considerassem inconvenientes ou escandalosas.

Além disso, ao redor da cidade, espalhavam-se subúrbios onde não havia regra de nenhuma espécie. Ainda estava fresca na memória a época em que essas áreas eram desimpedidas e pouco ocupadas. Stow recordava que perto de Bishopgate, quando ele era rapaz, havia "campos agradáveis e muito amplos onde os cidadãos podiam caminhar, atirar e se divertir da forma que fosse, renovando os espíritos embotados no ar suave e puro". Agora, queixava-se, essa área, como tantas outras, transformou-se "numa construção contínua por toda parte" de chalés cobertos de sujeira, cubículos, hortas, oficinas, montes de lixo e coisas assim, "de Houndsditch, no oeste, até Whitechapel e mais além, no leste". Não só os outrora belos acessos à cidade foram desvirtuados, como o trânsito se tornou horrível: "O cocheiro viaja logo atrás da cauda dos cavalos, chicoteia-os e não olha para trás; o carroceiro senta-se e dorme em sua carroça, deixando que o cavalo o conduza para casa". E o pior de tudo, escreveu Stow, é que os jovens, ao que parece, já não sabem caminhar: "O mundo caminha sobre rodas para muitos cujos pais se davam por felizes andando a pé".

Havia outras cidades fervilhantes na Inglaterra e, se viajou, o jovem Shakespeare deve ter visto uma ou duas delas, mas nenhuma se comparava a Londres. Com uma população de cerca de 200 mil almas, era umas quinze vezes maior que as outras cidades mais populosas da Inglaterra e do País de Gales. Em toda a Europa, só Paris e Nápoles eram maiores. Sua vitalidade comercial era imensa: Londres, no dizer de um contemporâneo de Shakespeare, era "a feira que dura o ano inteiro". Isso quer dizer que a cidade estava escapando rapidamente do ritmo sazonal que regia o resto do país e fugia também da sensação de comunidade que regia a identidade das pessoas em outros lugares. Era um dos únicos lugares na Inglaterra onde uma pessoa não se encontrava o tempo todo rodeada de conhecidos, de parentes e de muitos dos detalhes mais íntimos de sua vida; um dos únicos lugares em que a roupa, o alimento e a mobília de uma pessoa não eram produzidos por gente que ela conhecia pessoalmente. Em consequência disso, era o lugar por excelência não só de um relativo anonimato, mas também de fantasia: um lugar onde se podia sonhar com a fuga das origens e com a transformação em outra pessoa.

É praticamente certo que Shakespeare tivesse esse sonho — ele está no fundo da alma dos atores, é essencial para a carpintaria dramatúrgica e alimenta a disposição do público de reservar uns trocados para ver uma peça. Will pode ter tido também mais motivos particulares, um desejo de fugir do que quer que o tenha posto em dificuldades com Thomas Lucy, um desejo de fugir de sua mulher e dos três filhos, um desejo de fugir do negócio das luvas e do tráfico de lã de seu pai imprevidente. Em suas peças, muitas vezes ele pôs cenas de personagens apartados de seus laços familiares, destituídos de sua identidade, tropeçando em território desconhecido: Rosalinda e Célia na floresta de Arden; Viola no litoral da Ilíria; Lear, Gloucester e Edgard na charneca; Péricles em Tarso; a infanta Perdita na Sicília; Innogen (ou Imogen) nas montanhas do País de Gales e todos os seres humanos na ilha mal-assombrada de *A tempestade*.

Poucas dessas cenas, no entanto, baseiam-se na ideia de cidade. Londres pode ter sido o principal campo de encenação para fantasias de metamorfose, e foi certamente o lugar onde o próprio Shakespeare se reconstruiu, mas não foi ela quem moldou sua imaginação teatral. Em *O alquimista* e em *Bartholomew Fair*, seu colega Ben Jonson mostrou-se apaixonadamente interessado pela cidade em que tinha sido criado, como enteado de um mestre oleiro que vivia em Hartshorn Lane, perto de Charing Cross. Outros dramaturgos londrinos da época, como Thomas Dekker e Thomas Middleton, interessaram-se pela vida dos cidadãos comuns: sapateiros, prostitutas, lojistas e aguadeiros. Mas o que excitava a imaginação de Shakespeare com relação a Londres eram seus aspectos mais sinistros ou perturbadores.

Numa de suas primeiras peças históricas, *Henrique VI parte 2*, Shakespeare fala de um bando de rebeldes de baixa extração social do condado de Kent, liderado pelo costureiro Jack Cade, que vai a Londres com o objetivo de derrubar a ordem social. Cade promete uma espécie de reforma econômica primitiva: "Na Inglaterra, sete pães de meio penny serão vendidos por um penny, o pote de três riscas vai ter dez riscas, e vou decretar ser crime beber cerveja ruim".[6] Os rebeldes — "uma multidão enraivecida/ De labregos e camponeses, rudes e impiedosos"[7] — queriam queimar os documentos do reino, abolir a alfabetização, irromper nas prisões e libertar os prisioneiros, fazer com que as fontes jorrassem vinho, executar a pequena nobreza. "A primeira coisa que faremos", no famoso dizer de um dos seguidores de Cade, "é matar todos os advogados."[8]

Numa sequência de cenas selvagens que oscilam entre a comédia grotesca e o pesadelo, o jovem Shakespeare imaginou — e convidou a plateia a imaginar — como seria a Londres controlada por uma turba meio louca vinda do campo, beligerante e analfabeta. Algo nessa fantasia deve ter despertado um fluxo de energia no dramaturgo neófito — ele mesmo chegado havia pouco à capital. Nessa peça histórica de juventude, enquanto os personagens das classes superiores são quase todos rígidos e pouco convincentes — o rei é praticamente um zero à esquerda —, os rebeldes das classes baixas são surpreendentemente vivazes. É como se Shakespeare tivesse captado algo crucial para a escrita de peças: ele podia separar elementos de si mesmo e de suas experiências, moldá-los em formas vivas e depois, de repente, rir, estremecer e destruí-los.

Ele enfatizava a destruição, como que para reafirmar que aqueles caipiras

---

6. "There shall be in England seven halfpenny loaves sold for a penny, the three-hooped pot shall have ten hoops, and I will make irt felony to drink small beer" (4.2.58-60).
7. "a ragged multitude/ Of hinds and peasants, rude and merciless" (4.4.31-2).
8. "The first thing we do, let's kill all the lawyers" (4.2.68).

analfabetos e rebeldes, aqueles açougueiros e tecelões falastrões não tinham nada a ver com o dramaturgo. "Morre, maldito miserável, maldição daquela que te pariu!",⁹ exclama o próspero fidalguete que acaba matando Cade, e depois, como se matá-lo não bastasse, enfia a espada no corpo do homem morto. O que está sendo destruído com tamanha veemência triunfante não é um inimigo da propriedade, mas um inimigo do tipo de pessoa que Shakespeare acreditava ser. É possível decifrar um autorretrato velado na primeira vítima de Cade. "Sabes assinar teu nome?", indaga Cade a um infeliz escriturário agarrado pela multidão. "Ou tens uma rubrica própria, como um homem honesto normal?"

> ESCRITURÁRIO Senhor, agradeço a Deus ter sido tão bem criado que sei assinar meu nome.
> TODOS OS SEGUIDORES DE CADE Ele confessou — fora com ele! É um vil traidor.
> CADE Fora com ele, estou dizendo, enforquem-no com sua pena e seu tinteiro em volta do pescoço.¹⁰

Essas são falas escritas por um dramaturgo cujos pais assinavam com uma rubrica e que deve ter sido o primeiro da família a aprender a assinar o nome.

Ao mesmo tempo, é possível descobrir Shakespeare também no outro lado, nos rebeldes que se dirigem em bando para Londres, com suas fantasias de riqueza e seu profundo conhecimento das atividades dos humildes.

> SEGUNDO REBELDE Posso vê-los! Posso vê-los! Lá está o filho de Best, o curtidor de Wingham.
> PRIMEIRO REBELDE Ele vai arrancar a pele de nossos inimigos para fazer couro de cachorro.¹¹

---

9. "Die, damnèd wretch, the curse of her that bore thee!" (5.1.74).
10. "CLERK Sir, I thank God I have been so well brought up that I can write my name./ ALL CADE'S FOLLOWERS He hath confessed—away with him! He's a villain and a traitor./ CADE Away with him, I say, hang him with his pen and inkhorn about his neck" (4.2.89-97).
11. "SECOND REBEL I see them! I see them! There's Best's son, the tanner of Wingham —/ FIRST REBEL He shall have the skins of our enemies to make dog's leather of" (4.2.18-21).

Curtume era o negócio do pai de Shakespeare — e, provavelmente, o dele também: "couro de cachorro" era como eles chamavam o couro de baixa qualidade usado em luvaria. Assim, ele estava estranhamente próximo daqueles homens grotescos, próximo até de seu líder, Jack Cade, com sua presunção de ser "de uma casa honrada",[12] sua pretensão crônica, seus sonhos de grandeza.

Shakespeare estava dramatizando coisas que tirava das crônicas — ele normalmente garimpava nesses livros, em especial *The Union of the Two Noble and Illustre Families of Lancaster and York*, de Edward Hall, e *The Chronicles of England, Scotland, and Ireland*, de Raphael Holinshed, para obter material para suas peças históricas. E resgatou Cade, o rebelde do século XV, voltando ainda mais no passado, acrescentando detalhes da Revolta dos Camponeses de 1381. Mas, assim como a Éfeso de *A comédia dos erros* é mais um retrato da Londres contemporânea de Shakespeare do que da antiga Ásia Menor, também a Inglaterra medieval de *Henrique VI parte 2* é menos impregnada da alteridade do passado do que das coordenadas da época de Shakespeare.

A chave de todo o espetáculo é o povo de Londres — a concentração sem precedentes de corpos se acotovelando pelas ruas estreitas, atravessando a grande ponte para lá e para cá, espremendo-se nas tabernas, nas igrejas e nos teatros. A visão dessa gente toda — com o barulho que produz, seu hálito, seu alvoroço e seu potencial para a violência — parece ter sido a primeira e mais duradoura impressão que Shakespeare teve da cidade grande. Em *Júlio César*, ele volta ao espetáculo da multidão sedenta de sangue, perambulando pelas ruas em busca dos conspiradores que mataram César, seu herói.

TERCEIRO PLEBEU Seu nome, senhor, o verdadeiro.

CINA Meu nome verdadeiro é Cina.

PRIMEIRO PLEBEU Picai-o em pedaços! É um conspirador.

CINA Sou o poeta Cina, sou o poeta Cina.

QUARTO PLEBEU Picai-o em pedaços pelos seus versos ruins, picai-o por seus versos ruins.

CINA Não sou o conspirador Cina.

---

12. "of an honourable house" (4.2.43).

QUARTO PLEBEU Isso não tem importância, o nome dele é Cina. Vamos tirar-lhe o nome do coração e deixá-lo ir.
TERCEIRO PLEBEU Picaio-o, picai-o.[13]

Essa massa urbana, sublevada pelo pão e ameaçando inverter a ordem social, aparece também em *Coriolano*. E é essa mesma massa — "Escravos rudes/ Com aventais ensebados, suas réguas e seus martelos" — que Cleópatra imagina a observá-la quando ela é levada prisioneira pelas ruas da grande cidade. Basta a ideia de sentir "seu hálito fétido", quando celebram o triunfo de Roma, para ratificar sua decisão de cometer suicídio.[14]

Mesmo quando o cenário é Roma, Éfeso, Viena ou Veneza, o ponto de referência urbana de Shakespeare é sempre Londres. Os antigos romanos podiam usar togas e levar a cabeça descoberta, mas, depois que a plebe sublevada de *Coriolano* consegue o que quer, atira os chapéus para cima exatamente como faziam os londrinos elisabetanos. Só em uma de suas primeiras peças históricas Shakespeare situa o povo londrino na própria cidade em que ele vivia e trabalhava, sem disfarces. "Sentado aqui em cima da Pedra de Londres", diz o megalomaníaco Cade, referindo-se a um famoso marco na Cannon Street, "declaro e ordeno que, por conta da cidade, o Conduto do Mijo não verterá nada que não seja clarete neste primeiro ano de nosso reinado."[15] "Então, senhores, ide agora alguns de vós e deitai abaixo o Savoy", diz ele a seus seguidores; "e que outros se dirijam ao Inns Court — deitai abaixo tudo."[16] Como no sonho utópico de um homem pobre, os tribunais seriam destruídos e as fontes verteriam vinho. Não é de estranhar que os cidadãos de classe média fujam

---

13. "THIRD PLEBEIAN Your name, sir, truly./ CINNA Truly, my name is Cinna./ FIRST PLEBEIAN Tear him to pieces! He's a conspirator./ CINNA I am Cinna the poet, I am Cinna the poet./ FOURTH PLEBEIAN Tear him for his bad verses, tear him for his bad verses./ CINNA I am not Cinna the conspirator./ FOURTH PLEBEIAN It is no matter, his name's Cinna. Pluck but his name out his heart, and turn him going./ THIRD PLEBEIAN Tear him, tear him" (3.3.25-34).
14. "Mechanic slaves/ With greasy aprons, rules, and hammers/ [...] thick breaths" (*Anthony and Cleopatra*, 5.205-7).
15. "Here sitting upon London Stone, I charge and command that, of the city's cost, the Pissing Conduit run nothing but claret wine this first year of our reign" (4.6.1-4).
16. "So, sirs, now go some and pull down the Savoy, others to th'Inns Court—down with them all" (4.7.1-2).

espavoridos e as classes urbanas inferiores — "A ralé"[17] — se levantem em apoio aos rebeldes.

Quando os insurgentes põem as mãos em seu mais odiado inimigo, lorde Saye, Cade expõe as acusações que pesam contra ele:

> Tu corrompeste traiçoeiramente a juventude do reino erguendo uma escola primária; enquanto antes nossos antepassados não tinham outros livros além da tábua de cálculo e das contas, tu determinaste a utilização do prelo de impressão e, contrariando o rei, sua coroa e sua autoridade, construíste uma fábrica de papel. Será provado diante de tua cara que há homens próximos de ti que têm por hábito dizer substantivo e verbo e palavras abomináveis como essas que nenhum ouvido de cristão pode suportar ouvir.[18]

A fábrica de papel e a tipografia são anacronismos — nenhuma delas existia na Inglaterra à época da rebelião de Cade —, mas isso não tem importância: Shakespeare estava interessado nas fontes de sua própria consciência, na escola primária que o afastara do mundo da tábua de cálculo e das contas (instrumentos com que as pessoas calculavam suas pequenas dívidas) e o levara para o mundo do livro impresso.

Shakespeare era fascinado pela arenga enlouquecida dos que odiavam a modernidade, desprezavam o saber e exaltavam a virtude da ignorância. E, mesmo nisso, é típico dele — quando imaginava os que teriam atacado sua própria identidade — ouvir não apenas a estupidez grotesca, mas também os motivos:

> Tu mandaste que juízes de paz chamassem homens pobres para perguntar-lhes coisas que não eram capazes de responder. Pior ainda, tu os mandaste prender e,

---

17. "The rascal people" (4.4.50).
18. "Thou hast most traitorously corrupted the youth of the realm in erecting a grammar school; and, whereas before, our forefathers had no other books but the score and the tally, thou hast caused printing to be used and, contrary to the King his crown and dignity, thou hast built a paper-mill. It will be proved to thy face that thou hast men about thee that usually talk of a noun and a verb and such abominable words as no Christian ear can endure to hear" (4.7.27-34).

porque eles não sabiam ler, mandaste enforcá-los, quando é certo que só por essa causa eles seriam mais dignos de viver.[19]

Seria um despropósito pensar que os criminosos devessem ser poupados por serem analfabetos, mas Cade faz um protesto contra um aspecto real da lei inglesa da época que parece igualmente sem propósito: se um criminoso provasse que era alfabetizado — normalmente lendo um versículo dos Salmos — podia solicitar o "benefício do clero"; isto é, podia, para efeitos legais, pelo fato de ser alfabetizado, ser classificado como clérigo e portanto submeter-se oficialmente à jurisdição das cortes eclesiásticas, que não contemplavam a pena de morte. Em muitos casos, o resultado disso era que o ladrão ou assassino alfabetizado ficava impune, embora apenas uma vez: o acusado que tivesse êxito na solicitação do benefício do clero era marcado com um T de *thief* (ladrão) ou com um M de *murderer* (assassino), e um segundo crime seria fatal. Daí que a acusação de Cade, de outra forma incompreensível, ganha perfeito sentido: "tu os mandaste prender e, porque eles não sabiam ler, mandaste enforcá-los". Daí também se explica a fúria contra substantivos, verbos e escolas primárias: Cade ordena que lorde Saye, juntamente com seu genro, sir James Cromer, sejam decapitados. "Fazei com que se beijem", ordena, quando as cabeças foram levadas a ele espetadas em mastros, "porque se amavam muito quando estavam vivos." Contente com o espetáculo, ele propõe um desfile por Londres: "com estes levados à nossa frente em vez de maças, iremos pelas ruas e a cada esquina faremos com que se beijem". O medonho espetáculo pretendia provocar mais derramamento de sangue. "Vamos pela rua do Peixe!", grita ele. "Abaixo a praça de São Magno! Matai e derrubai! Jogai-os no Tâmisa!"[20]

A praça de São Magno ficava no extremo norte da ponte de Londres, o primeiro lugar da cidade em que Shakespeare deve ter posto os pés. Com toda

---

19. "Thou hast appointed justices of peace to call poor men before them about matters they were not able to answer. Moreover, thou hast put them in prison, and, because they could not read, thou hast hanged them when indeed only for that cause they have been most worthy to live" (4.7.34-9).
20. "for they loved well when they were alive [...] with these borne before us instead of maces will we ride through the streets, and at every corner have them kiss. [...] Up Fish Street! Down Saint Magnus' Corner! Kill and knock down! Throw them into Thames!" (4.7.138-9, 142-4, 145-6).

a probabilidade, ele estaria viajando com a companhia de atores a que tinha se unido. Talvez, ao se aproximar da capital, tenham feito piadas sobre a rebelião dos açougueiros e tecelões que tanto tempo antes tinha invadido a cidade. De qualquer forma, a companhia de atores teria pretendido atrair a atenção, de modo que a população soubesse que estava de volta à cidade e que se apresentaria a certa hora, em dado local. Com suas roupas mais espalhafatosas, batendo em tambores e agitando bandeirolas, teriam escolhido a hora da chegada e o caminho mais cheio de gente; se tivessem chegado pelo sul, teriam subido a Southwark High Street e cruzado a ponte de Londres.

Portanto, essa deve ter sido a primeira visão que Shakespeare teve de Londres: uma maravilha arquitetônica, de cerca de 250 metros de comprimento, que um visitante francês, Etienne Perlin, chamara "a mais bela ponte do mundo". O tabuleiro congestionado, apoiado em vinte pilares de pedra com dezoito metros de altura e nove de largura, estava ladeado de casas e lojas altas apoiadas em contrafortes. Muitas dessas lojas vendiam artigos de luxo — sedas finas, roupa de baixo, gorros de veludo — e alguns dos edifícios chamavam a atenção por si mesmos: era possível comprar mantimentos num edifício de pedra do século XIII, de dois andares, que em outros tempos fora uma capela dedicada a santo Thomas Becket, onde eram celebradas missas cantadas pela alma dos mortos. Pelos espaços entre as construções havia vistas esplêndidas do grande rio, para cima e para baixo, principalmente para o oeste; no céu, aves necrófagas voavam em círculos, e no rio deslizavam centenas de cisnes, que eram depenados uma vez ao ano para os travesseiros e acolchoados da rainha.

Mas uma imagem em especial deve ter prendido a atenção de Shakespeare; era uma grande atração turística, sempre pronta para os recém-chegados. Espetadas em mastros no Great Stone Gate, a dois arcos da margem de Southwark, havia cabeças cortadas, algumas delas completamente reduzidas a caveiras, outras meio cozidas e queimadas, ainda identificáveis. Não se tratava dos restos de ladrões, sequestradores e assassinos comuns. Os criminosos comuns eram enforcados em centenas de patíbulos erguidos em torno dos limites da cidade. As cabeças da ponte, como se informava devidamente aos visitantes, era de cavalheiros e nobres que tiveram o destino dos traidores. Um estrangeiro que visitou Londres em 1592 contou 34 cabeças; outro, em 1598, disse que contou mais de trinta. Quando cruzou a ponte pela primeira vez, ou bem pouco depois, Shakespeare deve ter pensado que entre as cabeças estavam a de John

Somerville e a do homem que tinha o mesmo sobrenome de sua mãe e pode ter sido um parente distante, Edward Arden.

Um sogro e seu genro, com as cabeças cortadas nos postes, sorrindo um para o outro. "Fazei com que se beijem, porque se amavam muito quando estavam vivos." As cabeças cortadas que Shakespeare viu na ponte devem ter tido um forte impacto sobre sua imaginação, e não apenas como ficou demonstrado pelas cenas de Cade em *Henrique VI parte 2*. Se de fato correu risco em Lancashire durante alguns meses, Shakespeare já teria assimilado lições inesquecíveis sobre o perigo e a necessidade de discrição, dissimulação e embuste. Essas lições podem ter sido reforçadas em Stratford, à medida que se espalhavam os rumores de conspiração, assassinato e invasão. Mas o que se via da ponte era a mais convincente das lições: mantenha o controle sobre si; não caia em mãos de seus inimigos; seja esperto, forte e realista; conheça técnicas de dissimulação e evasão; mantenha a cabeça sobre os ombros.

Duras lições para um poeta e ator que pretendia ser ouvido e visto pelo mundo. Mas algumas dessas lições devem ter levado Shakespeare a uma decisão que desde então tornou mais difícil compreender quem era ele. Onde estão suas cartas pessoais? Por que motivos os pesquisadores, que procuraram durante séculos, fracassaram na missão de encontrar os livros que ele deve ter tido, ou talvez, por que ele preferiu não escrever o nome em seus livros, como Jonson, Donne e muitos de seus contemporâneos faziam? Por que sua obra imensa e gloriosa não dá acesso direto a suas opiniões a respeito de política, religião ou arte? Por que tudo o que ele escreveu — mesmo os sonetos — está enunciado de uma maneira que lhe permite esconder o rosto e seus pensamentos mais íntimos? Durante muito tempo, os especialistas acharam que a resposta estaria na indiferença ou no acaso: nenhum de seus contemporâneos achava que as opiniões pessoais desse dramaturgo tinham importância a ponto de serem registradas, ninguém se deu o trabalho de guardar suas cartas, e as caixas de papéis que ele deve ter deixado para a filha Susanna acabaram sendo vendidas e seu conteúdo usado para embrulhar peixe, reforçar a lombada de livros ou, simplesmente, foi queimado. Talvez. Mas as cabeças espetadas nas lanças podem ter lhe dito muita coisa no dia em que chegou a Londres — e ele pode ter dado ouvidos ao aviso.

6. A vida nos subúrbios

Ele tinha sido criado num mundo em que o campo começava bem no fim da rua, ou no máximo a alguns minutos de caminhada. Agora, em volta dele e por toda parte, estendendo-se por quilômetros além das muralhas em ruínas da cidade, havia moradias, armazéns, pequenas hortas, oficinas, fundições de armas, fornos de tijolos e moinhos, junto de valas fétidas e montes de lixo. Pela primeira vez, Shakespeare teve contato com o subúrbio. Aprendeu o que era ter saudade do campo aberto.

Os londrinos também gostavam de caminhar no campo e respirar ar puro — o prazer habitual de estar na zona rural se intensificava por causa da crença generalizada de que a peste era trazida pelo ar, por miasmas. Os habitantes da cidade passavam pelas ruas lotadas e fedorentas aspirando ramalhetes de flores, ou com as narinas entupidas de cravos-da-índia. Em seus aposentos, acendiam velas perfumadas e punham panelas fumegantes para manter à distância a pestilência da cidade. O ar fresco das regiões mais afastadas era considerado nada menos que salvador — daí o êxodo da cidade, em períodos de peste, dos que podiam ir embora, e daí também o gosto pelos passeios no campo.

Partindo do centro da cidade, um andarilho enérgico conseguiria chegar bem depressa a pastagens cercadas, onde as vacas pastavam placidamente e as lavadeiras prendiam as roupas lavadas e tingidas bem esticadas em armações conhecidas pelo nome de *tenterhooks*, donde a expressão inglesa ainda usada *to be on tenterhooks* [estar ansioso, intranquilo]. Na época de Shakespeare, embora os espaços abertos aos quais Londres tivera fácil acesso no passado já começassem a desaparecer, outras atrações levavam a população a cruzar os portões ou o rio em direção aos subúrbios. Muitas tabernas e estalagens, algumas delas veneráveis — a famosa Tabar Inn, de onde os peregrinos de Chaucer iniciavam sua jornada para Cantuária, ficava em Southwark, na margem sul do Tâmisa — ofereciam comida, bebida e espaços privativos num mundo em que praticamente não havia privacidade. Em Finsbury Field, ao norte da cidade, arqueiros podiam disparar suas flechas contra alvos pintados, tentando esquivá-las dos transeuntes. (Em 1557, uma mulher grávida que saíra a caminhar com o marido foi atingida no pescoço por uma flecha perdida e morreu.) Entre outros lugares de lazer, havia estandes de tiro ao alvo (para pistolas), rinhas de galos, ringues de luta, canchas de boliche, lugares com música e dança, plataformas onde os criminosos eram mutilados ou enforcados e uma impressionante quantidade de "casas de diversão", ou seja, bordéis. Estes eram denunciados com especial severidade pelos moralistas, que exigiam seu fechamento, mas as ações contra eles por parte das autoridades da cidade sempre davam errado. Em *Medida por medida*, peça ambientada numa Viena que em tudo parece com Londres, o governante, empenhado numa campanha de reforma moral, ordena que sejam demolidas as "casas de diversão nos subúrbios".[1] A ordem não é cumprida.

A cidade congestionada, portanto, era cercada de uma área de entretenimentos de todo tipo, onde Shakespeare passou grande parte de sua vida profissional. Sua imaginação assimilava tudo, mesmo coisas que à distância podiam parecer sem importância. Ele ficou muito impressionado com o jogo de boliche, em especial pela maneira como a bola, tendo o centro de gravidade deslocado, só atingia os pinos quando aparentemente era lançada para outro ponto. Essa imagem lhe vinha à memória repetidas vezes, como meio de representar os giros inesperados de seus enredos cuidadosamente engendrados. O mesmo se passava com o arco e flecha, a luta, os jogos com lanças e toda uma

---

1. "houses of resort in the suburbs" (1.2.82-3).

variedade de esportes e disputas elisabetanos: quando ele não os descreve de forma explícita (como na cena de pugilato de *Como gostais*), usa-os uma e outra vez como imagens.

A imaginação de Shakespeare se estimulava também com divertimentos menos inocentes dos subúrbios. Henrique VIII legou a seus reais filhos o gosto pelo espetáculo de touros ou ursos presos numa arena, ou acorrentados a um poste, e atacados por cães ferozes. Os touros — que volta e meia morriam de exaustão, para divertir os assistentes — eram mais ou menos anônimos, mas os ursos ganhavam nome e personalidade: Sackerson, Ned Whiting, George Stone e Harry Hunks (este último foi cegado para aumentar o divertimento). O jogo era tipicamente inglês — em seus diários de viagem, turistas estrangeiros relatavam tê-lo visto, e a rainha Elizabeth levava a ele os embaixadores visitantes. O custo de manutenção dos animais era pago fazendo deles objeto de entretenimento popular: muita gente pagava ingresso para ver o espetáculo nas grandes arenas circulares de madeira. Numa variante popular, um macaco era amarrado ao lombo de um pônei e este era atacado por cães. "O animal escoiceando os cachorros, e os guinchos do macaco", escreveu um observador, "com os cães dependurados nas orelhas e no pescoço do pônei, é coisa muito engraçada de se ver."

"Há ursos nesta cidade?", pergunta o estúpido Slender em *As alegres comadres de Windsor*."Gosto muito desse divertimento."[2] Shakespeare sem dúvida esteve na arena dos ursos — tinha razões profissionais para se interessar por coisas que mobilizavam multidões —, mas evidentemente era menos apaixonado pelo esporte, que servia, como ele assinalou com ironia, para fazer os Slender da vida se sentirem homens de verdade. "Vi Sackerson solto vinte vezes, e já o puxei pela corrente", gaba-se Slender. "Mas posso vos garantir que as mulheres gritavam e choravam como não se pode imaginar. As mulheres, é claro, não os toleram. São animais muito feios e repulsivos."[3]

Para os elisabetanos, os ursos personificavam a suprema feiura, tudo o que há de tosco e violento. Shakespeare muitas vezes fez eco a essa percepção, mas

---

2. "Be there bears i'th' town? [...]/ I love the sport well" (1.1.241, 243).
3. "I have seen Sackerson loose twenty times, and I have take him by the chain. But I warrant you, the women have so cried and shrieked at it that it passed. But women, indeed, cannot abide 'em. They are very ill-favoured, rough things" (1.1.247-51).

também captou algo mais: "Eles me ataram a um poste. Não posso fugir", diz Macbeth, enquanto o cerco inimigo se fecha em torno dele, "mas devo lutar como se fosse um urso".[4] Isso não pode, de modo algum, ser visto como uma descrição sentimental do espetáculo de ursos acossados, ou do assassinato — Macbeth é um traidor que merece o fim que teve —, mas suspende o riso vulgar da arena e toca num aspecto quase intolerável do espetáculo.

Por que o povo da época de Elizabeth I e de Jaime I, inclusive os monarcas das dinastias Tudor e Stuart, que eram seus patrocinadores especiais, gostavam de uma coisa tão brutal e repugnante? (Houve uma tentativa de ressuscitar o "esporte real" no fim do século XVII, mas na verdade ele nunca se recuperou do golpe sofrido quando sete ursos foram mortos a tiros, em 1655, por soldados puritanos.) É quase tão difícil responder a essa pergunta quanto determinar por que gostamos de nossos próprios espetáculos de crueldade. Mas há uma pista na observação de um contemporâneo de Shakespeare, Thomas Dekker: "Por fim, um urso cego estava amarrado a um poste e, em vez de açular cães contra ele, um grupo de criaturas que tinham forma humana e rosto de cristãos (fossem carvoeiros, carreteiros ou aguadeiros) assumiu a função de feitor e açoitou Monsieur Hunks até que o sangue correu de seus velhos ombros". O que a turba viu nesse exemplo, pelo menos, foi uma grotesca versão — e por isso divertida — do açoite disciplinar, que era uma rotina imposta a toda a sociedade: pais açoitavam filhos, professores açoitavam alunos, patrões açoitavam criados, diáconos açoitavam prostitutas, xerifes açoitavam vagabundos e "pedintes saudáveis". O espetáculo na arena tinha um estranho efeito de caráter dúbio, que Shakespeare intensificou incomensuravelmente: confirmava uma ordem de coisas — "isto é o que fazemos"— e ao mesmo tempo questionava aquela ordem — "o que fazemos é grotesco".

Londres era um teatro sem fim de punições. Shakespeare com certeza presenciou castigos corporais antes de chegar a Londres — Stratford tinha cepos de açoite, cadafalsos e pelourinhos —, mas a frequência e a atrocidade das sentenças distribuídas pelos patíbulos públicos em Tower Hill, Tyburn e Smithfield, pelas cadeias de Bridewell e Marshalsea e por muitos outros lugares, dentro e fora das muralhas da cidade, deviam ser novidade para ele. Quase

---

4. "They have tied me to a stake. I cannot fly. Bur bear-like I must fight the course" (5.7.1-2).

todos os dias ele poderia ter visto o Estado marcar a ferro, mutilar e matar aqueles que considerava criminosos. Os diversos locais de punição existentes em Londres não eram suficientes para esses espetáculos. Em alguns casos de assassinato, a mão direita do criminoso era decepada nas proximidades do lugar onde o crime tinha sido cometido, e o criminoso desfilava sangrando pelas ruas até o lugar da execução. Para qualquer pessoa que morasse na grande cidade, era praticamente impossível evitar esses espetáculos.

Como seria andar por essas ruas? Ver essas coisas a toda hora? Viver numa cidade em que os entretenimentos populares espelhavam esses tormentos constantes por meio do açoite de ursos cegos ou na encenação de tragédias? Tenha ou não se desviado de seu caminho habitual para testemunhar os rituais sangrentos da lei e da ordem (havia outros dramaturgos mais interessados em competir com o torturador e o carrasco), Shakespeare fez com que eles aparecessem com frequência em suas peças. O terrível destino de Lavínia em *Tito Andrônico* — as mãos decepadas, a língua cortada — teria sido facilmente representado em detalhes realistas por atores elisabetanos, pois eles viam coisas como essa acontecendo ao vivo nos patíbulos do subúrbio, perto do teatro. E quando os personagens de Shakespeare exibem as cabeças sangrentas de Ricardo III ou de Macbeth, a plateia podia comparar sem dificuldades a simulação com a realidade.

Shakespeare não estava apenas dando ao populacho o que desejava; ele mesmo era sabidamente fascinado pelos espetáculos punitivos que ocorriam a seu redor. Seu fascínio não se confundia com apoio; tinha até mesmo um forte componente de repulsa. A mais terrível cena de tortura em sua obra — o cegamento do conde de Gloucester em *Rei Lear* — é, como o dramaturgo deixa claro, um ato praticado por monstros amorais. Mas o horror com que esse ato de crueldade é descrito não é o mesmo que um repúdio generalizado às selvagens punições judiciais de sua sociedade. Quando, ao fim de *Otelo*, o malvado Iago se nega a explicar por que teceu sua trama bárbara — "Não me pergunteis nada. O que sabeis, sabeis/ De agora em diante não direi uma só palavra" — os agentes do Estado veneziano estão certos de que vão extrair-lhe uma resposta: "Os suplícios abrir-te-ão os lábios".[5] E mesmo que eles não

---

5. "Demand me nothing. What you know, you know./ From this time forth I never will speak word [...]/ Torments will open your lips" (5.2.309-10, 312).

tivessem sucesso — Iago permanece mudo pelo que resta da peça, e nada leva a crer que os suplícios o fizessem mudar sua decisão — os venezianos estão determinados a vingar-se do vilão pelo que ele fez. Com efeito, usariam toda a sua criatividade, como explica o funcionário do Estado, para intensificar e prolongar sua agonia:

> Se houver algum tormento engenhoso
> Que o faça sofrer e durar muito,
> Dele será.[6]

Embora a tortura de Iago não possa devolver Desdêmona à vida nem consertar a existência arruinada de Otelo, a peça leva a plateia a aceitar a legitimidade desse curso de ação: é um gesto, ainda que inadequado, voltado para reparar a ordem moral ferida. A tortura oficial fazia parte do mundo em que viviam Shakespeare e seu público, e dessa forma era vista, e não apenas do ponto de vista particular da tragédia. No luzente fim de uma das mais alegres comédias de Shakespeare, *Muito barulho por nada*, quando todas as desconfianças sombrias foram vencidas e os amargos mal-entendidos solucionados, ainda há tempo para pensar no banco de tortura e no esmagador de polegares. As tramoias de dom João, o Bastardo — uma espécie de Iago inepto —, foram descobertas, e o vilão fugiu. Cláudio e Hero se reconciliaram e estão a ponto de unir o simpático casal Beatrice e Benedick em matrimônio. Feliz, Benedick pede música — "vamos dançar antes do casamento" — quando chega a notícia de que dom João foi capturado. "Não penses nele até amanhã", diz Benedick, na última fala da peça, "tratarei de te recomendar um bom castigo para ele. Tocai, gaiteiros!"[7]

Essa é a resposta, ou pelo menos parte dela, à pergunta sobre como era viver numa cidade como Londres, no meio dos sinistros e ininterruptos espetáculos da justiça penal. Os espetáculos faziam parte da estrutura da vida e eram

---

6. "If there be any cunning cruelty/ That can torment him much and hold him long,/ It shall be his" (5.2.342-4).
7. "let's have a dance ere we are married [...]/ Think not on him till tomorrow,/ I'll devise thee brave punishments for him. Strike up, pipers!" (5.4.112-3, 121-2).

aceitos como tais; a questão era saber quando olhar e quando desviar os olhos, quando castigar e quando dançar.

Muito perto dos lugares de dor e morte havia lugares de prazer — os patíbulos às margens do rio ficavam perto dos bordéis — e estes também falavam à imaginação de Shakespeare. Lupanares aparecem com frequência em suas peças — Doll Rasga-Lençóis, a Senhora Exagerada e seus companheiros de trabalho na indústria do sexo são esboçados rapidamente, mas de modo inesquecível, junto com uma fartura de alcoviteiros, porteiros, taberneiros e criados. Ele descreve os bordéis como lugares de doenças, vícios e desordem, mas também como lugares que satisfazem inapeláveis necessidades humanas, juntando homens e mulheres, cavalheiros e pessoas comuns, velhos e jovens, cultos e analfabetos numa camaradagem raríssima em outro ponto daquela sociedade altamente estratificada. Acima de tudo, Shakespeare fala daquilo como de um pequeno negócio que luta para produzir lucros modestos em face de grandes dificuldades — forte concorrência, clientes desordeiros ou apáticos, autoridades hostis.

Na imaginação de Shakespeare (e provavelmente na da maior parte de seus contemporâneos), essas características aproximavam os lupanares de outra instituição suburbana, que tinha se firmado pouco tempo antes e era o centro de sua vida profissional. O teatro, que não existia como estrutura independente em nenhum lugar da Inglaterra quando Shakespeare nasceu, ao mesmo tempo unia-se à "área de lazer" e proporcionava quase tudo o que ela tinha a oferecer: dança, música, jogos de estratégia, esportes sangrentos, castigos, sexo. Com efeito, os limites entre a imitação teatral e a realidade, ou entre uma forma e outra de divertimento, eram pouco nítidos. As prostitutas assediavam os frequentadores da casa de espetáculos e, pelo menos na fantasia dos inimigos do teatro, ali mesmo, em pequenos compartimentos, faziam seu comércio.

Um estrangeiro em visita a Londres em 1584 descreveu o elaborado espetáculo a que assistira em Southwark numa tarde de agosto:

> Há um edifício redondo de três pavimentos no qual estão alojados cem grandes cães ingleses, cada um deles com seu canil de madeira. Esses cães foram criados para lutar contra três ursos, um por vez, sendo o segundo maior que o primeiro e o terceiro maior que o segundo. Depois disso era trazido um cavalo, que era atacado pelos cães, e por último um touro, que se defendeu corajosamente. O

número seguinte trazia um homem e uma mulher que faziam sua apresentação num compartimento separado, dançando, discutindo e brigando: havia também um homem que atirava pão branco no público, que o disputava. Bem no meio do lugar havia uma roseta, que foi incendiada por um rojão: de repente, um monte de maçãs e peras saltaram de dentro dela para cair sobre os que estavam sentados mais abaixo. Enquanto as pessoas disputavam as maçãs, saíram da roseta alguns rojões que estouraram no meio delas, causando um grande susto, mas divertindo os espectadores. Depois disso, rojões e outros fogos de artifício saíram voando de todo lado, e assim terminava a peça.

"Assim terminava a peça": pouca gente hoje daria o nome de teatro a esse espetáculo sangrento e vulgar, mas na Londres elisabetana o assédio de animais por cães e a encenação de peças estavam curiosamente interligados. Ambos suscitavam a ira das autoridades municipais, preocupadas com o trânsito congestionado, a vagabundagem, a desordem e a saúde pública — uma vez que as apresentações se faziam em locais como Southwark, fora da jurisdição do prefeito e do conselho municipal. Ambos eram atacados em termos semelhantes por moralistas e pregadores, que ameaçavam com a vingança divina todos aqueles que buscavam prazer em espetáculos obscenos e pecaminosos. Ambos atraíam multidões de pessoas comuns e, ao mesmo tempo, eram apadrinhados e protegidos por aristocratas. Até os edifícios onde eram apresentados se pareciam. Com efeito, um desses edifícios — a casa de espetáculos Hope — servia para a exibição dos ursos e para o teatro: na peça *Bartholomew Fair*, de Ben Jonson, encenada em 1614, um dos personagens faz menção ao mau cheiro do espetáculo da véspera, que ainda persistia. O Hope pertencia ao agiota e produtor teatral Philip Henslowe, que também possuía bordéis. Todo o entretenimento que havia em Londres — e o dinheiro gerado por ele — de alguma forma fluía para uma ou outra dessas modalidades.

Ao mesmo tempo, o teatro, que tinha (com exceção do Hope) se diferençado dos outros tipos de arena, era uma inovação da maior importância. O costume de representar em casas de espetáculos especialmente construídas para esse fim (em lugar de salões particulares à luz de velas, pátios e carroças) tinha chegado a Londres havia pouco tempo, muito depois dos esportes de sangue. Um mapa de Southwark de 1542 já mostra uma arena de touros na High Street, mas foi só em 1567 que um próspero merceeiro londrino, John

Brayne, ergueu a primeira casa de espetáculos pública e independente da cidade, a Red Lion, em Stepney. O empreendimento era colossal — nada dessa envergadura tinha sido construído na Inglaterra desde o declínio e a queda do Império Romano. Pouco se sabe sobre o Red Lion — deve ter sido demolido ou reformado para usos diversos depois de pouco tempo —, mas para o intrépido Brayne deve ter parecido um investimento promissor, já que nove anos depois ele voltou à ação, dessa vez numa empreitada muito mais importante. Agora tinha um sócio, seu cunhado James Burbage, carpinteiro que se tornara ator sob a proteção do conde de Leicester. O talento de Burbage para a carpintaria devia ser pelo menos tão grande quanto sua vocação de intérprete, já que ele desempenhou um importante papel na construção do complexo edifício poligonal em madeira que seus donos chamavam simplesmente de Theater.

O nome remete à noção de Renascimento, no sentido literal de uma revivescência da Antiguidade clássica: em 1576, a palavra teatro, relativamente desconhecida, evocava de forma remota os antigos anfiteatros. Assim, não é de surpreender que o Theater tenha sido imediatamente atacado nos púlpitos por ter sido feito "à moda do velho Teatro pagão de Roma". Burbage e Brayne foram astutos o bastante para construí-lo num terreno alugado na *liberty* de Holywell, subúrbio de Shoreditch, do lado de fora do Bishopsgate. Nesse lugar, que tinha sido um priorado de freiras beneditinas, o empreendimento estaria subordinado ao Conselho Privado da rainha, e não à municipalidade. Os pregadores podiam vociferar e os veneráveis da cidade podiam ameaçar: o espetáculo ia continuar.

Quando Shakespeare chegou a Londres, já tinha assistido a peças e representado, mas nunca tinha visto um teatro independente. Provavelmente já tinha ouvido uma descrição detalhada, quem sabe em minúcias, feita por um membro da família que tivesse ido a Londres ou por um amigo, mas foi um acontecimento quando ele lá pôs os pés pela primeira vez. Ele viu uma plataforma retangular elevada, que se projetava para o meio de um grande pátio cercado de galerias com bancos. O pátio, de onde os assistentes que pagavam ingressos baratos assistiam ao espetáculo de pé, ficava ao ar livre, mas o palco era coberto por um toldo pintado — conhecido como "céu" —, apoiado em duas colunas. O palco, a um metro e meio de altura do chão, não tinha grades de proteção — no meio de uma luta de espadas, o ator tinha de conservar uma clara noção de onde estava. Havia também um alçapão que conduzia a um espaço de armazenamento conhecido como "inferno", que podia ser usado para impressionantes efeitos especiais. No fundo do palco erguia-se uma parede de madeira com duas portas, para entradas e saídas, e entre elas, em alguns teatros, um espaço central formado por cortinas que podiam ser corridas no caso de uma entrada triunfal, ou para cenas mais íntimas. Acima dessas portas do fundo estendia-se uma galeria dividida em camarotes para os que pagavam mais caro. A parte central dessa galeria podia ser usada para a encenação: Shakespeare, se não de imediato, pelo menos em muito pouco tempo começou a imaginar formas de utilização desse espaço, fosse como balcão ou como o parapeito elevado da muralha de um castelo.

Sem nenhuma iluminação e nada além de um cenário mínimo, havia pouca margem para a criação das ilusões usadas normalmente nos teatros modernos, mas as plateias têm demonstrado com frequência que não precisam estar imersas na escuridão para imaginar a noite, ou ver árvores de papel machê para evocar uma floresta. O que as plateias elisabetanas levavam muito a sério era o efeito ilusionista causado pelas roupas. Atrás da parede no fundo do palco havia um "camarim" onde os atores envergavam seus elaborados figurinos, que ficavam cuidadosamente protegidos da chuva pelo toldo. Todo o projeto era sumamente funcional e flexível. Os elegantes auditórios das prefeituras e os salões privados dos aristocratas em que as companhias itinerantes se apresentavam tinham suas vantagens, mas os atores precisavam repensar o espetáculo a toda hora, alterando suas marcas para adequá-las a cada um desses espaços e se adaptar a ambientes que não tinham sido projetados para abrigar espetáculos. Qualquer jovem ator ou aspirante a dramaturgo vindo da província devia pensar, ao entrar numa casa de espetáculos londrina, que tinha morrido e ido para o céu do teatro.

Esse céu tinha, de agradável, o fato de ser, pelo menos em certos aspectos, reconfortantemente familiar. O espaço aberto, cercado de galerias, lembrava os pátios de estalagens em todo o país, onde às vezes as peças eram encenadas ao ar livre. (Era mais frequente que fossem apresentadas em grandes salões.) Os estalajadeiros — ou "donos de casa", como eram chamados no período — alugavam o espaço, os figurinos e os objetos cênicos a atores itinerantes que ao término da apresentação passavam o chapéu entre os assistentes. Quando chegou a Londres, o jovem Will deve ter recolhido pessoalmente as moedas, mais de uma vez, embora na década de 1580 as companhias teatrais já testassem o sistema de cobrar ingresso à porta da estalagem. O novo Theater e os outros teatros públicos que foram construídos segundo seu modelo eram administrados segundo diferentes princípios, mas os proprietários também assumiram o título de "donos de casa", como se fossem simplesmente proprietários de uma estalagem.

O empreendimento de Burbage e Brayne, na verdade, incluía uma estalagem, a Cross Keys, na Gracechurch Street (perto da atual estação da Liverpool Street), onde de quando em quando havia apresentações de atores, mas seu teatro principal era uma estrutura separada, que permitia aos dois investidores implementar de forma plena a nova ideia: os espectadores deviam pagar na entrada, antes de ver o espetáculo. Ao fim da peça, os atores pediriam apenas aplausos e convidariam os presentes a voltar. Assim nasceu a bilheteria, que no início era apenas um cofre fechado à chave. A inovação — que mudou significativamente a relação entre os artistas e seus clientes — deve ter sido um sucesso comercial imediato, já que outro teatro, o Curtain, foi aberto logo em seguida nas imediações e acompanhado de outros mais. Por um penny, a pessoa tinha acesso ao pátio, onde podia ficar duas ou três horas com a multidão que andava de cá para lá, comprando maçãs, laranjas, frutos secos e cerveja em garrafa, sendo empurrada para o mais perto possível da beirada do palco. Por um penny extra era possível proteger-se da chuva (ou do sol quente) e conseguir um assento numa das galerias cobertas que cercavam o teatro; um terceiro penny dava direito a um assento acolchoado num dos "salões de cavalheiros" no nível inferior das galerias, "o lugar mais agradável", como disse um frequentador da época, "onde não só [a pessoa] vê tudo, mas também pode ser vista".

O sistema de pagamento era pensado, de certa forma, para garantir alguma transparência financeira: o primeiro penny devia ir para os atores; o segundo e o terceiro, no todo ou em parte, para os donos da casa. Mas em pouco tempo os sócios se separaram — segundo Brayne, Burbage vinha surrupiando dinheiro do cofre, do qual tinha uma chave secreta — e fizeram o que os elisabetanos que tinham algum bem em litígio faziam a toda hora: foram aos tribunais. Mesmo depois da morte de Brayne, em 1586, as acusações e os revides não cessaram. Pelo contrário, tornaram-se mais complicados e mais violentos, culminando numa batalha campal, em 16 de novembro de 1590, quando a viúva de Brayne chegou ao Theater com seus aliados disposta a se apossar de parte da receita. Debruçados numa janela, James Burbage e sua mulher gritavam que a cunhada era uma vagabunda e os cobradores, uns meliantes. O filho mais moço do casal, Richard, na época com vinte e poucos anos, distribuía golpes de cabo de vassoura e agrediu um dos cobradores, "com deboche e desdém", como diria a vítima em seu depoimento, "brincando com o nariz do depoente". Esse desordeiro que brandia o cabo de vassoura é a primeira imagem registrada do célebre ator que mais tarde interpretaria Hamlet e muitos outros grandes heróis shakespearianos.

O mundo teatral que Shakespeare encontrou era instável, especulativo, competitivo e precário. O palco tinha inimigos barulhentos: os teatros, acusavam pregadores e moralistas, eram templos de Vênus e de outras deidades pagãs demoníacas; matronas respeitáveis que assistissem inocentemente a uma peça seriam logo atraídas para uma vida licenciosa; os homens se sentiriam excitados pela sedução de jovens atores; zombava-se da Palavra de Deus, e a fé era ridicularizada; caçoava-se das autoridades; ideias subversivas eram plantadas na mente das multidões. Ide ver as peças, trovejava encolerizado o ministro John Northbrooke, "se quiserdes aprender a ser falsas e enganar vossos maridos, ou os maridos a suas esposas, a agir como prostitutas para obter o amor de alguém, a estuprar, seduzir, trair, adular, mentir, jurar, repudiar, atrair para a prostituição, matar, envenenar, desobedecer a príncipes e rebelar-se contra eles, dissipar fortunas, mergulhar na promiscuidade, pilhar e espoliar cidades e vilas, vagabundear, blasfemar, cantar canções de amor sujas, falar palavrões, ser orgulhoso...". O catálogo de lições pecaminosas continuava infatigavelmente, sendo aumentado ao longo dos anos por muitos outros pregadores. E, como se não bastasse a vilania no palco, alegavam os inimigos do teatro, esta se completava com a vilania da plateia. Em nossas casas de espetáculos, escreveu Stephen Gosson em 1579, "vereis tanto empurra-empurra, tantos safanões e repelões para sentar-se ao lado das mulheres; tanto cuidado com suas roupas, para que não sejam pisoteadas; tantos olhares para suas lapelas, para que nenhum fiapo caia nelas; tantas almofadas para suas costas, para que não doam; tantos protetores para seus ouvidos, e não sei mais o quê; tantos elogios lhes são dirigidos, para passar o tempo; tantas trocas de intimidades furtivas; [...] um tal de fazer sinais, de brincar, de sorrir, de piscar, e um tal de levá-las para casa quando termina a função". É um despautério, observavam moralistas azedos, que muitos dos que ficam ali sentados alegremente durante duas horas para ver uma peça não consigam ficar sentados uma hora para ouvir um sermão.

Essas acusações eram levantadas em favor do fechamento dos teatros, mas, além de levar à proibição dos espetáculos aos domingos, elas serviram principalmente, como era de se esperar, para aumentar o interesse do público. "Aonde iremos?", escreveu John Florio num manual inglês-italiano de frases que publicou em 1578. "A uma peça no Bull, ou a algum outro lugar." Nascido e criado em Londres, Florio era filho de refugiados italianos protestantes. Sua pequena lição idiomática continuava, reveladora, como acontece nos livros didáticos modernos, precisamente porque ele buscava falar de coisas comuns e cotidianas:

Gostas de comédias?
Sim, senhor, nos feriados.
Eu também gosto, mas os pregadores não as permitem.
Por que será? Sabeis?
Dizem que não são boas.
Então por que elas são feitas?
Porque todo mundo gosta delas.

"Porque todo mundo gosta delas": os defensores dos palcos esgrimiam muitos argumentos — as peças mostravam a recompensa da virtude e o castigo do vício, ensinavam boas maneiras, mantinham ocupadas com coisas inofensivas mentes que de outra forma poderiam estar tramando maldades, e assim por diante —, mas o teatro sobreviveu e floresceu simplesmente porque as pessoas, desde os mais humildes aprendizes até a rainha, se divertiam com o que viam.

Poderosos aristocratas, proeminentes funcionários do governo e a própria rainha protegiam os teatros públicos e as companhias teatrais. Se havia no reino uma força subversiva e perigosa, opinavam eles, não era o teatro, mas os inimigos do teatro: os protestantes radicais — ressentidos, intrometidos, incorrigíveis — que pretendiam exterminar todos os prazeres profanos. Mas a proteção que a rainha e seus conselheiros proporcionavam ao teatro não era absolutamente incondicional; eles também temiam as aglomerações públicas. Agiam, fosse por paranoia ou por experiências práticas desastrosas, como se as aglomerações fossem um perigo em si, como se pudessem se tornar violentas de repente, como se, ao apresentar-se a oportunidade, fossem atacar seus superiores na ordem social e investir contra as instituições fundamentais da sociedade. Embora os documentos oficiais frisassem sempre a serena confiança da rainha em seus amados súditos, muitas de suas anotações menos comedidas sugerem uma forte tendência à desconfiança. Quando sir Philip Sidney foi às vias de fato com um superior, o conde de Oxford, por causa de uma quadra de tênis, Elizabeth fez a Sidney um sermão sobre as diferenças entre um conde e um simples cavaleiro, junto com uma advertência: Podeis imaginar, perguntou ela, o que aconteceria se o povo comum soubesse que vós mesmos desrespeitais posição e título?

As autoridades elisabetanas temiam qualquer espetáculo público que não pudessem controlar. Mesmo a reunião de um grupinho de pessoas podia alarmar as autoridades. Espiões eram enviados às tabernas e estalagens para ouvir conversas e relatar qualquer coisa suspeita. Emitiam-se proclamações exortando a população a prestar atenção a qualquer pessoa que dissesse "palavras indevidas". O governo divulgava avisos contra pessoas que "ficavam sozinhas em esquinas e casas abandonadas, aguardando notícias e comoções para espalhar boatos e calúnias". Andarilhos que vagavam por Londres estavam sujeitos a severos castigos. Não admira que a situação dos teatros, mesmo com seus defensores poderosos, fosse delicada.

Ao chegar a Londres no fim da década de 1580, provavelmente como ator contratado de uma companhia, Shakespeare encontrou-se com um estado de coisas relativamente novo, não tão novo para que suas premissas básicas já não estivessem delineadas, mas novo o bastante para estar ainda em aberto e em evolução. As companhias teatrais tinham se habituado no passado a uma vida nômade de turnê quase permanente, trocando de membros com frequência, debandando por um tempo e reunindo-se depois. O surgimento dos teatros públicos numa cidade com população em rápida expansão e ávida de divertimentos dava a pelo menos algumas dessas companhias a oportunidade de ter uma sede rentável onde pudessem apresentar a maioria de seus espetáculos. Essas companhias ainda pegavam a estrada de tempos em tempos, mas a carroça com os figurinos e objetos cênicos, a luta por encontrar um lugar para representar e as tensas negociações com as autoridades municipais já não ocupavam o centro de sua vida profissional.

Porém, mesmo para as companhias mais bem-sucedidas, a transição para uma vida sedentária com base em Londres não foi fácil. Sem dúvida, as turnês eram extenuantes — depois de algumas apresentações, a companhia tinha de fazer as malas e ir embora —, mas os atores podiam se arranjar com um repertório modesto. Em Londres não era assim. Os anfiteatros abertos eram grandes — tinham capacidade para 2 mil pessoas ou mais — e a cidade, embora populosa para os padrões do século XVI, tinha apenas 200 mil habitantes. Isso significa que para sobreviver, do ponto de vista econômico, não bastava montar uma ou duas peças de sucesso por temporada e mantê-las em cartaz por um período razoável. As companhias tinham de induzir as pessoas, muitas pessoas, a habituar-se a ir ao teatro com frequência, e isso significava uma renovação permanente de repertório, algo como cinco ou seis peças por semana. É espantosa a magnitude do empreendimento: para cada companhia, aproximadamente vinte peças novas por ano, além de cerca de vinte já encenadas em temporadas anteriores.

Shakespeare, ao que parece, captou rapidamente a oportunidade especial criada pelos florescentes teatros públicos. As companhias que neles atuavam tinham um enorme apetite por peças novas. Ele poderia contribuir para satisfazer esse apetite, sozinho ou em colaboração com outros. A ocasião não podia ser-lhe mais propícia. Não existia uma guilda de escritores, nem a exigência de credencial, nem requisito algum para seguir adiante. Londres lhe permitiria realizar a ambição embrionária de escrever e representar que ele levara consigo de Stratford.

Mais tarde se diria que Shakespeare escrevia com impressionante facilidade. "Os atores diziam com frequência, como um elogio a Shakespeare", escreveu seu amigo e rival Ben Jonson, "que em seu texto, fosse o que fosse que ele pusesse no papel, nunca havia uma só linha riscada." "Minha resposta seria", acrescentou Jonson, mordaz, "que seria melhor ele ter riscado mil linhas." A julgar pelas diversas versões que existem de muitas de suas peças e poemas, Shakespeare deve ter de fato, sem alarde, riscado milhares de linhas. Há indícios convincentes de que ele revisava seu trabalho com o maior cuidado. Ainda assim, subsiste a impressão de uma grande facilidade para escrever, que pode ser estendida até mesmo a suas primeiras tentativas. As palavras chegavam-lhe com facilidade, ele tinha pendor para o aprendizado rápido e já assimilara diversos modelos teatrais ricamente sugestivos. Embora jovem e inexperiente, já estava pronto para escrever para o palco. No entanto, há indícios de que foi preciso um enorme choque estético para pôr sua carreira de escritor em andamento.

Como escreveu o cronista Stow, Londres "era uma arma e um instrumento poderoso para tornar realidade qualquer desejo grandioso". Os grandes teatros públicos que apareceram a partir da década de 1570 — o Theater, o Curtain, o Rose, o Swan, o Globe, o Red Bull, o Fortune e o Hope — estimulavam e alimentavam esses desejos grandiosos. Shakespeare se deparou com esse princípio básico em sua forma mais pura quase de imediato após sua chegada, pois em 1587, justamente quando punha os pés em Londres, multidões acorriam ao Rose para ver os Homens do Lorde Almirante representar *Tamerlão o Grande*, de Christopher Marlowe. É quase certo que Shakespeare tenha visto a peça (com a continuação que veio em seguida) e bem provável que a tenha visto de novo várias vezes. É possível até que tenha sido uma das primeiras encenações que ele viu numa casa de espetáculos — talvez a primeira — e, a julgar pela influência que se percebe sobre seus primeiros trabalhos, deve ter exercido sobre ele um impacto intenso, visceral e transformador.

O sonho que a cruenta peça de Marlowe suscitou e satisfez brilhantemente foi o sonho da dominação. Seu herói é um pobre pastor cita que consegue ascender por força de sua determinação, pela energia carismática e pela crueldade sem limites para conquistar grande parte do mundo conhecido. A peça, concebida em escala épica, é cheia de ruídos, cerimônias exóticas e rios de sangue cênico — bandeiras se agitam, arrastam-se carroças, disparam-se canhões —, mas o cerne de seu atrativo é a fascinante celebração do desejo de poder:

> A natureza, que nos fez com quatro elementos,
> Lutando em nosso peito por disciplina,
> A todos nos ensina a ter mentes ambiciosas.
> Nossas almas, cujas faculdades podem apreender
> A assombrosa arquitetura do mundo
> E medir a órbita de cada planeta errante
> Sempre lutando em pós do conhecimento infinito
> E sempre em movimento como as esferas incansáveis,
> Querem que nos desgastemos, sem repouso,
> Até alcançar a mais madura das frutas:
> Aquele perfeito êxtase e felicidade ímpar,
> A doce fruição de uma coroa terrenal.[8]

---

8. "Nature, that framed us of four elements,/ Warring within our breasts for regiment,/ Doth

No tempo de duração da peça, ficam suspensas todas as regras morais inculcadas nas escolas e nas igrejas e proclamadas em homilias, editos e panfletos sobre a temperança. O bem maior — "Aquele perfeito êxtase e felicidade ímpar" — não é a contemplação de Deus, mas a posse de uma coroa. Não há hierarquia de sangue, nem autoridade legítima sancionada pelo divino, nem obrigação hereditária de obedecer: nenhuma restrição moral. Pelo contrário, o que existe é uma violenta e ininterrupta obstinação que só será plenamente aplacada com a conquista (ou o sonho da conquista) do poder supremo.

O personagem-título foi interpretado por um jovem ator extraordinariamente talentoso dos Homens do Lorde Almirante chamado Edward Alleyn, que na época tinha apenas 21 anos. Ao ver sua interpretação, Shakespeare, dois anos mais velho, pode ter compreendido, se é que já não começara a compreender, que seria pouco provável que ele próprio se tornasse um dos principais atores dos palcos londrinos. Alleyn era completo: uma majestosa presença física, uma voz clara e "bem afinada", capaz de atrair e prender a atenção de enormes plateias. Tendo conquistado fama imediata e duradoura por seu desempenho arrasador no papel, Alleyn interpretou depois Fausto, Barrabás e muitos outros grandes papéis. Casou-se com a enteada de Henslowe, tornou-se imensamente rico com o lado comercial da indústria do entretenimento e fundou uma ilustre instituição educacional, o Dulwich College.

O ator que havia em Shakespeare deve ter percebido a força presente na interpretação que Alleyn deu a Tamerlão, mas seu lado de poeta compreendeu algo mais: a magia que fascinava as plateias não dependia exclusivamente da boa voz do ator, nem mesmo da ambição audaciosa com que o herói perseguia seu objeto de desejo, a coroa mundial. A multidão em silêncio já degustava o poder de Tamerlão na energia sem precedente e na eloquência dominadora dos versos brancos da peça — o fluxo dinâmico de decassílabos com cinco acentos tônicos e sem rima — que o autor, Christopher Marlowe, havia criado para o palco. Esse verso, como o sonho do que seria a fala normal se os seres humanos fossem

---

teach us all to have aspiring minds./ Our souls, whose faculties can compreehend/ The wondrous archicteture of the world/ And measure every wand'ring planet's course/ Still climbing after knowledge infinite/ And always moving as the restless spheres,/ Wills us to wear ourselves and never rest/ Until we reach the ripest fruit of all:/ That perfect bliss and sole felicity,/ The sweet fruition of an earthly crown" (2.7.18-29).

1. *Embora Martin Droeshout (c. 1601-50) tivesse apenas quinze anos quando Shakespeare morreu, e por isso seja pouco provável que o tenha conhecido pessoalmente, esta gravura, que aparece na página de rosto do First Folio (1623), deve ter sido bastante fiel para satisfazer os editores, que conheceram Shakespeare bastante bem.*

2. Durante o Renascimento, luvas do tipo que o pai de Shakespeare fabricava eram quase sempre artigos de luxo muito elaborados, como este par do início do século XVII, feito de couro, cetim e renda de fio de ouro.

3. É provável que o jovem Will tenha aprendido as primeiras letras num hornbook — uma folha impressa, de papel ou pergaminho, colocada sobre madeira e coberta com uma lâmina de chifre transparente.

4. A nave da Guild Chapel em Stratford, com os restos da pintura de Cristo e o Juízo Final coberta de cal em 1563 por ordem do camerlengo da cidade, John Shakespeare.

5. Nesta cópia de um retrato pintado pouco depois de sua execução, em 1581, Edmund Campion, levando a palma do martírio, está prestes a ser coroado por um anjo. A coroação pela Igreja Católica levou mais tempo: beatificado pelo papa Leão XIII em 9 de dezembro de 1886, Campion foi canonizado pelo papa Paulo VI em 1970.

6. Registro do batismo dos gêmeos de William e Anne Shakespeare, em 2 de fevereiro de 1585, chamados Hamnet e Judith, em homenagem aos vizinhos Hamnet e Judith Sadler, em livro da paróquia de Stratford. Três anos mais tarde, quando tiveram um filho, os Sadler deram-lhe o nome de William.

7. Nesta pintura, atribuída a Robert Peake (c. 1551-1626), a rainha Elizabeth I é levada em procissão coberta de joias, como um ídolo.

8. A cota de armas de Shakespeare, num esboço rudimentar de 1602 feito por um funcionário em cuja opinião "Shakespeare, o ator" não deveria ser autorizado a reivindicar a condição de cavalheiro.

9. Este detalhe da gravura de Claes Janszoon Visscher mostra cabeças de traidores espetadas em lanças na ponte de Londres.

10. Vista panorâmica da Londres do século XVII, do gravador Claes Janszoon Visscher (1587-1652), de Amsterdã, em que aparecem a catedral de São Paulo, o Globe Theater, o jardim dos ursos e a ponte de Londres.

11. Nesta iluminura de Nicholas Hilliard (c. 1547-1619), Henry Wriothesley, terceiro conde de Southampton, exibe a longa cabeleira ruiva pela qual era famoso.

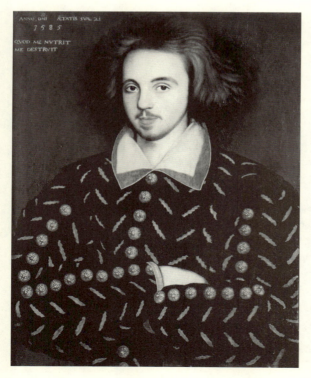

12. Não resta nenhum retrato de Christopher Marlowe com indicações seguras de autenticidade, mas a data e a origem desta pintura do fim do século XVI, conservada no Corpus Christi College, Cambridge, abre a possibilidade de retratar o dramaturgo como estudante de graduação.

13. Esta "Vista geral" de Londres a partir do Bankside, *gravada em 1647 por Wenceslaus Hollar (1607-77), proporciona uma visão detalhada de uma zona da cidade muito familiar para Shakespeare. Os nomes da arena de ursos (também conhecida como Hope Theater) e do Globe Theater foram trocados por engano.*

14. Ataque a Shakespeare, chamado de "corvo arrivista", no livro Um vintém do espírito de Greene comprado por um milhão de arrependimento (1592). Note-se que as palavras que parodiam uma fala de Henrique VI de Shakespeare — "Coração de tigre envolto em pele de ator" — estão destacadas por uma tipologia diferente.

pendeſt on ſo meane a ſtay. Baſe minded men all three of you, if by my miſerie you be not warnd: for vnto none of you (like mee) ſought thoſe burres to cleaue : thoſe Puppets (I meane) that ſpake from our mouths, thoſe Anticks garniſht in our colours. Is it not ſtrange, that I, to whom they all haue beene beholding: is it not like that you, to whome they all haue beene beholding, ſhall (were yee in that caſe as I am now) bee both at once of them forſaken: Yes truſt them not : for there is an vp-ſtart Crow, beautified with our feathers, that with his *Tygers hart wrapt in a Players hyde*, ſuppoſes he is as well able to bombaſt out a blanke verſe as the beſt of you : and beeing an abſolute Iohannes fac totum, is in his owne conceit the onely Shake-ſcene in a countrey. O that I might intreat your rare wits to be imploied in more profitable courſes : & let thoſe Apes imitate your paſt excellence, and neuer more acquaint them with your admired inuentions. I knowe the beſt huſband of you

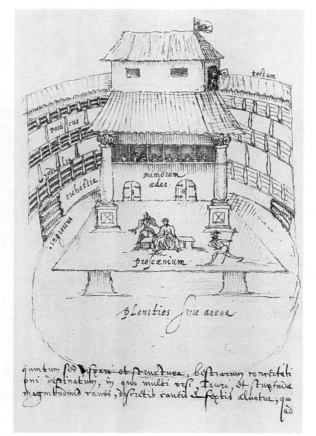

15. O viajante holandês Johannes de Witt fez o esboço do Swan Theater em 1596. O desenho original perdeu-se, mas a cópia preservada por um amigo seu mostra um palco elevado em que um camerlengo se dirige a dois personagens femininos (presumivelmente interpretados por meninos).

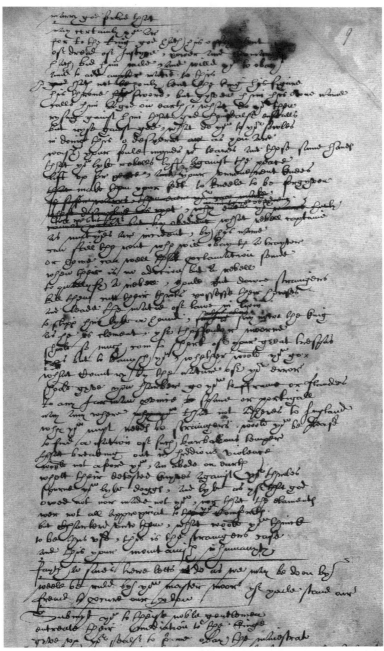

16. A Letra D no manuscrito de O livro de sir Thomas More é amplamente aceita como sendo de Shakespeare. Como esta amostra leva a crer, a afirmação de que ele poucas vezes mudava ou emendava o que escrevia era provavelmente um exagero.

17. A mais antiga imagem de Falstaff e da sra. Quickly, no frontispício de The wits, or Sport upon sport (1662), uma coletânea de pequenas peças dramáticas de humor, uma das quais trata de Falstaff e suas proezas.

18. Gravura do artista flamengo Jan van der Straet (1523-1605) que mostra uma tipografia do século XVI com seus dois prelos, tipógrafos e revisores de provas.

19. Carta dedicatória de O rapto de Lucrécia (1594).

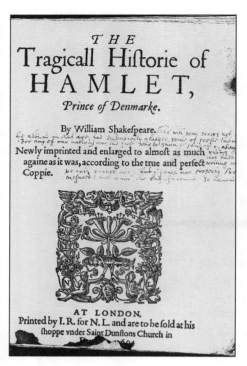

20. Folha de rosto da segunda edição de Hamlet, o segundo in-quarto (1604), que destaca a afirmação segundo a qual é quase duas vezes mais longo que a primeira edição de 1603. O texto do primeiro in-fólio (1623) é mais breve, possivelmente em razão de cortes para fins de montagem.

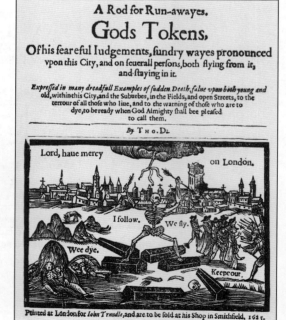

21. Em tempos de peste, como indica esta xilogravura, a morte imperava sobre Londres.

22. Este retrato de um homem que se acredita ser Shakespeare parece ter pertencido a sir William Davenant, que se dizia afilhado e filho ilegítimo de Shakespeare. A simplicidade da roupa é quebrada pelo brinco de ouro.

23. O monumento fúnebre a Shakespeare, na igreja da Santíssima Trindade, em Stratford-upon-Avon, retrata-o como ele queria ser visto em seus últimos anos: o poeta como um cidadão emérito.

24. Parte interna do novo Globe, mostrando a extensão geral do pátio e as galerias circundantes.

um pouco mais do que realmente são, não era de forma alguma apenas eloquente e pretensioso. Seu atrativo estava em sua própria "assombrosa arquitetura": os ritmos sutis, o modo como uma sucessão de monossílabos subitamente floresce na palavra *aspiring*, o prazer de ouvir *fruit* transformar-se em *fruition*.

Shakespeare nunca tinha ouvido nada assim — certamente não nas moralidades ou nos ciclos de mistérios a que tinha assistido em Warwickshire. Deve ter dito, de si para si, algo como: "Rapaz, não estás mais em Stratford". Para uma pessoa criada com uma dieta de moralidades e mistérios, deve ter sido como se o Distúrbio em pessoa tivesse de alguma forma tomado conta do palco, e com um domínio da língua incomparável. Talvez numa dessas primeiras apresentações — antes que a dimensão total da ousadia de Marlowe se tornasse conhecida — Shakespeare esperasse, como outras pessoas da plateia, que o tirano, molhado do sangue de inocentes, fosse derrotado. Afinal, era isso que acontecia sempre com o Distúrbio ou com Herodes no teatro religioso. Mas o que ele viu foi uma sucessão de vitórias cruentas, com a retórica do triunfo cada vez mais inebriante. "Milhões de almas sentadas nas margens do Estige", exulta o criminoso conquistador no fim da peça,

> Esperando o retorno da barca de Caronte.
> Enxameiam espectros no Inferno e no Elísio
> De homens que eu mandei...[9]

Nada faz Tamerlão retroceder, nem medo, nem consideração, nem respeito pela ordem das coisas: "Imperadores e reis jazem sem fôlego a meus pés".[10]

Com essas palavras e com o massacre das virgens inocentes de Damasco, ele toma sua bela noiva, a divina Zenócrata, filha do sultão do Egito, por ele derrotado. Então, para escândalo e assombro de todos, a peça terminava, e a multidão aplaudia, comemorando o pisoteio de tudo o que lhes fora ensinado, com exaustiva repetição, a amar e respeitar.

Essa foi uma experiência determinante para Shakespeare, um desafio para todas as suas convicções morais e profissionais. O desafio se tornaria ainda

---

9. "Waiting the back return of Charon's boat./ Hell and Elysium swarm with ghosts of men/ That I have sent..." (5.1.463-6).
10. "Emperors and kings lie breathless at my feet" (5.1.469).

maior quando soube que Marlowe era na verdade seu duplo: nascido no mesmo ano, 1564, numa cidade de província; filho não de um cavalheiro rico, mas de um artesão comum, um sapateiro. Se Marlowe não tivesse existido, sem dúvida Shakespeare teria escrito peças, mas seriam completamente diferentes. Assim, ele dá a impressão de que o passo determinante para sua carreira foi dado sob a influência de Marlowe — a decisão de ganhar a vida não apenas como ator, mas também tentar escrever para o palco em que representava. As marcas de *Tamerlão* (tanto a parte inicial quanto a continuação) estão em todas as primeiras incursões conhecidas de Shakespeare na dramaturgia: as três partes de *Henrique VI* — tanto que os primeiros estudiosos de seus textos acreditavam que essas peças tinham sido escritas em colaboração com Marlowe. O estilo sem dúvida pouco homogêneo das peças indica que Shakespeare pode ter trabalhado com outras pessoas, embora hoje poucos especialistas creiam que Marlowe estivesse entre elas. Era mais provável que o neófito Shakespeare e seus colaboradores estivessem observando a obra de Marlowe por cima dos ombros dele.

Marlowe criou as duas partes de *Tamerlão* inspirado em sua estranha história pessoal — espião, agente duplo, falsário, ateu —, mas tão importante quanto essa história foi sua voracidade de leitor. Alguns detalhes da vida do conquistador cita podem ter sido encontrados em livros ingleses bem conhecidos, mas os especialistas já mostraram que Marlowe deve ter seguido pistas encontradas nesses livros para chegar a outras fontes menos acessíveis, em latim. Alguns detalhes de *Tamerlão* indicam que Marlowe pode ter colhido informações até mesmo de fontes turcas que em sua época ainda não estavam traduzidas para nenhuma língua da Europa ocidental. Foi decisivo para essas peças cheias de localizações geográficas exóticas o fato de Marlowe ter tido acesso ao então recente e caríssimo *Theatrum orbis terrarum*, do grande geógrafo flamengo Ortelius. Como foi que o filho de um sapateiro pode ter chegado a esse e a outros livros? A explicação pode estar nos recursos bibliográficos e humanos da Universidade de Cambridge, na qual Marlowe matriculou-se em 1581. Em julho daquele ano, um exemplar do atlas de Ortelius foi doado à biblioteca da universidade, e a própria faculdade de Marlowe, a Corpus Christi, já tinha seu exemplar.

Shakespeare não teve acesso a recursos desse nível, mas tinha em Londres um amigo que provavelmente desempenhou papel determinante nesse aspecto de sua carreira. Richard Field chegara a Londres em 1578, vindo de Stratford-upon-Avon, onde seu pai e o pai de Shakespeare eram sócios, para trabalhar como aprendiz do tipógrafo Thomas Vautrollier, refugiado protestante chegado de Paris. Vautrollier tinha um bom negócio: publicava livros escolares, uma edição da *Instituição da religião cristã*, de Calvino, o Livro Comum de Oração em latim, obras em francês e edições de clássicos importantes. Dito assim, a lista de publicações parece bastante árida, mas Vautrollier também se permitia correr alguns riscos, como divulgar importantes obras do filósofo radical italiano Giordano Bruno, teólogo herege, mais tarde queimado numa fogueira em Roma. E entre suas mais conhecidas publicações estava um livro que acabou sendo um dos favoritos de Shakespeare: a tradução de sir Thomas North das *Vidas paralelas*, de Plutarco, a principal fonte de *Júlio César*, *Timão de Atenas*, *Coriolano* e, acima de tudo, de *Antônio e Cleópatra*.

Richard Field deu-se muito bem na nova profissão: depois de seis anos com Vautrollier e um sétimo ano como aprendiz de outro tipógrafo, em 1587 conseguiu ser admitido na guilda de tipógrafos, a Stationer's Company. Quando, nesse mesmo ano, Vautrollier morreu, Field casou-se com a viúva, Jacqueline, e assumiu o negócio. Em 1589, estava estabelecido como mestre tipógrafo, com uma ativa oficina e uma enorme lista de autores, impressionante e desafiadora do ponto de vista intelectual. Provavelmente possuía ainda livros editados por seus concorrentes e tinha acesso a outros tantos. Deu uma ajuda preciosa a seu jovem amigo dramaturgo de Stratford.

Embora como poeta Shakespeare tenha sonhado com a fama eterna, tudo indica que ele não associava essa fama ao fenômeno do livro impresso. Mesmo quando já era um dramaturgo consagrado e tinha suas peças vendidas nos estandes montados no pátio da catedral de São Paulo, mostrava pouco ou nenhum interesse por suas peças impressas, muito menos por garantir a qualidade da edição. Ao que parece, nunca anteviu o que acabaria por acontecer: ele viveria muito mais no papel do que nos palcos, e seu destino como autor estava intimamente ligado à tecnologia que ele deve ter vislumbrado pela primeira vez ao visitar a tipografia do amigo no bairro de Blackfriars.

Quando a porta se abriu, Shakespeare deve ter visto diretamente o coração pulsante do comércio livreiro de Londres: o encarregado da composição debruçado sobre os manuscritos, levando as mãos às caixas, tirando delas os tipos e formando com eles as linhas de texto; o tipógrafo entintando as fôrmas já prontas — caixilhos em que os tipos ficavam arrumados — e apertando as grandes porcas-borboletas que prensavam as fôrmas entintadas contra as pranchas em que estavam dispostas grandes folhas de papel; as folhas sendo retiradas do prelo e dobradas para formar as páginas; o revisor corrigindo as páginas e devolvendo-as ao compositor para as emendas antes que fossem levadas ao encadernador e costuradas. Tudo isso devia ser bem interessante como espetáculo (na obra de Shakespeare há muitas alusões à impressão de marcas ou sinais), mas para ele a grande emoção foi o fato de ter acesso a livros. Os livros eram caros, caros demais para que um jovem ator e dramaturgo inexperiente pudesse pagar por eles de seu próprio bolso, e não obstante o ambicioso Shakespeare precisava deles se quisesse fazer frente ao desafio representado pela estupenda obra de Marlowe.

Não se sabe como foi que Shakespeare teve a ideia de escrever a trilogia sobre o conturbado reinado de Henrique VI no século XV, sua resposta a *Tamerlão*. Talvez a ideia não tenha sido originalmente dele: há indícios de que os Homens da Rainha, aos quais ele estaria ligado na época, ficaram incomodados com o sucesso de Marlowe e decidiram revidar. Shakespeare pode ter sido convidado a participar de um projeto meio emperrado, mas já em andamento. Era frequente que as peças fossem escritas em colaboração, e escritores já consagrados podem ter recebido bem uma ajuda. Talvez ele tenha começado dando pequenas sugestões, envolvendo-se cada vez mais até tornar-se o responsável. Ou então foi ele o autor desde o começo. Mas, seja qual for o caso, ele e quaisquer que fossem seus colaboradores precisavam de livros, da mesma forma que Marlowe tinha feito uso deles. Os principais volumes — crônicas inglesas como *A união das duas nobres e ilustres famílias de Lancaster e York*, de Edward Hall; a *Historia regum Britanniae*, de Geoffrey of Monmouth; *Um espelho para magistrados*, de Willam Baldwin e outros, e, acima de todos, as recém-lançadas e indispensáveis *Crônicas* de Raphael Holinshed — não eram publicados por Field nem por seu antigo patrão, Vautrollier, mas é bem possível que o amigo de Shakespeare tivesse exemplares desses livros, ou condições de pô-lo em contato com quem os tivesse.

Shakespeare tinha resolvido escrever um épico histórico, como o de Marlowe, mas um épico inglês, um relato dos tempos sangrentos que precederam a ordem imposta pelos Tudor. Queria ressuscitar todo um mundo, como fizera Marlowe, criando personagens que transcendessem a própria vida, empenhados em lutas mortais, mas não eram os reinos exóticos do Oriente os que ele queria pôr no palco, e sim o passado da Inglaterra. A grande ideia da peça histórica — transportando a plateia para um tempo que já escapava à memória dos viventes, mas ainda era estranhamente familiar e de importância decisiva — não era em nada nova, mas Shakespeare deu-lhe uma energia, uma força e um poder de persuasão que ela nunca tivera. As peças da trilogia sobre Henrique VI ainda são imaturas, principalmente se comparadas às realizações posteriores de Shakespeare no mesmo gênero, porém evocam um retrato impactante do dramaturgo pesquisando nas *Crônicas* de Holinshed em busca de material que lhe permitisse imitar *Tamerlão*.

A imitação, embora bastante realista, não é exatamente a expressão de uma homenagem; é uma reação cética. A peça de Marlowe concentra toda a ambição do mundo num único e carismático super-herói; a trilogia de Shakespeare está cheia de êmulos grotescos de Tamerlão, inclusive um que já mencionamos, o camponês Jack Cade, que acaba sendo a marionete involuntária do duque de York, enlouquecido pelo poder, que faz eco à vanglória de Tamerlão:

> Hei de desencadear na Inglaterra uma tempestade negra
> Que arrastará dez mil almas para o céu ou o inferno,
> E essa mortífera tempestade não cessará de rugir
> Até que o círculo de ouro em minha cabeça,
> Como os raios diáfanos do glorioso sol,
> Acalme a fúria da tormenta enlouquecida.[11]

O sotaque marlowiano transparece também nas falas de Richard, o filho mau de York:

> Como é doce usar uma coroa,
> Dentro de cuja circunferência está o Elísio
> E tudo que os poetas chamam de êxtase e alegria.[12]

---

11. "I will stir up in England some black storm/ Shall blow ten thousand souls to heaven or hell,/ And this fell tempest shall not cease to rage/ Until the golden circuit on my head/ Like the glorious suns's transparent beams/ Do calm the fury of this mad-bred flaw" (*Henrique VI parte 2*, 3.1.349-54).

12. "How sweet a thing it is to wear a crown/ Within whose circuit is Elysium/ And all that poets feign of bliss and joy" (*Henrique VI parte 3*, 1.2.29-31).

E o prazer sádico não se restringe ao mundo masculino, mas se estende à rainha Margaret, ao triunfar sobre seu inimigo, York:

> Por que és tão sossegado, homem? Devias enfurecer-te,
> E eu, para enfurecer-te, zombarei de ti.
> Protesta, delira, grita, para que eu cante e dance.[13]

Essa crueldade selvagem numa mulher surpreende até mesmo o feroz York: "Ó, coração de tigre oculto em pele de mulher", exclama.[14] Quando a ordem entra em colapso, todos querem ser Tamerlão.

Na visão marlowiana do exótico Oriente, a ambição jactanciosa e descontrolada leva a uma grandiosa ordem mundial, cruel mas magnífica. Essa ordem, como mostra a segunda parte de *Tamerlão*, desmorona, mas só porque em última instância qualquer coisa acaba por desmoronar: não há moral além do fato brutal da mortalidade. Na visão shakespeariana da história inglesa, a ambição jactanciosa leva ao caos, a dissensões incontroláveis e assassinas e à consequente perda de poder, no país e fora dele. Apesar de sua impiedade, ou mesmo por causa dela, o herói de Marlowe domina o mundo como se fosse um deus, fazendo qualquer coisa que lhe aprouver — "Esse é meu desejo, e assim se fará".[15] Já os tamerlães menores de Shakespeare, mesmo sendo rainhas e duques, se parecem mais aos criminosos desequilibrados de cidades pequenas: são capazes de uma maldade inacreditável, mas sem o menor sinal de grandeza.

Em parte, essa limitação era consequência da inexperiência poética: Shakespeare não era capaz, pelo menos a essa altura de sua vida, de se equiparar à irrefreável e obsessiva grandiloquência de Marlowe. Mas em parte era uma escolha: Shakespeare se recusava a conceder a qualquer de seus personagens, mesmo a seu prezado herói militar inglês Talbot, o poder irrestrito que Marlowe conferia a Tamerlão. Um simples olhar para Tamerlão revela a personificação do poder hercúleo; olhar para Talbot, em comparação, é um desapon-

---

13. "Why art thou patient, man? Thou shouldst be mad,/ And I, to make thee mad, do mock thee thus./ Stamp, rave, and fret, tha I may sing and dance" (*Henrique VI parte 3*, 1.4.90-2).
14. "O tiger's heart wrapped in a woman's hide!" (1.4.138).
15. "This is my mind, and I will have it so" (4.2.91).

tamento. "Vejo que o relatado é fabuloso e falso", diz a condessa de Auvergne, que atraíra Talbot a seu castelo.

> Não pode ser que este molusco fraco e enrugado
> Inspire tanto terror a seus inimigos.[16]

Talbot é um simples mortal. Quando as forças inglesas recuam, ele é morto, junto a seu filho, por um exército francês comandado pela diabólica Joana d'Arc. Ninguém no mundo é invencível: abandonada por seus demônios, Joana é capturada pelo exército inglês recomposto, julgada por bruxaria e queimada na fogueira.

Multidões acorriam ao teatro no fim da década de 1580 para ver as peças sobre Henrique VI — foi o primeiro grande sucesso teatral de Shakespeare, com o qual ele se firmou como dramaturgo —, mas não vinham para fantasiar sobre o poder absoluto. Pelo contrário, vinham para tremer à vista dos horrores da insurreição popular e da guerra civil. Ao que parece, as multidões vinham também para saborear o sacrifício heroico e prantear as perdas. "Como teria se alegrado o bravo Talbot", escreveu um dramaturgo da época, Thomas Nashe, "ao ver que, depois de jazer duzentos anos em sua Tumba, ele triunfaria novamente no Palco, e seus ossos teriam o bálsamo das lágrimas de pelo menos 10 mil espectadores (em tempos diversos) que, no Trágico que representa sua pessoa, imaginam contemplar seu sangue recém-derramado." Nashe, que pode ter sido um dos colaboradores de Shakespeare em *Henrique VI parte 1*, não era uma testemunha desinteressada. Mas, ainda que com exagero, descreve um grande sucesso comercial. Edward Alleyn encontrou um rival no "Trágico" que interpretou Talbot — com toda probabilidade, Richard Burbage; e o visionário gênio poético de Christopher Marlowe foi desafiado por um talento até então desconhecido, um ator menor de Stratford-upon-Avon.

---

16. "I see report is fabulous and false/ It cannot be this weak and writhled shrimp/ Should strike such terror to his enemies" (*Henrique VI parte 1*, 2.3.17, 22-3).

7. Shakespeare sacode a cena

Se, antes do sucesso das três peças sobre Henrique VI Shakespeare não conhecera Marlowe pessoalmente, com certeza veio a conhecê-lo pouco depois, da mesma forma como deve ter conhecido muitos outros dramaturgos — poetas, como eram chamados — que estavam escrevendo para os palcos de Londres. Eram os elementos de um grupo extraordinário, do tipo que surge em momentos mágicos, como quando uma dúzia (ou mais) de brilhantes pintores converge ao mesmo tempo para Florença, ou como em certa época New Orleans e Chicago pareciam ter um estoque sem limite de estupendos músicos de jazz e blues. Em todos esses momentos, é claro, o que ocorre é um mero acidente genético, mas existem sempre circunstâncias institucionais e culturais que ajudam o acidente a fazer sentido. Na Londres do fim do século XVI, entre essas circunstâncias estavam o fenomenal crescimento da população urbana, o surgimento dos teatros abertos ao público e a existência de um mercado competitivo para novas peças. Houve também um aumento pronunciado e generalizado da alfabetização, um sistema educacional que tornava os estudantes altamente sensíveis a efeitos retóricos, um gosto social e político pela representação elaborada; uma cultura religiosa que levava os paroquianos a ouvir sermões longos e complexos e uma atividade intelectual vibrante e buliçosa.

Havia poucas opções para intelectuais talentosos: o sistema educacional precedera o sistema social vigente, de modo que os homens de melhor formação que não quisessem fazer carreira na Igreja ou no Direito tinham de descobrir o que fazer de si mesmos. Embora tivesse má fama, o teatro era tentador.

Em algum momento do fim da década de 1580, Shakespeare entrou num salão — mais provavelmente numa estalagem de Shoreditch, Southwark, ou no Bankside — e deparou-se com muitos dos principais escritores comendo e bebendo juntos: Christopher Marlowe, Thomas Watson, Thomas Lodge, George Peele, Thomas Nashe e Robert Greene. Outros escritores podem ter estado lá também — Thomas Kyd, por exemplo, ou John Lyly, embora este, nascido em 1554, fosse bem mais velho que os demais, e Kyd, embora tendo mais tarde dividido um quarto com Marlowe, ao que parece se mantinha à distância do grupo como um todo. Isso porque, apesar de seu sucesso como dramaturgo, Kyd continuava ganhando a vida como simples copista, um profissional que copiava textos alheios, e a maior parte dos escritores bem-sucedidos menosprezava essa ocupação mais modesta. Os integrantes do grupo tinham em comum, ao mesmo tempo, a extrema marginalidade e um esnobismo arrogante.

Para Marlowe, pelo menos, a marginalidade do teatro devia ser algo prazeroso. Ele levava uma vida notoriamente exposta ao perigo. O seu era um caso extremo, mas a propensão pelo risco estava presente em muitos dos que atendiam ao aceno do teatro. Um dos amigos mais próximos de Marlowe, o londrino Thomas Watson, abandonou Oxford sem diploma aos treze ou catorze anos para uma viagem de estudos ao continente, na qual pretendia aprender, como dizia, "a emitir palavras de som diferente". Voltou a Londres, em tese, para estudar direito, embora também tenha se envolvido em jogos ilícitos e perigosos, algo entre a espionagem e a extorsão. Ao mesmo tempo lançou-se na cena literária, na qual em pouco tempo se destacou como um de seus mais cultos representantes, publicando aos 24 anos uma tradução latina da *Antígona* de Sófocles, escrevendo poesia em latim, traduzindo Petrarca e Tasso em hexâmetros latinos e experimentando, pela primeira vez na língua inglesa desde Wyatt e Surrey, a forma poética em voga no continente: o soneto.

De alguma forma, nessa vida frenética, Watson encontrou tempo para escrever peças em inglês para os palcos populares. Analisando o teatro do fim da década de 1590, Francis Meres equipara Watson a Peele, Marlowe e Shakespeare, para ele "os melhores da tragédia"; com mais acrimônia, um antagonista, acusando-o de fraude, declarou que ele "era capaz de inventar numa peça vinte mentiras e vigarices que eram sua prática diária e seu modo de vida". Nenhuma dessas peças chegou até nós, e Watson é mais conhecido agora como o amigo que interveio numa contenda entre Marlowe e o filho do dono de uma estalagem chamado William Bradley. A briga, que ocorreu perto do Theater e do Curtain, acabou depois que Watson abriu com sua espada um ferimento de quinze centímetros de profundidade no peito de Bradley. Watson e Marlowe foram presos, acusados de assassinato, mas acabaram soltos sob alegação de legítima defesa.

A estranha mistura de grande cultura, ambição literária, vigarice, violência e desregramento que se via em Watson é essencial para compreender sua profunda ligação com Marlowe, que ele tinha na conta de irmão de sangue. Serve também como apresentação do grupo de escritores, os chamados "gênios universitários", com quem o jovem Shakespeare deve ter se deparado no início da carreira. Nem todos eram sinistros como Marlowe e Watson. Thomas Lodge, cerca de seis anos mais velho que Shakespeare, formou-se em Oxford e começou a estudar direito. Segundo filho do prefeito de Londres, Lodge tinha a perspectiva de uma carreira respeitável e próspera traçada para ele, já que sua mãe moribunda lhe deixara uma herança para pagar os estudos e iniciá-lo na carreira de advogado. Mas a possibilidade de uma carreira como essa evidentemente não combinava com ele, que dissipou a herança da mãe e a do pai abraçando a cena literária. Na época em que Shakespeare estava escrevendo ou colaborando na redação da trilogia sobre Henrique VI, Lodge escrevia sua própria peça sobre um país destruído pelas lutas intestinas, *As feridas da guerra civil*, encenada pelos Homens do Lorde Almirante. Nem essa nem nenhuma outra peça em que Lodge tenha trabalhado mostrava grande talento, e, seja como for, parece que ele nunca apostou todas as suas fichas na carreira de dramaturgo, pois em 1588 embarcou para uma viagem de aventuras às ilhas Canárias. Voltou com uma nova composição literária para mostrar, um belo romance em prosa intitulado *Rosalind*: "o fruto de seus trabalhos", escreveu ele sobre si mesmo, "que ele realizou no oceano, quando cada linha ficava molhada por causa das ondas". Portanto, como Marlowe e Watson, Lodge gostava do perigo — em 1591 navegou com Thomas Cavendish ao Brasil e ao estreito de Magalhães, e voltou para contar a história. Mas tinha um espírito menos turbulento: teria sido mais fácil dividir uma garrafa com ele sem temer pela bolsa ou pela vida.

Outro membro do círculo de escritores, George Peele, filho de um comerciante de sal e contabilista de Londres, ainda quando estudava em Oxford começara a ganhar uma reputação de desordeiro e dissoluto — foi publicado um livro relatando suas supostas aventuras —, mas também bem cedo se destacou pelo dom da poesia e como tradutor de Eurípides. Parece que foi também ator por algum tempo, assim como prolífico escritor de poemas líricos, pastorais, *pageants* (representações de temática histórica) e peças para o teatro popular. Na época em que Shakespeare pode tê-lo conhecido, Peele já tinha publicado versos em louvor de seu amigo Thomas Watson, escrito um *pageant* sobre o prefeito e tivera uma peça, *O julgamento de Paris*, apresentada com êxito à rainha. Provavelmente estaria trabalhando em *A batalha de Alcazar*, sua resposta à imensa popularidade do *Tamerlão* de Marlowe. Nenhuma dessas atividades febris lhe rendia muito dinheiro, e Peele em pouco tempo passou a dissipar o dote de sua mulher. Mas devia ser uma companhia agradável: seu amigo Thomas Nashe dizia que ele era "o principal defensor vivo do divertimento".

Nashe normalmente não era dado a elogios. Integrante do grupo dos universitários, era o mais cáustico deles, e no fim da década de 1580, recém-chegado a Londres, demonstrou seu talento para a sátira numa sequência de panfletos antipuritanos. Três anos mais novo que Shakespeare e filho do vigário de uma pequena paróquia de Herefordshire, Nashe fora para Cambridge na qualidade de bolsista e continuou seus estudos na universidade por um ano ou mais depois de receber o grau de bacharel que lhe permitiria usar o título de "cavalheiro" junto ao nome. Sua primeira publicação, uma epístola dirigida aos "Cavalheiros Alunos de ambas as universidades", era uma dura resenha das iniciativas literárias recentes — os juízes cruéis de um jovem impetuoso temperados com observações aduladoras sobre seus melhores amigos.

Nashe elogiava Peele, Watson e alguns poucos por sua "profunda cultura acadêmica", mas dizia coisas particularmente acerbas sobre arrivistas "que (de cima do palco da arrogância) pretendem superar autores melhores com o inchaço bombástico de um jactancioso verso branco". O estilo rebuscado de Nashe se comprazia em sua própria obscuridade:

Com efeito, pode ser a obstinada superabundância de alguma vaidade insignificante que obnubila a imaginação desses autores com uma determinação mais do que delirante, que não podendo improvisar a invenção de nenhum outro meio de dar largas a sua humanidade, empreendem a digestão de suas coléricas limitações na volubilidade generosa de um decassílabo ribombante.

Mas, por trás do exibicionismo verborrágico, a questão está claríssima: certos homens cuja educação não fora além da escola primária tiveram a audácia de escrever peças em versos brancos para os teatros públicos. Essa classe de bronco insolente — homem que sabia pouco ou nada de latim, francês ou italiano, nascido para serviçal ou escrevente em alguma cidadezinha do interior — ocupa-se "dos misteres da Arte", imita o estilo poético e a métrica predileta dos universitários melhores que ele e acha que pode ascender para um novo ofício: "se lhe pedires com jeito numa manhã gelada, ele te entregará *Hamlets* inteiros, quero dizer, pilhas de falas trágicas". Essas palavras foram escritas bem antes que Shakespeare escrevesse *Hamlet*. O objeto de execração, no caso, seria Thomas Kyd, que não tinha diploma universitário, trabalhara como escrevente de um advogado e como criado, e escrevera uma peça hoje perdida sobre Hamlet. Mas os termos gerais da invectiva devastadora aplicavam-se perfeitamente a Shakespeare, como este deve ter compreendido.

A epístola de Nashe prefaciava um romance macabro, *Menaphon*, saído da pena da figura central desse círculo de escritores, Robert Greene. Embora mais tarde tivesse desempenhado um importante papel na vida de Shakespeare, Greene não era de forma alguma o mais bem-sucedido do grupo; Marlowe o superava, e ele nunca escreveu nada tão bom quanto o romance francamente picaresco de Nashe, *O viajante desventurado*; ou que a encantadora peça *Conto das velhas senhoras*, de Peele; ou mesmo que o delicado poema ovidiano de Lodge, *A metamorfose de Cila*. Mas Greene era um malandro exuberante, muito talentoso, culto, narcisista, dramático, autopromotor, descarado e indisciplinado. Quatro anos mais velho que Shakespeare, filho de pais pobres de Norwich, conseguiu, como ocorrera com Marlowe e Nashe, uma bolsa para estudar em Cambridge, onde obteve um título de mestre em 1583. Continuou estudando e obteve um diploma em Oxford. Com essa qualificação impactante e o casamento com "a filha de um cavalheiro de posses", Greene parecia destinado a uma vida próspera (por algum tempo pensou em estudar medicina), mas seus desejos levaram-no em outra direção. Depois de dissipar o dote da mulher, abandonou-a com um filho pequeno e se foi para Londres, sem saber como se manteria.

Greene, que estava sempre ficcionalizando a própria vida, escreveu a história de como tinha sido recrutado para escrever para o teatro. Pelo fato de ser um mentiroso inveterado, não há razões para crer numa só palavra de seu relato, que no entanto deve ter chegado a seus contemporâneos como ao menos plausível, e funcionou como uma espécie de mito de iniciação literária. "Roberto" — esse era o nome que dava a si mesmo — estava sentado junto de uma sebe à beira da estrada, lamentando sua sorte, quando dele se aproximou um homem que reconheceu nele um cavalheiro em maus lençóis. "Suponho que sejais um acadêmico", disse o estranho, "e dá pena ver homens de cultura passando necessidades."

Greene narra então o momento revelador do engano no reconhecimento social. Como, perguntou ele ao simpático estranho, um acadêmico poderia conseguir um emprego lucrativo? O estranho respondeu que homens de sua profissão ganhavam a vida empregando acadêmicos.

"Qual é vossa profissão?", perguntou Roberto.
"Caro senhor", disse ele, "sou ator."
"Ator!", exclamou Roberto. "Achei que fosses um cavalheiro de estirpe, e como os homens podem ser avaliados por sua aparência, digo-lhe que poderias ser tomado por um homem importante."

Eis aqui, numa forma surpreendentemente pura, a representação convincente do status, a mímica da "aparência" de um cavalheiro, que serviu para atrair Will para a profissão de ator. Porém para Greene a representação era uma fraude: o ator podia fingir ser um homem importante, mas era um joão-ninguém.

Para ter sucesso na criação da ilusão, o ator precisava não apenas de dispendiosos figurinos, mas também de palavras convincentes, uma poesia que um simples cavalheiro de fancaria não poderia compor. Daí sua necessidade de encontrar um verdadeiro cavalheiro como Roberto — educado, culto e necessitado de dinheiro — que pudesse contratar. Roberto concorda, no relato de Greene, segue o ator até a cidade e se vê alojado numa "casa de varejo", quer dizer, um bordel. Ele já não corre o risco de morrer de fome — "Roberto agora afamosado [sic] como grande poeta de peças, com o bolso ora estufado, como o mar, ora, ainda como o mar, na vazante; no entanto, raramente algo lhe faltava, pois seus trabalhos eram bastante apreciados" —, mas ele prostituíra seu talento; seus companheiros habituais agora eram carteadores, falsificadores e batedores de carteiras; seus ossos foram devastados pela sífilis; e seu ventre estufou tanto por "beber sem medida" que ele se tornou a "personificação da hidropisia". Passa por breves surtos de arrependimento, acompanhados de ruidosas resoluções de mudar de vida, mas à menor incitação essas resoluções davam lugar a mais dissipação. Quando "a dama que é sua mulher" implora que volte para ela, ele a ridiculariza. Com a amante e o filho bastardo, ele vai de um lugar para outro, engambelando estalajadeiros, fugindo das tabernas sem pagar a conta, enganando seus credores. "Tão hábil se tornou em todas as artimanhas que quase nada restou nele além da astúcia."

Esse era o autorretrato de Greene — "Daqui em diante suponde que sou o tal Roberto", escreve ele lá pela metade da narrativa, lançando fora a tênue máscara ficcional — e, para tão notório mentiroso, o retrato parece insolitamente exato. Ele era famoso por levar uma vida em que a ociosidade, a bebedeira e a glutonaria se misturavam a surtos de dedicação à escrita, famoso também por sua insolvência, sua duplicidade, seu conhecimento íntimo do submundo, suas efêmeras tentativas de regeneração moral e suas inevitáveis recaídas. Uma vez, de volta a Norwick, escreveu, ele ouviu um sermão que o conduziu à firme resolução de se emendar, mas todos os seus amigos libertinos riram-se dele, e a decisão foi esquecida. Sua amante, Em Ball — com quem teve um filho, chamado por ele Fortunatus, que morreu cedo —, era irmã do chefe de uma gangue de ladrões, um certo Ball Facada, que acabou enforcado em Tyburn. Ajudado sem dúvida por esse competente informante do meio, Greene estabeleceu-se como uma espécie de etnógrafo, ganhou dinheiro produzindo panfletos que apresentavam a respeitáveis leitores ingleses a densa sociedade de embusteiros, falsários e batedores de carteira de Londres: "vigaristas", "caloteiros", "pilantras", "trapaceiros", "velhacos". Apesar dos diplomas universitários e de seu esnobismo, ele tinha a moral e os modos de um ladrão: orgulhava-se de ter vendido a mesma peça, *Orlando Furioso*, a duas companhias teatrais diferentes, os Homens da Rainha e os Homens do Almirante. Seu amigo Nashe chamava-o de "Monarca dos Trapaceiros e verdadeiro Imperador dos vigaristas". Evidentemente, Greene via os atores — que percebia como exploradores dele próprio e de outros cavalheiros — como alvos preferenciais para suas tramoias. Enquanto o sonho do ator era se passar por cavalheiro, o sonho de Greene, materializado com muito sucesso, era se transformar num rufião londrino cínico e fanfarrão.

"Quem, em Londres, não ouviu falar de sua vida dissoluta e licenciosa?", perguntou Gabriel Harvey, um dos maiores inimigos de Greene, pedagogo formado em Cambridge. É um mestre em artes, escreveu Harvey, um homem educado que preferiu aparelhar-se com "cabelo de valentão, roupas indecorosas e companhias ainda mais indecorosas". Tornou-se conhecido por suas bravatas, seu comportamento vulgar e sua imitação grosseira de todas as novas modas. Mas é importante não subestimá-lo: ele é astuto o bastante para embair profissionais da pilantragem em suas próprias artimanhas sujas. Perjuro contumaz e blasfemo desbocado, Greene é um homem sem bússola moral e sua vida é um caos. Harvey elencou todos os detalhes escabrosos que conseguiu reunir: a gula monstruosa de Greene, suas mudanças constantes de moradia, os jantares que oferecia aos amigos, mas dos quais escapulia sem pagar a conta, o abandono de sua respeitável esposa, a afeição que tinha a sua capa e a sua espada, sua amante prostituta e seu filho bastardo Infortunatus, a admissão do cunhado bandido como seu guarda-costas, a execução do cunhado, sua insolência para com os superiores e, quando o dinheiro era curto, "sua despudorada dedicação à panfletagem, aos interlúdios fantásticos e à difamação desesperada". Os "interlúdios fantásticos", a expressão que Harvey usou para designar a dramaturgia de Greene, estão ligados a outro item na ladainha de escândalos: "sua mal-afamada presença no Bankside, em Shoreditch, em Southwark e outros lugares imundos". Greene sempre podia ser encontrado em seu verdadeiro hábitat: as proximidades dos teatros.

Esse foi o ambiente ao qual Shakespeare chegou no fim da década de 1580 e essa foi a personalidade que ele encontrou no centro do grupo de dramaturgos, todos na casa dos vinte ou com trinta e poucos anos. Shakespeare não teria tido dificuldade em reconhecer que Marlowe era o grande talento, mas o flamejante Greene, com seus dois mestrados, sua barba vermelha e pontuda, apetites vorazes e energia vulcânica, era a mais impressionante personalidade na comunidade de escritores inquietos e famintos.

As relações de Shakespeare com Greene e companhia devem ter sido a princípio cordiais. O recém-chegado certamente viu grande interesse e mesmo fascínio naquela figura pitoresca e em seus estranhos amigos; com efeito, deve ter logo percebido o que acabaria por acontecer: aquelas eram pessoas com quem ele podia começar a vida de escritor e pessoas que ele recordaria e exploraria imaginativamente pelo resto da vida. O efeito eletrizante que *Tamerlão* exerceu sobre ele foi apenas um aspecto desse fascínio. Shakespeare estudou os sonetos de Watson e *A metamorfose de Cila* de Lodge (de onde tomou estrofes emprestadas para *Vênus e Adônis*); é provável que tenha colaborado com Peele na sangrenta tragédia de vingança *Tito Andrônico*; com frequência garimpava a veia satírica de Nashe e provavelmente tomou-o como modelo para o Mote de *Trabalhos de amor perdidos*; no auge do talento, pegou o romance em prosa de Lodge, *Rosalind*, e transformou-o em *Como gostais*; e perto do fim da carreira, quando quis encenar uma peça à moda antiga, um "conto de inverno", dramatizou o hoje esquecido conto de Greene sobre o ciúme irracional, *Pandosto*. Na obra de Shakespeare há poucos indícios da influência de Spenser, Donne, Bacon ou Ralegh, para mencionar uns poucos de seus grandes contemporâneos; os escritores vivos de maior importância para ele eram os que encontrava nas estalagens sórdidas que havia perto dos teatros logo depois que chegou a Londres.

Por sua vez, o inquieto grupo de jovens escritores e seu líder, Greene, devem ter achado de início que Shakespeare era um camarada agradável. Ele era, segundo todos os testemunhos, uma boa companhia, afável e espirituoso, e seus textos, mesmo naquele início, mostravam sem dúvida que tinha talento. É possível que tenha sido contratado para assessorar Nashe ou Peele na redação de uma peça sobre Henrique VI e então mostrou seu valor. Ou então assumiu sozinho a tarefa de escrever a peça. Seja qual for o caso, seu sucesso surpreendente como dramaturgo exigia respeito. Não só Nashe admitiu por escrito que alguma coisa extraordinária tinha ocorrido — milhares de pessoas chorando a morte de um herói inglês morto duzentos anos antes —, como Marlowe prestou-lhe um tributo ainda mais impressionante, a imitação: pôs-se a escrever sua própria peça histórica inglesa, relatando a trágica vida e a morte de Eduardo II, derrotado por seu amor de perdição por um belo jovem de sua predileção. Muitos outros começaram a pesquisar as crônicas e a escrever peças históricas inglesas, embora apenas Marlowe tenha chegado perto do que Shakespeare realizou. Seja como for, existem indícios da atenção dedicada à obra da juventude de Shakespeare que autorizam supor que o grupo de escritores pode ter desejado cultivar suas relações com ele.

É provável que o grupo tenha ficado profundamente desapontado. Em primeiro lugar, é claro, Shakespeare não tinha a principal qualificação para pertencer ao círculo encantado: não estivera em Oxford nem em Cambridge. A pequena sociedade de escritores era, pelos padrões da era Tudor, bastante democrática. Berço e fortuna não tinham grande importância: Nashe, cuja família, segundo ele, alardeava "mais pedigree do que patrimônio", convivia com Marlowe, filho de sapateiro. Lodge, filho de um antigo prefeito de Londres, bebia com Greene, cujos pais levavam uma vida sóbria e modesta em Norwich, num lugar afastado dos reluzentes salões. O que importava mesmo era ter frequentado uma das duas universidades. Até mesmo o mordaz Nashe encontrou palavras calorosas para se referir ao St. John's College, em Cambridge, escrevendo anos depois que "o amava ainda, pois ele sempre foi e era a mais doce nutriz do saber em toda aquela universidade".

A educação universitária conferia um prestígio social de peso que aqueles escritores gostavam de alardear. Mas, para fazer justiça, ela era valorizada também pelos conhecimentos que proporcionava. Nashe estudara Aretino e Rabelais com afinco e se comprazia em inventar palavras originadas do grego, latim, espanhol e italiano. Peele juntou-se a Nashe para ridicularizar um hexâmetro ruim escrito por Gabriel Harvey. A tradução que Watson fez de *Antígona* na juventude terminava com exercícios alegóricos em diferentes tipos de versos latinos: iâmbicos, sáficos, dímetros anapésticos e asclepiadeus coriâmbicos. Shakespeare não era de maneira nenhuma inculto — *A comédia dos erros*, escrita no começo de sua carreira, mostra com que elegância e leveza ele transfere seus conhecimentos da comédia latina —, mas não era capaz do exibicionismo acadêmico à maneira de Watson, nem estava interessado nisso.

Além do mais, Shakespeare era de origem provinciana e, mais que isso, não deixara a província totalmente para trás. Se tomou distância do ofício paterno e dos pais, não tinha, como Lodge, sido amaldiçoado por estes; se deixou mulher e três filhos pequenos, não havia, como Greene, rompido com a família. Não tinha nada do glamour do filho pródigo. Com efeito, até mesmo sua imaginação continuava ligada a detalhes da vida rural. E se os jovens escritores boêmios reconheceram com surpresa que o homem por eles considerado um roceiro tinha refletido bastante sobre muitas coisas; se captaram que a imaginação dele estava muito menos cerceada pelas convenções do que a deles próprios; se ficaram atônitos com a rapidez de seu pensamento, a amplitude de seu vocabulário e seu assombroso poder de absorver tudo com que se deparava e apropriar-se disso, talvez também ficassem irritados com o que havia de moralmente conservador nele. O conservadorismo já era visível na trilogia de Henrique VI, com sua reafirmação dos tradicionais preceitos admonitórios que Marlowe em *Tamerlão* tinha questionado com tanta audácia. Mas era visível também na recusa de Shakespeare a se entregar a uma vida caótica. Aubrey não especifica a que situação social em particular estava se referindo quando escreveu que Shakespeare "não se corromperia", mas qualquer convite de Robert Greene talvez o desmentisse.

Shakespeare pode ter sentido a presunção esnobe da parte dos gênios universitários; teria sido surpreendente que eles não o tivessem olhado de cima e que ele não tivesse notado. Ele não colaborou com versos laudatórios em nenhum dos livros publicados pelo grupo entre o fim da década de 1580 e o início da seguinte. Sem dúvida, não foi convidado. Por sua vez, provavelmente não solicitou para si os elogios que eles em geral escreviam uns para os outros. Ou pelo menos nenhum deles veio a público. Ele não entrava em controvérsias literárias do grupo, assim como parece ter sido mantido fora — ou se manteve fora — daquele estridente círculo social. Foi, afinal, um homem que em pouco tempo passou a gerir os negócios de sua companhia teatral, a escrever incessantemente (para não dizer com brilho) durante mais de duas décadas, a acumular e preservar uma grande quantia em dinheiro, a se manter longe da cadeia e evitar processos judiciais dispendiosos, a investir em terras cultiváveis e em propriedades em Londres, a comprar uma das melhores casas da cidade onde nasceu para depois retirar-se para essa cidade aos quarenta e tantos anos. Esse padrão de comportamento não apareceu de repente nem tardiamente; estabeleceu-se cedo, talvez logo depois dos anos sofridos, confusos e turbulentos que o levaram a sair de Stratford e ir para Londres.

Shakespeare observava os cavalheiros poetas que abasteciam de peças as companhias teatrais. Compreendia o que havia de emocionante no que eles escreviam. Relacionava-se com eles e saboreava o que havia de extravagante ou divertido em sua vida agitada. À luz de sua carreira subsequente, pode-se imaginar melhor a reação dele. Percebia que eles tinham orgulho de seus diplomas universitários, de seu latim e seu grego, suas caçoadas, seu deboche e sua despreocupação. Via que bebiam dias e noites seguidos e depois, ainda meio bêbados, rabiscavam qualquer coisa para o prelo ou para os atores. Entendia, com toda certeza, que, independentemente do que escrevesse, aos olhos do grupo seria sempre um ator, não um poeta. Embora vez por outra possam ter dado sinais de inquietação em relação ao jovem de Stratford — afinal, ficaram impressionados e perturbados com o sucesso das peças sobre Henrique vi —, eles provavelmente pensaram que Shakespeare era ingênuo e cândido e que poderiam tirar vantagem dele com facilidade. Greene, em especial, que fazia todo mundo rir com seus casos de caçadas a coelhos, talvez acreditasse que Shakespeare era um coelho a ser caçado.

Pelo menos uma parte disso era indiscutível: Shakespeare escrevia para o teatro não como poeta, no sentido que Greene e companhia davam à palavra, mas como ator. Não era o único a escrever para o palco em que também representava, mas era o melhor deles, e os atores em pouco tempo reconheceram seu valor. Ele deve ter parecido também excepcionalmente cuidadoso e confiável no que se refere a dinheiro — o oposto dos gênios universitários —, já que um documento do Tesouro de dezembro de 1594 indica que ele, com Burbage e Kempe, era um dos responsáveis pela companhia ante o fisco. Ele sabia como pôr dinheiro no bolso e como mantê-lo lá.

O bolso de Greene, pelo contrário, estava claramente vazio quando, em agosto de 1592, ele adoeceu depois de um jantar, ao qual Nashe estava presente, em que foi servido arenque em conserva e vinho do Reno. Abandonado por todos os amigos, teria morrido como indigente se um pobre sapateiro chamado Isam e sua boa mulher não o tivessem acolhido e tomado conta dele em seus últimos dias. Procurando saber dos podres de Greene, seu figadal inimigo Gabriel Harvey foi falar pessoalmente à sra. Isam. Grande parte da cena que Harvey descreve — o patife descarado, "infestado de piolhos", implorando "um trago de malvasia", dominado por um medo terrível — deve ser atribuída à biliosa inimizade, mas alguns dos detalhes melancólicos soam como verdadeiros. A mulher me contou, escreve Harvey, que o moribundo

> estava feliz, coitado, por ter tomado emprestada a camisa de seu marido, enquanto a sua era lavada; e que seu gibão, suas meias e sua espada tinham sido vendidos por três xelins; e que por causa das despesas com a mortalha, que custara quatro xelins, e com as despesas com o enterro, ontem, no novo cemitério perto

de Bedlam, que tinha custado seis xelins e quatro pence, ele tinha se endividado para com seu pobre marido, como se podia ver por sua própria promissória de dez libras, que a boa mulher gentilmente me mostrou."

Ela mostrou também uma carta que Greene deixou para a mulher que tinha abandonado: "Querida, incumbo-a, em nome de nosso amor de juventude e pelo descanso de minha alma, de fazer com que este homem seja pago: se ele e sua mulher não tivessem me socorrido, eu teria morrido na rua".

Greene, moribundo, manifestara mais um desejo. Pediu à sra. Isam que pusesse em sua cabeça "uma grinalda" — uma coroa de louros: queria baixar à sepultura como poeta laureado, ainda que coroado pela mulher de um sapateiro. Harvey pinta um retrato bem amargo desse último adeus — "o verme vai enfim ao encontro do verme" —, mas também proporciona um epitáfio mais alentado:

> Eis aqui, uma cabeça selvagem, cheia de um cérebro louco e mil extravagâncias: Um Acadêmico, um Orador, um Cortesão, um Rufião, um Apostador, um Amante, um Soldado, um Viajante, um Mercador, um Corretor, um Artífice, um Incapaz, um Rábula, um Ator, um Vigarista, um Depreciador, um Mendigo, um Colecionador de Miscelâneas, um Alegre Nada: um Depósito de tralhas e velharias, que não merecem ser lidas ou respondidas; um Autor banal e menor para inescrupulosos e loucos: uma Imagem do Ócio; uma Epítome da Bizarria; um Espelho de Vaidade.

Embora esse catálogo sugira uma vida extraordinariamente cheia de vícios, e o próprio Greene adotasse o tom melancólico de um velho rememorando a juventude pródiga, ele tinha apenas 32 anos quando morreu.

Os demais integrantes do grupo seguiram seu líder à sepultura sem demora. No mesmo mês, setembro de 1592, Thomas Watson, então com 35 anos, foi sepultado, sendo desconhecida a causa da morte — ou talvez, naquele terrível ano de peste, não fosse necessário explicitá-la. Dois volumes de poemas foram publicados postumamente — seus amigos sem dúvida já os tinham lido em manuscrito — e seu nome permaneceu por algum tempo em circulação por razões menos nobres: foi chamado aos tribunais como culpado de duas fraudes especialmente graves. No mês de maio, Marlowe, amigo de Watson que ainda não chegara aos trinta anos, foi morto numa briga de bar, ao que tudo indica por causa "dos cálculos", quer dizer, da conta.

George Peele, o grande pândego, publicou um comovente tributo em versos a seus amigos mortos Watson e Marlowe. Poucos anos mais tarde, provavelmente em 1596, ele também se foi. Com menos de quarenta anos, morreu, segundo se disse, de uma "doença repulsiva", possivelmente sífilis. E em 1601, aos 33 anos, morreu o mais jovem do grupo original, Thomas Nashe, que foi levado à sepultura por seu pai enlutado, o ministro, num cemitério rural.

Dos seis jovens dramaturgos de formação universitária que Shakespeare encontrara no fim da década de 1580, apenas um, Thomas Lodge, passou da casa dos trinta e viveu até uma idade considerada avançada para a época. Mas não foi uma vida dedicada à literatura: Lodge abandonou a poesia e a ficção, formou-se em medicina e tornou-se um dos principais médicos de sua época. Morreu em 1625, à idade madura de 67 anos.

A partir de 1593, com a morte de Greene, Watson e Marlowe, Shakespeare, que ainda não chegara aos trinta, não possuía rivais à altura. Deu continuidade a seu grande sucesso com as peças sobre Henrique VI escrevendo a brilhante *Ricardo III*. Tinha incursionado pela tragédia, com crueza mas também com energia, em *Tito Andrônico*, e demonstrara a verve de autor cômico com *Os dois cavalheiros de Verona*, *A megera domada* e *A comédia dos erros*. Tinha triunfado, mas houve nesse triunfo uma ponta de amargura. Greene continuara rabiscando, ou isso se dizia, mesmo em seu leito de morte. A afirmação não é implausível: ele era o tipo do escritor que transformava toda a sua vida num panfleto escabroso e barato. Deixara atrás de si material suficiente para que Henry Chettle, editor medíocre, às vezes dramaturgo, publicasse um livro póstumo. *Um vintém do espírito de Greene comprado por um milhão de arrependimento*, levado ao prelo às pressas com o corpo do autor ainda quente, foi escrito provavelmente em sua maior parte por Chettle ou por alguém em colaboração com ele — talvez, como se chegou a comentar, por Nashe. Mas leva a marca do raivoso ressentimento de Greene. Ele investe ruidosamente contra si mesmo. De maneira temerária, acusa Marlowe de ateísmo. E então volta sua ira contra Shakespeare.

Retomando a velha rivalidade entre poetas e atores, Greene recomenda a seus amigos cavalheiros, Marlowe, Nashe e Peele, que não confiem nessas "marionetes", os atores, que "falam o que vem de nossa boca". Os atores eram meros carrapichos que se agarram às vestes dos escritores. Seriam quase invisíveis se não "se enfeitassem com nossas cores", e mesmo assim os ingratos o tinham abandonado na hora da necessidade. Se até certo ponto as palavras de Greene podiam ser aplicadas a atores como Burbage e Alleyn, dificilmente serviriam para um ator que se firmara como dramaturgo de sucesso. Para adequá-las, Greene (ou seu *ghostwriter*) mudou de argumento: "Sim, não confiai neles: pois há um Corvo arrivista, enfeitado com nossas plumas, que com seu *coração de tigre envolto em pele de Ator* supõe que é bem capaz de dar à luz versos brancos como o melhor de vós: e, sendo um total *Johannes Factotum*, é, em sua própria opinião, o único Sacode-cenas do país". "Ó coração de tigre envolto em pele de mulher!", grita York na terceira parte de *Henrique VI*, referindo-se a sua terrível e impiedosa esposa, que balança diante de seus olhos o lenço empapado de sangue do filho assassinado.

Quando leu as palavras distorcidas usadas para descrevê-lo, Shakespeare deve ter pensado que Greene o acusava de crueldade. Ou então estaria sendo acusado de excessos poéticos, de exagerar com espalhafato o estilo de autores melhores do que ele. O insulto é dúbio, mas deve ter ficado bem claro para Shakespeare que havia ali um problema de condição social: um "arrivista" é alguém que força passagem para um meio ao qual não pertence, que se veste de rouxinol embora crocite como um corvo, que se imagina um Johannes Factotum — um "João-Faz-Tudo"— quando na verdade não passa de um trabalhador braçal, um "reles serviçal"; que se acredita poeta consumado quando é apenas um "macaco" que imita as invenções de outrem.

Eram palavras duras, sobretudo — como se afirmou — se saídas da boca de um moribundo; tinham algo de maldição, num mundo que levava as maldições mortalmente a sério. E *Um vintém do espírito* terminava com uma conclusão, uma paródia da fábula de Esopo sobre a cigarra e a formiga, na qual pelo menos um dos especialistas modernos, Ernst Honigmann, descobre um novo insulto. O próprio Greene era a cigarra libertina, despreocupada, em busca de prazer. Se Honigmann tiver razão, a formiga sovina, "um vermezinho em forma de vespa", recusando-se a ajudar sua vizinha "faminta, abandonada e sem forças", era Shakespeare. Greene, segundo essa versão, deve ter pedido ajuda a Shakespeare — que nessa época já devia se ocupar das finanças dos atores — e não foi atendido. A recusa ajudaria a explicar o azedume do retrato satírico: corvo arrivista, trabalhador braçal, macaco, verme.

O modo como Shakespeare reagiu ao ataque é bem ilustrativo de seu modo de ser. Não respondeu diretamente às acusações, nem, como Harvey, lançou uma contraofensiva polêmica. Mas, na surdina, deve ter feito alguma coisa de extraordinária eficácia. Isso porque, menos de três meses depois da publicação do panfleto, Henry Chettle publicou uma negativa enfática sobre sua interferência no texto: "era inteiramente de Greene". No que lhe diz respeito, declarou Chettle, é sabido que sempre "ao publicar, dissimulava as invectivas violentas contra os acadêmicos". "Acadêmicos" — assim Shakespeare agora era tratado como se afinal de contas tivesse frequentado a universidade.

Havia mais: Chettle escreveu que não tinha relações pessoais com nenhum dos dois dramaturgos ofendidos pelas palavras de Greene, "e com um deles não faço questão nenhuma de ter". Esse dramaturgo não mencionado era, sem sombra de dúvida, Marlowe, que em dezembro de 1592 não era uma pessoa de quem o tipógrafo, sempre alerta, pudesse ter como amigo em segurança. Mas com o outro era diferente. Chettle compreendia agora, como explicou numa apologia tortuosa e aduladora, que deveria ter impedido a publicação das observações indesejáveis de Greene sobre esse segundo dramaturgo: "Que não o tenha feito, lamento tanto quanto se a culpa tivesse sido minha na origem, porque considero que há em seu comportamento não menos civilidade quanto há excelência na profissão que exerce". A pessoa ofendida continuou sem ser nomeada, mas o candidato mais provável é o "Corvo arrivista". Em algum momento daqueles três meses, portanto, Chettle teve uma conversa "civilizada" com Shakespeare ou, em último caso, pôde observá-lo em pessoa. Ao que parece, teve um repentino contato com a excelência de Shakespeare "na profissão que exerce" — uma perífrase untuosa para a redação e encenação de peças. E aí entra outro motivo para essa retratação: "Além disso, pessoas dignas de crédito que aprovam sua arte falaram de sua retidão nos negócios, o que confirma sua honestidade, e de sua graça hilariante ao escrever". "Pessoas dignas de crédito", isto é, gente importante, gente que tinha o poder de tornar minha vida impossível, falou-me do caráter honrado de Shakespeare e da "graça hilariante", da amenidade e da elegância de seu texto.

Do próprio Shakespeare, não se ouviu uma palavra sobre Chettle, nem logo depois dos ataques de Greene nem mais tarde, mas ele recebeu um pedido de desculpas de um tipo com que o pobre e esbravejante Gabriel Harvey só podia sonhar. Com efeito, nos anos subsequentes, as relações entre Shakespeare e

Chettle devem ter sido cordiais. Trabalharam juntos, com diversos outros dramaturgos, numa peça aparentemente nunca encenada sobre sir Thomas More.

O caso estava quase encerrado, mas ainda não era o bastante. A frase de Greene "enfeitado com nossas plumas" deve ter calado fundo. Em 1601, quando *Um vintém do espírito* e o gordo calhorda que o escrevera já tinham sumido do mapa, Shakespeare permitiu-se uma vingancinha pouco comum. Polônio — cujas pretensões literárias remetem ao tempo em que ele era "considerado um bom ator" "na universidade",[1] onde, nos conta ele, interpretou Júlio César — pôs as mãos numa das cartas de amor que Hamlet enviara a sua filha. "Agora ouvi e tirai vossas conclusões", diz ele a Cláudio e Gertrudes, começando a ler: "Ao ídolo de minh'alma, a celestial e embelezada Ofélia". E nesse ponto o velho conselheiro faz uma pausa brusca para um pouco de crítica literária: "Que expressão ruim, que expressão vulgar! 'Embelezada' é uma expressão vulgar".[2]

"Portanto, o mundo dá muitas voltas",[3] como diz o bufão Feste em *Noite de Reis*. As peças de Shakespeare da década de 1590 são permeadas de paródias maliciosas das palavras de seus antigos rivais. O destempero sexual de Falstaff em *As alegres comadres de Windsor* — "que caia uma chuva de batatas, que troveje ao som de 'Mangas verdes', que caia uma geada de confeitos e uma nevasca florida"[4] — escarnece de *A desgraça do gênio e a loucura do mundo*, de Lodge. As palavras melancólicas do rei mouro a sua mãe inane na *Batalha de Alcazar*, de Peele — "Toma, Calípole [...]. Come a fartar que temos de encontrar o inimigo" — vira uma bravata de taberna em *Henrique IV parte 2*: "Então come a fartar, minha boa Calípole".[5] E um momento antes o mesmo bêbado fanfarrão, o alferes Pistola, usara a famoso insulto sádico de Tamerlão dirigido aos reis que ele encilhara em sua quadriga — "Eia pois, joias mimadas da Ásia/ O quê, não podem correr senão vinte milhas por dia?" — para transformá-lo num absurdo empolado:

---

1. "accounted a good actor [...] i'th' university" (*Hamlet*, 3.2.91, 90).
2. "now gather and surmise./ To the celestial and my soul's idol, the most beautified Ophelia [...] that's an ill phrase, a vile phrase, 'beautified' is a vile phrase" (2.2.109-12).
3. "Thus the whirligig of time brings in his revenges" (5.1.364).
4. "Let the sky rain potatoes, let it thunder to the tune of 'Greensleeves', hail kissing-comfits, and snow eringoes" (5.5.16-8).
5. "Hold thee, Calipolis [...] Feed and be fat, that we may meet the foe. Then feed and be fat, my fair Calipolis" (2.4.155).

Será possível comparar cavalos de tiro
E mimadas joias furadas da Ásia
Incapazes de andar mais de trinta milhas por dia,
a Césares e a canibais, e a gregos e troianos?[6]

Há muitas outras passagens no mesmo tom e, se todas as peças dos gênios universitários tivessem chegado até nós, os especialistas sem dúvida teriam identificado outros exemplos.

Essas paródias indicam que Shakespeare era, afinal, um ser humano que podia encontrar prazer em retribuir insultos literários e zombar de rivais, mesmo que mortos. Mas uma coisa muito mais extraordinária e imprevisível aconteceu em sua obra com a grotesca figura de Robert Greene. "Seu filho da puta, leitãozinho de são Bartolomeu", a amante de Falstaff, Doll Rasga-Lençóis, diz entre amuada e afetuosa, "quando vais deixar de brigar de dia e dar estocadas de noite para começar a remendar esse velho corpo para o céu?" A isso, o gordo cavalheiro retruca: "Paz, boa Doll, não fales como uma caveira, não me faças lembrar de meu fim".[7] Quanto mais mergulhamos no mundo de tabernas de Falstaff — o gordo, bêbado, irresponsável, dramático e assombrosamente inteligente Falstaff —, mais perto chegamos do mundo de Greene; sua mulher, Doll; sua amante, Em; seu cunhado bandido, Ball Facada; e a turma toda.

Falstaff e seus amigos tinham o mesmo atrativo desvirtuado que a turba de escritores baderneiros de Londres pode ter exercido sobre o jovem Shakespeare. Em suas rondas devassas por Eastcheap, não muito longe da ponte de Londres, o príncipe Hal conhece uma variedade de personagens urbanos muito diversos de tudo o que conhecera até então, e sente um prazer especial em aprender seu linguajar: "Se bebes muito, eles dizem que te tingiste de vermelho; e se paras de beber para tomar fôlego, eles gritam 'Anda!' e te desafiam 'Segue em frente!'. Resumindo, em um quarto de hora fui tão bem que sinto que por

---

6. "Shall pack-horses/ And hollow pampered jades of Asia,/ Which cannot go but thirty miles a day,/ Compare with Ceasars and with cannibals,/ And Trojan Greeks?" (2.4.140-4).
7. "Thou whoreson little tidy Bartholomew boar-pig,/ When wilt thou leave fighting o'days, and foining o'nights, and/ begin to patch up thine old body for heaven?/ Peace, good Doll, do not speak like a death's-head, do not bid me remember mine end" (*Henrique IV parte 2*, 2.4.206-10).

toda a vida poderia beber à vontade com um funileiro qualquer, em sua própria língua".⁸

Existe, sugere a peça, algo de político nessa lição de língua —"quando eu for rei da Inglaterra, vou comandar toda a rapaziada do Eastcheap" —, mas ao mesmo tempo parece uma descrição mal disfarçada do aprendizado linguístico do próprio Shakespeare nas tabernas.

Da mesma forma, a relação entre Falstaff e Hal se centra nos jogos de linguagem fabulosamente inventivos e agressivos, do tipo em que diversos dos gênios universitários se tinham como especialistas:

> PRÍNCIPE HARRY [...] Esse covarde vermelhão, esse achata-colchões, esse quebra-lombo de cavalos, essa montanha de carne [...]
> FALSTAFF Arre! Seu morto de fome, seu pele de duende, seu língua de vaca seca, seu pinto de boi, seu bacalhau de porta de venda! Oh, gostaria de ter fôlego bastante para dizer tudo o que és! Vareta de alfaiate, bainha vazia, arco de violino, sua espada ereta nojenta [...]⁹

Era exatamente por essa troca de insultos cômicos, esse duelo verbal público, esse impetuoso excesso linguístico que Greene e Nashe eram famosos. Talvez Shakespeare tenha participado do jogo; seja como for, aprendeu a lição com eles e tornou-se capaz de superá-los.

Acima de tudo, o príncipe e seu grotesco amigo — "esse baú de humores, essa bacia de bestialidade, esse volume inchado de hidropisia, essa pipa monstruosa de xerez, essa mala recheada de tripas, esse boi assado de Manningtree com a barriga cheia de pudim"¹⁰ — passavam o tempo inventando e encenan-

---

8. "They call drinking deep 'dyeing scarlet', and when you breathe in your watering, they cry 'Hem!' and bid you 'Play it off!'. To conclude, I am so good a proficient in one quarter of an hour that I can drink with any tinker in his own language during my life" (*Henrique IV parte 1*, 2.5.13-7).
9. "PRINCE HARRY [...] This sanguine coward, this bed-presser, this horse-back-breaker, this huge hill of flesh [...]/ FALSTAFF 'Sblood, you starveling, you elf-skin, you dried neat's tongue, you bull's pizzle, you stock-fish! O, for breath to utter what is like thee! you tailor's-yard, you sheath, you bow-case, you vile standing tuck [...]" (*Henrique IV parte 1*, 2.5.223-9).
10. "that trunk of humours, that bolting-hutch of beastliness, that swollen parcel of dropsies, that huge bombard of sack, that stuffed cloak-bag of guts, that roasted Manningtree ox with the pudding in his belly" (2.5.409-13).

do jogos teatrais, representando cenas e parodiando estilos de dramaturgia já fora de moda. Os jogos teatrais evidenciavam também outros pensamentos impiedosos: ser rei é uma encenação teatral de um vigarista talentoso; o pai de Hal, o rei Henrique IV, não tinha mais legitimidade que Falstaff; Falstaff tomou o lugar do pai de Hal, mas sua posição é precária; Falstaff, temendo ser mandado embora por Hal, deseja trair o amigo; Hal planeja dispensar todo mundo. "Não, meu bom senhor", pede Falstaff, ostensivamente no papel do príncipe falando ao pai,

> desterrai Peto, desterrai Bardolfo, desterrai Poins; mas quanto ao doce Jack Falstaff, o gentil Jack Falstaff, o sincero Jack Falstaff, o corajoso Jack Falstaff, e ainda mais corajoso por ser o velho Jack Falstaff,
> não o desterreis da companhia do teu Harry,
> não o desterreis da companhia do teu Harry,
> desterrai o gorducho Jack e desterrareis o mundo inteiro![11]

Ao que Hal, ostensivamente no papel de seu pai, responde baixinho, com frieza: "Sim, farei isso".

Ao questionar os relacionamentos que são o âmago das peças, as brilhantes cenas de teatro improvisado exploram também, e de forma profunda, as relações de Shakespeare com Greene e companhia. Ou melhor, elas permitem ver como Shakespeare considerava essa relação anos mais tarde, quando a maior parte do malfadado grupo já tinha morrido e sua própria posição como o rei dos dramaturgos na Inglaterra era indiscutível. "Sei tudo sobre vós", diz Shakespeare pela boca de Hal no começo de *Henrique IV parte 1*, depois de uma cena de humor de grande perspicácia intelectual,

> e por enquanto,
> Vou aderir ao bulício de vossa vagabundagem.
> Assim fazendo imitarei o sol

---

11. "banish Peto, banish Bardolph, banish Poins, but for sweet Jack Falstaff, kind Jack Falstaff, true Jack Falstaff, valiant Jack Falstaff, and therefore more valiant being, as he is, old Jack Falstaff,/ Banish not him thy Harry's company,/ Banish not him thy Harry's company,/ Banish plump Jack, and banish all the world" (2.5.431-8).

Que permite a nuvens corruptas e vulgares
Esconder do mundo sua beleza,
Mas quando quer voltar a ser sol
Seu desejo faz com que, maravilhado,
Irrompa em meio à névoa impura e feia
Dos vapores que pareciam asfixiá-lo.[12]

    Reconhecer a analogia entre Greene e Falstaff é não apenas ver como era "impura e feia" a origem do brilhante, imenso e fascinante personagem de Shakespeare. De fato, Greene era também sórdido — um bêbado, embusteiro e mentiroso, cujos horizontes reais eram pateticamente estreitos se comparados a suas grandiosas pretensões. Essa sordidez é exatamente uma das características de Falstaff, reproduzida de forma quase literal nas "contas de taberna, notas de prostíbulos e um docinho para dar energia"[13] que Hal encontra quando revira seus bolsos. Não é preciso muita habilidade detetivesca por parte de Hal para descobrir como eram vazias as pretensões de Falstaff — só um tolo levaria a sério sua palavra, e o esperto Hal é tudo menos tolo. Tampouco exige muita perspicácia descobrir como eram repulsivas as circunstâncias reais da vida de Robert Greene. A tarefa mais exigente e interessante seria provar o poder das ilusões sem simplesmente sujeitar-se ao embuste e à mentira. O que Falstaff ajuda a revelar é que, para Shakespeare, Greene era um reles parasita, mas também um grotesco titã, uma versão de Sileno — bêbado da mitologia grega — da vida real, ou do Panúrgio, o incorrigível malandro de Rabelais.

    Shakespeare captou bem o paradoxo central da vida de Greene — esse homem graduado por Oxford e Cambridge que vivia em tabernas vulgares na companhia de rufiões — e transformou-o na condição social extremamente ambígua de Falstaff, o cavaleiro que é amigo íntimo tanto do príncipe de Gales quanto de uma corja de ladrões. Falstaff herdou o descomedimento e a devas-

---

12. "I know you all, and will awhile uphold/ The unyoked humor of your idleness./ Yet herein will I imitate the sun,/ Who doth permit the base contagious clouds/ To smother up his beauty from the world,/ That when he please again to be himself,/ Being wanted he may be more wondered at/ By breaking through the foul and ugly mists/ Of vapors that did seem to strangle him" (1.2.173-81).
13. "tavern reckonings, memorandums of bawdy-houses, and one poor pennyworth, of sugar--candy to make thee long-winded" (3.3.146-8).

sidão de Greene, sua "hidropisia", o pródigo desperdício de seus talentos, a cínica exploração dos amigos, seu descaramento, seu encanto sórdido. Captou também os breves e espalhafatosos surtos de arrependimento pelos quais Greene era famoso, com suas solenes promessas de regeneração que logo se transformavam em risadas irreverentes. "Antes de conhecer-te, Hal, eu não sabia de nada", diz Falstaff, bancando o inocente pervertido, "e agora eis-me aqui, e falando francamente não sou melhor que um pecador. Preciso mudar de vida, vou mudar de vida. Se não, por Deus, serei um malfeitor. Não quero me danar por culpa do filho de rei nenhum da cristandade." A isso, Hal — como os amigos que zombavam de Greene por suas resoluções piedosas — responde com uma simples pergunta: "Onde vamos roubar amanhã, Jack?". "Ora! Onde quiseres, rapaz: vamos lá, se eu der para trás podes me chamar de poltrão."[14] Acabou-se a regeneração.

Falstaff não era um retrato fiel de Robert Greene (que não era cavaleiro nem velho), da mesma forma como Doll Rasga-Lençóis não o era da virtuosa provinciana casada com Greene e por ele abandonada, ou a taberneira sra. Quickly o era da sra. Isam, com quem ele pegava dinheiro emprestado e que cuidou dele quando estava para morrer. Aqui, como em outras passagens, o mundo real de Shakespeare aparece em sua obra, mas com maior frequência de modo distorcido, invertido, disfarçado ou reimaginado. Não se trata de desvendar as reimaginações, como se as fontes da vida real fossem de alguma maneira mais interessantes que as metamorfoses, e sim de ressaltar a maravilha da criação shakespeariana — o trabalho imensamente ousado, generoso e imaginativo de tomar elementos da vida dissoluta de Robert Greene e usá-los para modelar o maior personagem cômico da literatura inglesa.

Greene não foi de maneira nenhuma a única fonte. Como muitas das criações mais memoráveis de Shakespeare, Falstaff é feito de uma multiplicidade de materiais, grande parte deles proveniente não da vida, mas da literatura. Shakespeare entendia seu mundo da forma como entendemos o nosso

---

14. "Before I knew thee, Hal, I knew nothing and now am I, if a man should speak truly, little better than one of the wicked. I must give over this life, and I will give it over. By the Lord, an I do not, I am a villain. I'll be damned for never a king's son in Christendom./ Where shall we take a purse tomorrow, Jack?/ Zounds, where thou wilt, lad! I'll make one; an I do not, call me villain" (1.2.82-9).

— suas experiências, como as nossas, eram mediadas por quantas histórias e imagens houvesse a seu dispor. Quando estava numa taberna e encontrava um soldado falastrão gabando-se de suas destemidas aventuras, ele via o soldado através da lente dos personagens que encontrara na literatura de ficção, e ao mesmo tempo adaptava a imagem que tinha dos personagens ficcionais usando a pessoa real que estava diante dele.

Para inventar Falstaff, Shakespeare partiu, como fez muitas vezes, de um personagem teatral, neste caso da peça *As famosas vitórias de Henrique V*, que tinha sido encenada pelos Homens da Rainha em Londres e em turnês. Essa peça anônima e tosca, que narrava a quase miraculosa transformação do príncipe Hal de rapaz esbanjador em rei heroico, tinha como personagem um cavaleiro dissoluto, sir John Oldcastle, que fazia parte do bando de ladrões e rufiões com que Hal tinha se envolvido. Shakespeare tomou essa figura (usou originalmente o mesmo nome, que só mudou para Falstaff depois que os descendentes de Oldcastle protestaram) e sobre essa débil base construiu sua vasta criação.

Tomou a figura venal do soldado fanfarrão, que estava sempre se gabando de suas proezas marciais, mas se finge de morto quando o perigo se aproxima, e combinou-a com outro venerável tipo cômico, o parasita, sempre faminto e sedento, sempre dando um jeito de seu rico protetor pagar a conta. A isso somou características do Vício das moralidades — a irreverência descarada, a busca exuberante de prazeres e uma habilidade sedutora para desviar jovens ingênuos do caminho austero da virtude. Misturou a isso alguns elementos de um estereótipo cultural mais recente, o puritano hipócrita que trombeteia seu compromisso com a virtude enquanto secretamente incorre em seus vícios sempre sensuais. Mas contemplar essas amostras de retalhos literários já é ver como a transformação que Shakespeare imprime a elas é total e inesperada.

Ele também deve ter ficado surpreso com o que começou a surgir quando se pôs a escrever *Henrique IV*. O que teria sido previsível, o que ele deve ter pretendido de início seria uma espécie de versão da figura vigorosa ainda que bastante convencional que na verdade ele criaria anos depois em *Tudo vai bem quando acaba bem*. Esse personagem, Paroles, tem bem a propósito todos os traços abomináveis do falastrão jactancioso corruptor de jovens, e a plateia é convidada a se divertir com seu desapontamento. Mas mesmo aqui, quando sua imaginação não estava no auge de seu poder, Shakespeare fez uma coisa estranha, que remete ao infinitamente maior Falstaff. Paroles tinha sido profundamente humilhado, exposto e denigrido ante seus amigos e companheiros de farda, de modo tão devastador que o suicídio que lhe é proposto parece ser a único caminho honroso para a continuidade da ação. Mas ele é tudo menos um homem honrado e, repelindo qualquer ideia de pôr fim à própria vida, tira uma licença. "Não serei mais capitão", reconhece Paroles com tristeza, mas seu estado de ânimo muda em seguida:

> Mas vou comer e beber e dormir tão bem
> Como um capitão. Aquilo que sou, por si só
> Me fará viver.[15]

Isso é a própria força vital.

Essa força vital existe em grau sem paralelo em Falstaff. Nele também ela reluz com mais brilho quando tudo o que tem a ver com a palavra "honra" — nome, reputação, dignidade, profissão, confiabilidade, honestidade — é eliminado. "A honra pode restituir uma perna?", pergunta Falstaff, em plena batalha.

> Não. Ou um braço? Não. Pode acabar com a dor de uma ferida? Não. Então a honra não pode fazer uma cirurgia? Não. O que é a honra? Uma palavra. O que há na palavra "honra"? O que é essa "honra"? Vento. Que pechincha! Quem a tem? Aquele que morreu na quarta-feira. Ele a sente? Não. Ele a ouve? Não. Ela é imperceptível, então? Certo, para os mortos, com certeza. Mas ela não vive com os vivos? Não. Por quê? A calúnia não permitiria. É por isso que não quero nem um pouco dela.[16]

Poucos momentos depois, debruçado sobre o corpo de sir Walter Blunt (que morrera lutando com bravura pelo rei), Falstaff aprofunda a absoluta opo-

---

15. "Captain I'll be no more/ But I will eat and drink and sleep as soft/ As captain shall. Simply the thing I am/ Shall make me live" (4.3.308-1).
16. "Can honor set-to a leg? No. Or an arm? No. Or take away the grief of a wound? No. Honor hath no skill in surgery, then? No. What is honor? A word. What is in that word 'honor'? What is that 'honor'? Air. A trim reckoning. Who hath it? He that died o'Wednesday. Doth he feel it? No. Doth he hear it? No. 'Tis insensible then? Yea, to the dead. But will it not live with the living? No. Why? Detraction will not suffer it. Therefore I'll none of it (*Henrique IV parte 1*, 5.1.130-8)".

sição entre palavras vazias e a única coisa que realmente importa, pelo menos para ele: "Não gosto da honra sorridente que sir Walter tem. Deem-me vida".[17]

Numa medida sem paralelo na obra de Shakespeare e quiçá em toda a literatura inglesa, Falstaff parece mesmo ter um misterioso princípio interior de vitalidade, como se pudesse vir à tona livre não só de fontes shakespearianas na vida e na arte, mas também da peça em que aparece. Se uma tradição teatral registrada pela primeira vez em 1702 estiver correta, a própria rainha Elizabeth não só admirava o grande personagem cômico de Shakespeare como também percebeu esse princípio interior: ela pediu ao autor que escrevesse uma peça mostrando Falstaff apaixonado. No prazo de duas semanas, ou assim se supõe, *As alegres comadres de Windsor* foi escrita para ser encenada pela primeira vez em 23 de abril de 1597, no grande banquete anual em comemoração à fundação da Ordem da Jarreteira. Já famoso na época de Shakespeare, constantemente mencionado durante todo o século XVII e tema de um famoso livro já no século XVIII, o gordo cavaleiro durante séculos desafiou admiradores a desvendar esse mistério: o humor e a capacidade de despertar o riso em outras pessoas; uma alegria sem igual; inteligência cruel e subversiva; exuberância carnavalesca. Cada uma dessas qualidades parece verdadeira, e ainda há sempre algo mais, algo fugidio que fica por ser explicado, como se o malandro tivesse em si o poder de resistir a todos os esforços voltados para analisá-lo ou refreá-lo.

Evidentemente, até o próprio Shakespeare lutou para manter sua criação dentro de certos limites. O clímax da segunda de suas grandes peças históricas em que Falstaff aparece é uma cena em que Hal, recém-coroado rei com o nome de Henrique V, frustra brutalmente as expectativas de pilhagem alimentadas pelo amigo: "Não o conheço, velho".[18] É o mais decisivo dos repúdios. Falstaff é expulso da presença real sob pena de morte, e as palavras irônicas e gélidas do rei ao antigo "tutor que alimentava minha esbórnia" prenuncia o destino final e literal de toda aquela corpulenta energia: "sabe que a sepultura será/ Três vezes mais larga para ti que para outros homens".[19] Ainda um momento depois, Falstaff parece que vai escapulir dessa esparrela — "Vinde al-

---

17. "I like not such grinning honour as Sir Walter hath. Give me life" (5.3.57-8).
18. "I know thee not, old man" (*Henrique IV parte 2*, 5.5.45).
19. "Tutor and the feeder of my riots/ know the grave doth gape/ For thee thrice wider than for other man" (5.5.60, 51-2).

moçar comigo. Vem, Tenente Pistola; vem, Bardolfo. Ele me chamará logo mais à noite"[20] — e no fim da peça Shakespeare anuncia que ele será trazido de volta uma vez mais. "Mais uma palavrinha, suplico-vos", intervém o ator que diz o epílogo. "Se ainda não enjoastes da carne gorda, nosso humilde autor continuará a história de sir John."[21] É como se o próprio Falstaff se negasse a aceitar a estrutura simbólica da peça que está acabando.

Embora tenha realmente se disposto a continuar a história, escrevendo uma peça sobre o grande triunfo de Henrique V sobre a França na batalha de Agincourt, Shakespeare reavaliou a situação. Era impossível incorporar a atitude cínica e anti-heroica de Falstaff — sua cômica e impiedosa demolição das pretensões idealizadas dos poderosos e sua insistência irredutível na primazia da carne — a uma celebração da liderança carismática e do heroísmo marcial. Essa celebração não se fez sem a característica inteligência cética de Shakespeare, mas para que a peça desse certo — para que Hal fosse algo mais que um falso rei — o ceticismo tinha de abrir mão da implacável zombaria que em duas peças consecutivas Falstaff articulara brilhantemente. Por essa razão, Shakespeare decidiu quebrar a promessa que fizera ao público e manter sua obra-prima da comicidade fora de *Henrique V*. Na verdade, decidiu livrar-se dele para sempre providenciando uma detalhada narrativa de morte: "Ele se foi bem entre as doze e as treze horas, bem quando a maré estava mudando", conta a sra. Quickly, de modo inesquecível,

> porque depois que o vi atrapalhado com os lençóis, brincando com flores imaginárias e sorrindo para a ponta do dedo, entendi que não tinha volta. Seu rosto estava emaciado e ele balbuciava algo sobre campos verdes. "O que é isso agora, sir John?", perguntei. "Vamos lá, homem! Seja bonzinho." E ele gritou "Deus, Deus, Deus!" três ou quatro vezes. Eu, para confortá-lo, disse-lhe que não pensasse em Deus; esperava que ainda não fosse hora de se preocupar com esses pensamentos. Ele então pediu que pusesse mais cobertas em seus pés. Pus a mão na cama e toquei os pés dele, que estavam frios como pedra. Depois senti as per-

---

20. "Go with me to dinner. Come, Lieutenant Pistol; come, Bardolph. I shall be sent for soon at night" (5.5.83-5).
21. "One word more, I beseech you. If you be not too much cloyed with fat meat, our humble author will continue the story with Sir John in it" (versos 22-4).

nas, frias como pedra, e fui sentindo, mais e mais para cima, e o corpo inteiro estava frio como pedra.²²

O drama, aqui, não está na cena da morte em si, que é mantida cuidadosamente longe da vista; o drama, como Shakespeare e seu público entenderam, é o espetáculo de um grande dramaturgo matando o maior de seus personagens cômicos. É claro que, dado o modo de vida de Falstaff, a causa oficial da morte deve ter sido os excessos — o equivalente ao banquete fatal de Greene, com arenque em conserva e vinho do Reno —, mas a peça deixa claro que o que houve no palco foi um assassinato simbólico: "O rei partiu-lhe o coração".²³

"Um Corvo arrivista, enfeitado com nossas plumas": Greene e sua turma, apesar da desbragada bebedeira e do esnobismo boêmio, viu algo de assustador em Shakespeare, uma habilidade para usar como se fosse seu aquilo que arrancava de outrem, uma assustadora capacidade de saquear, apropriar-se e assimilar. Shakespeare, por sua vez, entendeu que não fazia parte daquele grupo de cigarras, e era capaz, como o próprio Greene parece ter dado a entender, de recusar um pedido de ajuda vindo do vigarista indigente e desesperado.

No príncipe Hal, o autor de *Henrique IV* via a si mesmo, projetando em seu personagem uma mistura de participação experimental e cautelosa e de uma distância prudente; reconhecendo a utilidade prática de suas lições dos jogos de linguagem e da interpretação de um papel, aprendidos em tabernas; aceitando sem sentimentalismo a pecha de interesseiro calculista. Refletindo sobre a cena para a qual entrou no fim da década de 1580, Shakespeare reconhecia o que tinha de fazer para sobreviver. Mas a frieza que atribui a si mesmo — ou melhor, a Hal — era apenas um dos aspectos de sua relação com Greene, e talvez não o mais importante. Porque se Shakespeare tomou o que pôde de

---

22. "A parted ev'n just between twelve and one, ev'n at the turning o'th' tide; for after I saw him fumble with the sheets and play with flowers and smile upon his finger's end, I knew there was but one way, for his nose was as sharp as a pen, and he told of green fields. 'How now, Sir John?' quoth I. 'What, man, be o' good cheer!' So he cried out 'God, God, God!' three or four times. Now I, to comfort him, bid him he should not think of God. I hoped there was no need to trouble himself with any such thoughts yet. So he bade me lay more clothes on his feet. I put my hand into the bed and felt them, and they were as cold as any stone. Then I felt to his knees, and so upward and upward, and all was as cold as any stone" (*Henrique V*, 5.1.130-8).
23. "The king has killed his heart" (2.1.79).

Greene — se, como artista, ele tomou o que pôde de quantos conheceu —, protagonizou também um ato milagroso de generosidade imaginativa, profundamente despida de sentimentalismo e, para dizer a verdade, não totalmente humana. Uma generosidade humana teria implicado dar dinheiro ao desesperado Greene, o que teria sido insensato, quixotesco e sujeito a abuso. A generosidade de Shakespeare foi estética, e não pecuniária. Ele conferiu a Greene uma dádiva inestimável: a de transformá-lo em Falstaff.

8. Senhor-senhora

O tipógrafo oportunista Henry Chettle não foi o único a sofrer constrangimento depois que Shakespeare foi chamado de "Corvo arrivista". Houve boatos de que Thomas Nashe tinha um dedo no ataque, que talvez tivesse até escrito as palavras de despedida do amigo Robert Greene. Os boatos faziam total sentido: afinal, o satirista formado em Cambridge já havia distribuído achincalhes impressos semelhantes contra autores de parca educação, chamados por ele de "bando de embusteiros", que ousavam imitar autores de melhor formação escrevendo em versos brancos. Assim, em circunstâncias normais, Nashe poderia ter se comprazido em ser objeto de suspeita: na arte de ofender, ele cultivava a reputação de gênio impiedoso. No entanto, deve ter tido uma conversa inquietante com alguém, já que, embora não fosse dado a recuar numa polêmica, apressou-se em imprimir um desmentido de qualquer relação com *Um vintém do espírito*, que ele qualificou de "panfleto mentiroso e vulgar". Nashe fez o que pôde para que seu veemente desmentido fosse levado a sério: "Que Deus nunca receba minha alma e renuncie a mim para todo o sempre se uma só palavra ou sílaba desse documento saiu de minha pluma, ou se eu de qualquer forma participei de sua redação ou impressão". Os termos desse desmentido parecem emitir sinais de que Nashe sentia um pânico degradante.

Quem teria posto Nashe nesse aperto? Como a resposta a essa pergunta não pode ser o arrivista Shakespeare em pessoa, deve ter sido alguém muito mais poderoso e atemorizante. Mas quem? O candidato mais provável é, de longe, alguém ligado a Henry Wriothesley, terceiro conde de Southampton. É pouquíssimo provável que o conde, de dezenove anos, tenha se empenhado pessoalmente numa missão tão vulgar, mas, como no caso do duque de Orsino em *Noite de Reis*, havia muitos cavalheiros ansiosos para cumprir suas ordens e servir como seu moleque de recados. (Anos mais tarde, Southampton diria ter ido a algum lugar com "dez ou doze" de seus acompanhantes habituais.) Um candidato para essa missão em especial teria sido seu professor de francês e italiano, John Florio. Nascido em Londres, filho de refugiados protestantes que haviam emigrado da Itália, Florio já tinha publicado diversos manuais de línguas, além de um compêndio com 6 mil provérbios italianos; mais tarde produziria um alentado dicionário italiano-inglês e uma vigorosa tradução, muito usada por Shakespeare, dos *Ensaios* de Montaigne. Florio tornou-se amigo de Ben Jonson, e há indícios de que já no início da década de 1590 tinha razoável intimidade com o teatro.

Mas se Southampton, importante demais para resolver pessoalmente um desentendimento de bastidores, realmente mandou alguém como Florio para agir em seu lugar, como um conde — uma pessoa situada no mais alto degrau da hierarquia social — poderia ter conhecido Shakespeare? Aqui, como sempre, o elo exato se perdeu, com certeza de forma irrecuperável, mas a ambiguidade social do teatro certamente deve ter ajudado a possibilitar esse encontro. Atores e nobres pertenciam a universos sociais bem diferentes, mas as casas de espetáculo não: enquanto prostitutas, batedores de carteira e aprendizes maltrapilhos se acotovelavam no pátio, os aristocratas, fumando seus cachimbos e cheirando perfumes, sentavam-se em almofadas nos camarotes dos lordes para ver a representação e ser vistos.

Southampton, de quem se disse, no começo da década de 1590, que era "jovem e sonhador", e bastante "sugestionável", estava evidentemente entre esses amantes do teatro. Como escreveu um observador da época, ele e um de seus amigos, o conde de Ruthland, "ocupam seu tempo em Londres assistindo a peças todos os dias". Em uma dessas ocasiões, impressionado com a atuação de Shakespeare numa peça, por seus dotes de escritor ou por sua boa aparência, Southampton poderia ter ido aos bastidores, depois do espetáculo, para conhecê-lo, ou ter pedido a um conhecido de ambos que os apresentasse, ou, simplesmente, ter usado sua autoridade para ordenar que ele comparecesse a um encontro. A época mais provável desse primeiro contato teria sido 1591 ou começo de 1592, quando o conde, depois de se formar em Cambridge, acompanhava a rainha na corte e estudava direito em Gray's Inn.

Cortesãos e estudantes de direito estavam entre os mais entusiastas defensores dos teatros, mas Southampton podia estar sentindo prazer especial nas escapadelas imaginativas naquele momento da vida: ele estava submetido a uma enorme pressão para se casar. Os interesses não eram sentimentais, e sim financeiros, e imperiosos. Quando Southampton era criança, seus pais viveram uma separação rumorosa. O pai acusou a mãe de adultério e, depois de uma amarga separação, ela foi proibida de rever o filho. Então, pouco antes do oitavo aniversário de Southampton, seu pai morreu, e o rico herdeiro ficou sob a guarda de lorde Burghley, o homem mais poderoso da Inglaterra, tesoureiro da rainha Elizabeth. O velho Burghley foi relativamente cuidadoso com a educação de seu pupilo — levou-o para sua casa, contratou eminentes professores para educá-lo e mandou-o à Universidade de Cambridge à tenra idade de doze anos —, mas todo o sistema de tutela em vigor era extremamente mal planejado. Sua característica mais sinistra era dar ao tutor o direito de negociar casamento para seu pupilo. Se depois de fazer 21 anos o tutelado desistisse do casamento, poderia incorrer em prejuízos financeiros substanciais, pois teria de indenizar a família da noiva rejeitada. Quis o destino que Burghley acertasse o casamento de Southampton com sua própria neta. Também por artes do destino, Burghley assumiu o posto de mestre dos tutelados, o que significa que caberia a ele fixar a multa que seria paga no caso de Southampton se atrever a desistir do casamento. Quando chegou à idade convencionada, Southampton foi multado com a astronômica quantia de 5 mil libras.

Quando o casamento foi proposto, Southampton, que tinha dezesseis ou dezessete anos, recusou, declarando ser avesso não à moça, mas ao casamento como instituição. Ao tornar-se claro que não se tratava de um capricho passageiro mas de uma determinação, seus parentes, apavorados, antevendo a dissipação da fortuna familiar, começaram a aumentar a pressão. O problema era que o jovem conde era tão rico e normalmente tão despreocupado com seu dinheiro e suas terras que a perspectiva de uma perda pecuniária eventual não o assustava. Ele também não se importava com o desgosto de seu tutor e com as súplicas de uma mãe e de outros parentes mais distantes com quem tinha tido pouco ou nenhum contato.

Diante das circunstâncias, sua família e lorde Burghley adotaram outra tática. Passaram a visar não aos interesses materiais de Southampton — teriam fracassado redondamente —, mas sim a sua psique. Ou seja, trataram de conseguir um modo de chegar-lhe ao íntimo, ao ponto recôndito de onde nascera sua aversão ao casamento, e transformá-lo. Um dos meios que escolheram foi a poesia.

A estratégia não era inteiramente despropositada: o jovem nobre, obstinado e voluntarioso, recebera uma boa educação humanística, interessava-se por poesia e tinha sido criado com a expectativa de vir, algum dia, a tornar-se um mecenas de relevância. Se ele não atendia aos conselhos dos mais velhos, poderia, quem sabe, ser atingido por vias mais indiretas e ardilosas. Em 1591, recebeu de presente um refinado poema em latim, o primeiro que lhe foi dedicado. O poema, "Narciso", revive o mito do belo rapaz que se apaixona por seu próprio reflexo na água e, na vã tentativa de abraçá-lo, se afoga. O autor do poema, John Clapham, era um dos secretários de Burghley, e a adequação da advertência estava bem à vista.

Clapham pode ter decidido por si mesmo advertir o jovem pupilo de seu chefe dos perigos do egocentrismo, mas é mais provável que outra pessoa o tenha encarregado de fazê-lo. O tempo corria: Southampton faria 21 anos em 6 de outubro de 1594. O poema de Clapham indica que já em 1591 o prazo fatal ensejava a busca de métodos eficazes de persuasão. E isso nos leva de volta a Shakespeare. É possível que alguém, fosse do círculo de Burghley ou da mãe do jovem conde, tenha observado seu entusiasmo pelo talento ou pela pessoa de um ator que era também um promissor poeta. Quem quer que tenha notado esse entusiasmo — e as mais leves inclinações de um nobre rico eram com certeza cuidadosamente observadas — pode muito bem ter tido a boa ideia de encarregar o poeta de tentar convencer o jovem conde, efeminado e narcisista, a se casar. Essa encomenda ajuda a entender os primeiros dezessete da extraordinária sequência de 154 sonetos que acabaram sendo publicados muitos anos depois, presume-se, embora sem certeza, com a aprovação de Shakespeare.

Sem sombra de dúvida, o primeiro grupo de sonetos de Shakespeare tem em mente uma pessoa em particular: um jovem excepcionalmente belo, "voluntarioso",[1] que se recusa a casar e se consome na "vida de solteiro".[2] O poeta tem o cuidado de não ser demasiado explícito, já que uma recomendação ao conde, direta e identificável, teria sido presunçosa e indiscreta. Com efeito, cada um desses poemas traz em si uma possibilidade intrínseca de contestação. Ou seja, se confrontado com um leitor indignado, o poeta sempre poderia dizer: "fui mal interpretado, e isso vos levou a uma conclusão falsa. Afinal, eu não estava me referindo a *ele*". Mas se esses poemas foram de fato escritos para Southampton, como muitos acreditam, Shakespeare aderiu sem reservas ao estudo do problema enunciado no "Narciso" de Clapham: o jovem está apaixonado por si mesmo, "comprometido com o brilho de seus próprios olhos",[3] como diz sem rodeios o primeiro soneto.

A estratégia psicológica de Shakespeare, no entanto, é oposta à de Clapham. Ele não diz ao belo jovem que deve separar-se de seu próprio reflexo e que se acautele contra o amor por si mesmo. Pelo contrário, diz que esse amor é insuficiente:

> Olha em teu espelho, e dize ao rosto que vês
> Que é tempo de formar outro rosto.[4]

Olhando com nostalgia seu próprio reflexo, na contemplação da própria beleza, o rapaz decidiria fazer em carne e osso aquilo que só fazia postando-se diante do espelho: produzir uma imagem de si mesmo. É por meio da reprodução de seu "ar saudável" que uma pessoa pode se amar de verdade, projetando-se a si mesmo no futuro; só um insensato "seria o túmulo/ De seu amor-próprio sem posteridade".[5]

O tema da procriação é mais do que raro em sonetos, talvez nunca visto. Normalmente, o sonetista corteja uma amada, ou lamenta a indiferença dela, ou analisa a própria paixão. Não costuma dizer a um rapaz que, para fazer uma

---

1. "self-willed" (6.13).
2. "in single life" (9.2).
3. "contracted to thine own bright eyes" (1.5).
4. "Look in thy glass, and tell the face thou viewest/ Now is the time that face should form another" (3.1-2).
5. "[...] be the tomb/ Of his self-love to stop posterity" (3.3, 7-8).

cópia de seu lindo rosto, ele deve decidir se reproduzir. Se tivesse escrito sonetos em louvor da prometida do rapaz, Shakespeare poderia ter incorrido em pelo menos uma aparência de convencionalismo. Nesse caso, ele agiria como um dos pintores contratados para produzir uma imagem do futuro cônjuge no caso de noivos distantes e desconhecidos. Mas ele não fez nada disso. Embora incite o jovem a renunciar à masturbação e fazer sexo com uma mulher — não "gastes/ Sobre ti mesmo", recomenda com surpreendente clareza, instando-o a não ter "trânsito só contigo mesmo"[6] —, a identidade dessa mulher, a futura mãe de seu filho, parece assunto de somenos importância. Nenhuma mulher, escreve ele, recusaria: "onde estará a bela cujo ventre não semeado/ Despreza o fruto de tua lavoura?".[7]

A ideia de reprodução que Shakespeare passa ao jovem não é totalmente isenta de feminilidade, mas, dentro dos limites da carne, reduz o papel da mulher ao mínimo possível: um pedaço de solo não cultivado que ainda não deu espigas maduras. Todo o projeto iria por água abaixo se a criança apresentasse alguma semelhança com a mãe, já que o objetivo é produzir uma imagem do pai. No solo fértil de uma reprodutora sem nome e sem rosto — e, já que sem nome e sem rosto, por que não aceitar simplesmente a escolha que seu tutor tinha feito por ele? —, o rapaz plantaria a semente de sua própria beleza perfeita. Essa beleza tem em si tudo o que se poderia esperar de um rosto de mulher: "Tu és o espelho de tua mãe", diz o poeta ao rapaz, "e ela em ti/ Revive a primavera de sua juventude".[8]

Recentemente, descobriu-se um retrato de Southampton que pode ter sido pintado na época em que Shakespeare escreveu os sonetos de procriação. A imagem impressiona porque transforma o que sempre foi visto como exagero na linguagem do soneto em algo manifesto. Os cachos longos, a boca rósea, a consciência de ser "o mais viçoso ornamento do mundo",[9] o ar visível de um jovem apaixonado por si mesmo e, acima de tudo, a ambiguidade sexual, faz com que a pintura — que durante muito tempo foi tida pela imagem de uma

---

6. "[...] spend/ Upon thyself [...]/ traffic with thyself alone" (4.1-2, 9).
7. "[...] where is she so fair whose uneared womb/ Disdains the tillage of thy husbandry?" (3.5-16).
8. "Thou art thy mother's glass, and she in thee/ Calls back the lovely April of her prime" (3.9-10).
9. "the world's fresh ornament" (1.9).

mulher — sirva como nítida ilustração das qualidades de que Shakespeare fala nesses estranhíssimos primeiros sonetos.

A primeira edição da sequência completa — um volume in-quarto intitulado *Shake-speares Sonnets* — só apareceu em 1609. O nome de Shakespeare estava impresso em letras garrafais, com a intenção deliberada de vender muitos exemplares. Mas embora a maior parte dos livros impressos nesse período trombeteasse o vínculo com algum protetor poderoso, fosse por uma dedicatória, de uma nota do autor ou por outro meio, esse livro não anunciava nenhum vínculo claro e não identificava as pessoas a quem os sonetos tinham sido endereçados originalmente. A famosa dedicatória do editor na primeira edição — "Ao único inspirador dos sonetos que se seguem, mestre W. H., toda a felicidade e a eternidade prometida por nosso imortal poeta, são os votos do bem-intencionado empreededor da publicação deste livro. T. T." — não ajuda muito. Não fica claro se essas palavras revelam alguma coisa importante sobre Shakespeare ou apenas sobre o editor, Thomas Thorpe, cujas iniciais parecem reivindicar a dedicatória como sua. E se de alguma forma se determinasse que quem escreveu a dedicatória foi Shakespeare e não Thorpe, ainda não se saberia se "W. H.", iniciais do "único inspirador", são a inversão das iniciais de Henry Wriothesley, o conde de Southampton, ou se fazem referência a outra pessoa — talvez William Herbert, o conde de Pembroke, que posteriormente fez favores a Shakespeare, e a quem foi dedicada (com seu irmão Philip) a edição in-fólio das obras de Shakespeare publicada em 1623. Coincidentemente, em 1597 esse rico aristocrata, pertencente a uma família conhecida por seus interesses literários, também estava sendo compelido a casar. Se os primeiros poemas da sequência são compostos num estilo que remete ao início da década de 1590, época em que Southampton é o candidato mais provável, a maior parte dos poemas posteriores está próxima, do ponto de vista do estilo, do fim daquela década ou dos primeiros anos do novo século, quando a probabilidade de terem sido inspirados por Herbert é maior. Seria possível que Shakespeare, como propõem alguns especialistas, estivesse se dirigindo aos dois jovens sucessivamente, reciclando com astúcia as provas de afeto? Seria possível que as mesmas provas de afeto tenham sido originadas de poemas endereçados a outro rapaz ou a uma mulher que ele estivesse cortejando? Não há como chegar a uma certeza. Depois de gerações de pesquisas febris, ninguém foi capaz de oferecer nada além de suposições, fundamentadas ou levianas, imediatamente contrapostas a outras suposições, quase sempre com o acompanhamento de risotas de escárnio.

Os 154 sonetos estão ordenados de uma forma que sugere pelo menos os traços vagos de uma história, em que os atores incluem, além do autor dos poemas de amor e do rapaz bonito, um ou mais poetas rivais e uma mulher escura. O leitor é francamente incentivado a identificar Shakespeare com o narrador. Muitos poetas de amor do período se escondiam atrás de codinomes divertidos: Philip Sidney chamava a si mesmo de "Astrophil"; Spenser era o pastor "Colin Pancada"; Walter Ralegh, cujo prenome se pronunciava como *water*, água, era "Oceano". Mas neste caso não há disfarce; o que há, como anuncia o título, são *Shake-speare's Sonnets*, e o poeta faz trocadilhos a toda hora com seu prenome:

> Whoever hath her wish, thou hast thy Will
> And Will to boot, and Will in overplus. (135.1-2)[10]

Um dos efeitos mais surpreendentes dos melhores desses poemas — razão principal para que tenham atraído delirantes especulações biográficas, como uma chama atrai mariposas — é uma intimidade quase dolorosa. Eles parecem dar acesso ao que há de mais íntimo em Shakespeare. Os demais personagens, porém, são cuidadosamente ocultados. Fica claro que o leitor não pode adivinhar, com alguma certeza, a identidade delas.

Muito esforço já se fez para identificar o grande poeta rival e a "mulher escura". Seria Marlowe ou Chapman o rival? A mulher escura seria a poeta Emilia Lanier, antiga amante do lorde camerlengo, ou a cortesã Mary Fitton, ou a prostituta conhecida como Lucy Negro? Se identificar o rapaz dos dezessete primeiros sonetos como sendo Southampton é temerário, tentar dar nome aos demais personagens vai além de toda temeridade. Em parte, o problema reside na impossibilidade de responder, depois de passado tanto tempo, a perguntas fundamentais: quem integrava o círculo íntimo de Shakespeare em Londres? Ao longo de quanto tempo esses poemas foram escritos? Shakespeare

---

10. Trocadilho intraduzível em que Will (diminutivo de William) se contrapõe ao substantivo *will* ("desejo", "vontade", mas também "vagina"). O sentido dos versos é algo como: "Outras têm suas vontades, mas tu tens teu Will e, além disso, uma vagina e Will/vagina de sobra".

teria posto os poemas na ordem em que foram publicados? Aprovou a publicação? Até que ponto os poemas são diretamente confessionais?

Mas não foi apenas o tempo que tornou turvas essas relações. O empreendimento de escrever uma sequência de sonetos era como correr uma cortina transparente — como a dos tecidos vaporosos que os elisabetanos adoravam — diante da cena, de modo que apenas sombras pudessem ser vistas pelo público. No centro da página de rosto original, logo abaixo de *Shake-speare's Sonnets*, estão as palavras "Nunca impressos anteriormente". Esse aviso em destaque (verdadeiro, com apenas duas pequenas exceções, como se verá adiante) implica que o público já ouvia falar da existência desses poemas, mas até aquele momento não pudera comprá-los. Porque escrever sonetos, como os leitores da época entendiam muito bem, normalmente não implicava apenas fazê-los imprimir, com o que eles poderiam chegar às mãos de qualquer pessoa que tivesse dinheiro e interesse em comprar o livro. O que importava era fazê-los chegar na hora certa às mãos certas — normalmente, é claro, ao objeto da paixão do poeta, mas também aos círculos sociais mais íntimos frequentados tanto pelo poeta quanto pela pessoa amada (no caso de Shakespeare e do jovem aristocrata, bastante diferentes um do outro).

Escrever sonetos era, em sua forma mais prestigiada e definitória, um jogo sofisticado de cortesãos. Sir Thomas Wyatt e o conde de Surrey deram-lhe forma no reinado de Henrique VIII; sir Philip Sidney levou-o à perfeição no reinado de Elizabeth. O desafio do jogo era fazer com que o poema transmitisse o mais alto nível possível de intimidade, revelação e vulnerabilidade emocional, sem na verdade evidenciar alguma coisa comprometedora para qualquer pessoa de fora do círculo mais próximo. Na corte de Henrique VIII, os riscos eram relativamente elevados — eram muitos os rumores de adultério em torno do domicílio real e podiam levar à torre e ao cadafalso —, mas, mesmo em situações sociais menos perigosas, os sonetos sempre acarretavam algum risco. Sonetos demasiado cautelosos eram insípidos e só mostravam que o poeta era tedioso; sonetos demasiado transparentes podiam causar ofensas mortais.

Havia círculos dentro de círculos. Presumivelmente, se os primeiros dezessete sonetos de Shakespeare — os que incitavam o jovem a se casar e a ter um filho — foram de fato escritos para Southampton, este constituiria o círculo mais íntimo: era ele o leitor privilegiado que podia saber quase tudo. Mas seus amigos mais chegados saberiam de alguma coisa; aqueles dos círculos sociais mais amplos, bem menos; os de fora dessa órbita, mas ainda com alguma posição social, ainda menos; e assim por diante. A verdadeira maestria do poeta se manifesta mais plenamente quando os que estavam nas áreas mais externas achassem os poemas emocionantes e reveladores ainda que nada soubessem a respeito dos personagens principais, nem sequer seus nomes.

Mantendo seus poemas a alguma distância da realidade, Shakespeare podia ao mesmo tempo partilhá-los intimamente com o jovem, que não teria dificuldade em preencher os detalhes pessoais que faltassem, e fazê-los circular com segurança entre leitores que poderiam saborear sua beleza e admirar seu autor. "A doce e espirituosa alma de Ovídio vive no melífluo e convincente Shakespeare", escreveu um arguto observador da cena literária em 1598, elogiando "seus doces sonetos que circulam entre seus amigos pessoais etc."

Não demorou muito para que os poemas se libertassem do grupo de amigos pessoais e ganhassem vida própria, tornando-se independentes de suas circunstâncias imediatas, quaisquer que fossem elas. Apareceram versões impressas de dois sonetos numa coletânea não autorizada, *O peregrino passional. De W. Shakespeare*, cujo editor, William Jaggard, sem dúvida queria tirar proveito da celebridade do poeta. (Dos vinte poemas da coletânea, apenas cinco eram realmente de Shakespeare.) Não é apenas um equívoco moderno achar que poemas como "Devo igualar-te a um dia de verão?" tenham sido dirigidos não a um rapaz, mas a uma mulher; já nas décadas de 1620 e 1630 os sonetos eram transcritos como heterossexuais, e não homossexuais. E essa fluência, essa capacidade de ser imaginativamente transformado, parece ser parte da própria arquitetura do poema, uma manifestação de suprema habilidade no exercício desse jogo especial.

Assim, os sonetos eram ao mesmo tempo privados e sociais; ou seja, normalmente tomavam a forma de um discurso pessoal e íntimo, e ao mesmo tempo circulavam dentro de um pequeno grupo cujos valores e desejos eles refletiam, articulavam e reafirmavam. Podiam eventualmente atingir um universo maior — a sequência de 108 sonetos e onze canções de sir Philip Sidney, *Astrophil e Stella*, escrita no começo da década de 1580, chegou a simbolizar a elegância cortesã para toda uma geração de leitores —, mas só um número mínimo de leitores sabia quem eram as pessoas e quais as situações exatas às quais esses intrincados poemas dissimuladamente aludiam. Os que estavam de fora do grupo mais seleto — e hoje estamos todos nessa categoria — tinham de se contentar com a admiração pela arte do poeta e tatear no escuro da especulação biográfica.

No verão de 1592, Shakespeare tinha seus motivos para estar ansioso por receber a encomenda de escrever poemas que tivessem o fito de convencer um jovem rico a se casar. Uma das suas principais fontes de renda — que sustentava a ele, à mulher e aos filhos que deixara em Stratford — desaparecera. Em 12 de junho de 1592, o prefeito de Londres, sir William Webbe, escrevera a Burghley acerca de um tumulto que ocorrera na noite anterior em Southwark. Um grupo de chapeleiros, juntamente com uma multidão de "desordeiros indisciplinados", tentara resgatar um companheiro que se encontrava preso. Os arruaceiros tinham se reunido, destacou o prefeito em tom ameaçador, "num teatro, que, além de profanar o sábado, dá oportunidade de cometer essa e outras desordens similares". Como seria de se esperar, Burghley levou a sério a ameaça de novos distúrbios, pois em 23 de junho o Conselho Privado emitiu uma ordem de suspensão de todas as peças nos teatros de Londres. A medida não deve ter durado toda a temporada de verão — as companhias teatrais, junto com outras pessoas prejudicadas (como os "pobres barqueiros das margens", que viviam do transporte de passageiros pelo rio), pediram insistentemente o fim da proibição —, mas uma catástrofe muito mais grave ocorreria cerca de seis semanas depois.

O mais temível adversário do teatro, muito pior que os pregadores puritanos ou os magistrados hostis, era a peste bubônica. A política de saúde pública na Inglaterra elisabetana era absolutamente precária, e nada, ou pelo menos nada de correto, se sabia sobre as verdadeiras causas da peste. Com efeito, uma das medidas normalmente tomadas quando as mortes causadas pela peste começavam a aumentar — a matança de cães e gatos — só servia para piorar as coisas, destruindo os inimigos dos ratos, que, como se sabe hoje, eram os verdadeiros hospedeiros das pulgas transmissoras do terrível bacilo. Mas as pessoas tinham compreendido, por meio de dolorosa experiência, que o isolamento das vítimas reduzia a disseminação da doença — daí a rigorosa quarentena imposta às casas de doentes — e tinham compreendido também que havia uma relação entre o progresso da epidemia e as aglomerações. As autoridades não suspendiam os serviços religiosos, mas quando as mortes começavam a aumentar passavam a ver com desagrado qualquer outro tipo de reunião pública, até o momento em que, chegando o número de mortes a certo patamar (mais de trinta por semana em Londres), os teatros eram fechados.

Shakespeare e seus colegas atores deviam acompanhar com aflição os números da mortalidade à medida que o calor do verão aumentava, cada vez mais assustados com sua elevação progressiva. Sem dúvida as vozes dos inimigos do teatro se tornavam mais estridentes, gritando que Deus tinha enviado a peste a fim de castigar Londres por seus pecados, sobretudo a prostituição, a sodomia e o teatro. Casas de espetáculos, arenas de ursos e outros locais de reunião — com exceção das igrejas — recebiam ordem de fechar até novo aviso. Quando as companhias teatrais tinham sorte, seus patronos lhes davam algum dinheiro para socorrê-las. Alguns atores arrumavam adereços e figurinos em carroças e saíam em turnê, ganhando o que fosse possível, ainda que pouco, nas províncias. Mas aquela vida era indiscutivelmente difícil, e Shakespeare teria acolhido de bom grado uma alternativa, se aparecesse alguma. A proposta de escrever sonetos para um rapaz mimado e riquíssimo que relutava em casar deve ter chegado a ele como um presente dos deuses.

Já entre os dezessete primeiros sonetos, escritos como se tivessem sido encomendados, há indícios de que a tarefa do poeta se complicava com ideias e sentimentos difíceis de conciliar com a missão. Talvez o relacionamento real que tornou plausível para algumas pessoas sugerir que Shakespeare escrevesse aqueles poemas atrapalhasse sua realização satisfatória. "Faze outro ser de ti mesmo se me amas",[11] insta o poeta, como se esperasse que suas súplicas emotivas surtissem efeito. Mas como exatamente elas surtiriam efeito, e se isso acontecesse, como exatamente poderiam dar força à ideia de que o jovem devia gerar uma criança? O que esperava o poeta desse filho de seu amigo? Em tese, a resposta estaria na capacidade da criança de opor-se ao poder maligno do tempo: quando os anos tivessem destruído de forma definitiva a beleza que tem a juventude, o filho seria portador daquela beleza para a geração seguinte. Mas, mesmo ao apresentar esse argumento, o poeta suscita outro, claramente mais representativo para ele, que preenche a fantasia da reprodução perfeita sem mulher:

---

11. "Make thee another self for love of me" (10.13).

E crua guerra contra o tempo enfrento,
Pois tudo o que te toma eu te acrescento.[12]

"Eu te acrescento" — o poder reprodutivo em questão aqui é o poder da poesia. Por um momento persistente, o nascimento de uma criança ainda tem importância: sem uma imagem viva da juventude para comprovar as afirmações do poeta, "Quem há de crer em meus versos um dia?",[13] mas aqui a criança imaginária foi reduzida a um elemento comprobatório, e pouco depois desaparece completamente:

Devo igualar-te a um dia de verão?
Mais afável e belo é o teu semblante.
O vento esfolha maio inda em botão,
Dura o termo estival um breve instante.
Muitas vezes a luz do céu calcina,
Mas o áureo tom também perde a clareza:
De seu belo a beleza enfim declina,
Ao léu ou pelas leis da natureza.
Só teu verão eterno não se acaba
Nem a posse de tua formosura;
De impor-te a sombra a morte não se gaba
Pois que esta estrofe eterna ao tempo dura.
Enquanto houver viventes nesta lida,
Há de viver meu verso e te dar vida.[14]

---

12. "And all in war with time for love of you,/ As he takes from you, I engraft you new" (15.13-4, *42 Sonetos*, trad. Ivo Barroso. Rio de Janeiro: Nova Fronteira, 2005).
13. "Who will believe my verse in time to come?" (17.1).
14. "Shall I compare thee to a summer's day?/ Thou art more lovely and more temperate./ Rough winds do shake the darling buds of May,/ And summer's lease hath all too short a date./ Sometime too hot the eye of heaven shines,/ And often is his gold complexion dimmed,/ And every fair from fair sometime declines,/ By chance or nature's changing course untrimmed;/ But thy eternal summer shall not fade/ Nor lose possession of that fair thou ow'st./ Nor shall death brag thou wander'st in his shade/ When in eternal lines to time thou grow't./ So long as men can breathe or eyes can see,/ So long lives this, and this gives life to thee" (soneto 18, trad. Ivo Barroso).

O sonho da criança como imagem espelhada, projetada no futuro, foi posto de lado por "meu verso" — *este* poema de amor, o belo espelho feito de palavras, esse meio bem mais seguro de preservar intacta a beleza perfeita e levá-la às gerações sucessivas. Na verdade, Shakespeare ocupou o lugar da mulher que ele mesmo instara o jovem a engravidar; o trabalho do poeta, não o da mulher, preservaria para o futuro a imagem perene do rapaz.

É essa, como Shakespeare entendeu como ninguém, a essência da comédia romântica: o intermediário acaba envolvido no romance. Esse é o tema principal de *Noite de Reis*. Viola, disfarçada de rapaz e a serviço do duque de Orsino, recebe como tarefa ajudá-lo a conquistar a condessa Olívia: "Farei o melhor que possa/ Para cortejar vossa dama", diz Viola a seu senhor, acrescentando ainda que sua missão é dolorosa: "Quem quer que eu corteje, quisera eu mesma ser sua esposa".[15] Existe, é claro, uma grande diferença entre esta situação e a que se delineia nos sonetos. Embora vestida de homem, quando ela suspira por seu senhor, seu desejo é o desejo de uma mulher por um homem e pode ser satisfeito pelo casamento (assim que ela trocar de roupa). Mas *Noite de Reis* complica as coisas sugerindo que a questão crucial não é a de gênero: Orsino está evidentemente atraído pelo criado que ele imagina ser um rapaz sexualmente ambíguo, e Olívia cai de amores pelo mesmo intermediário ambíguo. Na mesma linha, embora sem a narrativa explícita, os sonetos de Shakespeare exibem o triunfo do amor avassalador do próprio poeta sobre o projeto inicial de persuadir o jovem a se casar.

Será que isso é verdade ou apenas uma peça de retórica lisonjeira? Impossível dizer. Mas, para o jovem frívolo que era o destinatário dos poemas, a narrativa de Shakespeare — nunca explícita, mas nunca totalmente obscura — deve ter sido muito gratificante. Alguma coisa aconteceu com o poeta, sugerem os sonetos, quando ele assumiu a tarefa de persuadir o belo jovem a se casar: percebeu que estava saudoso da própria juventude. O poeta já não é capaz de compreender aonde isso iria parar. Sabe que o jovem o vê como pouco mais que um criado — e mais velho também. Mas anseia por sua companhia e em sua presença sente algo que nunca sentiu com nenhuma mulher. Quer

---

15. "I'll do my best/ To woo your lady [...]/ Whoe'er I woo, myself would be his wife" (1.4.39-41).

encantá-lo, quer estar com ele, quer ser ele; ele é sua visão de juventude, de nobreza, de beleza perfeita. O poeta se apaixona por ele.

Os sonetos exprimem esse amor com uma exaltação apaixonada e extravagante: a imagem do jovem é "igual a joia erguida em noite horrenda";[16] seu encanto excede as mais idealizadas descrições de Adônis ou Helena (53); ele é "tão sábio quanto belo",[17] sua mão é mais branca que um lírio, e a cor de suas faces é mais delicada que uma rosa (98); tudo o que "plumas antigas" escreveram "Em louvor de moças mortas e amáveis cavaleiros" — "De mãos, de pés, de lábios, de olhos e de fronte" — era uma profecia de sua própria beleza.[18] Para o poeta ele é seu sol, sua rosa, seu coração, seu "de tudo o mais querido",[19] sua linda flor, seu doce amor, seu menino amado.

Ao mesmo tempo, e em termos igualmente apaixonados, os sonetos elaboram os reclamos da poesia: "pois jovem sempre há de o manter meu verso".[20] "Nem mármore nem áureos monumentos/ De reis hão de durar mais que esta rima";[21] a foice do tempo tudo ceifa e ainda que "meus versos ficarão";[22] as horas impiedosas sugarão o sangue do jovem e sulcarão rugas em seu cenho, mas "Sua beleza será vista nestas linhas";[23] a cruel lâmina do tempo pode levar "a vida de meu amor", mas "nunca levar da memória/ A beleza de meu doce amor";[24] "quando eu na terra estiver apodrecendo" e tu estiveres em tua tumba, "Teu monumento será meu suave verso".[25] Esta última frase casualmente incorpora a condição social com que Shakespeare sempre sonhava, mas o sonho aqui é bem mais ambicioso, invocando um poder quase divino: "Teu nome daí em diante" — quer dizer, por obra de meu suave verso — "terá vida imortal".[26]

---

16. "like a jewel hung in ghastly night" (27-11, trad. Ivo Barroso).
17. "as fair in knowledge as in hue" (82.5).
18. "In praise of ladies dead and lovely knights [...]/ Of hand, of foot, of lip, of eye, of brow" (106.4-7).
19. "best of dearest" (48.7).
20. "My love shall in my verse ever live young" (19.14, trad. Ivo Barroso).
21. "Not marble nor the gilded monuments/ Of princes shall outlive this powerful rhyme" (55.1-2).
22. "my verse shall stand" (60.13, trad. Ivo Barroso).
23. "His beauty shall in these black lines be seen" (63.13).
24. "never cut from memory/ My sweet love's beauty" (63.11-2).
25. "when I in earth am rotten [...]/ Your monument shall be my gentle verse" (81.2, 9).
26. "Your name from hence immortal life shall have" (81.5).

A ironia, é claro, é que os sonetos em si não dão vida absolutamente ao *nome* do amado, pela simples razão de que ele nunca é nomeado. Shakespeare, ao que parece, manteve o nome do amado deliberadamente de fora dos poemas que pretendem conferir a esse nome uma vida imortal.

Se não é despropositado supor que o jovem do primeiro conjunto de poemas seja o conde de Southampton é porque as circunstâncias pessoais do conde se encaixam à perfeição na situação que se delineia, porque sua família já tinha anteriormente tentado a persuasão literária e, sobretudo, porque na década de 1590 Shakespeare dedicou ao conde dois longos poemas muito elaborados: *Vênus e Adônis* e *O rapto de Lucrécia*. As cartas dedicatórias desses longos poemas são os únicos documentos desse tipo escritos de próprio punho por Shakespeare e, com os poemas que elas apresentam, são bem reveladoras do homem que os escreveu — ou pelo menos reveladoras do lado que ele gostaria de apresentar ao conde.

A linguagem da primeira dessas dedicatórias, a de *Vênus e Adônis*, é formal, emocionalmente contida e socialmente defensiva: "Não sei se vos ofendo ao dedicar minhas incultas linhas a Vossa Graça, nem se o mundo me censuraria por escolher tão forte apoio para tão débil carga". Escrito provavelmente no fim de 1592, muito perto da época em que devem ter sido escritos os sonetos de procriação, o refinado poema narrativo, qualquer coisa menos "inculto", era um claro pedido de patronato — ou seja, de proteção contra a "censura" restaurada e de qualquer outra recompensa mais palpável que ao pródigo nobre aprouvesse oferecer.

A demonstração de hesitação e ansiedade da dedicatória deve ter sido sincera. Publicada em 1593, *Vênus e Adônis* foi a primeira obra de Shakespeare a ser impressa. Aparentemente desinteressado quanto à publicação de seus trabalhos durante a maior parte da carreira, dessa vez ele dá sinais claros de preocupação. Escolheu para tipógrafo uma pessoa em quem podia confiar, Richard Field, seu conterrâneo de Stratford-upon-Avon. A escolha foi acertada: Field produziu um livrinho inusitadamente bonito, muito apresentável. Shakespeare estava tentando, talvez pela primeira e única vez em sua carreira, encontrar um patrono e, com os teatros fechados e a peste grassando, ele pode ter pensado que faria um grande negócio se tivesse sucesso. Mesmo que Southampton já lhe tivesse manifestado sua simpatia, à raiz do caso *Um vintém do espírito*, e mesmo que o aristocrata e o humilde ator já tivessem tido algum contato animador — e, é claro, estas são apenas especulações —, Shakespeare poderia estar inseguro quanto à recepção de *Vênus e Adônis*.

Era se como aos vinte e tantos anos Shakespeare tivesse decidido iniciar-se numa nova profissão, como se nunca tivesse escrito nada. Agora ele tentava se firmar não como dramaturgo popular, mas como poeta culto, uma pessoa que poderia galhardamente aceder ao mundo mitológico ao qual os poetas rivais formados em universidades reclamavam acesso exclusivo. E tentava também dirigir-se à situação peculiar de Southampton: o poema escolhe como tema o belo jovem, pouco mais que um menino, que resiste à bajulação da deusa do amor. Se o "padrinho" do poema — o nobre de dezoito anos — visse qualidades na obra, escreve Shakespeare, ele tentaria "um trabalho mais sério. Mas se o primeiro herdeiro de minha invenção se mostrar deformado" — como nos sonetos, a carta dedicatória transforma poemas em crianças —, então o poeta "nunca mais lavraria terra tão estéril". Talvez Shakespeare falasse com sinceridade, pois não haveria sentido em empreender um novo esforço se houvesse uma rejeição liminar de Southampton ao primeiro.

O tema de *Vênus e Adônis* faz eco à advertência dos sonetos: um menino que rejeita o amor — o Amor em pessoa, já que se trata de Vênus — permite que a morte triunfe sobre ele. Em três quartas partes do poema de 1200 versos, Vênus, tomada de um desejo febril, suplica, acaricia, atrai, arenga e quase agride Adônis. Acusando o jovem de amar a si mesmo, ela lhe pede que produzam um herdeiro. Mas é tudo em vão. Libertando-se do abraço da deusa, Adônis vai à caça e logo é morto por um "javali horrendo, feroz, com focinho de ouriço" (verso 1105). Do sangue que jorra de seus ferimentos brota uma flor púrpura, a anêmona, que Vênus, condoída, colhe e aninha no regaço.

Tomado em abstrato, o argumento de Vênus e Adônis talvez atraísse o austero e manipulador tutor Burghley. Mas o poema é tudo menos austero. Aqui também, como nos sonetos, a cautela prudente dá lugar a algo mais, algo sedutor que esse poeta em particular, William Shakespeare, oferece ao jovem. *Vênus e Adônis* é uma mostra espetacular da marca distintiva de Shakespeare, de sua assombrosa capacidade de estar em toda parte e em parte alguma, de assumir todas as posições e escapar livre de constrangimentos. Essa capacidade depende da conquista paradoxal de proximidade e distância ao mesmo tempo, intimidade e afastamento. De outra forma, como seria possível estar em tantos lugares simultaneamente? Shakespeare exibe aqui, de forma estranhamente concentrada, a sensibilidade que o capacitou a escrever suas peças.

O efeito é uma mistura de excitação sexual, dor e riso contido. Em alguns momentos, a deusa do amor parece enorme, uma *dominatrix* que se agiganta sobre seu diminuto e indiferente amante:

> De um de seus braços pende a rédea do corcel;
> Enquanto o outro abraça o doce e meigo jovem,
> Que, enrubescido, agastado e desdenhoso
> Indiferente ao jogo, não mostra desejo algum.[27]

Em outros momentos, ela é a frágil heroína romântica, desfalecendo a um mero olhar de desaprovação, e então, quando o menino arrependido tenta reanimá-la, repentinamente se reduz a uma farsesca boneca de trapo:

> Ele lhe aperta o nariz, bate-lhe nas faces,
> Dobra-lhe os dedos, agarra-lhe os pulsos;
> Fricciona os lábios dela, procura mil maneiras
> De reparar a dor que sua rudeza causou.[28]

Em passagens como essas parece que estamos a grande distância dos personagens, observando sua agitação da mesma forma que a plateia de *Sonho de uma noite de verão* observa os amantes enlouquecidos nas florestas de Atenas. Mas então, de forma repentina — e sem perder o distanciamento humorístico — nos vemos desconfortavelmente perto. Vênus não apenas suspira por Adônis, ela "cruza os dedos alvos, um a um" (verso 228) em torno do menino relutante e lhe propõe que ele "paste" (verso 233) em seu corpo:

> Aqui neste lugar há tudo o que desejas,
> Planície deliciosa cheia de relva em flor,

---

27. "Over one arm, the lusty course's rein;/ Under her other was the tender boy,/ Who blushed ant pouted in a dull disdain/ With leaden appetite, unapt to toy" (versos 31-4).
28. "He wrings her nose, he strikes her on the cheeks,/ He bends her fingers, holds her pulses hard;/ He chafes her lips; a thousand ways he seeks/ To mend the hurt that his unkindness marred" (versos 475-8).

> Colinas redondas, bosques fechados e escuros,
> Para te proteger da tempestade e da chuva.[29]

Adônis tenta escapar aos beijos ávidos de Vênus para, instantes depois, submeter-se passivamente, de pura exaustão:

> Excitado, a desmaiar de cansaço dos amplexos da deusa,
> Qual pássaro selvagem que as carícias domam[30]

As metáforas muitas vezes funcionam em poesia como meio de distanciar o leitor de um personagem ou de uma situação, mas não neste caso. Aqui elas têm meios de intensificar a proximidade física e emocional, de maneira que vemos tudo num *close-up* contínuo. As covinhas das faces de Adônis são "encantadores furinhos redondos" que "abrem a boca para engolir o amor de Vênus".[31] O rosto da deusa "trescala e fuma"[32] de excitação. E quando ambos se reclinam — ou melhor, quando Vênus atira Adônis no chão —, eles se acham não apenas num leito de flores, mas sobre "violetas de veios azulados".[33]

Sem nunca aparecer em pessoa — já que, afinal, trata-se de uma fantasia mitológica —, Shakespeare está sempre e inelutavelmente presente em *Vênus e Adônis*, como se quisesse que Southampton (e talvez "o mundo", ao qual ele lança um olhar em sua dedicatória) compreenda por inteiro seu extraordinário poder de identificação. Ele está presente em Vênus, em sua urgência física, em sua inventividade retórica, e está também em Adônis, em sua impaciência e em seu desapreço misógino. Mas está da mesma forma em tudo o mais. Se uma égua pudesse escrever um poema de amor a um garanhão (ou, mais precisamente, uma descrição extasiada dos traços do ser amado, uma verdadeira louvação), escreveria mais ou menos isto:

---

29. "Within this limit is relief enough,/ Sweet bottom-grass, and high delightful plain,/ Round rising hillocks, brakes obscure and rough,/ To shelter thee from tempest e from rain" (versos 235-8).
30. "Hot, faint, and weary with her hard embracing,/ Like a wild bird being tamed with too much handling" (versos 559-60).
31. "round enchanting pits/ Opened their mouths to swallow Venus' liking" (versos 247-8).
32. "doth reek and smoke" (verso 555).
33. "blue-veined violets" (verso 125).

Cascos redondos, andadura curta, machinho basto e longo,
Peitoral e olhos grandes, cabeça miúda, narinas abertas;
Pescoço ereto, orelhas curtas, patas firmes e robustas;
Crina finíssima, cauda espessa, ancas largas, pelo macio.[34]

Se uma lebre pudesse escrever um poema sobre a angústia de ser caçada, escreveria o seguinte:

Verás a pobre lebre encharcada de orvalho
Dar voltas e mais voltas, deixando suas pegadas.
Cada urze machuca suas patas fatigadas;
Cada sombra a assusta, cada ruído a detém.[35]

A questão não é se cavalos e lebres são importantes para o poema: não são. A questão é que Shakespeare entra na pele deles sem nenhum esforço.

O que você ofereceria a um aristocrata belo, jovem e mimado que tem tudo? Você se daria de presente, com um universo em que tudo tem uma carga erótica, uma carga cuja premência confunde os papéis de mãe e amante. Eis Vênus, ouvindo o ruído da caçada e correndo em pânico para a cena:

Ela sai correndo entre os arbustos
Que seguram-lhe o pescoço, beijam-lhe a face,
Outros se lhe enroscam nas pernas, a detê-la.
Mas ela com vigor se desprende desse abraço,
Como cerva lactante, com as tetas doídas,
Tentando amamentar o filhote enredado.[36]

---

34. "Round-hoofed, short-jointed, fetlocks shag and long,/ Broad breast, full eye, small head, and nostril wide,/ High crest, short ears, straight legs, and passing strong;/ Thin mane, thick tail, broad buttock, tender hide" (versos 295-8).
35. "Then shalt thou see the dew-bedabbled wretch/ Turn, and return, indenting with the way./ Each envious brier his weary legs do scratch;/ Each shadow makes him stop, each murmur stay" (versos 703-6).
36. "And as she runs, the bushes in the way/ Some catch her by the neck, some kiss her face,/ Some twine about her thigh to make her stay./ She wildly breaketh from their strict embrace,/ Like a milch doe whose swelling dugs do ache,/ Hasting to feed her fawn hid in some brake" (versos 871-6).

Como é que você desperta e retém a atenção de um jovem enfastiado? Você o apresenta a um mundo de exacerbada sensibilidade ao prazer e à dor. Eis Vênus, fechando os olhos à vista de Adônis ferido de morte:

> Ou como o caracol, que a um toque nas antenas
> Se recolhe dolorido a sua gruta de concha,
> E todo encolhido permanece na sombra,
> Por longo tempo, ainda com medo de sair;
> Assim, à vista do sangue, seus olhos se refugiam
> Na escuridão profunda de suas órbitas.[37]

E se você está solicitando a generosidade de um patrono nobre, que presente estupendo poderia lhe dar em agradecimento? Você lhe propõe transformar simbolicamente a morte em orgasmo. Eis Vênus, dizendo a si mesma que o javali não pretendia matar Adônis, e sim beijá-lo:

> Fuçando-lhe o quadril, o carinhoso suíno
> Sem querer enfiou-lhe a presa na tenra virilha.[38]

O "carinhoso suíno" nada mais fez além do que ela mesma vinha lhe propondo:

> Se eu também tivesse presas, devo confessar,
> Teria provocado sua morte com meus beijos.[39]

Era isso o que Shakespeare tinha a oferecer.

Como era de se esperar, *Vênus e Adônis* agradou ao conde: a julgar pela febre de imitações, comentários elogiosos e reimpressões — dez vezes em

---

[37]. "Or as the snail, whose tender horns being hit/ Shrinks backward in his shelly cave with pain,/ And there, all smothered up, in shade doth sit,/ Long after fearing to creep forth again;/ So at his bloody view her eyes are fled/ Into the deep dark cabins of her head" (versos 1033-8).
[38]. "And, nuzzling in his flank, the loving swine/ Sheathed unaware the tusk in his soft groin" (versos 1115-6).
[39]. "Had I been toothed like him, I must confess/ With kissing him I should have killed him first" (versos 1117-8).

1602! —, o poema agradou a praticamente todo mundo. Ao que parece, era particularmente bem recebido pelos rapazes. Animado pelo sucesso, Shakespeare foi fiel a sua promessa e trouxe à luz, um ano depois, *Lucrécia*, muito mais circunspecto. Mas dessa vez o tom da carta dedicatória a Southampton já não era hesitante, cauteloso ou ansioso: "O amor que dedico a Vossa Graça é infinito [...]. O que fiz é vosso, o que farei é vosso, sois parte de tudo o que tenho, devotadamente vosso". As dedicatórias elisabetanas eram em geral bastante rebuscadas, mas o que Shakespeare escreveu aqui não era nada comum. Não era, como se poderia esperar, um exercício de louvor, ou o desejo de agradar, ou o pedido de patronato; era uma declaração pública de amor ardente e sem limite.

Alguma coisa aconteceu no ano que transcorreu entre *Vênus e Adônis* e *O rapto de Lucrécia*, algo que levou Shakespeare a mudar de "Não sei se vos ofendo" para "amor [...] infinito". Não se tem acesso direto a esse acontecimento, seja o que for, mas é possível que os sonetos tragam pistas dele. Porque os sonetos — admitindo-se que a maior parte dos 126 primeiros tenham sido escritos para a mesma pessoa — não apenas louvam o jovem e afirmam o poder da poesia, mas desenham um relacionamento que se desenrola ao longo do tempo, com toda probabilidade ao longo de anos. A admiração amadurece e se torna adoração; períodos de alegre intimidade são seguidos de ausência e saudades desesperadas; o poeta se atormenta ao suportar a separação de seu amado; sente-se de muitas formas indigno de amor tão precioso, mas também é consciente de que por meio de sua arte é capaz de conferir imortalidade à beleza mortal do rapaz; sabe que chegará o dia, talvez em breve, em que o jovem o verá como um ancião decrépito e já não se importará com ele; luta para aceitar a inevitável perda de um amor que o manteve vivo; o louvor exuberante dá lugar à recriminação e à insegurança; o poeta ao mesmo tempo se excita e se atormenta por sua inferioridade social; a devoção apaixonada se transforma em subserviência abjeta, e essa subserviência aos poucos se atenua com uma independência crítica parcial; ele insiste que o jovem é perfeito, mesmo reconhecendo-lhe profundas falhas de caráter.

No meio desse emaranhado de emoções alternadas e obsessivas, há vislumbres do que podem ter sido acontecimentos específicos. O jovem sucumbe à tentação e dorme com a amante do poeta. A traição é menos dolorosa pela infidelidade dela — "E diga-se que a amei de amor profundo"[40] — do que pela dele, porque ele é o amor que importa. O próprio poeta é, de alguma forma não especificada, infiel ao rapaz, mas ousa esperar ser perdoado de sua "transgressão"[41] porque em circunstâncias semelhantes ele havia antes perdoado o rapaz. O poeta dera de presente uma lembrança — um caderno ou bloco — que recebera do jovem, mas isso não tem importância, porque o presente está inalienavelmente instalado em seu cérebro e em seu coração. Muitos rivais — entre eles pelo menos um escritor bastante famoso — competem, ao que tudo indica com êxito, pela atenção e pelos favores do jovem. E o "evento" culminante: a partir do soneto 127, o poeta desvia sua atenção obsessiva do belo jovem e dirige-a para seus sentimentos — uma mistura de desejo e repulsa — para com sua amante, de olhos e cabelos negros, sexualmente voraz.

Muitos biógrafos sucumbiram à tentação de transformar esses indícios de acontecimentos numa trama romântica completa, mas para isso é preciso tentar fugir à força gravitacional intensa de cada poema em si. Shakespeare, que tinha um talento natural para a narrativa, fez questão de que os sonetos não contassem uma história totalmente coerente. Cada um dos grandes poemas da sequência — e são muitos — é um mundo particular, é o ensaio comprimido, muitas vezes incrivelmente complexo em seus catorze versos, de um roteiro emocional que o dramaturgo, se quisesse, poderia ter transformado numa cena ou numa peça completa. Exemplo disso é o celebrado soneto 138, afastado de qualquer contexto narrativo e antologizado já em vida do autor.

> Quando jura ser feita de verdades
> Em minha amada creio, e sei que mente,
> E passo assim por moço inexperiente
> Não versado em mundanas falsidades.
> Mas crendo em vão que ela me crê mais jovem,
> Pois sabe bem que o tempo meu já míngua,
> Simplesmente acredito em falsa língua;
> E a patente verdade os dois removem.
> Por que razão infiel não se diz ela?

---

40. "And yet it may be said I loved her dearly" (42.2, trad. Ivo Barroso).
41. "transgression" (120.3).

Por que razão também escondo a idade?
É hábito fingir sinceridade,
E amante idoso os anos não revela.
Por isso eu minto, e ela em falso jura,
E sentimos lisonja na impostura.[42]

"Em minha amada creio, e sei que mente." Como o poeta deixa claro que sabe perfeitamente que sua amante é infiel, "Em minha amada creio" pode ser uma abreviação de "Em minha amada finjo crer". O enredo, ao que parece, é alguma daquelas histórias de dor de corno que fascinavam Shakespeare e seus contemporâneos; os versos iniciais dão voz à sombria suspeita que conduz à farsa em *Muito barulho por nada*, ou ao assassinato em *Conto de inverno*. Aqui a suspeita dá uma guinada própria de relacionamentos entre pessoas de idades muito diferentes, como a ansiedade que toma conta da mente de Otelo, dolorosamente consciente de que, comparado a Desdêmona, está "no declive dos anos — ainda que não tantos".[43]

O poeta prossegue, reconhecendo que sua estratégia — fingir-se de simplório para parecer mais jovem do que é — na verdade não engana sua amante em momento algum, como não é enganado pela "falsa língua" dela. "E a patente verdade os dois removem." Agora entra em cena um enredo diferente, nem farsesco nem trágico, de certa forma semelhante ao jogo estratégico de mentiras recíprocas em que se envolvem o Antônio e a Cleópatra de Shakespeare (como também quase todos os demais personagens dessa peça). "A patente verdade" — a verdade da infidelidade da mulher escura e da idade do poeta — é suprimida simplesmente acreditando ele nas mentiras dela, ou seja, por uma incursão deliberada na ficção. Uma maneira de caracterizar essa incursão pode ser a expressão de Coleridge para a atitude que uma pessoa toma

---

42. "When my love swears that she is made of truth/ I do believe her though I know she lies,/ That she might think me some untutored youth,/ Unlearnèd in the world's false subtleties./ Thus vainly thinking that she thinks me young,/ Although she knows my days are past the best,/ Simply I credit her false-speaking tongue:/ On both sides thus is simple truth suppressed./ But wherefore says she not she is unjust,/ And wherefore say not I that I am old?/ O, love's best habit is in seeming trust,/ And age in love loves not to have years told./ Therefore I lie with her, and she with me,/ And in our faults by lies we flattered be" (trad. Ivo Barroso).
43. "[...] declined/ Into the vale of years — yet that's not much" (3.3.269-70).

ao assistir a uma peça: "uma suspensão deliberada da incredulidade". Só que o poeta fala de sua relação com a amante mentirosa, não com uma obra de arte.

O jogo poderia levar a uma explosão de desaprovação moral ou autorrecriminação, maneiras convencionais de alijar o engano e restabelecer a ordem moral. Com efeito, Shakespeare parece estar se encaminhando para uma explosão como essas quando põe em dúvida todo o modo de vida deles:

> Por que razão infiel não se diz ela?
> Por que razão também escondo a idade?

Mas o fecho do poema surpreende por descartar inequivocamente o impulso de rasgar o véu do engano: "É hábito fingir sinceridade". O "hábito" do amor, ao mesmo tempo um comportamento habitual e sua rica roupagem, é um tecido de mentiras. Em vez de julgamento moral, há uma serena aceitação da virtude erótica da mendacidade. Como esclarece o último dístico, o homem e a mulher que mentem um ao outro mentem com o outro.

A composição de sonetos era uma atividade cortesã e aristocrática, e Shakespeare definitivamente não era cortesão nem aristocrata. Mesmo assim, ele se comprazia com o desafio dessa forma poética. Ser um homem muito conhecido — um ator no palco, um dramaturgo de sucesso, um poeta festejado e ao mesmo tempo muito discreto —, capaz de guardar segredos, um escritor que preservava seus assuntos íntimos e codificava sutilmente todas as referências atribuindo-as a terceiros: essa foi a vida dupla que Shakespeare escolhera para si. Se a assombrosa habilidade verbal e o hábito compulsivo de identificação imaginativa, combinados a uma grande ambição, levaram-no à representação pública, seus segredos familiares e sua inteligência vigilante — talvez estimulada pela visão das cabeças cortadas na ponte de Londres — aconselhavam discrição absoluta.

Tal vida dupla deliberadamente escolhida ajuda a explicar o paradoxo que fascinou os leitores ao longo dos séculos: os sonetos são uma encenação emocionante e profundamente convincente da vida íntima do poeta, um espetáculo íntimo da resposta de Shakespeare a suas complicadas relações emocionais com um rapaz, um poeta rival e uma mulher escura. Os sonetos são ainda uma astuta sequência de lindas caixas fechadas para as quais não há chaves, um biombo de fino lavor atrás do qual é praticamente impossível aventurar-se com alguma segurança.

Um código de discrição e a prática da dissimulação permeiam os sonetos, mas o mesmo se pode dizer de certas excitações partilhadas, preocupações recorrentes e estratégias de sedução. Seria loucura tomá-los como uma espécie de diário confessional, um registro direto daquilo que realmente acontecia no relacionamento entre Shakespeare e sua pérfida mulher escura, fosse ela quem fosse na vida real, ou entre Shakespeare e o jovem aristocrata, fosse ele Southampton ou outro, ou talvez um amálgama de muitos amantes. Mas mesmo o registro de fantasias, em parte adaptado de outros poetas, em parte tecido com os fios de relacionamentos reais, podem revelar algo sobre a vida emocional de Shakespeare.

Os sonetos representam o poeta e o jovem mobilizados pela enorme diferença de classe e condição social que havia entre ambos. Mesmo criticando ardilosamente o amado — ou talvez pelo fato de criticá-lo —, Shakespeare mostra uma profunda subserviência:

> Sendo escravo teu, o que mais faria
> Senão acatar tua vontade a tempo e hora?[44]

E exibe também a profunda consciência do estigma social ligado a sua profissão:

> Ah! Certo é que eu andei ao léu não raro
> E fiz de mim truão sem recompensas.[45]

Talvez essa vergonha, a vergonha de se fantasiar de truão e encenar um espetáculo ante o público boquiaberto, fosse algo que Shakespeare realmente sentia, algo bem distante do relacionamento descrito nos sonetos. Mas aqui está parte da dança erótica entre ele e o menino bonito:

---

44. "Being your slave, what should I do but tend/ Upon the hours and times of your desire?" (571-2).
45. "Alas, 'tis true, I have gone here and there/ And made myself a motley to the view" (110.1-2, trad. Ivo Barroso).

Ah, por mim ralha tu com a fortuna,
Deusa culpada de minhas ações,
Que outro rumo não deu a minha vida,
Mais que meios e modos populares.
Daí o estigma que ronda meu nome,
E minha natureza se submete
Àquilo em que lhe é dado trabalhar:
Tem dó de mim [...][46]

A mancha indelével que o ator Shakespeare carrega e determina sem remédio a distância social que o separa do amado aristocrata torna-se parte literal do apelo: "Tem dó de mim".

A diferença de idade entre o poeta e o jovem funciona de modo semelhante, ou seja, não como um empecilho ao desejo, mas como uma fonte paradoxal de excitação, algo para ser notado, destacado e exagerado:

Como o pai que decrépito se alegra
De ver o filho agir em juventude,
Eu, feito inútil pela sorte negra,
Vibro com teu valor, tua virtude.[47]

Aqui, onde poderia estar o prazer sedutor? Talvez numa sociedade patriarcal em que os jovens estavam acostumados a pais dominadores ou tutores tirânicos, a figura de um pai fraco fosse tocante. A excitação proporcionada pela inversão de papéis deve ter sido intensa, o bastante para levar Shakespeare a representar a si mesmo como um parasita do jovem. O desempenho do poeta não impede a vaidade. "O pecado do amor-próprio domina os meus olhos", escreve Shakespeare, "e minha alma, e cada pedaço de mim." Mas essa admis-

---

46. "O, for my sake do you with fortune chide,/ The guilty goddess of my harmful deeds,/ That did not better for my life provide/ Than public means which public manners breeds./ Thence comes it that my name receives a brand,/ And almost thence my nature is subdued/ To what it works in, like the dyer's hand./ Pity me [...]" (111.1-8).
47. "As a decrepit father takes delight/ To see his active child do deeds of youth,/ So I, made lame by fortune's dearest spite,/ Take all my comfort of thy worth and truth" (37.1-4, trad. Ivo Barroso).

são sem rodeios de narcisismo — "Penso que não há rosto gracioso como o meu" — é apenas um meio de intensificar o triunfo do amado. Quando se olha ao espelho, escreve Shakespeare, vê que na verdade seu rosto é "castigado e coberto da pátina do tempo" e que todo prazer que ele encontra em si mesmo é tomado de empréstimo ao homem que ama: "Pintando minha idade com a beleza da tua".[48]

As emoções que estão em jogo têm algo da mistura de adoração e apetite que Shakespeare emprestou aos sentimentos de Falstaff em relação a seu doce menino, o príncipe Hal. Mas os papéis estão invertidos: se Shakespeare se imagina como o jovem príncipe em relação ao velho calculista inspirado em Robert Greene, agora desempenha o papel do homem mais velho em relação ao doce menino. Talvez tenha sido essa uma das correntes interiores que habilitaram Shakespeare a transformar o personagem baseado em Greene de mero fanfarrão na figura complexa e pungente de Falstaff, autocentrado, calculista, cínico, carinhoso, degradado e maldito. Da mesma forma que Hal expulsa a lembrança de Falstaff — "Não te conheço, velho" —, o poeta convida o jovem a simplesmente esquecê-lo: "Nem te recorde o verso comovido/ A mão que o escreveu". Mas a diferença é que o pedido do poeta para ser esquecido é na verdade uma declaração de amor humilhante e um mal disfarçado apelo para ser lembrado e amado:

Não te recorde o verso comovido
A mão que o escreveu, pois te amo tanto
Que antes achar em tua mente olvido
Que ser lembrado e te causar o pranto.[49]

Uma e outra vez, o jovem é convidado a abraçar o pai que ele vai substituir, enterrar e, finalmente, esquecer. E o esquecimento que jaz no futuro só serve para intensificar o apelo.

48. "Sin of self-love possesseth all mine eye/ And all my soul and all my every part [...]/ Methinks no face so gracious is as mine [...]/ Beated and chapped with tanned antiquity [...]/ Painting my age with beauty of thy days" (62.1-2,5; 10, 14).
49. "Nay, if you read this line, remember not/ The hand that write it; for I love you so/ That I in your sweet thoughts would be forgot/ If thinking on me then should make you woe" (71. 5-8, trad. Ivo Barroso).

Um dos sonetos mais famosos de Shakespeare (73) resume o pedido emocionado que ele dirige ao jovem, exagerando a diferença de idade entre eles:

> Em mim tu podes ver a quadra fria
> Em que as folhas, já poucas ou nenhuma,
> Pendem do ramo trêmulo onde havia
> Outrora ninhos e gorjeio e plumas.
> Em mim contemplas essa luz que apaga
> Quando no poente o dia se faz mudo
> E pouco a pouco a negra noite o traga,
> Gêmea da morte, que cancela tudo.
> Em mim tu sentes resplender o fogo
> Que ardia sob as cinzas do passado
> E num leito de morte expira logo
> Do quanto que o nutriu ora esgotado.
> Sabê-lo faz o teu amor mais forte
> Por quem em breve há de levar a morte.[50]

Em inúmeros pontos da sequência de sonetos há uma ênfase na eternidade — a atemporalidade dos versos do poeta, a repetição sem fim da beleza do jovem —, mas não aqui. Cada uma das imagens — as folhas já raras, a luz que se apaga, as cinzas — transmite transitoriedade. É só uma questão de tempo antes que tudo esteja irremediavelmente acabado: galhos nus, escuridão, cinzas frias, tudo está logo ali. E a transitoriedade, o chegar ao fim que Shakespeare vê, mesmo no momento em que o amor desabrocha, confere ao relacionamento uma dolorosa intensidade.

Qualquer coisa que tenha acontecido entre Shakespeare e o jovem — se

---

50. "That time of year thou mayst in me behold/ When yellow leaves, or none, or few, do hang/ Upon those boughs which shake against the cold,/ Bare ruined choirs, where late the sweet birds sang./ In me thou seest the twilight of such day/ As after sunset fadeth in the west;/ Which by and by black night doth take away,/ Death's second self, that seals up all in rest./ In me thou seest the glowing of such fire,/ That on the ashes of his youth doth lie,/ As the death-bed whereon it must expire,/ Consumed with that which it was nourished by./ This thou perceiv'st, which makes thy love more strong,/ To love that well which thou must leave ere long" (trad. Ivo Barroso).

eles só se fitaram de longe, ou se abraçaram, ou se beijaram apaixonadamente ou foram para a cama — foi quase com certeza forjada por um avassalador sentimento de transitoriedade. Esse sentimento não deriva apenas, nem ao menos principalmente, da diferença de idade e de classe que intensificava o desejo de ambos; deriva da visão que se tinha na época do amor homossexual entre homens. Os elisabetanos reconheciam a existência de desejo sexual entre pessoas do mesmo sexo; com efeito, em certo sentido, era mais facilmente justificável do que o desejo heterossexual. Proclamava-se que os homens eram intrinsecamente superiores às mulheres; por que então os homens não podiam sentir-se atraídos por outros homens? A sodomia era estritamente proibida pela religião e pela lei, mas, deixando de lado a proibição, era bastante compreensível que homens amassem e desejassem homens.

Edmund Spenser, contemporâneo de Shakespeare e poeta conhecido por sua austeridade moral, escreveu um poema pastoral em que um pastor declara seu amor apaixonado por um jovem. Anexo ao poema há um comentário constrangido do próprio Spenser, ou de alguém próximo a ele, segundo o qual o relacionamento tinha um sabor do "amor anormal" que os gregos chamavam de "pederastia". Mas afinal, continua o comentário, do ponto de vista correto a "pederastia" é "muito preferível à ginerastia, ou seja, o amor que acomete os homens com atração por mulheres". Então, como que assustado pelo que acaba de dizer, o comentarista acrescenta um desmentido final: que nenhum homem pense que ele defendia "os detestáveis e horríveis pecados da carnalidade proibida e execrável".

É no contexto dessa gangorra de admissão e negação que Shakespeare situa seu desejo sexual pelo jovem, que é aceito de forma explícita e ardentemente expresso como se fosse a coisa mais natural do mundo, mas ao mesmo tempo é desviado, renegado ou derrotado, como se nunca pudesse se realizar em plenitude. O jovem, no soneto 20, tem rosto de mulher e um delicado coração de mulher, mas é melhor, mais verdadeiro e mais leal que qualquer mulher. Ele é, escreve o poeta, "o senhor-senhora de minha paixão". Sem dúvida a natureza pretendia criar uma mulher quando fez o rapaz, mas, afeiçoada a sua própria criação, acrescentou-lhe algo — "ela te escolheu para o prazer das mulheres"[51] — e assim privou o poeta da satisfação sexual plena. Shakespeare

---

51. "the master-mistress of my passion [...]/ she pricked thee out" (20.2,13).

não adota o tom escandalizado e moralizante do comentarista de Spenser, mas joga com os mesmos materiais — misoginia, intenso desejo homossexual, negação — aos quais acrescenta a noção de transitoriedade. Mesmo que na vida real o relacionamento que se dissimula nos sonetos tenha preenchido suas ânsias eróticas, ele sabia que esse amor nunca poderia existir de forma a impedir o imperativo social de casar e produzir herdeiros, exatamente o imperativo a que Shakespeare deu voz em seus primeiros sonetos.

Teria sido possível para o adolescente Southampton declarar que não estava preparado para o casamento, desde que se dispusesse a aceitar o grande sacrifício financeiro que essa recusa implicaria. Também seria possível para ele ter um caso com um ou mais homens — e devem ter sido muitos — que o cortejavam. Mas coisa bem diferente teria sido descartar completamente o casamento. Alguns homens de alta posição social (embora não tão alta quanto a de Southampton) recusaram-se a casar — Francis Bacon é um exemplo notável — mas, qualquer que fosse a orientação sexual, a maioria se comprometia a transmitir seu nome, seu título e sua fortuna. Em 1598, pouco depois de seu 25º aniversário, Southampton casou-se em segredo com uma das damas de honra da rainha, Elizabeth Vernon, que ele engravidara. A rainha ficou furiosa: esperava-se que suas damas de honra fossem realmente honradas, e ela odiava casamentos secretos entre seus acompanhantes. Ainda assim, esse casamento parece ter sido feliz, dando apoio ao conde ao longo de uma carreira longa, turbulenta e às vezes extremamente perigosa.

No que diz respeito ao poeta, se há algo que os sonetos como documentos biográficos deixam transparecer com energia é que ele não pôde encontrar o que sonhava, emocional ou sexualmente, dentro do casamento. Parte do problema pode ter sido o evidente descompasso entre ele e Anne Hathaway; mas talvez os sonetos mostrem também que ninguém poderia satisfazer os anseios de Shakespeare, ou fazê-lo feliz. Não é que tivesse encontrado fora do casamento alguém que o satisfizesse por inteiro. Ao que parece, ele dirigia ao rapaz seu potencial de idealização do êxtase e a sua amante o potencial de desejo. Em ambos os casos, há um obstáculo para a satisfação. O poeta venera um homem que não pode ter e deseja uma mulher que não consegue admirar. O belo rapaz, como admitem tristemente os sonetos, afinal não poderia ser dele, enquanto a mulher escura, mesmo que ele com certeza pudesse tê-la, causava-lhe repulsa. Desonesta, imoral e desleal, ela lhe causou, segundo os últimos sonetos da sequência, algo mais do que repulsa: transmitiu-lhe uma doença venérea. Mas mesmo assim ele não podia desistir dela: "Meu amor é uma febre, que ainda anseia/ Por tudo o que prolonga minha doença".[52] O fato de não poder fazer isso tem tudo a ver com a compulsão da "volúpia em ação",[53] o ritmo de tumescência e detumescência que define para ele o que significa estar com ela: "que eu a chamo/ 'Amor', por cujo caro amor levanto e caio".[54] Esse ritmo sexual, que junta vitalidade e morte, prazer e desgosto, anseio e execração, não é um simples divertimento ou uma fuga. Como os sonetos reiteram com frequência, o apego bem-humorado, ansioso e constrangido do poeta a seus próprios desejos define o que significa ser "Will".

Não há espaço, no modo como Shakespeare se representa nos sonetos, para sua mulher e filhos. Nesse aspecto, pouco importa que o poema seja de meados da década de 1590 ou de dez anos depois: como ninguém acha que eles tenham sido escritos antes que Shakespeare se casasse e tivesse filhos, todos os sonetos são na verdade atos de supressão. Talvez haja umas poucas exceções: um possível olhar lançado à corte que fez à mulher num trocadilho com "*hate away*" e "Hathaway" no soneto 145; um reconhecimento muito vago de sua infidelidade no verso de abertura do soneto 152 — "Em te amando bem sabes fui perjuro".[55] O soneto prossegue como de costume culpando a amante pela quebra de seus "votos de teu leito", mas pelo menos em um momento ele reconhece que também quebrou os seus. Na maior parte do tempo, parece ter se esquecido disso. Ou melhor, as figuras do rapaz e da mulher escura parecem substituir e absorver emoções que esperaríamos que Shakespeare sentisse por sua família e dentro dela. Sobre Anne Shakespeare ele se cala; é para seu belo amigo que ele escreve suas mais famosas palavras sobre o amor: "Que eu não veja empecilhos na sincera/ União de duas almas".[56]

---

52. "My love is as a fever, longing still/ For that which longer nurseth the disease" (147. 1-2).
53. "lust in action" (129.2).
54. "[...] I call/ Her 'love' for whose dear love I rise and fall" (151.13-4).
55. "In loving thee thou know'st I am forsworn" (trad. Ivo Barroso).
56. "Let me not to the marriage of true minds/ Admit impediments" (116.1-2, trad. Ivo Barroso).

9. Riso ao pé do cadafalso

Por mais bem recompensado que possa ter sido pelos sonetos, por *Vênus e Adônis* e *O rapto de Lucrécia*, Shakespeare não quis sujeitar seu destino artístico ou financeiro à relação com um patrono. Em vez disso, quando a peste deu uma trégua, ele preferiu voltar ao teatro, onde se destacou como dramaturgo em curtíssimo tempo. As companhias teatrais precisavam satisfazer muitos e diversos gostos, e tinham grande apetite por novas peças. Autores que trabalhassem com afinco podiam ganhar bom dinheiro produzindo dezenas de textos: *Três mulheres de Londres*, *A profecia do mascate*, *A bela Em*, *Um saco de novidades*, *A trágica história do aleijado tártaro*, *O imperador de Constantinopla*. Mas até a impactante e clamorosa entrada em cena de Ben Jonson, em 1597, Shakespeare tinha apenas um rival a altura, Christopher Marlowe. Os dois jovens poetas talentosíssimos, exatamente da mesma idade, empenharam-se, como não podia deixar de ser, em emulação e disputa recíprocas. Circulavam com cuidado, observando com imensa atenção, imitando e depois tentando superar o rival. Das promissoras primeiras obras, *Tamerlão* e *Henrique VI*, a disputa estendeu-se a um brilhante par de peças históricas extraordinariamente semelhantes, *Ricardo II*, de Shakespeare, e *Eduardo II*, de Marlowe, e a um igualmente brilhante par de poemas eróticos longos, *Vênus e Adônis*, de Shakespeare, e

Hero e Leandro, de Marlowe. Marlowe não cometeria o erro de subestimar Shakespeare. Entendeu de imediato que nas palavras do corcunda duque de Gloucester, na terceira parte de *Henrique VI* — "De sonhar com a coroa farei meu céu"[1] —, Shakespeare ao mesmo tempo evocava o sonho de Tamerlão, "A doce fruição de uma coroa terrenal",[2] e zombava discretamente dele. Shakespeare, por sua vez, não corria perigo nenhum de subestimar Marlowe. Era o único dos gênios universitários cujo talento Shakespeare pode ter invejado de verdade, cujo juízo estético pode ter temido, cuja admiração teria sinceramente desejado conquistar e cujos feitos com certeza tentava igualar e superar.

Uma das realizações de Marlowe pode ter parecido a Shakespeare estar além de seu alcance naquele ponto do início da carreira. *Doutor Fausto*, a poderosa tragédia de um intelectual que vende a alma ao diabo, tinha profundas raízes na educação teológica que Marlowe recebera em Cambridge. Embora anos depois, em *Hamlet*, Shakespeare tenha criado um príncipe afeito aos livros que foi abruptamente afastado de seus estudos universitários, e em *A tempestade* tenha explorado o destino de um príncipe que se deixa absorver pela leitura às escondidas, ele nunca tentou, cedo ou tarde, fazer do estudo acadêmico o centro da cena teatral. Sua resposta mais completa a Marlowe foi dada em campo neutro, ou seja, na criação de um personagem que nenhum deles provavelmente jamais tinha visto: um judeu.

Mas como foi que Marlowe e Shakespeare chegaram a escrever duas de suas mais memoráveis peças, *O judeu de Malta* e *O mercador de Veneza*, sobre judeus? Ou melhor, no caso de Shakespeare, por que o personagem Shylock, o judeu, domina a comédia em que aparece? Quase todo mundo pensa que o mercador de Veneza do título da peça é Shylock. Mesmo quando se chega a compreender que o mercador não é o judeu, mesmo quando já se sabe que o título se refere ao cristão Antônio, incorre-se instintivamente no mesmo erro. E não é bem um erro: o judeu está no centro da peça. *O mercador de Veneza* conta com um exército de personagens que disputam a atenção da plateia: um jovem belo e pobre em busca de uma mulher rica; um rico e melancólico mercador desesperadamente apaixonado pelo jovem; mulheres — pelo menos três, não menos que isso — que se vestem de homem; um bufão embusteiro; um

---

1. "I'll make my heaven to dream upon the crown" (3.2.168).
2. "The sweet fruition of an earthly crown" (2.7.29).

sequaz incontrolável; um marroquino exótico; um espanhol absurdo. A lista poderia prosseguir, mas é do vilão judeu que todos se recordam, e não só por ser o vilão. Shylock parece ter um atrativo mais forte, simplesmente parece ter mais vida que qualquer outro. O mesmo se poderia dizer do vilão judeu de Marlowe, Barrabás. Por que motivo a imaginação de Shakespeare e a de Marlowe se incendiaram com a figura do judeu?

O fogo brilhou contra as trevas da supressão quase total: em 1290, duzentos anos antes de sua célebre expulsão da Espanha, toda a comunidade judaica foi expulsa da Inglaterra e proibida de retornar sob pena de morte. O ato da expulsão, no reinado de Eduardo I, não tinha precedentes. A Inglaterra foi a primeira nação da cristandade medieval a se livrar por lei de toda a população judaica. Não houve uma crise que precipitasse esse acontecimento, até onde se sabe, nem um estado de emergência, nem mesmo uma explicação pública. Nenhum jurista deve ter achado necessário justificar as deportações; nenhum cronista incomodou-se em registrar os motivos oficiais. Talvez ninguém, judeu ou cristão, tivesse achado necessário dar motivos. Ao longo de décadas, os judeus da Inglaterra passaram por situações terríveis: acusados de profanação da hóstia e do assassinato ritual de crianças cristãs, odiados como usurários, demonizados como matadores de Cristo, surrados e linchados por multidões levadas ao paroxismo da fúria antissemita pelos sermões incendiários de monges itinerantes.

Na época de Marlowe e Shakespeare, três séculos depois, a população judaica da Inglaterra fazia parte da história antiga. Londres tinha uma pequena população de judeus conversos, espanhóis e portugueses, e alguns deles seriam marranos, que praticavam clandestinamente os rituais judaicos. Mas a comunidade judaica da Inglaterra tinha desaparecido havia muito, e não restavam judeus que praticassem às claras sua religião. Na verdade, os judeus tinham deixado marcas bem mais difíceis de erradicar do que as pessoas, e os ingleses ruminavam essas marcas — contando casos, que se reiteravam e modificavam — quase com obsessão. Havia lendas, piadas e pesadelos de judeu: os judeus atraíam crianças pequenas a seus templos, matavam-nas e usavam seu sangue para fazer o pão da Páscoa. Os judeus eram riquíssimos — mesmo quando pareciam mendigos — e manipulavam secretamente uma enorme rede internacional de capital e bens mobiliários. Envenenavam poços e eram os culpados da disseminação da peste bubônica. Tramavam em segredo uma guerra apocalíptica contra os cristãos. Os judeus tinham um cheiro peculiar. Os homens judeus menstruavam.

Embora quase ninguém tivesse posto de fato os olhos num judeu havia gerações, os judeus, como os lobos das histórias infantis modernas, ocupavam um importante papel simbólico no imaginário do país. Assim, não é estranho que tenham encontrado lugar na linguagem comum de personagens teatrais, inclusive os de Shakespeare. "Se eu não me condoesse dela, seria um vilão", diz Benedick em *Muito barulho por nada*, levado pelos amigos a declarar uma paixão por Beatrice. "Se eu não a amasse, seria um judeu."[3] Todos sabiam o que ele quis dizer: os judeus eram por natureza maus, desumanos e insensíveis. Os reis ingleses, diz o moribundo João de Gand, são lembrados por suas façanhas longe da pátria, "como no Sepulcro do redentor do mundo, o bendito filho de Maria/ no centro da judiaria renitente".[4] Todos sabiam o que ele queria dizer: mesmo depois da presença do Messias entre eles, os judeus, teimosos e perversos, se apegavam a suas velhas crenças, que não podiam purificá-los e, portanto, redimi-los do pecado. "Não, não, eles não estavam amarrados", diz Peto, contradizendo a mentira descarada de Gadshill de que eles tinham amarrado os homens com quem Falstaff dizia ter lutado. "Tratante", replica Falstaff, "eles estavam amarrados. Todos eles, ou eu também sou muito judeu, um judeu hebreu."[5] Todos sabiam o que ele queria dizer: um judeu — aqui, na expressão cômica de Falstaff, um judeu ao quadrado — era uma pessoa sem coragem e sem honra, a antítese daquilo que o gordo fanfarrão pretendia ser.

Para Shakespeare e seus contemporâneos, os judeus, com etíopes, turcos, bruxas, corcundas e outros, eram instrumentos conceituais úteis. Esses personagens temidos e desprezados proporcionavam orientação rápida e fácil, limites claros, situações extremas. "Acho que Caranguejo, meu cachorro, é o cachorro mais insensível que existe", diz o bufão Lance em *Os dois cavalheiros de Verona*. Todos em sua casa choravam sua partida, mas o "vira-lata empe-

---

3. "If I do not take pity of her I am a villain,/ If I do not love her, I am a Jew" (2.3.231-2).
4. "As is the sepulchre, in stubborn Jewry,/ Of the world's ransom blessed Mary's son" (*Ricardo II*, 2.1.55-6).
5. "No, no, they were not bound./ You rogue, they were bound every man of them, or I am a Jew else, an Hebrew Jew" (*Henrique IV parte 1*, 2.5.163-5).

dernido" não derramou uma lágrima: "Ele é uma pedra, um verdadeiro pedaço de pedra, e nele não há mais piedade que num cachorro. Um judeu teria chorado ao ver nossa partida".[6] O judeu era um instrumento de medida — neste caso, do grau de insensibilidade. Era também um indicador de identidade, como outra observação do alegre Lance deixa claro: "Se quereis, vinde comigo à cervejaria. Se não, sois um hebreu, um judeu, e não mereceis o nome de cristão".[7] O cachorro é real, pelo menos no sentido especial em que têm realidade os animais no teatro; Lance é real, pelo menos no sentido especial em que têm realidade os personagens teatrais, mas o judeu não tem realidade comparável. Talvez o indício mais devastador do desaparecimento dos judeus reais seja uma piadinha, mais que um insulto: "Signor Costard, adieu", diz o minúsculo escudeiro Mote em *Trabalhos de amor perdidos*, e o burlesco Costard responde: "Meu doce pedaço de carne humana, meu judeu delicado!".[8] *Incony*, na acepção de "delicado", era uma gíria elisabetana. Mas o que está fazendo esse judeu aí? A resposta é: nada. Talvez Costard tenha confundido *adieu* (adeus, talvez erroneamente pronunciado como *a-Jew*) com *Jew* (judeu); talvez esteja chamando Mote, de modo muito coloquial, de *jewel* (joia) ou *juvenile* (jovem). Seja como for, ele não está se referindo a judeus reais; Shakespeare previu, provavelmente com razão, que essa referência casual faria o público rir.

Assim, trezentos anos depois de expulsos da Inglaterra, os judeus estavam em circulação como figuras desprezadas em contos e na linguagem de cada dia, e Shakespeare, em especial no começo da carreira, refletiu e deu continuidade a essa circulação, aparentemente sem nenhuma ressalva moral. Pois embora Shakespeare pretendesse que a plateia sentisse variados graus de distanciamento de Benedick, Falstaff, Lance e Costard, ela não estava distanciada de um antissemitismo informal que era apenas uma característica incidental de sua energia cômica. Os judeus não aparecem de verdade nessas peças, nem ocupam

---

6. "I think Crab, my dog, be the sourest-natured dog that lives/ [...] cruel-hearted cur [...]. He is a stone, a very pebble-stone, and has no more pity in him than a dog. A Jew would have wept to have seen our parting" (2.3.4-5, 8-10).
7. "If thou wilt, go with me to the alehouse. If not, thou art an Hebrew, a Jew, and not worth the name of a Christian" (2.5.44-5).
8. "Signor Costard, adieu./ My sweet ounce of man's flesh, my incony Jew!" (3.1.123-4).

lugar de destaque nas falas dos personagens; pelo contrário, são praticamente invisíveis, mesmo nos poucos momentos menores em que são evocados. Shakespeare agia como um homem de sua época. Os judeus na Inglaterra do fim do século XVI não tinham base quase nenhuma na realidade; eles haviam sido objeto de algo que em alemão chama-se, significativamente, *Vernichtung*, ou seja, aniquilamento.

No entanto, isso não é bem verdade, já que os judeus estavam presentes também, com maior frequência e substância, para todos os cristãos, na qualidade de "o povo do Livro". Sem a Bíblia hebraica, cujas profecias ele materializa, não há Cristo. É possível dissimular ou contornar o fato de Jesus ter sido judeu, mas, pelo menos conceitualmente, não é possível admitir a cristandade sem judeus. Todos os domingos, numa sociedade em que a frequência semanal à igreja era obrigatória para todos, os ministros religiosos catequizavam seus paroquianos com passagens traduzidas das Sagradas Escrituras dos antigos israelitas. Um povo extremamente desprezado e denigrido, um povo que tinha sido deportado em massa da Inglaterra no fim do século XIII e jamais autorizado a voltar, um povo invisível que servia de referência simbólica de tudo o que é insensível, imoral, ganancioso e anormal também serviu de fonte da mais louvada poesia espiritual da língua inglesa e como o caminho necessário pelo qual o Redentor chegou a todos os cristãos.

Essa necessidade conceitual — o entrelaçamento histórico entre o destino de judeus e cristãos — não tinha, é claro, nada a ver com tolerância em relação aos judeus reais. Algumas cidades — entre elas Veneza — permitiram a permanência dos judeus, que praticamente não foram incomodados durante longos períodos, proibindo-os, no entanto, de possuir terras e de exercer a maior parte das funções "honestas", mas permitindo-lhes e até incentivando-os a emprestar dinheiro a juros. Essa liquidez fiscal era muito útil numa sociedade em que a lei canônica proibia os cristãos de cobrar juros, mas fazia dos judeus alvo previsível de execração popular e de exploração pelas classes superiores. Os papas da Idade Média divulgavam periodicamente um edito para proteger os judeus de vozes cristãs mais exaltadas, que pediam sua completa extinção — homens, mulheres e crianças —, mas a proteção visava apenas preservar uma lição objetiva de desgraça. O argumento dos papas era que um remanescente infeliz, pobre, fraco e desprotegido era um lembrete eficaz das consequências da rejeição a Cristo. Os protestantes tinham um pouco mais de interesse em explorar a realidade histórica do judaísmo antigo. A campanha de retorno às práticas e a crenças do início da cristandade levou a pesquisas acadêmicas sobre a prece hebraica, a Páscoa, a expiação, a confissão geral, hábitos fúnebres etc. Durante um curto período, Lutero alimentou um sentimento favorável em relação aos judeus de sua época, que, segundo ele, se recusavam a se converter a um catolicismo corrupto e supersticioso. Mas quando eles resistiram a se converter ao cristianismo purificado e reformado que Lutero pregava, o respeito transformou-se em ódio e, em termos que rivalizavam com os do mais intolerante monge medieval, os cristãos foram convocados a queimar os judeus em suas sinagogas.

A publicação *Sobre os judeus e suas mentiras*, de Lutero, provavelmente teve pouco curso na Inglaterra elisabetana. Afinal, já não havia no país sinagogas que pudessem ser incendiadas nem comunidade judaica a odiar ou proteger. Marlowe e Shakespeare conheceram "estrangeiros" vulneráveis a ataques, mas eram homens e mulheres pertencentes a pequenas comunidades de artesãos flamengos, holandeses, franceses e italianos, principalmente exilados protestantes, que viviam em Londres. Em tempos de penúria, esses estrangeiros eram vítimas de ressentimento e visados por gangues de bêbados, fanfarrões e desocupados armados de porretes e clamando por sangue.

A prova de que Marlowe e Shakespeare se importavam pessoalmente com essa violência xenófoba é, em ambos os casos, sugestiva, mas ambígua. Em 1593, alguém pregou um cartaz incendiário na parede da Igreja Holandesa de Londres contra os residentes estrangeiros. Foi uma de uma série de ataques que as autoridades temiam que incitassem à violência. As autoridades, em busca dos desordeiros, aparentemente começaram a suspeitar que o autor do cartaz tivesse sido Marlowe. Informados de que Marlowe estava morando com Thomas Kyd, os funcionários foram até a casa de Kyd. Não encontraram Marlowe, mas revistaram os aposentos e encontraram documentos heréticos e blasfemos. Kyd, submetido a um brutal interrogatório, disse que os documentos pertenciam a Marlowe. Este foi chamado ante o Conselho Privado, interrogado e posto em liberdade com ordem de comparecer diariamente ao palácio de Westminster.

É provável que a suspeita de que Marlowe fosse o autor do libelo anti-holandês não tivesse fundamento, mas não foi motivada por simples paranoia. O autor, ou autores, das palavras venenosas que preocupavam as autoridades reclamava que "como os judeus", os estrangeiros "nos devoram como se fôssemos pão" — a imagem bem poderia ter sido tirada de uma peça popular como *O judeu de Malta* — e o repulsivo cartaz não só aludia à peça de Marlowe *O massacre de Paris*, como também trazia a assinatura de "Tamerlão". As alusões mostram que as fantasias de Marlowe eram habituais na cabeça de algumas das pessoas que se sentiam ofendidas, que suas peças mobilizavam essa gente, e sua decantada eloquência a ajudara a verbalizar seus sentimentos.

A resposta de Shakespeare à xenofobia, bem diferente, foi mostrada numa peça em que, ao que parece, colaboraram vários dramaturgos, entre eles Anthony Munday (o provável criador), Henry Chettle, Thomas Heywood e Thomas Dekker. Antes do primeiro espetáculo, o texto, *Sir Thomas More*, foi submetido ao censor, Edmund Tilney, Mestre dos Festivais. Tilney não rejeitou totalmente a peça, mas exigiu uma revisão considerável em diversas cenas sobre a animosidade contras os "estrangeiros" e a completa supressão de uma cena que mostrava os distúrbios de 1517 decorrentes de sua permanência na Inglaterra. As razões dessas exigências parecem claras: a intensificação das tensões culminava em surtos periódicos de tumultos. Houve episódios particularmente graves em 1592-93, que se repetiram em 1595. Os autores de *Sir Thomas More* obviamente pretendiam capitalizar as tensões — todos os espectadores compreenderiam que as cenas do passado eram uma representação mal disfarçada do mundo que estava logo além das paredes da casa de espetáculos. O censor, é claro, temia que a peça, mesmo que formalmente contrária aos distúrbios encenados, pudesse suscitar mais problemas.

Embora as alterações tenham sido feitas e novas cenas tenham sido escritas, possivelmente em resposta às exigências do censor, ao que tudo indica o texto não recebeu aprovação oficial e a peça nunca foi encenada. Mas o original, escrito por diversas mãos, de alguma forma sobreviveu (está atualmente na British Library) e foi estudado por mais de um século com atenção fora do comum. Embora muitos enigmas sobre ela permaneçam sem solução, inclusive o ano da primeira versão e o ano ou os anos em que foram feitas as revisões, o original contém o que muitos estudiosos acreditam que sejam passagens escritas à mão por Shakespeare, sendo o único manuscrito autógrafo do poeta que se conhece.

Uma das passagens escritas com a letra de Shakespeare — Letra D, como é chamada por precaução — fala de Thomas More como xerife de Londres, conseguindo convencer os manifestantes antiestrangeiros a abandonar a violência rebelde e submeter-se ao rei. Shakespeare escreveu falas que parecem excepcionalmente atentas à miséria humana e aos perigos políticos das expulsões. "Deixai que os expulsem", diz o More de Shakespeare à multidão, que exige a expulsão dos estrangeiros do reino,

> e deixai que esse ruído vosso
> Insulte a majestade da Inglaterra.
> Imaginai-vos a ver os míseros estrangeiros,
> Com seus bebês às costas, sua pobre bagagem
> Arrastando-se para portos e praias em busca de transporte
> Enquanto vós sentai-vos como reis sobre vossos desejos,
> As autoridades silenciadas por vossos gritos.
> E vós, envoltos nos rufos de vossas opiniões:
> Que haveis ganhado? Dir-vos-ei. Ensinastes
> Que a insolência e a intransigência devem prevalecer,
> Que a ordem pode ser desafiada — e desse modo
> Nenhum de vós vivereis até a velhice,
> Porque outros brutos, segundo seus próprios caprichos,
> Suas próprias mãos, suas próprias razões e seu próprio direito
> Vos farão de vítimas, e homens como peixes vorazes
> Se devorarão uns aos outros.[9]

O ponto alto dessa fala é o argumento tradicional da obediência a uma autoridade superior, um argumento que Shakespeare pôs na fala de Ulisses com eloquência ainda maior em *Troilo e Créssida*. Se a turba tomar as rédeas da situação, prossegue a advertência, se a cadeia do respeito devido se quebrar,

---

9. "Grant them removed and grant that this your noise/ Hath chid down all the majesty of England./ Imagine that you see the wretched strangers,/ Their babies at their backs, with their poor luggage/ Plodding to th' ports and coasts for transportation,/ And that you sit as kings in your desires,/ Authorithy quite silenced by your brawl/ And you in ruff of your opinions clothed:/ What had you got? I'll tell you. You had taught/ How insolence and strong hand should prevail,/ How order should be quelled — and by this pattern/ Not one of you should live an agèd man,/ For other ruffians as their fancies wrought/ With selfsame hand, self reasons, and self right/ Would shark on you, and men like ravenous fishes/ Would feed on one another."

toda proteção civilizada desaparece e o mundo é devolvido ao arbítrio dos mais fortes. Mas é surpreendente que a questão tenha sido tratada por meio de um exercício de imaginação solidária e que a cena descrita com mais vivacidade seja a do momento do exílio coletivo:

> Imaginai-vos a ver os míseros estrangeiros,
> Com seus bebês às costas, sua pobre bagagem
> Arrastando-se para portos e praias em busca de transporte.

Shakespeare não estava falando da deportação dos judeus da Inglaterra; é mais que improvável que tivesse sequer pensado em judeus. Mas seus versos transmitem uma visão de cenas que podiam ter ocorrido séculos antes quando, como mostram os documentos, pelo menos 1335 dos judeus expulsos da Inglaterra se arrastaram para os portos e pagaram por uma passagem para a França.

Existe aqui certa capacidade de evocar a vida de outrem, uma habilidade para se identificar até mesmo com seres humanos desprezados e degradados que na obra de Shakespeare convive desconfortavelmente com "Se eu não a amar serei um judeu" e outros momentos de antissemitismo impulsivo e inconsciente. Esses momentos não podem em absoluto ser tomados como expressão da "opinião" do dramaturgo sobre os judeus ou outros estrangeiros, nem são individualizados e detalhados o bastante para nos dizer algo significativo sobre os personagens em cujas falas se manifestam. São apenas exemplos da linguagem viva ou engraçada, sem dúvida reforçada do ponto de vista retórico, mas perto demais do uso ordinário para que se considere como representação realista. Tal realismo era o meio em que Shakespeare costumava trabalhar, sobretudo nas comédias e nas peças históricas. Ele parecia bem à vontade com isso; ou seja, havia pouca ou nenhuma noção de superioridade, nenhum sinal de que ele quisesse pairar acima de todos e julgar a linguagem das massas, nenhuma rejeição moral. Mas nas falas que Shakespeare atribuiu a More entrou em ação um princípio diferente, uma corrente de sentimentos que ele atribuiu à capacidade de imaginação. O efeito é como um rápido esboço de Dürer ou Rembrandt: umas poucas linhas negras sobre uma página em branco e de repente irrompe uma cena completa, carregada de dor e luto. Já que os "míseros estrangeiros" de *Sir Thomas More* não eram judeus, não havia nenhuma razão intrínseca para que os dois impulsos — zombaria e identificação — se contrapusessem ou se contradissessem. Eles poderiam apenas ficar lado a lado. Mas para Shakespeare, na verdade, eles entraram em conflito, e o documento mais notável do conflito é *O mercador de Veneza*.

Para entender como esse conflito veio à tona devemos voltar à peça que Christopher Marlowe escreveu sobre um judeu. Uma comédia de humor negro, brilhante mas excepcionalmente cínica e cruel, *O judeu de Malta* deve ter sido encenada pela primeira vez em 1589, perto do começo da carreira de Shakespeare como dramaturgo, e fez sucesso imediato. O anti-herói de Marlowe, o judeu Barrabás, com seu escravo muçulmano, Ithamore, expõe a podridão do mundo cristão em Malta, mas durante sua alegre exposição a peça dá voz a uma escala completa das piores fantasias antissemitas. "Vagueio por aí de noite", declara Barrabás,

> E mato gente doente que geme sob os muros.
> Às vezes me ponho a envenenar poços;
> E aqui e ali, para comprazer ladrões cristãos,
> Fico feliz em perder algumas de minhas coroas,
> Para que possa, caminhando em minha galeria,
> Vê-los passar cambaleantes diante de minha porta.[10]

O amor de Barrabás pelo dinheiro só é sobrepujado por seu ódio aos cristãos, seu prazer em planejar e saborear o maior número possível de mortes que possa causar. O judeu pode falar cordialmente com seus vizinhos cristãos, pode permitir que sua filha se converta ao cristianismo, pode até manifestar interesse na própria conversão, mas no fundo de seu coração está sempre incubando assassinatos. Sua carreira homicida começa, como ele explica, na prática da medicina, e daí ele passa para outras profissões, sempre com o mesmo motivo malévolo:

---

10. "I walk abroad o' nights/ And kill sick people groaning under walls./ Sometimes I go about and poison wells;/ And now and then, to cherish Christian thieves,/ I am content to lose some of my crowns,/ That I may, walking in my gallery,/ See 'em go pinioned along by my door" (2.3.178-84).

Quando jovem, estudei medicina, e comecei
A praticar primeiro com os italianos;
Lá, enriqueci os padres com enterros,
E mantive em forma os braços dos sacristãos
De tanto cavarem túmulos e fazer dobrar sinos fúnebres.
Depois disso tornei-me engenheiro,
E nas guerras entre França e Alemanha,
Com o pretexto de ajudar Carlos v,
Assassinava amigo e inimigo com meus ardis.
Depois disso me tornei usurário,
E extorquindo, defraudando, enganando,
Com truques próprios da agiotagem,
Em um ano enchi de falidos as cadeias,
Semeei orfanatos de jovens sem pais,
A cada lua fazia um ou outro louco,
E volta e meia levava alguém a se matar de pesar,
Com um longo pergaminho em seu peito
Narrando como eu o atormentara com juros.[11]

Como ficava Marlowe em tudo isso? Como ficava seu público? Os espectadores eram convidados a participar em imaginação dos delírios homicidas, delírios feitos pela reciclagem de ódio religioso ancestral, mas e daí? O que aconteceu com o veneno depois de ser extravasado em público no palco? Talvez tenha evaporado; talvez precisamente pelo fato de ter sido ventilado, de se ter exposto o grotesco libelo ao ar livre, ele apareceu como o devaneio assassi-

---

11. "Being young, I studied physic, and began／ To practice first upon the Italian;／ There I enriched the priests with burials,／ And always kept the sexton's arms in ure／ With digging graves and ringing dead men's knells.／ And after that was I an engineer,／ And in the wars 'twixt France and Germany,／ Under pretense of helping Charles the Fifth,／ Slew friend and enemy with my stratagems.／ Then after that was I an usurer,／ And with extorting, cozening, forfeiting,／ And tricks belonging unto brokery,／ I filled the jails with bankrupts in a year,／ And with young orphans planted hospitals,／ And every moon made some or other mad,／ And now and then one hang himself for grief,／ Pinning upon his breast a long great scroll／ How I with interest tormented him" (2.3.185-202).

no que é. Nunca ninguém foi como Barrabás ou Ithamore; nunca ninguém seria, e encenar o impossível mostrava ao público o absurdo dessa fantasia.

O judeu de Malta pode com certeza ter causado esse efeito libertador, mas provavelmente só para os integrantes da plateia que estivessem dispostos a ser libertados. Seja como for, os dramaturgos de sucesso estavam empenhados em emocionar plateias — a questão era trazer para o teatro o maior número possível de pagantes —, e qualquer companhia teatral que fosse detentora dos direitos sobre o texto estaria bem satisfeita em ter, em *O judeu de Malta*, uma peça autorizada que podia sempre ser tirada da prateleira e renascer com proveito em momentos de agitação popular. O grupo de dramaturgos que escreveu *Sir Thomas More* também esperava tirar partido da agitação popular — o censor que vetou a descrição dos distúrbios populares viu com clareza o que estava acontecendo. Mas as falas que Shakespeare atribui a More, ao defrontar-se com os revoltosos antiestrangeiros, chocam-se de modo tão claro contra a obra do irresponsável, sangrento e cínico Marlowe como se constituíssem uma recriminação deliberada. "Imaginai-vos a ver os míseros estrangeiros,/ Com seus bebês às costas."

Há consenso entre os especialistas sobre a data provável em que Shakespeare escreveu sua contribuição a *Sir Thomas More*: entre 1600 e 1605. Como ocorreu com sua resposta aos insultos de Greene, a resposta a Marlowe provavelmente chegou muitos anos depois da morte do rival. Isso porque, em 30 de maio de 1593, poucas semanas depois de afixado o cartaz da Igreja Holandesa, Marlowe, que ainda não tinha trinta anos, foi a Deptford, ao longo dos estaleiros do leste de Londres, para avistar-se com três homens: Ingram Frizer, Nicholas Skeres e Robert Poley. Passaram o dia tranquilamente, comendo, bebendo e fumando na taberna de Eleanor Bull, viúva de um bailio. À noite, depois da ceia, deu-se uma briga, ao que tudo indica por causa do "cálculo", quer dizer, da conta. Frizer alegou que o colérico Marlowe tirou-lhe sua arma — uma adaga, como dizia o detalhado inquérito, "no valor de doze pence" — e atacou-o. Na luta que sobreveio, Marlowe foi morto, esfaqueado no olho direito. O depoimento de Frizer foi confirmado pelos dois outros homens que estavam na sala, e o relatório do inquérito concordou com essa versão. Um mês depois, Frizer foi perdoado formalmente pela rainha, com base na alegação de legítima defesa. Só no século XX um trabalho acadêmico detetivesco descobriu que a casa da viúva Bull não era uma taberna comum, mas estava ligada à rede de espionagem do governo, e que Frizer, Skeres e Poley tinham sinistras conexões com essa rede, assim como o próprio Marlowe. Essas ligações, claro está, não foram mencionadas no inquérito. O crime, portanto, pode muito bem ter sido um assassinato, embora o motivo permaneça obscuro.

Já antes de sair de Cambridge, Marlowe tinha demonstrado não só sua força como poeta como sua predileção pelo perigo. Visivelmente mal aparelhado para a vida de ministro religioso ou de acadêmico circunspecto, desde muito cedo envolveu-se no mundo nebuloso da conspiração e da espionagem, o mundo que Shakespeare pode ter vislumbrado durante um breve período em Lancashire, de onde teria fugido. As circunstâncias exatas devem ter sido secretas na época e são ainda mais obscuras passados quatrocentos anos, mas ao que parece Marlowe foi recrutado, ainda quando estudante, pelo serviço de inteligência comandado pelo chefe da espionagem de Elizabeth, o secretário de Estado sir Francis Walsingham. Marlowe deve ter sido enviado a Reims, onde ligou-se a católicos ingleses que viviam na França. Toda informação que ele pudesse descobrir — ou atos que pudesse incitar — sobre complôs destinados a organizar uma invasão, ou assassinar a rainha herege, seria transmitida a seus superiores. Ele deve ter sido bastante eficiente nesse trabalho sujo, já que o Conselho Privado escreveu às autoridades de Cambridge recomendando que lhe concedessem o grau de mestre, apesar de suas ausências injustificadas.

Quando chegou a Londres para tentar a sorte como dramaturgo, Marlowe já tinha começado um processo ascendente, iniciado na classe dos artesãos, à qual pertencia seu pai, rumo à condição de cavalheiro. Tinha em mãos o diploma universitário exigido, mas sua vida dificilmente seguiria um curso convencional. Seu interesse sexual escancarado por homens tornava sua vida ainda menos convencional, enquanto suas opiniões levavam-no aos mais perigosos extremos como livre-pensador — de acordo com o relatório do agente de informações designado para espioná-lo, secundado pelo testemunho de Kyd, seu companheiro de quarto. Ele costumava declarar (ou assim disse o espião) que Jesus era um bastardo e sua mãe uma puta; que Moisés era um "malabarista", ou seja, um embusteiro, que tinha enganado os judeus ignorantes; que a existência de indígenas no continente americano desmentia a cronologia do Velho Testamento; que o Novo Testamento tinha sido escrito de "maneira obscena" e que ele, Marlowe, teria feito melhor; que Jesus e são João eram amantes homossexuais e assim por diante. Se Marlowe disse mesmo uma fração do que lhe é atribuído, só poderia ter sobrevivido numa esfera social que fizesse ouvidos moucos a opiniões que em outras situações receberiam punição instantânea e violenta.

Na época da morte de seu maior rival na profissão, aos 29 anos, Shakespeare já tinha mostrado em boa medida seu talento, mas suas realizações até então não se comparavam à impressionante sucessão de peças e poemas de Marlowe. Eles devem ter se conhecido pessoalmente, pois o mundo em que viviam era pequeno demais para o anonimato. Podem até ter gostado um do outro, mas havia muito mais motivos para desconfiança e desagrado do que para afeto e admiração. Cerca de cinco anos após a morte de Marlowe, em *Como gostais*, Shakespeare rende um tributo disfarçado ao rival citando uma de suas mais famosas falas. Uma personagem apaixonada, evocando Marlowe como um "pastor morto", diz que ela agora entende sua "força da palavra" (ou seja, ela acha que o que ele diz tem poder):

> Pastor morto, entendo agora a força da tua palavra;
> "Quem uma vez amou que não tenha amado à primeira vista?"[12]

Mas em outro ponto da mesma peça há uma referência menos generosa a Marlowe. "Quando os versos de um homem não são entendidos", reclama o bufão Touchstone, "nem seu gênio propicia um filho, isso abate um homem mais que uma conta elevada num pequeno estabelecimento."[13] Essas palavras não eram exatamente um ataque a Marlowe, mas, ao aludir a seu assassinato por causa de uma conta, fazem-no com uma completa ausência de sentimentos.

Além do traço de competitividade pessoal que perdurou mesmo depois da morte do rival, e além da competição comercial de companhias teatrais rivais pelo mesmo público, havia uma divergência acerca da natureza do teatro, que também era uma divergência sobre a imaginação humana e os valores humanos. Shakespeare via o que havia de maravilhoso em Marlowe (há muitos

---

12. "Dead Shepherd, now I find thy saw of might,/ 'Who ever loved that loved not at first sight?'" (3.5.82-3).
13. "When a man's verses cannot be understood nor a man's good wit seconded with the forward child, understanding, it strikes a man more dead than a great reckoning in a little room" (3.3.9-12).

outros indícios disso além do breve tributo em *Como gostais*), mas parece que ele também desgostava profundamente de alguma coisa que havia na linguagem e na imaginação de Marlowe. Shakespeare não deixou nenhuma afirmação programática dessa diferença, apenas as respostas que deu no teatro. E a mais substancial delas envolve a representação dos judeus, ou seja, a pronunciada diferença entre o Barrabás de *O judeu de Malta* e o Shylock de *O mercador de Veneza*.

Marlowe já estava morto quando Shakespeare começou a escrever *O mercador de Veneza*, em algum momento entre 1594 e 1598. Embora uma reapresentação de sucesso de *O judeu de Malta* possa tê-lo levado a experimentar sua habilidade numa peça sobre judeus, Shakespeare não estava apenas olhando de esguelha para a obra do antigo rival. Ele nem precisava da peça de Marlowe para lhe dar o tema; pode ter visto e recordado, por exemplo, uma velha peça intitulada *O judeu*, que esteve em moda quando ele ainda era menino e pode muito bem ter sido apresentada nas províncias. A peça se perdeu, mas em 1579 um homem que em geral odiava e atacava o teatro, Stephen Gosson, fez questão de elogiar *O judeu* pela exposição da "cobiça dos materialistas mundanos" e a "mentalidade repulsiva dos agiotas".

Porém algo além dessa velha peça, até mesmo da criação de Marlowe, mais recente, explica por que a peça de Shakespeare acabou sendo uma obra tão perturbadora como é. A explicação não está no tema, que não é original de Shakespeare e padece de extremo convencionalismo. Em algum momento, em suas leituras vorazes e numerosas, Shakespeare se deparou com um conto italiano sobre um agiota judeu, *Il pecarone*, de Ser Giovanni, que deve ter lhe parecido material bom para uma comédia. (Vale notar de passagem que as leituras de Shakespeare, como, de resto, todo o comércio elisabetano de livros, eram bem internacionais. O público leitor, para os padrões modernos, devia ser diminuto, mas seus interesses eram notavelmente cosmopolitas.) Como fazia sempre com os textos de que gostava, Shakespeare aproveitou em grande parte o enredo de *Il pecarone*: o mercador de Veneza que toma dinheiro emprestado de um agiota judeu para um terceiro; a terrível fiança, que consiste em meio quilo da carne do mercador; a corte bem-sucedida a uma moça de "Belmonte" que chega a Veneza disfarçada de advogado; sua solução astuta para a ameaça da fiança, indicando que o direito de tomar uma libra de carne não implica o direito de derramar uma só gota de sangue; o levemente cômico assunto dos anéis. Portanto, não havia nada de original na peça de Shakespeare; até mesmo os temas de Belmonte, dos estojos e dos pretendentes, que não vieram de Ser Giovanni, foram tomados de outro lugar e usados à exaustão. Há uma requintada poesia na cena em que Bassânio corteja Pórcia, com sucesso e, mais ainda, na cena entre Jéssica e Lourenço num banco ao luar, perto do fim da peça; há uma memorável descrição do estado depressivo de Antônio, uma inabalável melancolia que parece ligada a seu amor frustrado por Bassânio. Mas a peça não teria muita importância — seria comparável, por exemplo, a *Os dois cavalheiros de Verona* e a outros trabalhos de menor alento — se não fosse pela força estupenda de Shylock.

Shakespeare deve ter pensado muito antes de escrever uma peça sobre um agiota. Ele pode não ter conhecido nenhum judeu, mas com certeza conheceu agiotas, a começar por seu pai, que foi duas vezes acusado de violar a lei que proibia a cobrança de juros. As leis contra o empréstimo foram abrandadas em 1591 e, depois de enriquecer com o teatro, o próprio Shakespeare deve ter se envolvido em pelo menos uma transação desse tipo, para si mesmo ou como intermediário. Por acaso, salvou-se uma carta de Richard Quinley, proeminente comerciante de Stratford, para Shakespeare, encontrada nos arquivos da Stratford Corporation. A carta, datada de 25 de outubro de 1598, tinha sido escrita da pousada onde Quiney estava hospedado em Londres, para onde tinha ido evidentemente na esperança de tomar um empréstimo para si mesmo e para outro morador de Stratford, Abraham Sturley, junto a seu "Querido bom amigo e conterrâneo m^r w^m Shackespere". No mesmo dia, Quiney escreveu a Sturley informando os termos do empréstimo proposto — uma taxa de trinta ou quarenta xelins por um empréstimo de trinta ou quarenta libras — e dez dias depois Sturley respondeu, expressando sua satisfação por saber "que nosso conterrâneo Mr. Wm. Shak. nos proporcionaria o numerário".

Essas transações só surpreendem pelo fato de Shakespeare ter escrito *O mercador de Veneza*. Embora os ingleses declarassem que a usura era ilegal pela lei de Deus e que tinham expulsado os únicos elementos isentos dessa proibição, pelo fato de serem judeus, na prática a economia mercantil do reino não podia funcionar sem a possibilidade de crédito. Na falta de um sistema bancário no sentido atual do termo, os ingleses tentavam ao menos manter as taxas de juros abaixo de dez por cento, e muitas pessoas encontravam subterfúgios legais ou ilegais para se livrar das proibições oficiais. Até mesmo negócios manifestamente ilegais como os de John Shakespeare — taxas de juros de vinte e até 25 por cento — eram bastante comuns.

Os usurários cristãos, ainda que não fossem chamados por esse nome, ocupavam uma posição comparável, de modo geral, à dos judeus: oficialmente, eram desprezados, molestados, condenados no púlpito e no palco, mas desempenhavam um papel essencial, que não podia ser simplesmente suprimido. Era possível que os agiotas levassem uma vida mais ou menos respeitável, como o pai de Shakespeare, mas a profunda contradição entre o estigma e o apreço, entre o escárnio e a valorização, talvez estivesse sempre nas sombras, pronta para emergir. Shakespeare adorava contradições desse tipo; sua arte saltava avidamente sobre elas e brincava com elas. Mas ainda resta a questão de como ele chegou a Shylock.

Alguma coisa incendiou a imaginação de Shakespeare, alguma coisa o tornou capaz de descobrir em seu vilão paradigmático certa música — os sons de uma introspecção psicológica, uma alma sitiada — que ninguém, nem mesmo Marlowe, tinha conseguido extrair da odiosa figura do judeu. Antes, como agora, sabia-se muito pouco sobre as experiências reais que tornaram possíveis esses saltos criativos, mas é possível ao menos imaginar um conjunto de eventos desencadeantes plausíveis no mundo cotidiano em que Shakespeare vivia.

Shakespeare esteve em Londres pelo menos durante parte de 1594. Naquele ano, a peste bubônica, que levara ao fechamento dos teatros durante a maior parte da temporada, cedeu o bastante para permitir que os atores voltassem a representar na cidade. O fechamento dos teatros tinha causado sérios prejuízos às companhias teatrais. Trupes como os Homens da Rainha se viam à beira da falência, os Homens do Conde Hertford iam aos trancos e barrancos, os Homens do Conde Pembroke quebraram e tiveram de vender seus figurinos; com a morte de seu patrono, os Homens do Conde de Sussex foram obrigados a se dispersar; e o mesmo destino vitimou os Homens do Conde de Derby depois da misteriosa morte do patrono, Ferdinando, lorde Strange, que, segundo boatos, teria sido envenenado. Dessa situação de ruína emergiram duas companhias, que absorveram os maiores talentos e dominaram a cena teatral londrina: os Homens do Lorde Almirante, protegidos por Charles Howard, lorde Howard de Effingham; e os Homens do Lorde Camerlengo, protegidos do sogro de Howard, Henry Carey, lorde Hunsdon. Os Homens do Lorde Almirante tinham sobretudo o famoso ator Edward Alleyn e o grande empresário Philip Henslowe; eles se apresentavam na margem sul do rio, no simpático teatro Rose. Os Homens do Lorde Camerlengo representavam em Shoreditch, no Teatro Burbage. Seu principal ator era Richard Burbage, e com a bancarrota dos Homens do Conde de Derby eles tinham arrebanhado o famoso bufão Will Kempe, além de John Heminges, Augustine Phillips, George Bryan e Thomas Pope. Todos esses homens, e mais outro, eram "parceiros" — ou seja, sócios na empresa, administrando os negócios, arcando com os custos e dividindo os lucros. O outro parceiro era William Shakespeare.

A companhia de Shakespeare estava disposta a tirar proveito das novas oportunidades, já que as mortes causadas pela peste não voltaram a subir. Por sorte, as taxas de mortalidade continuaram relativamente baixas, e a população pôde mais uma vez começar a buscar divertimento. No entanto, Londres não estava calma em absoluto. Embora o famoso "vento protestante" tivesse afundado a Invencível Armada espanhola em 1588, persistia o medo de uma invasão, e os rumores de complôs contra a vida da rainha Elizabeth eram frequentes. A ameaça era real o bastante para ser levada a sério por pessoas equilibradas. Espiões do governo, infiltrando-se em conchavos intrincados e nebulosos nas embaixadas e na corte, encontravam boas razões para inquietação. Um grupo protestante sectário e ferozmente antiespanhol integrava a facção do favorito da rainha, o ambicioso conde de Essex, especialmente versado em complôs verdadeiros ou plausíveis. Em 21 de janeiro de 1594, a facção de Essex conseguiu o que queria: o médico pessoal da rainha, o português Roderigo (ou Ruy) Lopez, foi preso sob a acusação de estar em conluio com o rei da Espanha, que, segundo cartas interceptadas, lhe enviaria a vultosa quantia de 50 mil coroas, o equivalente a 18 800 libras, por um importante serviço.

Anos antes, Essex tentara recrutar Lopez como agente secreto. A recusa de Lopez pode ter sido prudente — ele preferiu informar diretamente a rainha — mas granjeou-lhe, na pessoa do poderoso conde, um inimigo perigosíssimo. Depois de preso, Lopez foi levado a princípio para a Essex House, onde foi interrogado pelo próprio conde. Mas Lopez tinha aliados poderosos na facção rival, integrada por William Cecil, lorde Burghley, conselheiro-chefe da rainha e por seu filho, Robert Cecil, que também participaram do interrogatório e relataram à rainha que as acusações contra o médico não tinham fundamento. Segundo observadores da corte, Elizabeth passou em Essex uma descompostura, "chamando-o de *garoto imprudente e temerário*, por ter lançado uma acusação sem provas contra o pobre homem, cuja inocência ela bem conhecia; mas a perfídia contra ele, e não outro, tinha gerado toda essa questão, o que muito desagradava a soberana, e além do mais, por isso, disse ela, sua honra ficava comprometida". Agora, claro está, era a honra de Essex que estava em risco, e seus aliados se apressaram em procurar provas que corroborassem suas acusações. Mas não nos detenhamos no complexo emaranhado de espiões e alcaguetes, e na trabalhosa investigação de documentos — que os rivais Cecil chamavam desdenhosamente de "todas as Confissões, Exames, Depoimentos, Declarações, Mensagens, Cartas, Bilhetes, Fichas, Conferências, Complôs e Atos". Basta dizer que no julgamento, realizado em Londres em 28 de fevereiro de 1594, o dr. Ruy Lopez foi acusado e prontamente condenado por conspirar a favor do envenenamento de sua real paciente. Segundo informantes, Lopez tinha concordado com o envenenamento em troca de 50 mil coroas que lhe seriam pagas por Filipe II da Espanha. Estranhamente, o suposto agente dessa conspiração católica, Lopez, não era católico. Era judeu — ou melhor, tinha sido, pois agora se declarava um bom protestante. Muita gente suspeitava, como escreveu Francis Bacon, aliado de Essex, que ele ainda era "intimamente um judeu (embora aqui tenha se adequado aos ritos da religião cristã)".

É difícil dizer se Lopez foi mesmo culpado de alta traição. Uma vez que o caso foi a julgamento, o resultado era quase uma conclusão antecipada, de modo que a condenação não contribui com nenhuma certeza. O fato de ter sido levado a julgamento dá testemunho do poder de Essex, cujo prestígio estava em jogo, mas também do apreço de Lopez por intrigas locais e internacionais, de seus amigos desagradáveis e de sua venalidade — era evidente que ele recebia propinas de muitas fontes diferentes. Essas características, no entanto, só mostram que o médico real era um homem da corte, com acesso privilegiado à rainha e, portanto, estava em posição vantajosa. Ele pode ter ido ainda mais longe: depois de afirmar sua inocência, confessou, talvez com sinceridade, talvez para evitar a tortura, que tinha entrado de fato numa negociação aparentemente conspiratória com o rei da Espanha, mas destacou que tinha feito isso apenas para tirar dinheiro do rei. O que quer que fosse — patife, vigarista ou traidor —, Lopez era apenas um peão nas tensas rivalidades faccionais que Elizabeth manipulava com habilidade. Enquanto os Cecil acharam conveniente apoiá-lo, na esperança de deixar Essex em maus lençóis, o médico esteve em segurança; mas assim que o apoio lhe foi retirado — quando suas amizades suspeitas fizeram dele um problema —, ele já podia ser considerado morto.

Na súmula do promotor, Roderigo Lopez não era apenas um vilão ganancioso; era, como os astutos jesuítas com quem se parecia muito, o sinistro agente das cruéis potências católicas decididas a destruir a rainha protestante. Ao mesmo tempo, era um vilão judeu:

> Lopez, traidor perjuro e assassino, além de médico judeu, pior do que o próprio Judas, decidiu envenená-la, o que é um complô mais perverso, perigoso e detestável que todos os anteriores. Era servidor jurado de Sua Majestade, agraciado e privilegiado com muitos favores reais, atuante em especiais lugares de confiança, com acesso permitido a sua pessoa, e assim insuspeito, especialmente por ela, que nunca teme seus inimigos nem suspeita de seus servidores. O negócio foi feito, o preço combinado, e o fato, só adiado até o pagamento do dinheiro, estava garantido; as cartas que assegurariam sua segurança estavam enviadas, mas antes que caíssem em suas mãos, Deus, da maneira mais maravilhosa e miraculosa, revelou-o e impediu-o.

Lopez era, por tudo o que se sabe dele, um cristão praticante, protestante obediente, totalmente assimilado à alta sociedade, e os ingleses em geral se satisfaziam com a conformidade religiosa externa. Mas o perfil especial de sua maldade — a ganância, a perfídia, a malícia secreta, a ingratidão e a disposição para o assassinato — exigiam uma explicação mais elaborada, que reforçasse a ideia de que a rainha tinha sido salva miraculosamente por intervenção divina. A animosidade tradicional contra os judeus e a atualidade de *O judeu de Malta* de Marlowe (cujo anti-herói, registre-se, começou a carreira como médico que envenenava os pacientes) deu às origens judaicas de Lopez um papel importante no relatório da conspiração.

Ao lado de dois agentes portugueses acusados de serem seus intermediários, Lopez foi condenado sem demora, mas inexplicavelmente a rainha atrasou a aprovação exigida para a execução da sentença de morte, atraso esse que segundo funcionários do governo causou "descontentamento geral do povo, que esperava ansioso por essa execução". Enfim, em 7 de junho de 1594, seus súditos — ou, melhor dizendo, as facções que pressionavam pela realização da execução — tiveram o que queriam. Lopez e os outros dois condenados foram retirados da Torre de Londres, onde estavam presos. Perguntado se tinha algum motivo a declarar pelo qual a sentença não devesse ser executada, Lopez respondeu que apelava para o conhecimento da própria rainha e a sua bondade. Depois de concluídas as formalidades legais, os três prisioneiros foram levados, através de um corredor de assistentes que gritavam insultos, até o local da execução, em Tyburn, onde uma multidão esperava por eles.

Estaria William Shakespeare no meio da multidão? O julgamento de Lopez, em meio à luta de facções e acusações sensacionais, despertara grande interesse. Shakespeare, seja como for, se interessava por execuções: sua farsa *A comédia dos erros*, do início da carreira, se estrutura em torno da contagem regressiva para uma execução, e o machado executor pesa como uma sombra sinistra ao longo de *Ricardo III* e outros enredos. Ele se sentia profissionalmente fascinado pelo comportamento das massas e também pela atitude de homens e mulheres diante do fim. Suas falas mais famosas sobre o assunto se encontram em *Macbeth*, no relato dos últimos instantes de vida de um *thane*[14] que traíra o rei:

> Nada em sua vida
> Engrandeceu-o como o modo de deixá-la. Morreu
> Como se tivesse ensaiado na hora da morte
> Jogar fora o que tinha de mais precioso
> Como uma ninharia sem valor.[15]

É lícito supor que o dramaturgo que escreveu essa fala tenha testemunhado execuções ao vivo, pois estas ocorriam na capital com tenebrosa frequência. Com efeito, a fala revela certo conhecimento de causa.

A execução do dr. Lopez foi um acontecimento público. Se Shakespeare testemunhou-a pessoalmente, deve ter visto e ouvido alguma coisa além da habitual exposição horrenda de medo e crueldade extrema. Em consequência de sua condenação, Lopez mergulhou numa profunda depressão, mas no cadafalso ele se ergueu e declarou, segundo o historiador elisabetano William Camden, que

---

14. Homem livre que tinha recebido terras em troca de serviços militares, situando-se acima das pessoas comuns, mas abaixo da nobreza.
15. "[...] Nothing in his life/ Became him like the leaving it. He died/ As one that had been studied in his death/ To throw away the dearest thing he owed/ As 'twere a careless trifle" (1.4.7-11).

"amava a rainha como amava Jesus Cristo". "Isso, vindo de um homem de confissão judaica", acrescenta Camden, "provocou não poucos risos dos presentes."

Esse riso, que brotou da multidão que estava ao pé do cadafalso, pode ter desencadeado a criação de *O mercador de Veneza*. Para começar, era de excepcional crueldade: em questão de instantes, um homem vivo seria enforcado e seu corpo cortado em pedaços. O riso da multidão negava a solenidade do momento e tratava a morte violenta como uma ocasião de divertimento. Mais especificamente, negava a Lopez o fim que ele tentava ter, um fim em que ele esperava reafirmar sua fé como leal súdito da rainha e uma alma cristã. Em geral, concedia-se às últimas palavras de uma pessoa a presunção de absoluta honestidade: já não havia espaço para equívocos, nenhuma esperança de adiamento, nenhuma distância entre a pessoa e qualquer juízo a que pudesse ser submetida no além-túmulo. Era, no sentido mais literal, o momento da verdade. Aqueles que lá estavam e riam deixaram bem claro — claro para si mesmos, claro para Lopez — que não acreditavam nele. "Vindo de um homem de confissão judaica": Lopez *não professava* o judaísmo; aderira publicamente ao protestantismo e invocou Jesus Cristo. O riso transformou suas últimas palavras de profissão de fé em piada de duplo sentido, cuidadosamente elaborada: "ele amava a rainha como amava Jesus Cristo". Mais exatamente, considerando que aos olhos da multidão Lopez era um judeu, e um judeu não ama de fato Jesus Cristo, o que ele quis dizer foi que tinha tentado fazer à rainha o mesmo que sua raça execrável fizera a Jesus. Suas palavras tinham a forma de uma declaração de inocência, mas a reação da turba as transformava numa ambígua admissão de culpa. Alguém no meio da multidão pode ter pensado que essa admissão de culpa foi inadvertida, uma extrapolação hipócrita que culminara em confissão. Outros, achando mais graça ainda, podem ter concluído que a ambiguidade era deliberada. Lopez, o Judeu, estava praticando uma arte que tinha sido aperfeiçoada, dizia-se, pelos jesuítas: a arte das evasivas. Estava tentando proteger sua família e sua reputação insistindo em sua inocência e ao mesmo tempo dizendo sutilmente a verdade.

Em outras palavras, esses espectadores risonhos se sentiram como quem assistia a uma versão de *O judeu de Malta* na vida real.

No começo da peça de Marlowe, o judeu malvado convence a filha a fingir que quer se converter ao cristianismo e entrar para um convento. Ele diz que "uma profissão contrafeita", ou seja, uma crença fingida, um comportamento mentiroso, "é melhor/ que a hipocrisia escondida".[16] Com base nesse dúbio princípio moral — segundo o qual é melhor dissimular deliberadamente do que ser um hipócrita inconsciente —, Barrabás orienta sua própria conduta, elaborando uma série de duplos sentidos ditos com uma piscadela ou com um aparte malicioso dirigido à plateia. Tramando um assassinato, ele atrai a sua casa o jovem e apaixonado Ludovico, filho do governador, com o pretexto de lhe oferecer um "diamante" precioso — sua filha Abigail. Quando Ludovico, dando continuidade à metáfora, pergunta "E qual é o preço?", Barrabás sussurra, num aparte: "Vossa vida". "Vinde a minha casa", acrescenta, em voz alta, "E dar-lho-ei a Vossa Excelência"; e mais uma vez acrescenta, num aparte homicida: "com uma vingança". Para ganhar a confiança de sua pretensa vítima cristã, Barrabás fala de sua "devoção ardente" ao convento, e depois acrescenta, para riso do público, "Esperando que não tarde muito a arder em chamas!".[17] É exatamente esse tipo de piada que a turba imaginou estar ouvindo quando Lopez pronunciou suas últimas palavras.

A execução de Lopez foi o último ato de uma comédia, ou assim deu a entender o riso da turba, condicionada por *O judeu de Malta*. Apesar de ser cruel, era também perfeitamente cabível rir. Uma perversa conspiração para assassinar a rainha — combinando a detestada figura do rei católico da Espanha e a detestada figura do judeu — fora providencialmente abortada. O que teria Shakespeare sentido em relação ao que ocorria ao pé do cadafalso? Atração ou repulsa? Teria ele admirado a maneira como o humor negro de Marlowe ajudara a moldar a reação da multidão, ou se sentiu enojado com ela? O único indício é a peça que Shakespeare escreveu logo após a morte de Lopez, e a resposta que ela sugere é que o autor sentiu-se ao mesmo tempo interessado e nauseado. Ele bebeu bastante na obra de Marlowe — Shakespeare tomava muitos empréstimos desse tipo —, mas criou um grupo de personagens e uma escala de emoções profundamente alheios à arte de Marlowe. Ele queria, ao que parece, provocar riso com a derrota do judeu malvado — não numa peça sobre intrigas internacionais, mas numa peça sobre dinheiro e amor — e queria ao mesmo tempo questionar o riso, tornar o divertimento desconfortável.

---

16. "A counterfeit profession is better/ Than unseen hypocrisy" (1.2.292-3).
17. "And what's the price?/ Your life/ Come to my house,/ And I will giv't Your Honour — with a vengeance./ Hoping ere long to set the house afire" (2.3.65-8, 88-9).

O mercador de Veneza é cheio de zombarias engraçadas: "Nunca vi uma emoção tão confusa", debocha um dos cristãos venezianos, Solânio,

> Tão estranha, escandalosa e tão variável
> Como a que o cão judeu berra pelas ruas.
> "Minha filha! Oh, meus ducados! Oh, minha filha!
> Fugiu com um cristão! Oh, meus ducados cristãos!"[18]

"Ora, todos os meninos de Veneza seguem-no pelas ruas", caçoa seu amigo Salério, dando-nos um vislumbre da diversão barulhenta da turba, "gritando 'As pedras dele, a filha dele, e os ducados dele!'"[19] E, quando a trama diabólica da vingança de Shylock — cortar meio quilo da carne do bom Antônio — é derrotada no tribunal, a frustração do judeu, forçado a se converter, é acompanhada de um coro de escárnio triunfante de Graziano:

> Pede que te seja autorizado enforcar-te!
> ....
> Uma execução, de graça. Nada mais, por Deus!
> ....
> Quando te batizares terás dois padrinhos.
> Fosse eu o juiz, tu terias mais dez,
> Doze jurados para mandar-te à forca, não à pia.[20]

Shakespeare preferiu não mandar seu judeu para a forca — em todas as suas comédias, ele tinha o cuidado de evitar a morte dos vilões, pelo menos no palco —, mas a zombaria de Salério, Solânio e Graziano se aproxima muito do que o dramaturgo ouviu ao pé do cadafalso em que Lopez foi enforcado. O

---

18. "I never heard a passion so confused,/ So strange, outrageous, and so variable,/ As the dog Jew did utter in the streets./ 'My daughter! O, my ducats! O, my daughter!/ Fled with a Christian! O, my Christian ducats!'" (2.8.12-6).
19. "Why, all the boys in Venice follow him,/ Crying, 'His stones, his daughter, and his ducats!'" (2.8.23-4).
20. "Beg that thou mayst have leave to hang thyself — [...]/ A halter gratis, nothing else, for God's sake.[...]/ In christ'ning shalt thou have two godfathers./ Had I been judge, thou should have had ten more,/ To bring thee to the gallows, not the font" (4.1.359-96).

mercador de Veneza encontrou um jeito de mostrar aos espectadores algo daquilo que a multidão presente à execução achava engraçado, mas sem derramamento de sangue. Shylock é o tradicional demancha-prazeres da comédia romântica: surdo para a música, inimigo do prazer, interposto no caminho do amor dos jovens. Mas ele é algo pior do que o pai tirânico e possessivo convencional que deve ser derrotado por jovens na flor da idade. "Shylock, o Judeu, é uma figura de extrema crueldade", diz a folha de rosto da primeira edição in-quarto, rígido e inflexível representante do Velho Testamento, um estrangeiro incapaz de perdoar e de ter remorsos, amargurado e homicida, que ameaça a felicidade de toda uma comunidade. Derrotado no tribunal — não por ser judeu, mas como não veneziano, um "estrangeiro" —, Shylock é assimilado à força por aquela comunidade, mas a caçoada de Graziano deixa claro que o cristão-novo recém-batizado sempre será, como Camden disse a respeito do cristão-novo Lopez, "um homem de confissão judaica"; ou seja, a conversão de Shylock é apenas um recurso delicado da comédia para matá-lo.

No entanto, o fato é que os zombeteiros Salério, Solânio e Graziano são provavelmente os personagens menos simpáticos de *O mercador de Veneza*. Eles não são apresentados como vilões, e o riso deles reverbera ao longo de toda a peça, mas suas palavras irritantes são uma e outra vez percebidas como constrangedoras, vulgares e desagradáveis. "Tu és", como diz Bassânio a Graziano, "demasiado grosseiro, demasiado rude, e falas alto demais."[21] Shakespeare não repudia suas vozes estridentes — as vozes que ele deve ter ouvido rindo do judeu Lopez; pelo contrário, quis que sua comédia inserisse essas vozes na comemoração da ruína de Shylock. Porém o espírito da peça não é o espírito dessas vozes.

Um autor de comédias exulta com o riso da plateia, mas é como se Shakespeare tivesse observado de muito perto as expressões da multidão, como se estivesse ao mesmo tempo repugnado e fascinado pela ridicularização do estrangeiro derrotado, como se entendesse o apelo que tinha para as massas o velho jogo que ele jogava, mas de repente se sentisse nauseado com as regras. "Imaginai-vos a ver os míseros estrangeiros": quando ele teve esses estrangeiros — Lopez ou Shylock — fixos em sua imaginação, Shakespeare sentiu-se incomodado

---

21. "Thou art too wild, too rude and bold of voice" (2.2.162).

com o que viu. A conversão forçada de Shylock — recurso dramático não existente na fonte de Shakespeare — é uma tentativa de evitar as alternativas mais repulsivas: a horrível execução que Shakespeare talvez tenha visto pessoalmente; a expulsão em massa de judeus sobre a qual talvez tenha lido nas crônicas da Inglaterra. Mas, como o riso no tribunal mostra claramente, a conversão não funciona para resolver a questão do estrangeiro. Nem Jéssica, filha de Shylock, que fugiu com o amado e se tornou cristã de livre vontade, escapa: o bufão Lancelote resmunga que, como filha de um judeu, ela é amaldiçoada, e além disso: "Essa produção de cristãos vai acabar aumentando o preço da carne de porco".[22]

Porém o aumento do preço da carne de porco é o menor dos problemas que a peça levanta. Shakespeare preferiu não fazer com Shylock o que o Estado elisabetano fez com Lopez, mas optou por uma análise diferente. Desconstruindo toda a estrutura cômica tomada de empréstimo a sua fonte italiana, ele assumiu o risco de dissecar o interior de seu vilão e explorá-lo internamente como jamais fizera. É certo que em alguns momentos Shylock parece ser uma marionete, mas, mesmo manipulado por cordéis, ele revela o que Shakespeare realizou. Num dos momentos mais mecânicos da peça, Shylock é puxado em direções radicalmente diversas: tenta seguir as pegadas da filha Jéssica, que o roubou e fugiu com o cristão Lourenço; ao mesmo tempo, fica sabendo que o mercador Antônio, que ele odeia e gostaria de destruir, está sofrendo graves reveses em seus negócios. Salério e Solânio já tinham caçoado dos gritos frenéticos do judeu: "Minha filha! Oh, meus ducados! Oh, minha filha!", e agora o espetáculo cômico propriamente dito está em cena. Impaciente, Shylock pede notícias ao amigo judeu que enviara ao encalço da filha — de todos os personagens de Shakespeare, ele é o mais obcecado por notícias.

> SHYLOCK Como estás, Tubal? Que notícias trazes de Gênova? Encontraste minha filha?
> TUBAL Várias vezes fui a lugares onde ouvi falar dela, mas não a encontrei.
> SHYLOCK Ora... Sei, sei, sei, sei...[23]

---

22. "This making of Christians will raise the price of hogs" (3.5.19).
23. "SHYLOCK How now, Tubal. What news from Genoa? Hast thou found my daughter?/ TUBAL I often came where I did hear of her, but cannot find her./ SHYLOCK Why, there, there, there, there" (3.1.67-71).

A repetição é uma das chaves da música de Shylock. Os "sei, sei, sei" reiterados por Shylock são a expressão de seu desapontamento e uma tentativa de consolo, como se fossem ditos por um amigo. Mas não é um amigo quem os diz; eles são pronunciados pelo próprio Shylock, e sua repetição mecânica ultrapassa a esperança frustrada e a falta de consolo para transformar-se em outra coisa. Palavras repetidas como essas perdem todo significado que de início possam ter tido; tornam-se simples indicadores de que quem as profere está mergulhado em reflexões silenciosas.

Como é que os personagens de uma peça — que não passam, afinal, de um amontoado de palavras — transmitem que algo está acontecendo dentro deles? Como os espectadores têm a impressão de uma profundidade comparável àquelas que eles mal podem descobrir e compreender dentro de si mesmos? Shakespeare, inigualável em transmitir essa impressão, aperfeiçoou muitas técnicas para fazer isso ao longo de sua carreira, dentre as quais a mais famosa é o solilóquio. Mas esse domínio do solilóquio se fez aos poucos, e pelo caminho ele explorou outros instrumentos, inclusive a repetição. Shylock não articula uma reação coerente com a notícia de que sua filha não foi encontrada; apenas mastiga as mesmas palavras sem sentido. Mas algum processo emocional e racional está ocorrendo sob a superfície — e começamos a perceber o que é nas palavras que ele diz a seguir: "Um diamante perdido". Por um instante, o diamante parece referir-se a Jéssica (Barrabás refere-se a Abigail como um diamante), mas a continuação da frase nos empurra de chofre para outra direção: "Um diamante perdido me custou dois mil ducados em Frankfurt".

Nesse momento a plateia assiste a algo na verdade invisível: a transferência nauseabunda e inconsciente da tristeza emocional para a tristeza pela perda monetária. Ou melhor, presencia a passagem secreta que liga a filha do judeu a seu dinheiro. Como mostra a fala a seguir, Shakespeare deixa implícito que há algo judaico, algo específico da "nação" judaica, nessa mistura do familiar com o financeiro. "A maldição nunca caiu sobre nossa nação até agora... Nunca a senti até agora. Dois mil ducados naquela, e outras joias preciosas, preciosas."[24] Que maldição? Por um momento, Shylock parece concordar ple-

---

24. "A diamond gone cost me two thousand ducats in Frankfurt — the curse never fell upon our nation till now! I never felt it till now. Two thousand ducats in that and other precious, precious jewels" (3.1.71-2).

namente com a crença cristã segundo a qual os judeus são amaldiçoados, uma sina terrível que pela primeira vez ele veio a experimentar de forma direta. E, em sua dor e em seu ódio, tenta dirigir a maldição para a filha:

> Preferia que minha filha estivesse morta a meus pés e usando as joias! Preferia que ela estivesse amortalhada a meus pés e meu dinheiro em seu ataúde! Não há notícias deles? Ora, ora. Nem sei quanto já gastei nessa busca. Já vês, perda em cima de perda: a ladra fugiu com muito dinheiro, e muito dinheiro para achar a ladra, e nenhuma satisfação, nenhuma vingança. Não há má sorte senão a que me pesa sobre os ombros; não há suspiros senão os meus, nem lágrimas senão as que eu mesmo derramo.[25]

Saberia Shakespeare que os judeus ortodoxos costumam prantear os filhos que abandonam a fé como se tivessem morrido? Talvez. Ele com certeza acreditava que os agiotas, judeus ou não, tratavam o dinheiro como se fosse algo vivo e pudesse se reproduzir, daí que tratassem o dinheiro perdido como se tivesse morrido. Talvez Shylock tenha pretendido dizer que desejaria que a filha estivesse morta só se ele pudesse recuperar o dinheiro; talvez desejasse as duas coisas, a morte da filha e a recuperação do dinheiro. Mas suas palavras também exprimem uma fantasia mórbida de dar à filha e ao dinheiro um sepultamento adequado, "perda em cima de perda".

Quando Tubal contradiz a afirmação de Shylock de que só ele está sofrendo — "Não, outros homens têm má sorte também. Antônio, segundo ouvi dizer em Gênova" —, Shylock o interrompe excitadíssimo, com suas frases maníacas, repetitivas, expressando agora não pensamentos secretos, mas agitação, surpresa e latejos de dor:

> SHYLOCK O que houve? O que houve? Alguma desgraça?
> TUBAL Ele perdeu um barco que vinha de Trípoli.

---

25. "I would my daughter were dead at my foot and the jewels in her ear! I would she were hearsed at my foot and the ducats in her coffin! No news of them? Why, so. And I know not what's spent in the search. Why thou, loss upon loss! The thief gone with so much, and so much to find the thief, and no satisfaction, no revenge, nor no ill luck stirring but what lights o' my shoulders, no sighs but o' my breathing, no tears but o' my shedding" (3.1.72-81).

SHYLOCK Graças a Deus! Graças a Deus! É verdade mesmo? É verdade?
TUBAL Falei com alguns dos marinheiros que escaparam do naufrágio.
SHYLOCK Muito obrigado, bom Tubal. Boas notícias, boas notícias. E sobre Gênova?
TUBAL Tua filha gastou em Gênova, segundo me disseram, numa só noite oitenta ducados.
SHYLOCK Isso para mim é uma punhalada. Nunca mais verei meu ouro. Oitenta ducados de uma tacada! Oitenta ducados?
TUBAL Viajaram comigo para Veneza vários credores de Antônio que juram que só lhe resta a falência.
SHYLOCK Fico muito feliz com isso. Vou atormentá-lo. Vou torturá-lo... Fico muito feliz.[26]

Essa é a essência da comédia, e certamente é possível interpretar a cena para provocar riso, mas a crescente onda de angústia reprime o riso ainda incipiente. A plateia é trazida para perto demais da pessoa que sofre para sentir bem-estar psicológico. Salpicada pelas lamúrias de Shylock, ela não consegue tomar a distância emocional necessária para se divertir.

É possível que aqui Shakespeare tenha perdido o controle de sua própria imaginação. Além da "Letra D" de *O livro de sir Thomas More*, não existe nenhum registro manuscrito de seu processo de criação, mas uma anedota que circulou no século XVII dizia que ele teria comentado a respeito de *Romeu e Julieta* que no terceiro ato ele teria de matar Mercúcio — o anárquico escarnecedor do amor romântico — antes que Mercúcio acabasse com ele. Talvez tenha começado a ocorrer algo parecido em *O mercador de Veneza*. Talvez Shylock tenha se recusado a manter-se em seu lugar no esquema imaginativo que

---

26. "TUBAL Yes, other men have ill luck too. Antonio, as I heard in Genoa./ SHYLOCK What, what, what? Ill luck, ill luck?/ TUBAL Hath an argosy cast away coming from Tripolis./ SHYLOCK I thank God, I thank God! Is it true, is it true?/ TUBAL I spoke with some of the sailors that escaped the wreck./ SHYLOCK I thank thee, good Tubal. Good news, good news! Ha, ha — heard in Genoa?/ TUBAL Your daughter spent in Genoa, as I heard, in one night fourscore ducats./ SHYLOCK Thou stick'st a dagger in me. I shall never see my gold again. Fourscore ducats at a sitting! Fourscore ducats!/ TUBAL There came divers of Antonio's creditors in my company to Venice that swear he cannot choose but break./ SHYLOCK I am very glad of it. I'll plague him, I'll torture him. I am glad of it" (3.1.82-97).

lhe destinara o papel de vilão cômico. Mas Shylock é mais importante que Mercúcio, e há suficientes indícios de autoria para que possamos aceitar a ideia de que o personagem simplesmente escapou do controle do autor. Shakespeare poderia muito bem ter finalizado a cena entre Shylock e Tubal no ponto em que a comicidade faz um esforço para se afirmar. Mas, em vez disso, Tubal continua seu relato:

> TUBAL Um deles me mostrou um anel que tua filha trocou por um macaco.
> SHYLOCK Maldita seja! Assim me torturas, Tubal. Era a minha turquesa. Foi presente de Leia quando eu ainda era solteiro. Não a trocaria por uma selva cheia de macacos.
> TUBAL Mas é certo que Antônio está arruinado.
> SHYLOCK Sim, é certo; é bem certo. Vai, Tubal, encontra um meirinho. Marca com ele com duas semanas de antecedência. Tomarei o coração de Antônio se ele não puder pagar. Com ele fora de Veneza, poderei fazer os negócios que bem entender. Vai, Tubal, nos encontramos em nossa sinagoga. Vai, bom Tubal. Em nossa sinagoga, Tubal.[27]

As palavras sobre a extravagância de Jéssica por um momento parecem apenas dar continuidade à preocupação de Shylock com suas joias perdidas, mas de repente a dor aumenta e o riso desaparece. É como se o anel fosse algo mais que uma parte da fortuna do judeu, como se fosse uma parte de seu coração.

O mercador de Veneza é uma peça em que objetos materiais recebem uma estranha carga e se tornam animados. Há o "tabardo de judeu"[28] em que Antônio cospe, os "guinchos abomináveis das flautas de pescoço torcido" que Shylock não consegue suportar e que para que não sejam ouvidos ele quer

---

27. "TUBAL One of them showed me a ring that he had of your daughter for a monkey./ SHYLOCK Out upon her! Thou torturest me, Tubal. It was my turquoise. I had it of Leah when I was a bachelor. I would not have given it for a wilderness of monkeys./ TUBAL But Antonio is certainly undone./ SHYLOCK Nay, that's true, that's very true. Go, Tubal, fee me an officer. Bespeak him a fortnight before. I will have the heart of him if he forfeit, for were he out of Venice I can make what merchandise I will. Go, Tubal, and meet me at our synagogue. Go, good Tubal. At our synagogue, Tubal" (3.1.98-108).
28. "Jewish gaberdine" (1.3.108).

"tapar as orelhas de minha casa — quero dizer, minhas janelas";[29] o "feliz contrato" cuja existência física ameaça diretamente a vida de Antônio.[30] À primeira vista, essa animação pode parecer apenas influência malévola do agiota judeu, que faz o metal estéril "procriar",[31] mas os cristãos acabam igualmente envolvidos. Salério e Solânio imaginam

> rochas perigosas
> Que, mal tocando o costado delicado de meu barco,
> Derramariam todas as especiarias no oceano.[32]

Os pretendentes que queriam a mão de Pórcia descobriam sua sorte abrindo um dos três "estojos" de metal que continham imagens emblemáticas, enquanto todo o último ato joga com o poder simbólico dos anéis. Mas objeto nenhum tem força maior que a turquesa, ligada ao nome da falecida mulher de Shylock e vislumbrada num breve momento de angústia. Shylock volta imediatamente a conspirar contra Antônio — "Tomarei o coração de Antônio se ele não puder pagar. Com ele fora de Veneza, poderei fazer os negócios que bem entender" —, mas o que ele acaba de dizer sobre o anel antecipa o que a cena do tribunal revela de forma definitiva: Shylock quer vingança, e não dinheiro.

Porventura achava Shakespeare que o dr. Lopez — que recebera uma joia de valor enviada pelo rei da Espanha, joia que aparece em seu julgamento e fica com a rainha depois da execução — estava à procura de algo além de dinheiro quando teria conspirado para assassinar a rainha por 50 mil coroas? Não há como saber. *O mercador de Veneza* não é um comentário sobre um caso de traição; é uma comédia romântica com um agiota cruel cujas maiores semelhanças com Lopez são o fato de ser estrangeiro e o judaísmo que o próprio Lopez renegava. O elo principal, além de uma mobilização pública geral

---

29. "vile squealing of the wry-necked fife [...]/ stop my house's ears — I mean my casements" (2.5.29, 33).
30. "merry bond" (1.3.169).
31. "I make it breed as fast [...]/ A breed for barren metal" (1.3.92, 129).
32. "dangerous rocks/ Which, touching but my gentle vessel's side,/ Would scatter all her spices on the stream" (1.1.31-3).

que deve ter contribuído para a bilheteria, é o riso da turba, riso que Shakespeare ao mesmo tempo queria capturar e reprimir. A multidão ria porque tomava o que via por uma piada irônica ao estilo de Marlowe: "ele amava a rainha tanto quanto amava Jesus Cristo". Essa era, ou eles assim pensavam, a confissão de um assassino potencial, um homem para quem a palavra "amor" na verdade queria dizer "ódio".

Embora dedicado ao negócio de fazer rir uma plateia popular, Shakespeare não se sentia em absoluto à vontade com esse riso. A peça escrita por ele tanto bebe em *O judeu de Malta* como, ao mesmo tempo, repudia sua ironia impiedosa e corrosiva. Seja o que for, parece dizer o dramaturgo, não estou rindo ao pé do cadafalso, e não sou Marlowe. O que nasce em lugar da ironia marlowiana não é tolerância — a peça, afinal, põe em cena uma conversão forçada como preço de um perdão —, e sim descargas de uma estranha e irreprimível generosidade imaginativa. Essa generosidade cria o conflito teatral; evita qualquer diversão direta com a confusão de Shylock entre a filha e o dinheiro e, o que é mais perturbador, solapa a cena climática do julgamento. Aquela cena é a equivalente, na comédia, à execução da vida real: espera-se que se chegue a uma conclusão legal e moral satisfatória, que se castigue a maldade e se afirmem os valores principais da cultura dominante. Parece que todos os elementos estão em seu lugar: um duque sábio, um implacável vilão judeu afiando sua faca para o abate, um pedido de graça supremamente eloquente, uma resolução emocionante. Ainda assim, essa cena, como a leitura do texto e a contemplação da representação demonstram repetidas vezes, é profundamente instável e desestabilizadora. A resolução depende da manipulação de uma tecnicalidade legal, o pedido de perdão dá lugar à abrupta imposição de castigos e a afirmação de valores é afogada numa inundação de retidão e desejo de vingança misturados. Acima de tudo, sem suavizar a natureza perversa de Shylock, sem negar a necessidade de impedir a materialização de suas inclinações criminosas, a peça nos deu uma visão profunda demais de sua vida interior, um envolvimento muito grande com sua identidade e seu destino para nos permitir rir livremente e sem sofrimento. Porque Shakespeare fez uma coisa que Marlowe nunca quis fazer e que a multidão galhofeira na execução de Lopez não era capaz de fazer. Ele pôs no papel aquilo que imaginava que um homem tão deformado, na iminência de ser destruído, diria a si mesmo:

Sou judeu. Os judeus não têm olhos? Os judeus não têm mãos, órgãos, dimensões, sentidos, inclinações, paixões? Não comem a mesma comida, não se ferem com as mesmas armas, não contraem as mesmas doenças, não se curam com os mesmos remédios, não se aquecem e refrescam com o mesmo verão e o mesmo inverno, como um cristão? Se nos aguilhoam, não sangramos? Se nos fazem cócegas, não rimos? Se nos envenenam, não morremos? E, se nos enganam, não devemos vingar-nos?[33]

---

33. "I am a Jew. Hath not a Jew eyes? Hath not a Jew hands, organs, dimensions, senses, affections, passions; fed with the same food, hurt with the same weapons, subject to the same diseases, healed by the same means, warmed and cooled by the same winter and summer as a Christian is? If you prick us do we not bleed? If you tickle us do we not laugh? If you poison us do we not die? And if you wrong us shall we not revenge?" (3.1.49-56).

10. Falando com os mortos

Em algum momento da primavera ou do verão de 1596, Shakespeare deve ter recebido o recado de que seu único filho varão, Hamnet, de onze anos, estava doente. É possível que tenha compreendido e respondido de imediato, ou pode ter se distraído com negócios em Londres. Tinha muita coisa a preocupá-lo. Em 22 de julho, morreu o lorde camerlengo Henry Carey, o mais poderoso dos primos da rainha e patrono da companhia teatral de Shakespeare. O cargo passou a ser ocupado por lorde Cobham, mas a companhia de atores foi assumida pelo irmão de Carey, lorde Hunsdon. Em menos de um ano, Cobham morreu e foi substituído por lorde Carey, de modo que a companhia, após um breve intervalo em que foi chamada de Homens de Lorde Hunsdon, voltou a ser Homens do Lorde Camerlengo. A morte do patrono e a maré de incertezas devem ter sido desconcertante para os atores, cuja inquietação sem dúvida se agravava com os constantes apelos de pregadores e funcionários do governo em favor do fechamento dos teatros para proteger a saúde física e moral de Londres. Os espetáculos foram proibidos em todas as estalagens da cidade, e é possível que no verão de 1596 as autoridades municipais tenham conseguido obter uma ordem de fechamento temporário de todos os teatros. Esse fechamento — conhecido como restrição — ajudaria a explicar por que alguns membros da companhia de Shakespeare estavam em turnê naquele verão, atuando em Faversham (condado de Kent) e em outros lugares.

É possível que Shakespeare tenha acompanhado seus companheiros atores na turnê, ou bem pode ter ficado em Londres para trabalhar em alguma das peças que estava escrevendo para a companhia nessa época: *Rei João*, *Henrique IV parte 1* ou *O mercador de Veneza*. Estivesse em Londres ou em turnê, na melhor das hipóteses só receberia notícias de Stratford de tempos em tempos, mas em algum momento daquele verão deve ter tomado conhecimento de que o estado de Hamnet tinha piorado e que era preciso largar tudo e voltar para casa. Mas, quando chegou a Stratford, o menino de onze anos — que Shakespeare, sem contar breves visitas, tinha abandonado na infância — já devia estar morto. Em 11 de agosto, o pai deve ter assistido ao serviço fúnebre do filho na igreja da Santíssima Trindade: o diácono anotou devidamente no registro de falecimentos "Hamnet filius William Shakspere".

Ao contrário de Ben Jonson e outros que escreveram poemas pesarosos sobre a perda de filhos queridos, Shakespeare não publicou elegias nem deixou registro algum de seus sentimentos paternais. Todo o empenho na aquisição da cota de armas em algum momento deve ter tido relação com as expectativas que ele alimentava a respeito do filho e herdeiro, e seu testamento mostra um forte interesse em transmitir suas propriedades aos descendentes do sexo masculino. Mas talvez essas sejam indicações demasiado formais e convencionais para que nos informem alguma coisa sobre seus sentimentos íntimos. Às vezes se diz que os pais da época de Shakespeare não podiam pretender investir muito amor e esperança numa criança. Uma de cada três morria até os dez anos, e as taxas gerais de mortalidade eram excepcionalmente elevadas para os padrões atuais.

A morte era um espetáculo familiar; ocorria em casa, e não longe da vista. Quando Shakespeare tinha quinze anos, morreu sua irmã Anne, de sete, e ele deve ter tido muitas outras ocasiões para presenciar a morte de crianças. Mas porventura a familiaridade trazia distanciamento? O diário particular de um médico da época, recentemente descoberto, afirma que cônjuges e pais inconsoláveis estavam sempre recorrendo a ele para tratamento. As emoções humanas não têm relação racional com estatísticas. Alguns pais da era elisabetana podem ter aprendido a refrear seu afeto e se proteger contra a dor, mas não eram absolutamente todos.

Nos quatro anos que se seguiram à morte de Hamnet, o dramaturgo, como muitos já indicaram, escreveu algumas de suas comédias mais bem-humoradas: *As alegres comadres de Windsor, Muito barulho por nada, Como gostais*. Mas a alegria dessas peças não era uniforme, e em alguns momentos elas parecem refletir uma experiência pessoal de profunda perda. Em *Rei João*, escrita provavelmente em 1596, pouco depois da morte do menino, Shakespeare criou uma mãe tão desesperada com a perda do filho que é levada a ter pensamentos suicidas. Ao vê-la assim, um observador diz que ela está louca, mas ela insiste que está perfeitamente lúcida: "Não estou louca; quisera Deus que estivesse".[1] Foi a razão, e não a loucura, diz ela, que lhe pôs pensamentos suicidas na cabeça, porque é a razão que insiste em manter presente a imagem de seu filho. Quando é acusada de se apegar de modo doentio ao luto, ela responde com uma simplicidade tão eloquente que se liberta do enredo complicado:

> O pesar ocupa o vazio deixado por meu filho,
> Repousa em sua cama, anda comigo de cá para lá,
> Assume seus traços delicados, repete suas palavras,
> Lembra-me todos os seus gestos graciosos,
> Preenche com sua forma as roupas abandonadas.[2]

Se não existe vínculo comprovado entre esses versos e a morte de Hamnet, tampouco há razão para supor que Shakespeare simplesmente enterrou o filho e foi embora sem nenhum sofrimento. Ele pode ter guardado isso para si, obsessivamente, mesmo quando fazia rir as plateias com Falstaff apaixonado ou com as espirituosas discussões de Beatrice e Benedick. Não é impossível que tenham se passado anos até que o trauma da perda do filho eclodisse na obra de Shakespeare.

Numa peça muito mais tardia, talvez haja um resquício das visitas periódicas que Shakespeare fazia a Stratford na época em que o filho ainda vivia.

---

1. "I am not mad; I would to God I were" (3.4.48).
2. "Grief fills the room up of my absent child,/ Lies in his bed, walks up and down with me,/ Puts on his pretty looks, repeats his words,/ Remembers me of all his gracious parts,/ Stuffs out his vacant garments with his form" (3.4.93-7).

"Sois tão apegado a vosso pequeno príncipe/ Como nós ao nosso?", pergunta um homem ao amigo. "Se estou em casa, senhor", ele responde,

> Ele é minha ocupação, minha alegria, meu interesse;
> Ora somos diletos amigos, ora inimigos jurados;
> Meu bajulador, meu soldado, meu estadista, tudo.
> Ele faz um longo dia de verão parecer curto,
> E com sua infantilidade inconstante me cura
> De pensamentos que teriam espessado meu sangue.[3]

"Se estou em casa, senhor": as palavras servem para a peça, mas servem também para o autor. Talvez, refletindo sobre o que poderia torná-lo melancólico, retraído, Shakespeare deu por si pensando no filho. A peça em que esses versos aparecem, *Conto de inverno*, fala de um menino precoce que definha e morre quando seu pai, doente de ciúmes, se volta contra a mãe dele.

Tenha tido pensamentos suicidas ou permanecido sereno com a morte de Hamnet, Shakespeare atirou-se ao trabalho. O fim da década de 1590 foi um período extraordinariamente movimentado e produtivo em sua vida, com uma sequência de peças brilhantes, muitas apresentações na corte e nos teatros públicos, o que redundava em cada vez mais fama e mais dinheiro. Como parceiro de sua companhia, é provável que Shakespeare se envolvesse pessoalmente em todos os aspectos de seu funcionamento diário, inclusive o conflito cada vez mais agudo com Giles Allen, dono do terreno em Shoreditch em que tinha sido edificado o Theater, palco principal das apresentações dos Homens do Lorde Camerlengo. O contrato de arrendamento que James Burbage e seu sócio tinham firmado em 1576 estava prestes a expirar, e Allen se recusava a renová-lo, pelo menos em termos aceitáveis para os filhos de Burbage, que haviam assumido as negociações sobre a prorrogação depois da morte do pai.

Por fim, as negociações se interromperam e o Theater foi fechado. Em desespero de causa, a companhia passou a se apresentar no Curtain, que ficava

---

3. "Are you so fond of your young prince as we/ Do seem to be of ours?/ If at home, sir,/ He's all my exercise, my mirth, my matter;/ Now my sworn friend, and then mine enemy;/ My parasite, my soldier, statesman, all./ He makes a July's day short as December,/ And with his varying childness cures in me/ Thoughts that would thick my blood" (1.2.165-72).

nas proximidades, mas naquele local não teve o mesmo sucesso obtido no Theater e as receitas começaram a cair. Para levantar dinheiro, eles fizeram o que as companhias resistiam a fazer: venderam quatro de seus textos mais populares, *Ricardo III*, *Ricardo II*, *Henrique IV parte 1* e *Trabalhos de amor perdidos*, a um editor que os publicou em edições in-quarto. É claro que o dinheiro ajudou um pouco, mas essa solução deve ter repercutido como um passo perigoso numa direção que acabaria levando à venda de seus figurinos e à dispersão.

A verdadeira solução foi ousada. Sob a neve da noite de 28 de dezembro de 1598, época em que o frio chegava a congelar o Tâmisa, os atores chegaram juntos a Shoreditch. Levavam consigo lampiões e armas — nas palavras de um depoente, "espadas, adagas, foices, machados e coisas desse tipo". A pequena companhia, talvez com a ajuda de uns poucos capangas contratados, podia não ser uma força impressionante de meter medo, mas, como todos os atores eram treinados para manipular armas e Londres não tinha uma força policial regular, era o quanto bastava para o que pretendiam. Postaram vigias em volta da área e então, junto com uma dezena de trabalhadores, começaram a desmontar o Theater. Ao amanhecer, puseram os pesados troncos de madeira em carroças e começaram o trabalho de transportá-los para o outro lado do rio, um lugar que tinham reservado perto do Rose Theatre, em Southwark. Allen, o senhorio, ficou apalermado e pediu reintegração de posse, mas a situação legal era complicada. O contrato estipulava que os Burbage tinham o direito de recuperar todas as estruturas construídas no terreno de Allen. De qualquer forma, a coisa estava feita, embora fosse difícil entender como tinha sido possível realizá-la numa única noite e na escuridão.

Ao longo dos meses seguintes, reaproveitando o madeirame da antiga casa de espetáculos, o talentoso carpinteiro Peter Streete construiu um novo e esplêndido teatro. Era um polígono de madeira com cerca de trinta metros de um extremo a outro, com uma grande plataforma, que fazia as vezes de palco, projetando-se em direção à plateia e três galerias, com capacidade para 3 mil espectadores, número assombroso para uma cidade do tamanho de Londres e um tributo ao imenso poder dos atores de projetar palavras e emoções complexas. (O Globe atual, no Bankside, tem metade dessa capacidade.) Um pequeno grupo de investidores, entre eles Shakespeare, financiou o ambicioso empreendimento. Como lema, escolheram a frase *Totus mundus agit histrionem*, que significa mais ou menos "O mundo todo interpreta o ator". Ao que tudo indica, o símbolo do teatro era a imagem de Hércules carregando o mundo nos ombros. Essa nova casa recebeu o nome de Globe.

Por força de seu investimento, Shakespeare era agora mais que um parceiro da companhia teatral. Pelos termos do contrato assinado em 21 de fevereiro de 1599, ele era dono de um décimo do Globe, assim como outros quatro atores da companhia, John Heminges, Thomas Pope, Augustine Phillips e Will Kempe. Este último, bufão da companhia famoso por suas danças cômicas e canções obscenas, em pouco tempo desentendeu-se com os parceiros, vendeu sua parte e foi embora, fazendo gracejos mordazes sobre os membros da trupe. Por algum tempo, a companhia ficou sem bufão — levou algum tempo para encontrar um substituto, o anão Robert Armin —, e a peça seguinte de Shakespeare, *Júlio César*, chamou a atenção por não ter um papel importante para o bufão.

Shakespeare mudou-se para Southwark a fim de morar perto do Globe, que ficou pronto em junho, num prazo excepcionalmente curto. Seria de esperar que fosse inaugurado com uma peça leve de apelo popular, mas os Homens do Lorde Camerlengo preferiram inaugurar seu novo teatro com *Júlio César*, uma tragédia sob medida para um público ainda intensamente mobilizado pela ameaça representada pelo atentado malogrado contra a rainha. Um turista suíço que estava em Londres, Thomas Platter, foi vê-la e escreveu, numa carta para a família, um dos poucos relatos da época produzidos por testemunhas oculares de uma peça de Shakespeare: "No dia 21 de setembro depois do almoço, lá pelas duas horas, atravessei o rio com meu grupo e fomos assistir à tragédia do primeiro imperador Júlio César, muito bem encenada, na sala com cobertura de sapé, com cerca de quinze personagens". No fim da peça, diz Platter, "segundo o costume deles, dançaram com muita elegância, dois deles vestidos de homem e dois de mulher, muito bem sincronizados". Com *Júlio César* e as outras peças fortes do repertório da companhia, o Globe foi inaugurado com tanto sucesso que em seis meses seus rivais do Rose Theatre fizeram as malas e cruzaram o rio para aportar num novo teatro em Cripplegate chamado Fortune.

Levar a concorrência para longe não significou pôr fim à concorrência comercial. Pelo contrário, no fim de 1599, os Homens do Lorde Camerlengo estavam envolvidos numa competição cada vez mais acirrada com uma companhia privada recém-recriada, Os Filhos de Paulo, a que no ano seguinte somou-se outra companhia de repertório, a dos Filhos da Capela em Blackfriars.

O fato de os atores serem meninos não enfraquecia a gravidade do desafio: eram companhias sofisticadas, inteligentes e muito bem-sucedidas, com um forte apelo junto ao público. Em sua peça seguinte, Shakespeare faz menção a essa concorrência. Por que motivo a companhia de atores teria vindo toda para Elsinore?, pergunta Hamlet. Com certeza sua fama e seus ganhos seriam maiores na cidade. Rosencrantz explica que o público da companhia tinha se reduzido drasticamente: "Existe, senhor, um ninho de pimpolhos, aguietas ainda", ou seja, filhotes de águia; "Essa é a moda agora".[4] Quando começou a escrever *Hamlet*, Shakespeare estava atento às companhias de crianças e fingindo preocupação — não de forma totalmente humorística — com a possibilidade de que elas tirassem o público de sua própria companhia.

Escrever uma peça sobre Hamlet por volta de 1600 pode não ter sido uma ideia de Shakespeare. Pelo menos uma peça, hoje perdida, sobre o príncipe da Dinamarca que vinga o assassinato do pai já tinha sido apresentada em palcos londrinos, com sucesso bastante para ser citada por escritores da época, como se todo mundo a tivesse visto ou pelo menos ouvido falar dela. Já em 1589 Nashe mencionou uma peça sobre Hamlet quando ridicularizou um tosco iniciante (provavelmente Thomas Kyd) que sem ter nunca frequentado a universidade teve o despudor de se estabelecer como dramaturgo: "Se lhe pedires com jeito numa manhã gelada, ele te entregará *Hamlets* inteiros, quero dizer, pilhas de falas trágicas". Sete anos depois, outro dos gênios universitários, Thomas Lodge, fez eco ao tom de escárnio ao se referir ao diabo que se mostrava "pálido como a máscara do fantasma que gritava horrivelmente no Theatre, como uma vendedora de ostras, 'Hamlet, vinga-te!'". A peça poderia ainda estar em cartaz — o que teria sido uma carreira longuíssima no teatro elisabetano — ou fora reencenada, ou simplesmente tornara-se sinônimo de teatralidade vulgar. Lodge e Nashe acreditavam que seus leitores se lembrariam do caso sem dificuldade.

Algum integrante da companhia dos Homens do Lorde Camerlengo, de olho na bilheteria, pode simplesmente ter sugerido a Shakespeare que os tempos podiam estar maduros para uma versão nova e melhorada da história de Hamlet. No que lhe dizia respeito, com sua alta participação nos lucros da companhia, Shakespeare estava atento a qualquer coisa que pudesse atrair multidões

---

4. "there is, sir, an eyrie of children, little eyases, [...]/ These are now the fashion" (2.2.326, 328).

londrinas, e nessa época já tinha bastante experiência em espanar a poeira de peças antigas a torná-las surpreendentemente atuais. O provável autor da peça original, Thomas Kyd, não era empecilho: talvez vitimado pelas torturas que sofrera na investigação sobre a morte de seu companheiro de quarto, Marlowe, ele morreu em 1594, aos 36 anos. Seja como for, nem Shakespeare nem seus contemporâneos tinham escrúpulos quanto a roubos recíprocos.

Shakespeare com certeza deve ter visto a antiga peça, talvez várias vezes. Pode até ter atuado nela, e nesse caso poderia ter em seu poder os rolos de tiras de papel, coladas umas às outras, em que suas falas e as deixas para suas entradas e saídas estariam anotadas. Geralmente, o ator elisabetano só tinha acesso ao rolo que lhe cabia — daí a palavra inglesa *role* para "papel", no sentido cênico —, e não ao texto da peça como um todo. Seria muito dispendioso copiar o texto completo várias vezes, e as companhias teatrais procuravam fazer com que seus textos não circulassem livremente. Em ocasiões especiais, podiam fazer cópias para presentear patronos, e em tempos de penúria às vezes vendiam seus textos a editores. Mas pretendiam que o público tomasse contato com as peças nas casas de espetáculos, não nos gabinetes. É claro que o hábito de não imprimir os textos aumentava muito a probabilidade de que se perdessem — como aconteceu com a antiga versão da peça sobre Hamlet e muitas outras —, mas isso não preocupava as companhias.

Mesmo que não tenha tido acesso ao texto da peça anterior sobre Hamlet, Shakespeare era excepcionalmente dotado de uma qualidade obrigatória para todo ator de seu tempo: excelente memória. Tudo o que via, mesmo tangencialmente ou de passagem, parecia permanecer com ele e continuava a sua disposição anos mais tarde. Fragmentos de conversas, declarações oficiais, sermões intermináveis, observações entreouvidas nas tabernas ou nas ruas, insultos trocados por peixeiras e carregadores, umas poucas páginas que por acaso pudesse ter visto de relance numa livraria — tudo estava de alguma forma armazenado em seu cérebro, em arquivos que sua imaginação podia abrir à vontade. Sua memória não era perfeita — ele cometia erros, trocava um lugar por outro, confundia nomes e coisas desse tipo —, mas as imperfeições provam apenas que ele não era compulsivo ou mecânico quanto a esse dom. Sua memória era uma imensa fonte de recursos criativos.

Quando se pôs a trabalhar em sua nova tragédia, portanto, Shakespeare provavelmente sabia de cor a antiga peça sobre Hamlet, ou lembrava do que lhe interessava. É impossível determinar se, neste caso, ele trabalhou com livros abertos diante de si — como fez sem dúvida com *Antônio e Cleópatra* — ou se confiou só na memória, mas certamente também leu uma ou mais versões da antiga lenda dinamarquesa sobre crime e vingança. Pelo menos, a julgar pela peça que ele escreveu, leu a história em detalhes da forma como foi narrada em francês por François de Belleforest, cuja coletânea de contos trágicos foi um fenômeno editorial no fim do século XVI (teve pelo menos dez edições). Belleforest tirou a história de Hamlet de uma crônica da Dinamarca compilada em latim por um dinamarquês conhecido como Saxe, o Gramático, que, por sua vez, reciclou lendas escritas e orais que remontavam a vários séculos antes. Aqui, portanto, como foi frequente ao longo de toda a sua carreira, Shakespeare trabalhou com materiais conhecidos — uma história pronta, um grupo de personagens conhecidos, um conjunto de emoções previsíveis.

O próprio Shakespeare era uma variável conhecida. Seria razoável para qualquer pessoa que tivesse acompanhado sua carreira concluir que em 1600 ele já teria explorado todos os limites do imenso reino de sua imaginação. É como se fosse provável que ele continuasse a ser um dramaturgo profissional, repetindo de maneiras criativas o que já tinha realizado com brilho, mas pareceria pouco provável que encontrasse novos continentes a explorar. Ninguém, provavelmente nem o próprio Shakespeare, poderia prever que uma coisa extraordinária estava para acontecer.

Embora ainda fosse jovem (só 36 anos), no decorrer de uma década tinha realizado coisas fora do comum em três dos principais gêneros — comédia, dramas históricos e tragédias — com peças, cada uma a seu modo, tão perfeitas que seria difícil imaginar como ir além. Com efeito, nos anos seguintes, ele não fez tentativa alguma de superar as duas partes de *Henrique IV* e *Henrique V*, como se entendesse que tinha realizado tudo o que podia no que se refere a peças históricas. E na comédia, embora em breve viesse a escrever a estupenda *Noite de Reis*, na verdade não foi além do que criara em *Sonho de uma noite de verão*, *Muito barulho por nada* e *Como gostais*. Hamlet inaugurou um surto criativo que também trouxe à luz *Otelo*, *Rei Lear*, *Macbeth*, *Antônio e Cleópatra* e *Coriolano*, mas um frequentador de teatro bem informado de 1600 não teria motivos para esperar que Shakespeare já não tivesse demonstrado o que podia fazer também na tragédia. Entre as mais de vinte peças que tinha escrito estavam *Tito Andrônico*, *Romeu e Julieta* e *Júlio César*. Na verdade, essas não foram suas únicas tragédias. Três peças que os editores modernos (acompanhando os editores do primeiro in-fólio) classificam como históricas — a terceira parte de *Henrique VI*, *Ricardo III* e *Ricardo II* — foram publicadas em vida de Shakespeare como tragédias.

A distinção entre tragédia e peça histórica não era importante para Shakespeare e talvez para muitos dos dramaturgos que lhe foram contemporâneos: a estrutura subjacente à maior parte da história humana, com seus intermináveis altos e baixos, parecia-lhe trágica, e reciprocamente, a tragédia como ele a entendia tinha raízes históricas. Por sinal, como *O mercador de Veneza* mostra à saciedade, sua concepção de comédia estava enlaçada com a de dor, perda e ameaça de morte, e sua concepção de tragédia tinha espaço para o gracejo e o riso. Os teóricos literários da época exigiam uma adesão rigorosa às convenções que vinham de Aristóteles e rejeitavam com veemência aquilo que sir Philip Sidney chamava de promiscuidade entre reis e palhaços. Sidney escreveu em 1579, quando Shakespeare ainda era um colegial, uma descrição jocosa da típica peça inglesa, com sua forma frouxa e bastante livre. A descrição, feita para incitar o leitor à desaprovação, acabou antecipando exatamente o que Shakespeare faria ao longo de toda a sua carreira. Em dado momento, caçoa Sidney, três moças atravessam o palco e o espectador deve imaginar que estão colhendo flores; logo depois, quatro atores aparecem com espadas e escudos, e ele deve imaginar que vê o embate de dois grandes exércitos; chegam então notícias de um naufrágio, e o espectador será o culpado se não tomar o palco por um perigoso rochedo. "Tereis de um lado a Ásia, do outro a África e tantos outros sub-reinos que o ator, ao entrar, deve começar sempre por explicar onde se encontra, pois de outro modo é impossível entender a história."

O que Sidney e outros pretendiam era algo mais organizado. O palco, diziam eles, só pode representar um único lugar; o tempo da ação não deve ultrapassar a duração de um dia, e as emoções ardentes suscitadas pela tragédia nunca devem se contaminar com "as cócegas zombeteiras" e o riso vulgar da comédia. Essas eram regras derivadas de Aristóteles que Shakespeare, com os demais dramaturgos de sua época, violavam o tempo todo.

A indiferença para com as convenções que obcecavam os críticos letrados na Inglaterra e no continente ajuda a explicar algo desconcertante sobre toda a carreira de Shakespeare, em especial sua primeira década: a ausência de um padrão claro e lógico de desenvolvimento artístico. As edições das obras completas que as organizam em grupos — primeiro as comédias, uma atrás da outra, depois as peças históricas, as tragédias e por fim os poemas — desvirtuam por completo o que realmente aconteceu. As tentativas de organizar as obras segundo uma progressão ordenada da alma de Shakespeare — da juventude despreocupada a um compromisso sério com o poder, depois à melancólica reflexão sobre a mortalidade e por fim à sábia serenidade da velhice — são igualmente equivocadas. Shakespeare foi um dramaturgo que teve em sua mesa de trabalho e em sua imaginação, num mesmo momento, *Sonho de uma noite de verão* e *Romeu e Julieta*, e percebeu que o riso alegre de uma podia, quase sem esforço, transformar-se nas lágrimas da outra. Que faz *Trabalhos de amor perdidos*, comédia espirituosa e despreocupada sobre o amor cortesão, culminar com a notícia da morte repentina do pai da princesa, de modo que todos os casamentos marcados deviam ser postergados. É alguém que faz a plateia rir quando o sinistro Ricardo III avalia o grupo de assassinos que contratou para matar seu irmão:

> Vossos olhos derramam mós quando os olhos dos tolos vertem lágrimas.
> Gosto de vós, rapazes.[5]

E, finalmente, é um dramaturgo que em peças sucessivas, escritas pouco tempo antes de *Hamlet*, muda o ambiente das guerras civis na Inglaterra no fim da Idade Média para a corte siciliana de Beatrice e Benedick, para a batalha de Agincourt, para o assassinato de Júlio César, para uma romança pastoral na floresta de Arden. Cada uma dessas obras tem sua visão específica, e ainda assim, estranhamente, cada uma tem também espaço para aquilo que à primeira vista parecia excluir.

Se Shakespeare tivesse morrido em 1600, teria sido difícil pensar que alguma coisa faltava em sua obra, e ainda mais difícil imaginar que algo ainda não realizado estivesse fermentando em seu trabalho. Mas *Hamlet* torna claro que Shakespeare vinha desenvolvendo em silêncio, porém com firmeza, uma

---

5. "Your eyes drop millstones when fools' eyes fall tears./ I like you, lads" (1.3.351-2).

habilidade técnica especial. Esse desenvolvimento pode ter sido totalmente deliberado, decorrente de um projeto profissional claro e contínuo, ou casual e fortuito. Sua realização, de qualquer modo, foi gradual: não uma descoberta súbita e definitiva, ou uma invenção grandiosa, mas o refinamento sutil de um conjunto especial de técnicas de representação. Na virada do século, Shakespeare estava preparado para uma ruptura sem paralelo. Ele tinha aperfeiçoado os meios de representar a subjetividade.

O que o público vê e ouve é sempre, num sentido ou noutro, uma verbalização — as palavras que os personagens dizem uns aos outros ou, em ocasionais apartes ou solilóquios, diretamente para a plateia. Os dramaturgos podem fingir, é claro, que a plateia entreouve uma espécie de monólogo interior, mas é difícil impedir que esses monólogos pareçam exagerados. *Ricardo III*, escrita por volta de 1592, é altamente enérgica e forte, com um personagem principal magnífico e inesquecível, porém quando esse personagem, sozinho à noite, revela o que está ocorrendo dentro dele, sua fala soa inexpressiva e artificial:

> É quase meia-noite.
> Gotas frias de terror cobrem minha carne trêmula.
> O que temo? A mim mesmo? Já se foram todos.
> Ricardo ama Ricardo, ou seja, eu sou eu.
> Há aqui um assassino? Não! Sim, sou eu!
> Então foge! De mim mesmo? Bom motivo. Por quê?
> Por temer a vingança. De mim contra mim?
> Pobre de mim, eu me amo. Por quê? Por algum bem
> Que eu tenha feito a mim mesmo?
> Oh, não, pobre de mim, eu me odeio
> Pelas ações odiosas que sozinho cometi.
> Sou perverso... Mas minto, não o sou![6]

---

6. "It is not dead midnight./ Cold fearful drops stand on my trembling flesh./ What do I fear? Myself? There's none else by./ Richard loves Richard; that is, I am I./ Is there a murderer here? No. Yes, I am./ Then fly! What, from myself? Great reason. Why?/ Lest I revenge. Myself upon myself?/ Alack, I love myself. Wherefore? For any good/ That I myself have done unto myself?/ O no, alas, I rather hate myself/ For hateful deeds committed by myself./ I am a villain. Yet I lie: I am not!" (5.5.134-45).

Shakespeare acompanha sua fonte, a crônica, segundo a qual Ricardo não conseguiu dormir na véspera de sua morte porque sentia insólitas aguilhoadas na consciência. Mas, apesar do vigor abrupto, o solilóquio, como recurso para mostrar um conflito interior, é esquemático e mecânico, como se dentro do personagem que está no palco houvesse simplesmente outro pequeno palco em que se desenrola um espetáculo de marionetes.

Em *Ricardo II*, escrita uns três anos depois, há um momento semelhante que demonstra o progresso da técnica de Shakespeare. Deposto e aprisionado por seu primo Bolingbroke, o rei arruinado, pouco antes de ser morto, olha para dentro de si:

> Venho pensando em como posso comparar
> Esta prisão em que estou com o mundo;
> Mas, como este mundo é tão populoso
> E não há aqui outro ser além de mim,
> Não posso fazê-lo. Mas martelarei essa ideia.
> Farei de meu cérebro o consorte de minh'alma,
> E agindo a alma como genitor, juntos gerarão
> Uma prole de pensamentos inda em botão.[7]

Muitas das diferenças entre as duas falas têm a ver com a diferença entre os personagens: o primeiro, um tirano assassino cheio de manias; o outro, um poeta mimado, narcisista e autodestrutivo. Mas a passagem de um personagem para outro é em si mesma significativa; o que mostra é o crescente interesse de Shakespeare pelos processos interiores ocultos. Trancado num aposento sem janelas, Ricardo II observa a si mesmo a pensar, esforçando-se por estabelecer um elo entre sua prisão e o mundo, chegando a um beco sem saída e forçando a imaginação a renovar o esforço: "Mas martelarei essa ideia". O mundo, abarrotado de pessoas, não é, como ele mesmo reconhece, nem remotamente comparável à solidão de sua cela, mas Ricardo deseja gerar — mo-

---

7. "I have been studying how I may compare/ This prison where I live unto the world:/ And for because the world is populous/ And here is not a creature but myself,/ I cannot do it; yet I'll hammer it out./ My brain I'll prove the female to my soul,/ My soul the father; and these two beget/ A generation of still-breeding thoughts" (5.5.1-8).

tivo pelo qual ele imagina um acasalamento entre a alma e o cérebro — uma população imaginária. A ideia que ele martela na cabeça é uma espécie de teatro íntimo, semelhante ao que vimos no solilóquio de Ricardo III, mas com muito mais complexidade, sutileza e, acima de tudo, autoconsciência. Agora o próprio personagem está plenamente consciente de que construiu esse teatro, e traz à tona as implicações sombrias do mundo imaginário que lutou para criar:

> Numa pessoa represento muita gente,
> Todas descontentes. Sou rei, às vezes.
> A traição me faz querer ser mendigo,
> E me faço tal. Mas o peso da miséria
> Me convence que estava melhor como rei.
> Volto a ser rei, mas pouco a pouco creio
> Estar sendo destronado por Bolingbroke,
> E logo nada sou. Mas seja eu o que for,
> Nem eu, nem homem algum neste mundo
> Se satisfará com coisa alguma até se contentar
> Com nada ser.[8]

Como era típico dele, Ricardo II ensaia o drama da derrocada que o transforma de monarca em nada, e então converte sua experiência de perda de identidade — "Mas seja eu o que for" — num intrincado poema de desespero.

Escrita em 1595, *Ricardo II* representou um importante progresso na habilidade do dramaturgo para representar sentimentos internos, mas *Júlio César*, de quatro anos depois, mostra que, não contente com seu aperfeiçoamento, Shakespeare experimentava sutilmente novas técnicas. Sozinho, caminhando em seu pomar no meio da noite, Brutus começa a falar:

---

8. "Thus play I in one person many people,/ And none contented: sometimes am I king;/ Then treason make me wish myself a beggar,/ And so I am: then crushing penury/ Persuades me I was better when a king;/ Then am I kinged again, and by and by/ Think that I am unkinged by Bolingbroke,/ And straight am nothing: but whate'er I be,/ Nor I nor any man that but man is,/ With nothing shall be pleased, till he be eased/ With being nothing" (5.5.31-41).

> É preciso que ele morra. E de minha parte
> Não tenho motivo algum para agredi-lo
> A não ser o bem comum. Ele quer ser coroado.
> A questão é como isso pode mudar sua natureza.
> É nos dias de sol que a víbora se mostra,
> Exigindo andar com cuidado. Coroem-no: isso![9]

Este solilóquio é muito menos fluente, menos uma meditação poética delicada e autoconsciente que o solilóquio da prisão de Ricardo II. Mas tem alguma coisa nova: as marcas inequívocas do pensamento real. Ricardo fala de martelar uma ideia, mas as palavras que pronuncia já estão muito bem polidas. As palavras de Brutus, em comparação, parecem sair diretamente do ainda incipiente vaivém de sua mente errática, enquanto ele se confronta com perguntas da maior gravidade: Como devia reagir ante o desejo de Marco Antônio de coroar o ambicioso César? Como poderia equilibrar sua amizade pessoal com César estando este contra tudo o que ele acredita ser o bem comum? Como César, que até então servia ao bem comum, poderia mudar sua natureza e tornar-se perigoso uma vez coroado? "É preciso que ele morra": sem preâmbulos, a plateia é lançada às maquinações obsessivas de Brutus. É impossível saber se ele está avaliando uma proposta, ensaiando uma decisão ou repetindo palavras ditas por alguma outra pessoa. Ele não precisa mencionar de quem é a morte que está considerando, nem precisa esclarecer — porque já faz parte de seu pensamento — que será por assassinato.

Brutus fala consigo mesmo, e suas palavras têm a marca do pensamento em curso. "Coroem-no, isso!" — a exclamação é dificilmente compreensível, exceto como uma explosão de raiva provocada por uma imagem fantasmagórica que passa naquele instante pela cabeça de quem fala. Os espectadores são puxados para um close inquietante, observando em primeira mão a formação de uma decisão fatal — a determinação de assassinar César —, que vai mudar o rumos do mundo. Instantes depois, Brutus, com total domínio de seus sen-

---

[9]. "It must be by his death, and for my part/ I know no personal cause to spurn at him,/ But for the general. He would be crowned./ How that might change his nature, there's the question./ It is the bright day that brings forth the adder,/ And that craves wary walking. Crown him: that!" (2.1.10-5).

timentos, descreve para si mesmo o estado de diluição em que se encontra sua consciência:

> Entre a execução de um ato pavoroso
> E a primeira ideia que se tem dele, medeia
> Uma fantasmagoria, um sonho monstruoso.
> A inteligência e os órgãos físicos
> Aliam-se em conselho, e o estado do homem,
> Como o de um pequeno reino, sofre
> As consequências de uma insurreição.[10]

Teria sido nesse momento, em 1599, que Shakespeare pensou pela primeira vez na possibilidade de escrever sobre um personagem que permaneça durante quase toda peça nesse estranho estado de suspensão? Não é Brutus esse personagem; na metade da peça, ele executou o ato pavoroso, a morte de seu mentor e amigo — talvez seu pai —, e o que resta da peça traz à tona as consequências fatais de seu ato.

Se Shakespeare não percebeu isso naquela oportunidade, com certeza no ano seguinte compreendeu perfeitamente que havia um personagem, já conhecido no palco elisabetano, cuja vida podia ser narrada como longa fantasmagoria ou sonho monstruoso. Esse personagem, o príncipe da insurreição interior, era Hamlet.

Já em sua primeira versão medieval conhecida, a saga de Hamlet era a história do longo intervalo entre a primeira ideia — o impulso ou o projeto inicial — e a realização do ato pavoroso. No relato de Saxo, o Gramático, o rei Horwendil (o correspondente ao velho rei Hamlet de Shakespeare) é assassinado por seu irmão invejoso, Feng (correspondente a Cláudio) não em segredo, mas abertamente. O irmão tinha uma justificativa — ele diz que Horwendil tinha maltratado de forma brutal sua delicada esposa, Gerutha —, mas a verdade é que o impiedoso Feng é poderoso o bastante para se apossar da coroa

---

10. "Between the acting of a dreadful thing/ And the first motion, all the interim is/ Like a phantasma or a hideous dream./ The genius and the mortal instruments/ Are then in counsel, and the state of man,/ Like to a little kingdom, suffers then/ The nature of an insurrection" (2.1.63-9).

do irmão, de seu reino e de sua mulher, e ficar com tudo. O único obstáculo potencial é o filho de Horwendil, o jovem Amleth, já que qualquer pessoa naquele mundo pré-cristão de traição e vingança entendia que um filho devia vingar a morte do pai. Amleth ainda era criança e não ameaçava ninguém, mas quando crescesse sua obrigação seria clara. O criminoso Feng conhece muito bem esse código social, é claro, e se o menino não imaginar logo algum estratagema seu assassinato será certo. Para sobreviver por um período que lhe permita executar sua justa vingança, Amleth se finge de louco, convencendo o tio de que nunca representaria uma ameaça. Cobrindo-se de sujeira e lama, ele se senta ao lado da lareira, apaticamente, desbastando palitinhos e transformando-os em ganchos pontudos. Embora Feng, sempre alerta, lhe preparasse armadilhas para descobrir algum lampejo de inteligência por detrás da aparente idiotia do sobrinho, Amleth astutamente consegue evitá-las. Ele espera o dia certo e faz planos. Escarnecido como bobo, tratado com desprezo e ridicularizado, acaba conseguindo matar pelo fogo todo o séquito de Feng e transpassar o tio com uma espada. Reúne uma assembleia de nobres, explica por que tinha feito aquilo e é entusiasticamente aclamado rei. "Muitos estavam maravilhados com sua capacidade de ocultar um plano tão engenhoso durante tanto tempo."

Amleth, portanto, passa anos no estado de suspensão que Brutus mal pôde suportar por poucos dias. Shakespeare desenvolveu os meios de representar a realidade psicológica desse estado — algo que nem Saxo nem seus sucessores jamais sonharam ser capazes de fazer. Ele viu que a história de Hamlet, madura para uma revisão, permitiria que ele escrevesse uma peça sobre o que é viver interiormente o inquietante intervalo entre a decisão de cometer o crime e sua realização. O problema, no entanto, é que o teatro não é lá muito tolerante com longos períodos de gestação: seria muito difícil tornar atraente, em termos dramáticos, a espera do menino Amleth, fingindo-se de idiota durante anos para chegar à idade de agir. A solução óbvia, provavelmente já encontrada na peça perdida, é iniciar a ação no ponto em que Hamlet chega à idade apropriada e está pronto para empreeender seu ato de vingança.

A alusão de Thomas Lodge ao fantasma que grita horrivelmente, como uma vendedora de ostras, "Hamlet, vinga-te!", indica que a essa peça perdida também acrescentou um personagem fundamental: o espírito do pai de Hamlet. Talvez aquele fantasma só aparecesse para causar na plateia um frêmito de medo — foi assim que Thomas Kyd usou um fantasma em seu maior sucesso,

A tragédia espanhola —, mas também é possível que Kyd (ou quem quer que tenha sido o autor do *Hamlet* perdido), e não Shakespeare, tenha introduzido uma mudança radical no enredo que tornou a aparição do fantasma muito mais do que decorativa. Na versão de Saxo, o Gramático, como na lenda popular compilada por Belleforest, não há fantasma. Não há necessidade de fantasma, já que o crime é de conhecimento público, tanto quanto o dever de vingança do filho. Mas quando começou a escrever sua própria versão da história de Hamlet, aceitando a mudança de Kyd ou segundo sua própria concepção, Shakespeare tornou secreto o assassinato. Toda a Dinamarca acredita que o velho Hamlet foi picado de morte por uma serpente. O fantasma aparece para revelar a terrível verdade:

> A serpente que picou teu pai
> Agora cinge a sua coroa.[11]

A peça de Shakespeare começa pouco antes que o fantasma revele o assassinato a Hamlet e termina pouco depois que ele executa sua vingança. Daí a mudança decisiva no enredo — de um assassinato público conhecido de todos para um crime secreto revelado apenas a Hamlet pelo fantasma do homem assassinado —, o que permitiu ao dramaturgo centrar quase toda a tragédia na consciência do herói suspensa entre a "primeira ideia" e a "execução de um ato pavoroso". Mas alguma coisa no enredo deve explicar essa suspensão. Afinal de contas, nessa versão revista, Hamlet já não é uma criança que precisa ganhar tempo, e o assassino não tem motivo para suspeitar que o príncipe já tenha tomado ou que um dia venha a tomar conhecimento de seu crime. Longe de querer guardar distância em relação ao sobrinho (ou submetê-lo a um teste sutil), Cláudio se nega a deixar Hamlet voltar à universidade, chama-o de "nosso principal cortesão, meu parente e nosso filho"[12] e declara que ele é o primeiro na sucessão do trono. Depois que o fantasma do pai revela a causa real da morte — "Assassinato, sim, sempre covarde/ Mas desta vez mais torpe e mais covarde"[13] —, Hamlet, que tinha pleno acesso ao despreocupado Cláudio, está

---

11. "The serpent that did sting thy father's life/ Now wears his crown" (1.5.39-40).
12. "Our chiefest courtier, cousin, and our son" (1.2.117).
13. "Murder most foul, as in the best it is,/ But this most foul, strange and unnatural" (1.5. 27-8).

em perfeitas condições de agir imediatamente. E uma reação imediata é exatamente o que o próprio Hamlet prevê:

> Conta-me logo, para que eu, como se tivesse asas,
> Como o pensamento, como os sonhos de amor,
> Possa lançar-me a minha vingança.[14]

A peça poderia acabar no fim do primeiro ato. Mas Hamlet não se lançou imediatamente a sua vingança. Assim que o fantasma desaparece, diz aos sentinelas e ao amigo Horácio que pretende "assumir um ar de palhaço",[15] ou seja, fingir-se de louco. Esse comportamento faz total sentido na antiga versão da história, em que serve de subterfúgio para desviar suspeitas e ganhar tempo. O símbolo desse tempo e a prova do projeto brilhante e de longo prazo do vingador são os ganchos de madeira que o menino Amleth, aparentemente transtornado, desbasta sem cessar com seu canivete. Esses são os objetos que, no clímax da história, Amleth usa para prender uma rede sobre os cortesãos adormecidos antes de atear fogo ao palácio. O que antes parecia mera distração transforma-se em brilhante estratégia. Mas, na versão de Shakespeare, a loucura fingida de Hamlet não constitui uma tática. Shakespeare na verdade demoliu o enredo interessante e coerente que suas fontes oportunamente lhe serviram. E sobre essas ruínas construiu o que a maior parte das plateias modernas veria como a melhor peça que ele escreveu.

Longe de proporcionar uma proteção, a simulação de loucura leva o assassino a mandar vigiar Hamlet de perto, procurar o conselho de Polônio, discutir o problema com Gertrudes, observar Ofélia com cautela e convocar Rosencrantz e Guildenstern para espionar o amigo. Em vez de levar a corte a ignorá-lo, Hamlet com sua loucura torna-se objeto de intermináveis especulações generalizadas. E, estranhamente, o próprio Hamlet se entrega a elas:

> De um tempo para cá... por motivos que desconheço... perdi toda a alegria e abandonei as minhas práticas habituais. Isso me acomete com tanta gravidade

---

14. "Haste, haste me to know it, that with wings as swift/ As meditation or the thoughts of love/ May sweep to my revenge" (1.5.29-31).
15. "To put an antic disposition on" (1.5.173).

que esta magnífica estrutura, a Terra, se me apresenta como um promontório estéril. Este magnífico dossel, que é, como vedes, o firmamento que nos cobre, este majestoso teto, decorado com um fogo de ouro, tudo isso para mim não passa de um amontoado de vapores pestilentos. Que obra-prima, o homem! Como é nobre por sua razão! Como é infinito por suas faculdades! Como é expressivo e admirável na forma e nos movimentos! Em seus atos, se equipara aos anjos; na apreensão, como se parece aos deuses, beleza do mundo, modelo do que é animado! No entanto, o que significa para mim essa quintessência de pó?[16]

"Por motivos que desconheço" — Hamlet, sabendo perfeitamente que fala a espiões da corte, não diz uma só palavra sobre o fantasma do pai, e por isso não fica claro se o fantasma é o verdadeiro responsável por sua profunda depressão. Já na primeira cena em que aparece, antes de ter visto o fantasma, ele menciona para si mesmo, como se fosse o mais profundo segredo de seu coração, quase a mesma desilusão que revela aos untuosos Rosencrantz e Guilderstern:

Ó Deus! Ó Deus!
Exauridas, murchas, insossas e vãs
Me parecem as coisas deste mundo!
Que horror! É um jardim descuidado.
Que só apresenta ervas daninhas,
Coisas rudes e grosseiras, simplesmente.[17]

---

16. "I have of late... but wherefore I know not... lost all my mirth, forgone all custom of exercise, and indeed it goes so heavily with my disposition that this goodly frame, the earth, seems to me a sterile promontory. This most excellent canopy, the air, look you, this brave o'erhanging, this majestical roof fretted with golden fire — why, it appears no other thing to me than a foul and pestilent congregation of vapors. What a piece of work is a man! How noble in reason, how infinite in faculty, in form and moving how express and admirable, in action how like an angel, in apprehension how like a god! — the beauty of the world, the paragon of animals. And yet to me what is this quintessence of dust?" (2.2.287-98).
17. "O God, God!/ How weary, stale, flat, and unprofitable/ Seem to me all the uses of this world!/ Fie on 't, ah fie! 'Tis an unweeded garden/ That grows to seed; things rank and gross in nature/ Possess it merely" (1.2.132-7).

A morte do pai e o apressado casamento da mãe, acontecimentos públicos e não revelações secretas, levaram-no a pensamentos de "autoeliminação".

A simulação de loucura, portanto, parece encobrir algo semelhante à loucura. Com efeito, ele nunca parece mais autenticamente insano do que quando, nos aposentos de sua mãe, insiste em dizer que está lúcido e avisa à mãe que não deve revelar sua estratégia. "O que devo fazer?", grita a rainha assustada. "Nada do que acabo de dizer", responde Hamlet, confundindo sua ordem com suas fantasias obsessivas:

> Que o rei gorducho te leve outra vez ao leito,
> Te belisque o rosto, e te chame de ratinha,
> E que te dê beijos infectos
> Te acaricie o pescoço com seus dedos malditos,
> E assim te faça revelar-lhe tudo isto,
> Que na verdade não estou nada louco,
> Mas finjo loucura.[18]

Portanto, Gertrudes pode dizer exatamente o que supõe ser verdade quando afirma a Cláudio, pouco depois, que Hamlet está "Louco como o mar e o vento quando disputam/ Qual é o mais forte".[19]

Extirpando o fundamento da loucura de Hamlet, Shakespeare faz dela o foco central da tragédia. O momento principal de revelação psicológica da peça — o momento que praticamente todo mundo lembra — não é o plano de vingança do herói, nem mesmo sua reiterada e apaixonada autocondenação pela inação, mas sua cogitação do suicídio: "Ser ou não ser, eis a questão". Esse impulso suicida nada tem a ver com o fantasma — com efeito, Hamlet já esqueceu completamente a aparição, a ponto de falar da morte como "O reino

---

18. "What shall I do?/ Not this, by no means, that I bid you do/ Let the bloat king tempt you again to bed,/ Pinch wanton on your cheek, call you his mouse,/ And let him for a pair of reechy kisses, Or paddling in your neck with his damned fingers,/ Make you to ravel all this matter out,/ That I essentially am not in madness,/ But mad in craft" (3.4.164-72).
19. "Mad as the sea and wind when both contend/ Which is the mightier" (4-1.6-7).

oculto de cujas fronteiras/ Nenhum viajante retorna"[20] — e sim com uma doença da alma causada por um dos "mil abalos/ De que a carne é herdeira".[21]

Hamlet assinala na carreira de Shakespeare uma ruptura que permite supor que existiu alguma causa mais pessoal para a ousada transformação tanto em suas fontes quanto em toda a sua maneira de escrever. Um indício dessa transformação e a impressionante enxurrada de palavras novas, palavras que ele nunca usara em nenhuma das 21 peças e dois poemas longos. Os especialistas calculam em mais de seiscentas essas palavras, muitas delas novas não só em Shakespeare, mas no registro escrito da língua inglesa. Essa explosão linguística parece vir não de uma visão de mundo mais ampla, porém de um choque, ou de uma série de choques em sua vida. Se *Hamlet* foi escrita não em 1600, e sim no início de 1601, então, como acreditam alguns especialistas, um desses choques pode ter sido a insurreição — para usar a palavra empregada por Brutus em *Júlio César* — que levou à execução do conde de Essex e, mais importante, à prisão do patrono de Shakespeare, amigo e talvez amante, o conde de Southampton. Com Southampton, Essex, que durante muito tempo fora o mimado favorito da rainha, tinha ido para a Irlanda em 1599 como general de uma força expedicionária enviada para esmagar uma rebelião liderada pelo conde de Tyrone. A missão, como ocorrera com muitas outras enviadas à Irlanda, fracassou redondamente em virtude da firme resistência dos irlandeses, e no mesmo ano, repentinamente e sem permissão da rainha, Essex voltou a Londres. Posto em prisão domiciliar e enfurecido pela recusa da rainha em readmiti-lo como favorito, o orgulhoso e impetuoso conde reuniu seus amigos e tentou encenar um levante armado — cujo propósito oficial era defender sua vida e salvar a rainha de maus conselheiros, Cecil e Ralegh. As massas londrinas recusaram-se a apoiar o movimento, que foi prontamente neutralizado. O julgamento terminou com o resultado previsível. Em 25 de fevereiro de 1601, três golpes de machado separaram a cabeça de Essex de seus ombros. Seguiu-se sem demora a execução de seus principais defensores e amigos.

Shakespeare tinha todas as razões do mundo para ficar chocado com o

---

20. "To be, or not to be; that is the question. [...]/ The undiscovered country from whose bourn/ No traveler returns" (3.1.58, 81-2).
21. "the thousand natural shocks/ That flesh is heir to" (3.1.63-4).

fato. Não se tratava apenas da possível perda de Southampton, que, embora tenha sido poupado no final das contas, no começo de 1601 esteve a ponto de ser executado com Essex. Para o dramaturgo e para sua companhia, uma série de decisões tomadas nos anos que precederam o levante poderia ter levado ao desastre. No fim de 1596 ou começo de 1597, Shakespeare correu o risco de ofender William Brook, o sétimo lorde Cobham, cuja origem remontava ao histórico Oldcastle: usou o nome Oldcastle para o gordo cavalheiro da peça *Henrique IV*, personagem que, ao fim e ao cabo, sob pressão, rebatizou com o nome de Falstaff. Brook não era a melhor pessoa para ter como antagonista, já que pouco tempo depois foi nomeado lorde camerlengo, responsável também por supervisionar a censura de peças. Era inimigo declarado de Essex e Southampton, e foi talvez por essa razão que Shakespeare sentiu-se livre, como o bufão de uma de suas peças, para fazer um gracejo com ele.

Então, em 1599, de forma bastante inusitada, Shakespeare introduziu uma referência tópica direta numa de suas peças. Perto do fim de *Henrique V*, o coro, invocando a cena da volta triunfal do rei a Londres após a batalha de Agincourt, de repente se refere a acontecimentos de sua própria época. "Os cidadãos de Londres enchem-lhe as ruas", diz o coro.

> Como se, por uma pequena mas desejada probabilidade,
> O general de nossa amada rainha estivesse
> Anunciando ter posto fim à rebelião com sua espada,
> Quanta gente deixaria a cidade em paz
> Para recebê-lo![22]

"Uma pequena mas desejada probabilidade": mesmo com a observação cautelosa, as palavras do coro são um manifesto de apoio a Essex, e foi seguido de algo muito mais perigoso. Dias depois do levante, alguns conspiradores pediram à companhia de Shakespeare, os Homens do Lorde Camerlengo, que encenassem a peça sobre a deposição e o assassinato do rei Ricardo II no sábado seguinte. Os representantes da companhia — e parece que Shakespeare, com

---

22. "How London doth pour out her citizens. [...]/ As, by a lower but high-loving likelihood,/ Were now the general of our gracious Empress —/ Bringing rebellion broachèd on his sword,/ How many would the peaceful city quit/ To welcome him!" (5.0.24, 29-34).

Augustine Phillips, estava entre eles — responderam que a peça era velha demais para dar lucro. Os conspiradores se dispuseram a subsidiar o espetáculo com um pagamento extra de quarenta xelins, uma quantia significativa, e a peça foi encenada.

A estratégia, ao que parece, era plantar a ideia de uma rebelião vitoriosa no espírito da população londrina e talvez fortalecer a coragem dos próprios conspiradores. Pelo menos foi assim que as autoridades encararam aquele espetáculo especial, depois de efetuadas as prisões, e foi assim que a rainha parece ter entendido. "Ricardo II sou eu", esbravejou a rainha, "Não sabeis disso?" Os Homens do Lorde Camerlengo tinham se aventurado num terreno perigosíssimo — dois dos principais conspiradores foram interrogados a respeito do espetáculo, como se ele fizesse parte cabal do complô —, mas de alguma forma Augustine Phillips, que falou em nome da companhia, conseguiu convencer os magistrados de que os atores nada sabiam acerca do levante. "Eles ganharam quarenta xelins a mais que o normal", declarou, "e por isso encenaram a peça."

Esses acontecimentos de fevereiro de 1601 com certeza deram um susto em Shakespeare. A catástrofe evitada por um triz talvez tivesse levado um poeta mais tímido a agir com cautela: ele podia deixar de lado a tragédia e dedicar-se a outro projeto, mais inócuo. Mas, em vez disso, de olho na bilheteria, como acontecera no caso das negociações envolvendo *Ricardo II*, a companhia encenou *Hamlet*, uma peça de conteúdo político sobre traição e assassinato, que inclui uma cena memorável em que uma insurreição armada popular irrompe no real santuário, passando sobre a guarda, e ameaça a vida do rei. É claro que a insurreição, liderada por Laertes, não tem sucesso, e a notável demonstração da hipocrisia sinistra de Cláudio parodia a fala oficial atribuída à rainha Elizabeth:

É tamanha a proteção divina sobre um rei
Que a traição só faz espiar o que pretende
E pouco faz do que deseja.[23]

Essas cenas seriam capazes de excitar uma plateia londrina abalada pelos acontecimentos de 1601, mas na verdade não faziam referência direta a eles, e

---

23. "There's such a divinity doth hedge a king/ That treason can but peep to what it would,/ Acts little of his will" (4.5.120-2).

podiam facilmente ser explicadas. Afinal, crises políticas, traições e assassinatos eram a matéria-prima teatral de Shakespeare — vejam-se *Ricardo III*, *Júlio César*, *Ricardo II*, *Henrique V* e assim por diante. A morte de Essex e a prisão de Southampton podem ter deixado marcas na mente de Shakespeare, mas é difícil atribuir qualquer fala presente em *Hamlet* a esses episódios, e mais difícil ainda é atribuir a eles o que há de surpreendente e inovador nessa peça. Embora o vínculo com a insurreição seja intrigante, alguma versão do *Hamlet* de Shakespeare tinha sido, com toda probabilidade, encenada antes que Essex tomasse sua decisão fatal. Shakespeare pode ter arriscado acrescentar algumas falas ou cenas para aprofundar a ligação da peça com os acontecimentos da época, mas os elementos essenciais da peça já deviam estar lá, como indica uma anotação à margem que Gabriel Harvey (o estudante de Cambridge envolvido em disputas com Nashe e Greene) fez em seu exemplar de Chaucer. "O conde de Essex muito recomenda *Albion's England*", diz Harvey, num relato das modas literárias de seu tempo, e continua: "Os jovens se deleitam com *Vênus e Adônis*, de Shakespeare, mas seu *Lucrécia* e sua *Tragédia de Hamlet, príncipe da Dinamarca* têm o dom de agradar aos mais sábios". O verbo no presente indica que Essex devia estar vivo quando Harvey escreveu a primeira referência inequívoca à tragédia de Shakespeare.

Alguma coisa mais profunda devia estar acontecendo com Shakespeare, alguma coisa poderosa o bastante para evocar a representação sem precedentes de tormento interior. "Ser ou não ser": como a plateia e os leitores sempre entenderam por instinto, esses pensamentos suicidas, provocados pela morte de um ser querido, se acham no cerne da tragédia de Shakespeare. Eles bem podem ter estado no cerne da perturbação interna do próprio dramaturgo. Os Shakespeare tinham dado aos gêmeos os nomes de Judith e Hamnet em homenagem a Judith e Hamnet Sadler, seus vizinhos de Stratford. O nome deste último aparece, nos registros da cidade, ora como Hamnet, ora como Hamlet; na mal definida ortografia daquela época, os nomes eram praticamente intercambiáveis. Mesmo que a decisão de refazer a velha tragédia tenha decorrido de motivos apenas comerciais, a coincidência dos nomes — o ato de escrever o nome do próprio filho repetidas vezes — pode ter reaberto uma ferida profunda, que, na verdade, talvez nunca tivesse cicatrizado.

Mas, é claro, em *Hamlet* é a morte de um pai, não a de um filho, que desencadeia a crise espiritual do herói. Se essa tragédia nasceu da vida de Shakespeare — se for possível relacioná-la à morte de Hamnet —, alguma coisa deve ter levado o dramaturgo a vincular a perda de seu filho à perda imaginária de seu pai. Digo "imaginária" porque o pai de Shakespeare foi sepultado no cemitério da igreja da Santíssima Trindade em 8 de setembro de 1601: ele talvez estivesse doente e sua morte poderia ser prevista, mas quase com certeza ainda estava vivo quando a tragédia foi escrita e encenada pela primeira vez. Como foi que na imaginação de Shakespeare a morte do pai tornou-se tão ligada à do filho?

Shakespeare, sem sombra de dúvida, voltou a Stratford em 1596 para o funeral do filho. O ministro, como mandavam as normas da época, devia encontrar o corpo à entrada do cemitério e acompanhá-lo até a sepultura. Shakespeare devia estar lá, ouvindo as palavras do serviço fúnebre protestante prescrito. Enquanto a terra era atirada sobre o corpo — talvez pelo próprio pai, talvez por amigos —, o ministro pronunciava as palavras "Por ter sido da vontade do Deus Todo-Poderoso, em sua infinita providência, levar para si a alma de nosso querido irmão, nós entregamos o seu corpo à terra. Terra à terra, cinza à cinza, pó ao pó, na certeza da Ressurreição para a vida eterna".

Teria Shakespeare ficado satisfeito com esse culto simples e eloquente, ou se atormentou com a ideia de que faltava algo? "Que outra cerimônia?", chora Laertes, ao lado da tumba da filha Ofélia, "Que outra cerimônia?".[24] O rito fúnebre de Ofélia foi abreviado porque ela era suspeita do pecado de suicídio, e Laertes é ao mesmo tempo superficial e temerário. Mas a pergunta que ele faz e repete ecoa ao longo de todo o texto de *Hamlet*, e articula uma preocupação que extrapola os limites da peça. Na memória coletiva, toda a relação entre vida e morte tinha mudado. Em Lancashire, senão mais perto de sua cidade, Shakespeare talvez tenha visto reminiscências das antigas práticas católicas: velas ardendo noite e dia, cruzes por toda parte, sinos tocando a toda hora, parentes lamentando-se e entrecruzando-se, vizinhos visitando o corpo para rezar um pai-nosso ou um salmo, distribuição de esmolas e alimentos em memória do morto, padres pagos para rezar missas e assim amenizar a penosa passagem da alma pelo purgatório. Tudo isso tinha sido atacado; tudo tinha

---

24. "What ceremony else?/ [...]/ What ceremony else?" (5.1.205, 207).

sido reduzido ou eliminado sem reservas. Acima de tudo, agora era ilegal rezar pelos mortos.

Os primeiros livros de oração protestantes tinham conservado a velha fórmula "Entrego tua alma a Deus Pai Todo-Poderoso e teu corpo à terra, terra à terra, cinzas às cinzas, o pó ao pó". Mas reformadores vigilantes acharam que essas palavras escondiam atrás de si muito da antiga fé católica, e fez-se uma pequena mudança: "Entregamos seu corpo à terra...". As palavras já não se dirigem ao morto, como se ele conservasse algum contato com os vivos. A sutil revisão faz uma grande diferença: os mortos estão completamente mortos. Nenhuma oração pode ajudá-los; nenhuma mensagem pode ser enviada a eles ou recebida deles. Hamnet estava fora do alcance.

Os católicos acreditavam que depois da morte — enquanto as almas dos maus iam diretamente para o inferno e as dos bons para o céu — a grande maioria dos fiéis, nem absolutamente bons ou totalmente maus, ia para o purgatório. Esse lugar era como uma grande prisão subterrânea onde as almas sofreriam tormentos até pagar pelos pecados que tinham cometido em vida. (Havia quem acreditasse que na Irlanda existia uma entrada para o purgatório, através de uma caverna descoberta por são Patrício no condado de Donegal.) Esses pecados não eram tão graves a ponto de acarretar uma eternidade de castigo, mas tinham deixado uma mancha que devia ser lavada antes que a alma pudesse entrar no céu. Todas as almas do purgatório, sem exceção, estavam salvas e acabariam subindo para a glória. Essa era a parte boa. A má era que os sofrimentos no purgatório, pintados nas paredes das igrejas e descritos em detalhes enlouquecedores pelos pregadores, eram terríveis. Um instante de dor lancinante depois da morte era pior, ensinavam os padres, que a pior dor que uma pessoa pudesse sofrer em vida. Na verdade, os tormentos das almas aprisionadas no purgatório eram idênticos, exceto em duração, aos que sofriam as almas em danação no inferno. E essa duração, embora finita, não era insignificante. Um teólogo espanhol calculava que em média um cristão deveria passar mais ou menos entre mil e 2 mil anos no purgatório.

Felizmente, ensinava a Igreja Católica, havia um meio de ajudar os seres queridos e a si mesmo. Algumas boas ações — orações, esmolas e, sobretudo, missas — poderiam aliviar consideravelmente o sofrimento e reduzir a sentença de prisão no purgatório e apressar o trânsito da alma para o céu. A pessoa podia ter a prudência de praticar essas boas ações em benefício próprio, durante a vida, ou presenteá-las aos que já tinham partido. Os ricos e poderosos doavam capelas onde os padres fariam orações pelos mortos para todo o sempre, e fundavam instituições cívicas — abrigos, hospitais, escolas — que pudessem gerar muitas orações pelo fundador. Os mais pobres poupavam seus tostões para pagar por um conjunto de missas, disponíveis em diferentes pacotes. Dizia--se que o mais eficaz era a trintena, sequência de trinta missas, mas até uma ou duas ajudavam.

Que indício havia da eficácia dessas providências? Além da doutrina da Igreja, havia o testemunho dos próprios mortos. Contavam-se muitas histórias de fantasmas que retornavam do purgatório pedindo ajuda desesperadamente. Depois que a ajuda era dada, os mesmos fantasmas costumavam voltar para agradecer ao doador e prestar testemunho do imenso conforto que suas caridosas doações tinham proporcionado. As aparições que as pessoas viam eram quase sempre aterrorizantes. Podiam ser o prenúncio de catástrofes, sinais de loucura ou manifestações do mal, já que o diabo às vezes assumia a forma de um morto para incutir ideias perversas na cabeça dos desavisados. Mas os ensinamentos da Igreja ajudavam a dar sentido ao que estava acontecendo quando as pessoas eram assediadas por espíritos de pessoas queridas: o morto, em seu sofrimento no purgatório, estava apenas pedindo para ser lembrado. O católico Thomas More ouvia os brados dos mortos: "Lembra-te de nossa sede quando te sentares para beber", lembra "nossa fome quando te banqueteias; nosso desassossego quando estás domindo; nossa profunda e dolorida pena quando brincas; o fogo em que queimamos enquanto tens prazer e te divertes. Da mesma forma queira Deus que mais tarde tua descendência lembre de ti". E com a lembrança, sob a forma dos rituais adequados, vinha o alívio.

Os zelosos protestantes viam esse conjunto de crenças e práticas institucionais como uma enorme fraude, uma vigarice projetada para extrair dinheiro dos crédulos. O purgatório, diziam eles, era "a fábula de um poeta", uma fantasia elaborada que tinha sido impingida a toda a sociedade, de cima a baixo, de forma que do rei à peixeira eram todos explorados sem piedade. Convencido por esses argumentos ou, mais plausivelmente, ansioso para confiscar as riquezas da Igreja, Henrique VIII dissolveu mosteiros e capelas que tinham sido os centros ritualísticos do culto católico dos mortos. No reinado de seus sucessores protestantes, Eduardo VI e Elizabeth I, os reformadores do Parlamento aboliram por completo o sistema de organizações criadas para oferecer orações pelas almas do purgatório. As autoridades mantiveram muitos hospitais, abrigos e escolas, é claro, mas retiraram-lhes as funções ritualísticas. E, por meio de sermões, homilias e do próprio serviço religioso, o clero fez um esforço sistemático de reeducação da população, induzindo seu rebanho a reimaginar toda a relação que havia entre esta vida e o além.

Não foi tarefa fácil. A crença no purgatório bem pode ter sido exagerada — muitos católicos fervorosos eram dessa opinião —, mas se ligava a temores e carências que não desapareciam como que por encanto quando os representantes da Igreja e do Estado diziam que os mortos estavam fora do alcance dos vivos. A cerimônia não era o único problema, nem o principal. O que importava era se os mortos continuariam a falar com os vivos, pelo menos por algum tempo, se os vivos poderiam ajudar os mortos, se um elo recíproco subsistia. No cemitério, vendo a terra cair sobre o corpo do filho, Shakespeare terá pensado que sua relação com Hamnet desaparecia sem deixar rasto?

Talvez. Mas também é possível que ele tenha achado o serviço fúnebre dolorosamente inadequado, por sua recusa deliberada de dirigir-se à criança morta como "tu", pela abreviação do ritual, pela negação de qualquer possibilidade de comunicação. E, se conseguiu fazer as pazes com a concepção protestante dessas coisas, outros próximos a ele não conseguiram. Nada se sabe acerca das convicções de sua mulher, Anne, sobre a morte, embora talvez exista uma mínima pista a respeito disso na estranha inscrição que foi posta em sua lápide por sua filha Susanna em 1623. "Deste um seio maternal, leite e vida", diz a inscrição; "a tal generosidade, que pena, só posso retribuir com pedras!" As linhas seguintes trazem implícita a ideia radical de que a alma da morta, assim como seu corpo, está presa no túmulo: "Que bom seria se eu pudesse pedir aos anjos que removessem a pedra da boca da tumba, que teu espírito, como o corpo de Cristo, pudesse partir". Mas essa podia ser a opinião heterodoxa de Susanna e não a de Anne Hathaway Shakespeare, sem falar nas que ela pode ter reprimido em 1596, ano da morte de Hamnet.

Os pais de Shakespeare, John e Mary, também devem ter estado ao pé do túmulo de Hamnet. Com efeito, eles tinham passado muito mais tempo com o menino do que o próprio pai, pois enquanto Shakespeare estava em Londres, eles continuavam morando na mesma casa, com a nora e os três netos. Ajudaram a criar Hamnet e cuidaram dele durante a doença que o matou. E, sobre as crenças de seus pais em relação à vida depois da morte, especificamente sobre as crenças de seu pai, há alguns indícios. Esses indícios levam a crer, com fundamento, que John Shakespeare teria querido fazer algo pela alma de Hamnet, alguma coisa que ele talvez tenha pedido insistentemente ao filho que fizesse ou que tenha resolvido fazer por sua conta. Os argumentos, ou a súplica, ou as lágrimas que podem ter acompanhado esses apelos se perderam de forma definitiva. Mas resta pelo menos um traço daquilo que o pai de Shakespeare (e supostamente também sua mãe) teriam achado necessário, adequado, caridoso, amoroso e, numa palavra, cristão.

Na década de 1580, enquanto Thomas Lucy vasculhava as vizinhanças de Stratford em busca de católicos subversivos e católicos que, segundo se dizia, estavam escondendo as provas de suas arriscadas lealdades, John Shakespeare (se os documentos descobertos no século XVIII forem autênticos) pôs seu nome em algo altamente comprometedor: o "testamento espiritual" que os jesuítas fizeram circular entre os fiéis. Na época, William não deve ter sabido nada disso — seu pai provavelmente enfiava em segredo os documentos entre os caibros das telhas da casa da Henley Street—, mas a fé e a ansiedade que o levaram a assinar o documento devem ter vindo à tona no funeral de Hamnet. Aquilo que John Shakespeare escondera tinha tudo a ver com a morte.

O "testamento espiritual" era uma espécie de política de segurança para a alma católica, e deve ter sido particularmente importante para os que não podiam praticar sua fé ou estavam sendo pressionados a colaborar com os protestantes. O signatário declara que é católico, mas acrescenta que, se "por sugestão do diabo, fizer, disser ou pensar qualquer coisa" contra sua fé, ele renuncia formalmente a seu pecado e manifesta a vontade de que "não seja tomada como algo dito ou feito por mim". Da mesma forma, se acontecesse de não receber os últimos sacramentos católicos — confissão, extrema-unção, comunhão —, ele deseja que estes lhe sejam ministrados "espiritualmente". Sabe que "nasceu para morrer, sem saber a hora, onde, quando ou como" e teme que possa ser "tomado de surpresa". Daí que seja grato, declara, pela oportunidade de experimentar a penitência agora, porque sabe que pode ser levado desta vida "quando menos pensar: com efeito, mesmo então, quando eu estiver mergulhado no pântano imundo de meus pecados".

Naquela época, os católicos eram ensinados a temer a morte súbita, o que impediria o acerto de contas ritual do pecador com Deus e a demonstração adequada de arrependimento. Toda mancha que não tenha sido removida nesta vida terá de ser purgada depois da morte. O "testamento espiritual" era uma tentativa de lidar com esse medo, e arrolava parentes e amigos como aliados:

> Eu, John Shakespeare, [...] suplico a todos os meus queridos amigos, parentes e familiares, em nome do coração de nosso Salvador Jesus Cristo, que, uma vez que é incerta a sorte que me há de caber, e temendo, em razão de meus pecados, ficar um longo termo no Purgatório, que se dignem a assistir-me e socorrer-me com suas santas orações e obras meritórias, principalmente com o santo sacrifício da missa, o meio mais eficaz de livrar as almas de dores e tormentos.

Os que puseram seu nome nesse documento (é pelo menos plausível que John Shakespeare estivesse entre eles, e provável que compartilhasse suas preocupações) não falavam apenas por si mesmos; estavam pedindo àqueles que os amavam que fizesse algo de importância crucial para eles, algo que o Estado tinha declarado ilegal.

Em 1596, no funeral de Hamnet, quase com certeza a questão deve ter vindo à tona. A alma do menino precisava da ajuda dos que o amavam e se preocupavam com ele. John Shakespeare, que praticamente tinha criado o neto, deve ter exortado seu próspero filho William a pagar missas pela alma da criança morta, da mesma forma como gostaria que rezassem missas por sua própria alma. Ele estava ficando velho e em breve precisaria de "obras meritórias" que abreviassem sua agonia depois da morte.

Se esse delicado assunto foi ventilado, teria William se negado, com irritação, ou teria pagado em segredo por missas clandestinas pela alma de Hamnet? Teria ele dito ao pai que não poderia dar ao filho — ou, futuramente, que não daria ao pai — o que ele tanto desejava? Teria dito que já não acreditava em absoluto na história da terrível prisão, situada entre o céu e o inferno, onde os pecados cometidos em vida eram lavados e purgados?

Seja o que for que tenha decidido na ocasião, Shakespeare devia estar ainda refletindo sobre o assunto no fim de 1600 e começo de 1601, quando escrevia uma tragédia cujo herói condenado levava o nome de seu filho morto. Seus pensamentos podem ter sido afetados pela notícia de que seu pai já ancião estava gravemente doente em Stratford, porque a ideia da morte do pai está inserida de maneira profunda na peça. E a morte do filho e a iminente morte do pai — uma crise de luto e lembranças — constituem uma perturbação psíquica que pode contribuir para explicar o poder explosivo e a introspecção de *Hamlet*.

Um fantasma volta ao mundo para exigir vingança: esse é o impactante instrumento teatral que todo mundo recordava da peça elisabetana sobre Hamlet, e Shakespeare investiu a cena de uma força incomparável. "Se algum dia tiveste amor por teu pai", diz o fantasma ao filho ansioso, "vinga-lhe a morte horrível e monstruosa."[25] Mas muito estranhamente a ordem dada pelo fantasma de que o Hamlet de Shakespeare fala não é um ativo chamado à ação, mas algo bem diverso: "*Adieu, adieu*, Hamlet. Lembra-te de mim". "Lembrar-me de ti?", repete Hamlet, levando as mãos à cabeça.

> Sim, pobre espectro, enquanto a memória tiver lugar
> Nesta cabeça confusa. Lembrar-me de ti?[26]

À primeira vista, como indica o tom de incredulidade de Hamlet, o pedido é absurdo: um filho dificilmente esqueceria o retorno do pai da sepultura. Mas na verdade Hamlet não se lança a sua vingança, e lembrar o pai — lembrá-lo do jeito certo, lembrá-lo por inteiro — é muito mais difícil do que ele imaginava. Alguma coisa interfere no plano, e é uma interferência cujo símbolo é a loucura fingida que não faz sentido na trama. E ocorre que essa interferência brota das mesmas fontes que podem ter levado o pai de Shakespeare a assinar o "testamento espiritual" católico, com sua súplica desesperada à família e aos amigos: lembrai-vos de mim.

"Sou o espírito de teu pai", diz o fantasma ao filho,

> Condenado por algum tempo a vagar pela noite,
> E de dia obrigado a jejuar no fogo
> Até que os horrendos crimes que cometi em vida
> Estejam purificados e purgados. Se não estivesse proibido

---

25. "If thou didst ever thy dear father love.../ Revenge his foul and most unnatural murder" (1.5.23-5).
26. "Adieu, adieu, Hamlet. Remember me./ Remember thee!/ Ay, thou poor ghost, while memory holds a seat/ In this distracted globe. Remember thee!" (1.5.91, 95-7).

De revelar os segredos de minha prisão
Poderia contar-te casos cuja menor palavra
Dilaceraria tua alma.²⁷

Shakespeare tinha de ter cuidado: as peças eram censuradas, e não teria sido permitido referir-se ao purgatório como um lugar que realmente existisse. Portanto, há uma astuta literalidade na observação do fantasma de que está proibido "de revelar os segredos de minha prisão". Mas praticamente todo o público de Shakespeare entenderia o que era essa prisão, um lugar a que o próprio Hamlet se refere quando, poucos momentos depois, jura "por são Patrício",²⁸ o padroeiro do purgatório.

O fantasma estava sofrendo o destino tão temido pelos católicos fervorosos. Tinha sido privado de vida repentinamente, sem tempo de se preparar para o fim por meio de rituais. "Tirou-me a vida cheia de pecados", diz ele ao filho, acrescentando um dos versos mais estranhos da peça: "Sem a eucaristia, inconfesso, sem os óleos".²⁹ Não tomou a comunhão, não pôde fazer a confissão, não recebeu a extrema-unção, sacramento ministrado aos moribundos. Foi para a outra vida sem nenhuma penitência preparatória, e agora paga o preço disso: "Horrível, horrível, mais que horrível".³⁰

O que pode significar que uma alma do purgatório apareça no mundo de Hamlet pedindo para ser lembrado? Mesmo deixando de lado por um instante o fato de que não existe purgatório de acordo com a Igreja Protestante, as alusões a ele aqui são um enigma, já que os espíritos que estão na grande penitenciária de Deus não poderiam, por definição, pedir a alguém que cometesse um crime. Afinal, eles estão pagando seus pecados para poder subir aos céus. Com efeito, esse espírito não veio pedir missas ou esmolas, ele está se apropriando do monopólio divino da vingança pedindo ao filho que mate o homem que o assassinou, roubou sua coroa e sua viúva. As plateias da época e as de

---

27. "I am thy father's spirit,/ Doomed for a certain term to walk the night,/ And for the day confined to fast in fires/ Till the foul crimes done in my days of nature/ Are burnt and purged away. But that I am forbid/ To tell the secrets of my prison-house,/ I could a tale unfold whose lightest word/ Would harrow up thy soul" (1.5.9-16).
28. "by Saint Patrick" (1.5.140).
29. "Cut off even in the blossoms of my sin,/ Unhouseled, dis-appointed, unaneled" (1.5.76-7).
30. "O, horrible, o, horrible, most horrible!" (1.5.80).

agora não se preocupam necessariamente com isso — a peça não é, afinal, uma aula de teologia. Mas Hamlet, sim, se preocupa com isso, e suas dúvidas e ansiedades paralisantes levam a vingança para o centro de interesse da peça.

A orientação protestante da época de Shakespeare afirmava que não existiam fantasmas. As aparições que homens e mulheres viam de tempos em tempos — aparições que misteriosamente tinham a aparência de seres queridos ou amigos — eram meras ilusões, ou, pior ainda, demônios disfarçados que vinham induzir as vítimas ao pecado. Hamlet em primeiro lugar declara que tinha visto um "fantasma honesto",[31] mas a certeza inicial dá lugar à desconfiança:

> O espírito que vi
> Pode ser o diabo, pois o diabo tem o poder
> De assumir uma forma agradável, e talvez
> Aproveitando-se de minha fraqueza e de minha tristeza...
> Como é muito poderoso com tais espíritos...
> Esteja buscando a minha danação.[32]

Esses pensamentos levam a um círculo de postergação, autorrecriminação, mais inação, mais autorrecriminação, sentimentos que são responsáveis pela peça dentro da peça — recurso empregado por Hamlet para obter alguma informação independente das alegações do fantasma — e pela desconfortável sensação experimentada por ele de estar tateando no escuro. Estão ligados ainda a um sentimento mais amplo de dúvida e desorientação numa peça em que toda a estrutura ritualística que ajudava homens e mulheres a lidar com a perda tinha sido fatalmente prejudicada.

Shakespeare pode ter experimentado as consequências desse prejuízo quando esteve diante da sepultura do filho, ou quando tentou conviver com os pedidos de ajuda de seu pai para quando morresse. As autoridades protestantes atacaram as crenças e criminalizaram as práticas que a Igreja Católica ofe-

---

31. "honest ghost" (1.5.142).
32. "The spirit that I have seen/ May be the devil, and the devil hath power/ T'assume a pleasing shape; yea, and perhaps, Out of my weakness and my melancholy —/ As he is very potent with such spirits —/ Abuses me to damn me" (2.2.575-80).

recia como meio de negociar com os mortos. Diziam que a própria ideia de purgatório era mentira e que tudo o que se precisava era de uma fé vigorosa no poder salvador do sacrifício de Cristo. Havia os que tinham essa fé, mas nada na obra de Shakespeare leva a crer que ele fosse um deles. Ele fazia parte de um grande grupo, provavelmente o grosso da população, que ainda lutava com temores e carências que os antigos recursos da Igreja Católica tinham servido para direcionar. Era por causa dessas nostalgias e desses medos que gente como John Shakespeare assinava "testamentos espirituais" secretos.

Qualquer funeral convida os presentes a pensar nas coisas em que realmente acreditam, se houver alguma. Mas o funeral do próprio filho faz mais do que isso: leva os pais a dirigir perguntas a Deus e a questionar sua própria fé. Shakespeare devia frequentar regularmente os serviços religiosos em sua paróquia protestante; de outra forma, seu nome teria ido parar nas listas de não conformistas. Mas será que ele acreditava no que ouvia e recitava? Suas obras mostram que ele tinha algum tipo de fé, porém certamente não era uma fé ligada à Igreja Católica ou à Igreja Anglicana. No fim da década de 1590, na medida em que sua fé pudesse ser depositada em alguma instituição, esta era o teatro, e não apenas no sentido de que suas maiores energias e expectativas estavam voltadas para ele.

Shakespeare entendeu que os principais rituais fúnebres em sua cultura tinham sido esvaziados. Deve ter sentido isso com enorme dor ao lado da sepultura do filho. Mas ele também acreditava que o teatro — e sua arte teatral em particular — podia se conectar ao grande reservatório de sentimentos apaixonados que, para ele e para milhares de seus contemporâneos, já não tinham onde desembocar.

A Reforma, com efeito, estava lhe oferecendo um presente extraordinário — os fragmentos do que tinha sido um edifício rico e complexo —, e ele sabia exatamente como aceitar e usar esse presente. Dificilmente ele seria indiferente ao sucesso que conseguiu obter, mas não se tratava apenas de dinheiro. Shakespeare explorou a piedade, a confusão e o pavor da morte num mundo de ritos danificados (o mundo em que a maior parte de nós continua vivendo) porque ele próprio sentia essas emoções no fundo de seu coração. Sentiu-as em 1596, no funeral do filho, e sentiu-as com força redobrada antecipando-se à morte do pai. Reagiu não com orações, mas com a mais profunda expressão de seu ser: *Hamlet*.

No começo do século XVIII, o editor e biógrafo Nicholas Rowe, tentando encontrar alguma coisa sobre a carreira de Shakespeare como ator, fez pesquisas, mas as lembranças tinham murchado. "Nunca pude encontrar nenhum outro relato sobre ele por esse meio", escreveu Rowe, "a não ser que o ponto alto de seu desempenho foi como o fantasma em sua peça *Hamlet*." Para representar o espírito penitente que pede aos vivos que ouçam muito bem o que ele vai dizer — "presta muita atenção/ Ao que vou revelar"[33] —, Shakespeare deve ter buscado dentro de si a voz do filho morto, a voz do pai moribundo e talvez até sua própria voz, do jeito que ela seria quando voltasse da tumba. Não surprenderia que tivesse sido seu melhor papel.

---

33. "lend thy serious hearing/ To what I shall unfold" (1.5.5-6).

11. O rei e os feitiços

Hamlet marcou uma época para Shakespeare, como escritor e como ator. Com essa peça, ele fez uma descoberta em virtude da qual reformulou toda a sua carreira. Já antes de 1600, amealhara considerável experiência como autor de tragédias. Em *Tito Andrônico, Ricardo III, Romeu e Julieta, Ricardo II* e *Júlio César*, explorara a sede de vingança, a ambição doentia e a irresponsabilidade fatídica de monarcas, a inimizade homicida entre famílias e as consequências fatais do assassinato político. A inovação crucial em *Hamlet* não tem a ver com o desenvolvimento de novos temas nem com o aprendizado de como construir uma trama mais bem-acabada ou mais amarrada; tem a ver com uma intensa representação da introspecção evocada por uma nova técnica de eliminação radical. Ele repensou como construir uma tragédia — especificamente, repensou a quantidade de explicação causal de que um enredo trágico precisa para funcionar bem e a quantidade de raciocínio psicológico explícito que um personagem deve oferecer para ser convincente. Shakespeare descobriu que podia aprofundar imensamente o efeito de suas peças e suscitar na plateia e em si mesmo uma intensidade de reação apaixonada se eliminasse um elemento explicativo básico, obstruindo desse modo o raciocínio, a motivação ou o princípio ético responsável pela ação que se desenrolaria. O princípio não era propor um enigma a ser resolvido, mas a criação de uma opacidade estratégica. Essa opacidade, Shakespeare descobriu, é capaz de liberar uma enorme energia que fica bloqueada ou contida, pelo menos em parte, por explicações familiares e reconfortantes.

A obra de Shakespeare havia muito já mostrava uma cética ironia em relação a explicações e desculpas oficiais — as teses psicológicas ou teológicas sobre as razões pelas quais as pessoas se comportam desta ou daquela maneira. Suas peças dão a entender que as escolhas que as pessoas fazem em questões de amor são quase inteiramente inexplicáveis e irracionais, e essa convicção gerou a comédia *Sonho de uma noite de verão* e a tragédia *Romeu e Julieta*. Mas pelo menos o amor era o claro motivo identificável. Com *Hamlet*, Shakespeare entendeu que, se renunciasse a apresentar para si mesmo e para o público uma explicação familiar e reconfortante que parecia fazer pleno sentido, poderia chegar a algo muito mais profundo. A chave para isso não era simplesmente a opacidade, que por si só criaria apenas uma peça confusa ou incoerente. Em vez disso, Shakespeare apoiou-se cada vez mais na lógica interna, na coerência poética de que seu gênio e seu trabalho duríssimo o tinham tornado capaz. Depois de eliminar a estrutura de significados racionais, ele construiu uma estrutura interior mediante a reiteração de termos-chaves, o sutil desenvolvimento de imagens, a brilhante orquestração das cenas, o complexo desdobramento de ideias, o entrelaçamento de tramas paralelas, a revelação de obsessões psicológicas.

Essa inovação conceitual em *Hamlet* foi de ordem técnica; isto é, afetou as escolhas práticas que Shakespeare fazia quando arquitetava suas peças, a começar pelo enigma da melancolia suicida do príncipe e sua loucura simulada. Mas isso não foi apenas uma nova estratégia estética. A extirpação da motivação deve ter surgido de algo além da experimentação técnica; tendo ocorrido depois da morte de Hamnet, expressa a percepção shakespeariana básica da existência, sua perfeita noção do que deveria ser dito ou não dito, sua preferência pelo desordenado, danificado e mal resolvido em contraposição ao organizado, correto e definido. A opacidade foi moldada por sua experiência de mundo e por sua própria vida interior: seu ceticismo, sua dor, sua sensação de ritos suprimidos, sua rejeição de consolos fáceis.

Depois de *Hamlet*, Shakespeare escreveu uma série impressionante de tragédias — *Otelo*, em 1603 ou 1604; *Rei Lear*, em 1604 ou 1605; *Macbeth*, em 1606 —, nas quais empregou sua descoberta. Em todas elas, extirpou habilmente de sua fonte aquilo que poderia parecer indispensável para uma peça coerente e bem-feita. Assim, embora *Otelo* tenha sido construída em torno do desejo implacável do alferes Iago de destruir seu general, o Mouro, Shakespeare recusa-se a proporcionar ao vilão uma explicação clara e convincente de seu comportamento. Essa explicação não teria sido difícil de encontrar: estava ali, plenamente articulada, no conto do escritor e professor universitário italiano Giambattista Giraldi (conhecido por seus contemporâneos como Cinthio), que Shakespeare usou como fonte. "Sem levar em conta a lealdade que tinha jurado a sua esposa nem a amizade, a fidelidade e os favores que devia ao Mouro", escreve Cinthio sobre Iago, "o perverso alferes apaixonou-se perdidamente por Desdêmona e dirigiu todos os seus pensamentos para a tentativa de seduzi-la." Temeroso de mostrar abertamente seu amor, o alferes faz o que pode para insinuar que a deseja, mas os pensamentos de Desdêmona estão todos voltados para o marido. Ela não chega a rejeitar as investidas do alferes, pois nem sequer as percebe. Incapaz de conceber um amor tão puro, o alferes de Cinthio conclui que Desdêmona deve estar apaixonada por outro. O candidato mais provável, conclui, é o belo furriel do Mouro, e planeja livrar-se dele. Mas isso não é tudo, explica Cinthio: "Ele não só volta seus pensamentos para isso, como também o amor que sentira pela Senhora agora transformara-se no ódio mais ressentido, e ele se dedica a estudar como, uma vez morto o Furriel, fará com que o Mouro tampouco tenha a Senhora se ele não conseguir seduzi-la". A trama segue nessa linha.

Mas não assim na peça de Shakespeare. Seu vilão não sonha ter Desdêmona, nem é ela o objeto de seu ódio. Na verdade, há um momento em que ele parece a ponto de aceitar o motivo que Cinthio proporcionou:

> Acredito que Cássio a ame
> E é muito provável que ela o ame também.
> E o Mouro, embora eu não o suporte,
> É de uma natureza constante, amorosa, nobre
> E ouso pensar que para Desdêmona
> Será o mais terno marido. Mas eu também a amo.[1]

---

1. "That Cassio loves her, I do well believe it,/ That she loves him, 'tis apt and of great credit./ The Moor — howbe't that I endure him not —/ Is of a constant, loving, noble nature,/ And I dare think he'll prove to Desdemona/ A most dear husband. Now, I do love her too" (2.1.273-8).

Enquanto o Iago de Shakespeare pensa apenas que sua calúnia será plausível — "E é muito provável que ela o ame também" —, o Iago de Cinthio acredita de verdade que Desdêmona deve estar apaixonada pelo belo furriel. Mas as duas versões do vilão convergem nestas últimas palavras: "Mas eu a amo também". É exatamente nesse ponto que flagramos Shakespeare no ato de criar seu efeito especial:

> Mas eu também a amo,
> Não por pura luxúria — muito embora
> Confesse a culpa desse grande pecado —
> Mas para saciar minha sede de vingança,
> Pois tenho p'ra mim que o Mouro lascivo
> Saltou em minha sela, e esse pensamento
> Como mineral venenoso, me corrói as entranhas.[2]

O que em Cinthio era simples e claro em Shakespeare se torna opaco: "Não por pura luxúria". Outra motivação — a suspeita de ter sido passado para trás por Otelo — desloca a primeira, mas nenhuma delas é convincente, e a sobreposição de novas camadas só faz debilitar a força explicativa de cada uma delas, deixando intacto o terrível tormento íntimo. A dúbia tentativa de Iago de justificar seu ódio obsessivo e implacável — na frase feliz de Coleridge, "a caça ao motivo com imotivada malignidade" — é sabidamente inadequada. E, principalmente, essa inadequação torna-se um aspecto da própria tragédia. Perto do fim da peça, quando Otelo finalmente entende que foi levado a crer que sua mulher era infiel, que tinha assassinado a inocente que o amava, e que sua reputação e toda a sua vida estavam arruinadas, dirige-se a Iago e pede uma explicação. Exposto como um monstro moral, surpreendido e sem escapatória, a reação terrível de Iago — sua última frase na peça — é uma recusa cabal de revelar sua motivação:

---

2. "Now I do love her too/ Not out of absolute lust — though peradventure/ I stand accountant for as great a sin—/ But partly led to diet my revenge,/ For that I do suspect the lusty Moor/ Hath leaped into my seat, the thought whereof/ Doth, like a poisonous mineral, gnaw my inwards" (2.1.278-84).

Não me pergunteis nada. O que sabeis, sabeis.
De agora em diante não direi mais nenhuma palavra.[3]

Essas palavras pertencem à peça *Otelo* e traduzem a crueldade impenetrável de seu vilão, mas a opacidade se estende a elementos cruciais de cada uma das grandes tragédias de Shakespeare.

Talvez o maior exemplo dessa opacidade estratégica esteja na peça que Shakespeare escreveu logo depois de *Otelo, Rei Lear*. A história de Lear — sua ira injusta voltada contra a única filha que o ama de verdade, a traição das duas filhas perversas a quem ele cedeu toda a sua riqueza e o seu poder — já tinha sido contada muitas vezes. Shakespeare pode tê-la ouvido do púlpito, ou tê-la visto mencionada de forma abreviada em *A rainha das fadas,* de Spenser, ou ter achado uma versão completa nas crônicas que costumava ler. Quase com certeza viu uma versão teatralizada no palco. Pode ter ficado impressionado com a semelhança desse tema com uma ou mais das antigas histórias populares de que gostava quando criança: com *A Gata Borralheira*, talvez, com uma só filha boa contraposta a duas irmãs malvadas, e, ainda mais, com a história da filha virtuosa que cai no desfavor do pai colérico por ter lhe dito que o amava tanto quanto o sal. Mas na época de Shakespeare o destino de Lear era visto tanto como um episódio da história verídica de um passado muito remoto da Bretanha (*c.* 800 a.C.) quanto como um aviso aos pais da época para que não confiassem muito na adulação dos filhos. O imprudente Lear pede uma prova de amor: "Qual de vós", pergunta às três filhas, "poderíamos afirmar que nos ama mais?".[4] Em algumas versões da história, entre elas a de Shakespeare, essa prova é pedida no momento em que o pai sente que não poderá mais cuidar de suas obrigações e decide aposentar-se.

Mas, afinal, por que motivo Lear, que quando a peça começa já tinha o plano de dividir o reino por igual entre as três filhas, exige a prova de amor? Na principal fonte de Shakespeare, uma antiga peça dos Homens da Rainha chamada *A verdadeira crônica histórica do rei Leir* (publicada em 1605, mas conhecida desde 1594 ou antes), há uma resposta satisfatoriamente clara. A

---

3. "Demand me nothing. What you know, you know./ From this time forth I never will speak word" (5.2.309-10).
4. "Which of you shall we say doth love us most?" (1.1.49).

voluntariosa filha de Leir, Cordella, tinha jurado casar-se apenas com o homem que amasse; Leir queria casá-la com o homem que ele escolhesse de acordo com seus interesses dinásticos. Ele propõe a prova de amor achando que, na competição com as irmãs, Cordella declararia que era ela quem mais amava o pai, e nisso Leir lhe pediria que provasse seu amor casando-se com o pretendente escolhido por ele. O tiro acaba saindo pela culatra, mas o objetivo do estratagema é claro.

Mais uma vez, como fez em *Hamlet* e em *Otelo*, Shakespeare simplesmente suprime o motivo que dá sentido à ação inicial da peça. Lear diz que quer uma resposta a sua pergunta de modo a poder dividir o reino de acordo com o amor que cada filha lhe dedica, mas a peça começa com os personagens discutindo o mapa do reino dividido — a divisão já tinha sido feita — e comentando que as três partes eram exatamente iguais. E Lear torna as coisas ainda mais estranhas quando começa a testar Cordélia, como se ainda houvesse alguma coisa em questão, depois que ele já tinha distribuído, com uma mostra de grande exatidão, os primeiros dois terços do reino.

Ao privar seu personagem de uma justificativa compatível com a conduta que desencadeia toda a trágica sequência de eventos, Shakespeare faz com que o erro de Lear pareça ao mesmo tempo mais arbitrário e mais enraizado em profundas carências psicológicas. Seu Lear é um homem que resolveu afastar-se do poder, mas não tolera a ideia de se tornar dependente. Pouco disposto a perder a identidade de autoridade absoluta tanto no país quanto em sua família, ele organiza um ritual público — "Qual de vós poderíamos afirmar que nos ama mais?" — cujo objetivo parece ser aliviar a própria ansiedade provocando ansiedade nas filhas. Mas Cordélia se nega ao papel: "O que poderá dizer Cordélia? Amar e calar".[5] Lear exige uma resposta: "Fala!". Quando ela diz "Nada",[6] uma palavra que ecoa lugubremente ao longo da peça, Lear ouve o que mais temia: vazio, perda de respeito, extinção da identidade.

No fim da peça, a extinção atinge Lear de uma forma mais terrível do que a que ele havia imaginado. A velha peça dos Homens da Rainha e todas as outras versões da história terminam com a reconciliação de Lear e Cordélia, e com ele reconduzido ao trono. O público original de Shakespeare devia esperar

---

5. "What shall Cordelia speak? Love and be silent" (1.1.60).
6. " Nothing" (1.1.85-6).

alguma versão desse final feliz, embora talvez previsse que os últimos momentos da peça mostrariam a morte do idoso Lear e a ascensão ao trono de sua filha virtuosa. O que eles não previram foi que Shakespeare eliminaria do enredo o triunfo de Cordélia — a justificativa que daria um sentido moral a toda a narrativa — e em vez disso mostra o rei devastado, tendo nos braços a filha assassinada e urrando de dor. "Esse é o fim prometido?", pergunta um dos presentes, verbalizando o que teria sido a incredulidade da plateia. Nesse clímax sem precedente, o efeito teatral que estamos chamando de opacidade parece literal — "Aqui tudo são tristezas, trevas e morte" —, já que o moribundo Lear oscila entre a ilusória esperança de que Cordélia ainda esteja viva ao desolado reconhecimento de que está morta:

> Não, não! Já não vive!
> Por que terão vida um cão, um cavalo, um rato,
> E tu, alento algum? Não voltarás,
> Nunca, nunca, nunca, nunca mais![7]

Essas palavras, a figuração do clímax da tragédia que significa a perda de um filho, são as mais doloridas que Shakespeare escreveu.

No entanto, elas foram escritas não em referência a Hamnet, mas a Cordélia, e não logo depois da perda sofrida pelo dramaturgo, mas quase uma década depois, numa fase de prosperidade e sucesso. A carreira de Shakespeare desabrochava. A morte da rainha Elizabeth, em 1603, que pôs fim a um notável reinado de 45 anos, não o atingiu, nem a sua companhia. Bem pelo contrário: em questão de semanas o novo governante, Jaime VI da Escócia, que se tornaria Jaime I da Inglaterra, fez dos Homens do Lorde Camerlengo sua própria companhia teatral, os Homens do Rei.

O rei e sua família evidentemente achavam sua nova trupe interessantíssima. O grupo encenou oito peças na corte durante o inverno de 1603-04. Na temporada seguinte, fizeram onze apresentações na corte, incluindo *O labirinto espanhol* (desaparecida), duas comédias satíricas de Ben Jonson (*Cada homem com seu humor* e *Cada homem sem seu humor*), e sete peças completas de

---

7. "No, no, no life!/ Why should a dog, a horse, a rat, have life,/ And thou no breath at all? Thou'lt come no more,/ Never, never, never, never, never!" (5.3.262, 289, 304-7).

Shakespeare: *Otelo, As alegres comadres de Windsor, Medida por medida, A comédia dos erros, Henrique V, Trabalhos de amor perdidos* e *O mercador de Veneza*. O rei gostou tanto de *O mercador de Veneza* que mandou que fosse apresentada duas vezes em três dias, em 10 e 12 de fevereiro de 1605. A rainha anterior gostava muito de teatro, mas esse novo patronato real representava um grau de sucesso sem precedente, tanto para a companhia quanto para seu principal dramaturgo.

Shakespeare tinha não só participação nos lucros de todas as apresentações da companhia, públicas ou na corte, como, na qualidade de coproprietário do Globe, recebia também parte do aluguel pago por todos os parceiros (ou seja, estava na confortável posição de pagar aluguel a si mesmo). Imaginação, habilidade empresarial e trabalho infatigável fizeram dele um homem rico; ele tinha, como diz a ama de Julieta, referindo-se ao som das moedas no saco, "aquilo que tilinta".[8] Não há indícios — como existem, por exemplo, no caso de Ben Jonson e John Donne — de que Shakespeare gastasse seu dinheiro em livros (sem falar de pinturas, moedas antigas, pequenas esculturas ou qualquer outro objeto de estudo ou de arte). O que lhe interessava eram imóveis em Stratford e suas redondezas.

Ele poderia sem dificuldade ter comprado uma casa para que sua mulher e seus filhos morassem em Londres, mas eles — ou ele — evidentemente preferiram ficar na província. No fim de 1597, cerca de um ano depois da morte de Hamnet, Shakespeare instalou Anne e as duas meninas, Susanna, de catorze anos, e Judith, de doze, em New Place, uma casa grande de três andares, de alvenaria e madeira, que adquirira em Stratford. A casa tinha sido construída no século XV pelo homem mais importante da cidade e, embora tenha sido demolida no século XVIII, os desenhos e outras informações que restaram indicam que ela era prova do sucesso do dramaturgo em vida. Com cinco frontões, dez aposentos com lareiras, jardins e pomares de três lados, dois celeiros e outros anexos, New Place era a residência de um cavalheiro de posses. Em maio de 1602 e em julho de 1605, Shakespeare fez polpudos investimentos em terrenos e aluguel de celeiros nas proximidades de Stratford. Ele era agora, além

---

8. "the chincks" (*Romeo and Juliet*, 1.5.114).

de dramaturgo e ator de sucesso, um importante rentista e um dos cidadãos proeminentes de Stratford.

Transações desse porte teriam exigido uma ou mais visitas à cidade, além das que ele fazia habitualmente para ver a família — uma vez por ano, segundo o biógrafo John Aubrey, do século XVII. O lugar mais provável para uma parada durante a longa viagem a cavalo era Oxford, onde Shakespeare frequentava, segundo mexericos antigos, uma adega chamada Taverne. A Taverne pertencia a um vinicultor chamado John Davenant, que lá vivia com sua mulher, Jane, e uma família em expansão que incluía o filho William, que mais tarde seria o conhecido dramaturgo da Restauração. Dizia-se que John Davenant era um sujeito muito sério — nunca ninguém o vira sorrir —, mas próspero e bastante respeitado, a ponto de ter sido eleito prefeito de Oxford. De Jane Davenant dizia-se que era "uma mulher muito bonita, espirituosa e de conversa extremamente agradável".

Ao que parece, Shakespeare era bem próximo à família. O irmão mais velho de William Davenant, Robert, um clérigo, lembrava-se de que, quando criança, Shakespeare "lhe dava um monte de beijos". William afirmava que tinha esse nome em homenagem a Shakespeare, e dava a entender a seus amigos íntimos que Shakespeare seria algo mais que seu padrinho. Parecia-lhe, dizia, depois de um copo de vinho, que ele escrevia "com o próprio espírito" de Shakespeare. Na época, como hoje, dramaturgos ambiciosos em seus mais exuberantes surtos de autoconfiança narcisista podem ter sido tentados a essa extravagante reivindicação, mas os amigos de copo de Davenant acreditavam que ele "se regozijava por ser tomado" por filho de Shakespeare. Talvez esse seja o mais notável tributo à imensa reputação de Shakespeare: que, no fim do século XVII, um cavalheiro distinto — William era um monarquista fervoroso, esteve preso durante o Interregno por sua simpatia pela realeza e mais tarde foi sagrado cavaleiro — se dispusesse a apregoar que era filho ilegítimo de um dramaturgo. Sem dúvida, alguns de seus contemporâneos ficaram chocados: parecia-lhes demais que Davenant, para firmar sua reputação artística, não se importasse que a mãe fosse vista, no dizer deles, como uma puta.

William Davenant foi batizado em 3 de março de 1606, de modo que, se há alguma verdade em suas insinuações, Shakespeare deve ter estado em Oxford várias vezes entre o fim da primavera e o verão de 1605, talvez por causa de uma vultosa compra de propriedades que fechou em julho. A possibilidade de que Shakespeare tenha feito visitas a Oxford durante esse período é intrigante por motivos alheios à sua possível vida amorosa secreta. De 27 a 31 de agosto de 1605, o rei Jaime, acompanhado da rainha, Anne da Dinamarca, e de seu filho Henry, fez sua primeira visita oficial a Oxford. Durante esses dias, a universidade montou quatro peças, três delas em latim e a quarta, em atenção às senhoras (e aos cavalheiros cujo latim era mais precário do que admitiam), em inglês. É pouco provável que essas apresentações tenham sido casuais ou improvisadas: os figurinos foram encomendados aos Folguedos do Rei, uma companhia de Londres, e o grande cenógrafo Inigo Jones foi chamado para construir um mecanismo especial para as mudanças de cenário. Se estivesse em algum lugar próximo de Oxford na ocasião, Shakespeare teria fortes razões profissionais para ver como os espetáculos seriam recebidos.

Ao que parece, as coisas não correram muito bem. A rainha e as senhoras se ofenderam com um homem quase nu que aparecia na primeira dessas peças, *Alba* (escrita em parte pelo famoso acadêmico Robert Burton). Segundo consta, o rei se entediou com essa peça e com a seguinte; ferrou no sono durante a terceira, *Vertumnus*, e não se dignou a comparecer à quarta. A única que sobreviveu, *Vertumnus*, tende a confirmar o juízo crítico do rei, mas seu fracasso deve ter sido uma grande decepção. As autoridades tinham recorrido a Matthew Gwinn, antigo membro do St. Johns's College, que em 1603 publicou uma tragédia em latim sobre a vida de Nero e, mais importante que isso, tinha sido um dos supervisores das peças apresentadas quando da visita da rainha Elizabeth a Oxford em 1592. No começo do século XVII, Gwinn trabalhava como médico em Londres (tinha entre suas ocupações a missão de tratar dos prisioneiros da Torre), mas, na qualidade de pessoa distinta e experiente, foi convocado a escrever uma peça para o rei letrado. Foi encarregado também de organizar um evento de boas-vindas, que poderia ter interessado especialmente a Shakespeare.

Quando o rei, acompanhado de seu séquito, chegou ao St. John's College, foi recebido com um *device* — uma espécie de *pageant*, ou peça em miniatura — escrito por Gwinn. Três "sibilas", ou seja, três meninos vestidos de modo a parecer antigas profetisas, saudaram o rei Jaime. Aproximaram-se dele, diz o texto, "como se viessem de uma floresta"; levando ramos nas mãos, talvez, elas surgiram, segundo um observador, de "um castelo todo feito de hera". As primeiras palavras da sibila evocavam um acontecimento lendário que tinha ocorrido com Banquo, um ancestral escocês de Jaime do século XI. Banquo deparou-se com as "Irmãs fatais", que previram "poder sem fim" não para ele, mas para seus descendentes. "Nós, as três Parcas, celebramos a vós e aos vossos", prosseguia a sibila dirigindo-se a Jaime e entoando uma série de antífonas laudatórias:

> Salve aquele que à Escócia serve!
> E à Inglaterra, salve!
> Quem à Irlanda serve, mil vezes salve!
> A quem a França concede títulos e terras, mil vezes salve!
> Salve, quem unificou a Bretanha dividida!
> Salve, poderoso senhor da Bretanha, Irlanda e França!

Vista hoje, essa cerimônia de boas-vindas parece uma grande patacoada, mas tinha sido cuidadosamente preparada para agradar ao rei. A evocação de Banquo, o ancestral distante, remonta a um tempo anterior ao terrível embaraço que envolvia seus antepassados mais recentes. Afinal, Jaime era filho de Maria, rainha da Escócia, a incansável intrigante que Elizabeth mandara prender e mais tarde fez executar, ainda que com relutância, sob intensa pressão de membros eminentes do Parlamento que bradavam "Matem a bruxa". Isso manifestava a Jaime que seus leais súditos ingleses não o viam como um escocês intruso, filho da indecente prostituta da Babilônia, mas como o governante predestinado do reino unificado. E estendia a visão de fama e grandeza aos filhos de Jaime, Henrique e Carlos: "Não atribuímos prazos nem limites às Parcas".

Jaime estava nervoso, muito nervoso. Podia relaxar, brincar com abstrusas questões acadêmicas, embebedar-se, acariciar seus belos favoritos, perder-se no peculiar entretenimento de matar animais. Podia, se tivesse ânimo, tratar-se com mais condescendência e se dar prazeres, ainda que vulgares. Mas nunca conseguia escapar do terror que o assombrava. As tentativas de deleitá-lo com exibição de fogos de artifício ou agradá-lo com surpresas costumavam dar errado; acontecimentos casuais podiam evocar lembranças terríveis do passado, e, embora amasse a caça, nunca aprendeu a arte da esgrima, pois a simples vista de uma espada desembainhada lhe infundia um repentino pânico.

O rei Jaime tinha boas razões para sentir medo. Não só sua mãe tinha sido executada pela rainha em cujo trono ele se sentava agora, como também seu pai morrera assassinado. Ele mesmo tinha escapado por pouco de ser morto em pelo menos uma e talvez em mais de uma ocasião. Acreditava que nada deteria seus inimigos na tentativa de fazer mal a ele e a seus filhos: temia não apenas a lâmina de aço, mas também estatuetas de cera espetadas com alfinetes e os feitiços murmurados por velhas desdentadas. Como Elizabeth e Henrique VIII, ficava muito ansioso com previsões: a tentativa de prever o futuro por artes de magia ou por outros meios mágicos era crime. Portanto, até mesmo a inócua cerimônia de boas-vindas idealizada por Matthew Gwinn tinha um leve traço de ameaça. Ainda assim, deve ter sido muito reconfortante para Jaime ouvir dizer que seu governo e o de seus descendentes tinham sido profetizados havia séculos — os meninos do St. John's College constituíam uma espécie de feitiço teatral para afastar o medo doentio que lhe apertava a boca do estômago. A satisfação do rei deve ter sido manifesta, já que a singela cerimônia de boas-vindas — quer Shakespeare tenha estado entre os que a assistiram, quer tenha ouvido falar dela por algum dos presentes — parece ter calado fundo na imaginação do dramaturgo.

Um ano depois, no verão de 1606, o rei da Dinamarca foi à Inglaterra para visitar sua irmã, a rainha Anne. "Na corte não se ouve nada", escreveu um dos cronistas da visita, "além do som de trompetes, oboés, música, festa e comédias." Deve ter sido numa dessas ocasiões que Jaime sentou-se com seus convidados para assistir a *Macbeth*, uma nova tragédia apresentada por sua companhia, os Homens do Rei. Quando as três Parcas apareceram no palco, porventura o rei se lembrou da agradável *pageant* do St. John's College? Provavelmente não. Afinal, ele tinha visto muitos espetáculos de grande riqueza e aparato desde que subira ao trono, e havia outras coisas a ocupar-lhe a cabeça.

Mas Shakespeare deve ter visto ou ouvido falar dos três meninos vestidos de antigas sibilas, e não os esquecera. Evocou-os em *Macbeth* para reencenar a visão tranquilizadora da sucessão dinástica ininterrupta. Lá pelo meio da peça, Macbeth sai para falar com "as bruxas sombrias e misteriosas da meia-noite". "Meu coração/ Anseia por saber uma coisa", diz Macbeth a elas,

> Dizei-me, se a vossa arte adivinha
> Se a linhagem de Banquo um dia
> Reinará nesta terra.[9]

---

[9]. "My heart/ Throbs to know one thing:/ Tell me, if your art/ Can tell so much, shall Banquo's issue ever/ Reign in this kingdom?" (4.1.64, 116-9).

341

As bruxas instam com ele para contentar-se com o que já sabe, mas Macbeth insiste numa resposta. Ele não suporta a incerteza — "Quero ser satisfeito",[10] grita — e recebe em resposta um estranho espetáculo, um *pageant* semelhante aos entretenimentos armados para tranquilizar reis.

As tragédias de Shakespeare têm uma característica em comum: quando o herói consegue o que quer, o resultado é devastador. Macbeth ganha uma importante batalha para seu rei, Duncan, e recebe muitas honrarias, o que só aguça sua inquieta insatisfação. Ele mata Duncan e se apodera da coroa, mas a traição dá início a um pesadelo sem fim de suspeitas e ansiedade. Ordena o assassinato de seu amigo Banquo, porém o fantasma do morto o assombra, e ele se apavora com a fuga do filho de Banquo. Anseia por sentir-se seguro, livre e "perfeito", como diz, "íntegro como o mármore, duro como a rocha", mas na verdade se vê "encarcerado, enjaulado, confinado, de dúvidas cruéis e temores tomado".[11] É para aliviar essas dúvidas e temores que ele recorre às bruxas e pede que lhe mostrem o que lhe sucederá mais adiante. Mas a resposta que recebe é especialmente dolorosa, pois o *pageant* das bruxas não mostra sua própria linha de sucessão, e sim a dos herdeiros do homem que ele matou, Banquo. Oito reis desfilam diante dele, o último dos quais leva um espelho que mostra muitos outros monarcas. O espelho mágico é um velho instrumento do arsenal das bruxas, e na montagem de 1606 tinha uma função adicional: o ator podia aproximar-se do trono e segurar o espelho de modo que Jaime, herdeiro de Banquo, pudesse ver o próprio reflexo. Aqui, como no *device* de Oxford, as irmãs Parcas profetizam "poder sem fim". "Mas como", pergunta Macbeth desesperado, "esta linhagem se estende até o fim dos tempos?"[12]

Shakespeare concebeu *Macbeth* como se fosse um exercício de lisonja, ou, quem sabe, como uma verdadeira lisonja, que não é direta e pessoal, como os rapapés característicos de outros entretenimentos reais da época, mas indireta e dinástica. Ou seja, Jaime é louvado não por sua sabedoria, sua cultura ou seus dotes de estadista, mas pelo lugar que ocupa numa linha de legítima descendência que começa em seu nobre ancestral no passado distante e chega a seus

---

10. "I will be satisfied" (4.1.120).
11. "perfect,/ Whole as the marble, founded as the rock./ [...] cabined, cribbed, confined, bound in/ To saucy doubts and fears" (3.4.20-1, 23-4).
12. "What, will the line stretch out to th' crack of doom?" (4.1.133).

filhos, que são a promessa de uma sucessão ininterrupta. Para dar destaque a esse ponto, Shakespeare precisou distorcer a verdade histórica. O *pageant* de Gwinn provavelmente tomou o seu Banquo da *Crônica* de Raphael Holinshed, livro que Shakespeare usou muito em suas peças históricas. Mas quando, seguindo a trilha de Gwinn, ele passou para a seção escocesa do livro de Holinshed, deve ter reconhecido Banquo como um dos principais aliados do assassino Macbeth, e não como sua alternativa moral. ("Finalmente, então, depois de revelar seu intento a seus amigos fiéis, dos quais Banquo era o principal, confiando na ajuda que lhe prometeram, ele matou o rei.") Já o Banquo de Shakespeare é um personagem honesto e decente. Quando Macbeth insinua que quer sua ajuda, mas sem revelar o que tem em mente, o correto *thane* declara com delicadeza e também com firmeza sua lealdade ao rei. Shakespeare, portanto, transforma o ancestral de Jaime de colaborador em resistente. Deve ter sido prazeroso para Jaime — cujo passado imediato era uma trama doentia de conspiração e traição — ouvir que sua linhagem estava fundada num rochedo de retidão.

A perspectiva de um governo estável e de uma sucessão dinástica segura deve ter atraído mais gente além do rei. Poucos meses antes, o país tinha sido violentamente sacudido pela descoberta — no último minuto — de um complô para eliminar Jaime, sua família, sua corte e quase todos os principais líderes políticos do reino. Em 4 de novembro de 1605, uma noite antes que o rei Jaime I se apresentasse para inaugurar uma nova sessão do Parlamento, funcionários da Coroa, alertados alguns dias antes por uma carta anônima, surpreenderam Guy Fawkes num porão que se estendia sob a sede do Parlamento. O porão estava cheio de barris de pólvora e barras de ferro, dissimulados por um carregamento de madeira e carvão. Com um relógio, um detonador e uma chama, Fawkes tentava pôr em prática um desesperado complô planejado por um pequeno grupo de conspiradores ressentidos pelo que lhes parecia a má vontade de Jaime para ampliar a tolerância concedida aos católicos romanos. Submetido a bárbaras torturas, Fawkes revelou o nome dos que haviam conspirado com ele para mandar todo o governo pelos ares. Os conspiradores foram encontrados. Os que resistiram foram mortos no ato; outros foram presos e, depois de um julgamento a que o rei assistiu em segredo, foram levados à forca, retirados do laço ainda vivos e esquartejados.

Entre os que foram presos e levados a julgamento estava o padre Henry

Garnet, chefe da missão jesuíta clandestina na Inglaterra. Garnet, contra quem havia apenas provas nem um pouco sólidas, alegou inocência, mas os promotores deram muita importância ao fato de ele ter escrito *Um tratado de enganação*, livro que defendia o ato de dar respostas evasivas ou ambíguas sob juramento. Mais uma vez, Jaime assistiu em segredo ao julgamento. Condenado por traição, Garnet foi arrastado por uma carroça até o cemitério de São Paulo para a execução, depois da qual sua cabeça juntou-se às que já estavam espetadas em lanças na ponte de Londres.

"O rei está aterrorizado", escreveu o embaixador de Veneza;

> não aparece nem toma refeições em público como de costume. A Câmara dos Lordes também está alarmada e confusa por causa do complô em si e pelas suspeitas do rei; a cidade é toda incerteza; os católicos têm medo dos hereges e vice-versa; os dois lados estão armados, os estrangeiros vivem sob o terror de ter suas casas saqueadas pela multidão.

Se o sangrento desenlace daquilo que o promotor, sir Edward Coke, chamou de "enorme e funérea tragédia" se destinara a trazer tranquilidade à nação, não teve grande sucesso. Em 22 de março, correu como rastilho de pólvora o boato de que o rei tinha sido apunhalado com uma lâmina envenenada, obra, segundo uns, de jesuítas ingleses; segundo outros, de escoceses vestidos de mulher; de acordo com outros ainda, de espanhóis e franceses. Trancaram-se portões, convocaram-se soldados, cortesãos empalideceram, mulheres começaram a chorar — até que o rei emitisse uma proclamação em que garantia que estava vivo. O país vivera um pesadelo do qual ainda não estava completamente desperto.

Os Homens do Rei, como outras companhias teatrais, devem ter quebrado a cabeça para decidir o que cairia melhor num momento desses, tanto para o público londrino em geral quanto para a corte. Com *Macbeth*, Shakespeare deve ter decidido escrever uma peça que funcionasse como um rito coletivo de tranquilização. Todos estavam profundamente abalados: a totalidade da elite governante, mais o rei e sua família poderiam ter sido feitos em pedaços; o reino estaria dividido e mergulhado no caos de guerras religiosas intestinas. A encenação de acontecimentos da Escócia do século XI — o traiçoeiro assassinato do rei, o colapso da ordem e da moral, a prolongada luta para arrancar o reino das mãos sangrentas de traidores — permitia que sua plateia do século

XVII encarasse uma versão simbólica de seu cataclismo e testemunhasse a restauração triunfante da ordem.

O complô existente em *Macbeth*, na verdade, está muito distante do Complô da Pólvora: não há nele uma conspiração católica, nem ameaça de explosão, nem salvação do reino no último minuto. Mas Shakespeare planta alusões sutis das quais a mais famosa é uma pilhéria que deve ter provocado uma onda de riso convulsivo em seu público original. O momento estranhamente cômico ocorre logo depois de uma das mais angustiantes cenas de depressão e pavor que Shakespeare escreveu. Macbeth acaba de matar traiçoeiramente o rei Duncan, enquanto este dormia, hospedado em seu castelo. Abaladíssimo com o que fizera e tomado de medo e remorso, está trocando palavras cheias de ansiedade com sua esposa ambiciosa quando ouve fortes golpes à entrada do castelo. As batidas não passam de um recurso sonoro, mas em cena quase sempre têm um efeito eletrizante, na verdade sutilmente antecipado, no caso, pela fala de Macbeth, antes do crime, de que a simples imagem do que estava a ponto de fazer levava "meu coração tão firme bater-me nas costelas".[13] Como as batidas continuam, os conspiradores saem para lavar o sangue das mãos e vestir a roupa de dormir. Lady Macbeth está — ou luta para parecer — gélida e impassível, calculista e confiante. "Um pouco d'água lava nosso feito."[14] Não é assim que se sente o apavorado Macbeth: "Acorda Duncan com tuas batidas. Gostaria que fosses capaz", declara ele, com horror ou desespero, arrependimento ou ironia amarga.[15] Nesse momento, aparece um porteiro, alertado pelo barulho, mas ainda meio bêbado após a farra da véspera. Enquanto vai abrir a porta resmungando, parece ainda estar sonhando. Ele se imagina como o porteiro do inferno abrindo a porta aos recém-chegados. "Eis aqui um enganador", diz ele a respeito de um desses pecadores imaginários, "que poderia jurar, nos dois pratos da balança, contra o outro prato, que cometeu bastantes traições pelo amor de Deus, mas não pode enganar o céu. Entra, enganador."[16] Esse enga-

---

13. "my seated heart knock at my ribs" (1.3.135).
14. "A little water clears us of this deed" (2.2.65).
15. "Wake Duncan with thy knocking. I would thou couldst" (2.2.72).
16. "Here's an equivocator that could swear in both the scales against either scale, who committed treason enough for God's sake, yet could not equivocate to heaven. O, come in, equivocator" (2.3.8-11).

nador traiçoeiro que bate à porta do inferno é quase com certeza uma alusão ao jesuíta Henry Garnet, executado pouco tempo antes.

Por que Shakespeare ou outro dramaturgo não representou mais diretamente os acontecimentos dramáticos de novembro de 1605? Afinal de contas, esses acontecimentos não só constituíram um perfeito caso de ameaça e salvação nacional como também — de uma forma meticulosamente orquestrada pelo principal conselheiro de Jaime, o conde de Salisbury — atribuíram ao rei um papel determinante na descoberta do diabólico complô. A carta anônima de aviso dizia apenas que "eles receberão uma terrível explosão no Parlamento, mas no entanto não saberão quem os feriu". Salisbury alegou que ele e o Conselho Privado não estavam certos sobre o que fazer com essas frases obscuras até que o rei, de forma brilhante, decifrou-as e mandou proceder a uma revista do porão. O decreto que transformava o 5 de novembro em dia nacional de ação de graças proclamou que o complô destruidor teria tido sucesso "se não fosse a vontade de Deus Todo-Poderoso, que inspirou Sua Majestade Real a interpretar algumas frases obscuras de uma carta mostrada a Sua Majestade, acima e além de qualquer sentido normal". Esse relato melodramático parece preparado especialmente para ser dado de presente a uma companhia teatral; por que os Homens do Rei não o aceitaram?

Parte da resposta pode estar numa velha história de precaução oficial, uma história que remonta a um tempo anterior ao da construção de teatros públicos em Londres. Em 1559, o primeiro ano do reinado de Elizabeth, a rainha recomendou aos funcionários do governo que não permitissem a representação de "interlúdios" em que "fossem tratadas ou discutidas questões relativas à religião ou ao governo do Estado com vista ao bem comum". Embora fosse quase impossível aplicar essa proibição em sentido amplo sem simplesmente proibir toda e qualquer representação teatral, os censores passaram a se mostrar alertas com relação a qualquer coisa que se aproximasse demais de temas controversos da época. Além disso, a monarca e a elite governante não gostavam de se ver representadas no palco, ainda que seu retrato fosse altamente laudatório. Se permitissem essas representações, na prática estariam abrindo mão do controle sobre si mesmos, havendo também o temor de que o teatro só conseguiria, como disse a rainha, "tornar prosaica a grandeza".

Não obstante, depois que o Estado esteve à beira da catástrofe e alcançou a redenção no último minuto, é estranho que o texto de *Macbeth* não contenha algo como um prólogo, dirigido ao rei, celebrando o recente acontecimento; ou uma alusão elogiosa ao papel de Jaime como o inimigo por excelência de Satã e o amado de Deus; ou um reconhecimento agradecido pela felicidade de ser governado pelo sábio herdeiro de Banquo. O fato de o próprio Shakespeare ter se limitado a referências nebulosas a um enganador que vai para o inferno pode estar relacionado a uma experiência perturbadora que ele e sua companhia tinham tido no inverno anterior. Os Homens do Rei eram um grande sucesso de todos os pontos de vista: entre 1º de novembro de 1604 e 12 de fevereiro de 1605, encenaram nada menos que onze espetáculos na corte, oito deles com textos de Shakespeare. No entanto, uma dessas apresentações incorreu num tipo de problema que poderia ter consequências desastrosas. Animados com o patronato do monarca e tendo garantido a condição de principal companhia, eles decidiram testar os limites convencionais da representação. Acharam que poderiam despertar o interesse do rei e agradar ao público em geral com uma peça baseada num fato dramático da vida de Jaime, que alegava ter escapado por um fio a uma tentativa de assassinato praticada em 1600 pelo conde de Gowrie e seu irmão Alexander.

Como no caso do Complô da Pólvora, a versão oficial dos eventos beira o melodrama: durante uma temporada de caça na Escócia com seu séquito, o rei foi induzido a ir até a casa de Gowrie por causa de uma estranha história sobre um jarro de moedas de ouro. Uma vez lá, Alexander conseguiu fazê-lo subir à torreta sem acompanhantes. Deixados para trás e cada vez mais nervosos, os acompanhantes do rei foram levados a acreditar que seu senhor tinha escapulido e saído a cavalo, mas quando estavam a ponto de sair a sua procura foram surpreendidos pelo vulto da Jaime que, debruçado numa janela da torreta, gritava: "Estou sendo assassinado! Traição!" A porta da torreta estava trancada, mas John Ramsay, um dos homens do rei, conseguiu subir por outra escada e irrompeu no aposento onde Jaime lutava com Alexander. Ramsay apunhalou o agressor do rei no rosto e no pescoço, enquanto lá embaixo outros seguidores do monarca despachavam o irmão dele, o conde de Gowrie.

Provavelmente não é por acaso que a história parece boa demais para ser verdadeira. Muitos observadores imparciais podem ter farejado algo de errado — o assassinato político de dois nobres poderosos em quem o rei não confiava e a quem devia nada menos que 80 mil libras. O Estado evidentemente percebeu que tinha de respaldar o caso com um atentado traiçoeiro contra a vida do rei. Segundo o relato oficial, o conde de Gowrie não só traiu o dever de lealdade de um súdito ao soberano, não só violou o dever de um anfitrião em relação a seu hóspede, mas também traiu o culto de Deus: "uma bolsinha fechada de pergaminho, cheia de caracteres mágicos e palavras de sortilégio" foi encontrada junto ao corpo do conde. Só quando a bolsinha foi separada do corpo é que ele começou a sangrar. Os caracteres hebraicos provavam que seu portador era um "cabalista", declararam os juízes, "um estudioso de magia e invocador de demônios". A tortura de diversas testemunhas com a "bota" — instrumento que esmaga os dedos dos pés — produziu o conjunto completo de provas que o Estado exigia, e uma enxurrada de execuções, com o confisco da propriedade dos Gowrie em favor do rei, encerrou o episódio. Os ministros religiosos da Escócia foram instruídos "a agradecer a Deus pela miraculosa salvação do rei daquela vil traição". Muitos deles se negaram, fosse porque duvidassem da veracidade do caso, fosse por achar que as recomendações eram idólatras, e acabaram demitidos. Mas a maioria concordou a contragosto.

Algum dramaturgo ligado aos Homens do Rei — talvez o próprio Shakespeare — entendeu que essa história daria uma peça emocionante. A companhia sabia, é claro, que estaria violando o tabu elisabetano que proibia a representação de personalidades vivas ou eventos contemporâneos ou quase contemporâneos, já que alguém (aqui também Shakespeare é uma possibilidade) teria de desempenhar o papel de Jaime. Por outro lado, sua intenção poderia ser apenas sondar se a proibição continuava vigente no novo regime. Além disso, podiam ter notado que o rei vinha saindo de seus hábitos e recompensando qualquer um que apoiasse ativamente sua versão dos sangrentos acontecimentos na Gowrie House, e calculavam que uma plateia inglesa acharia essa história fascinante. Tinham razão, pelo menos em parte: em dezembro de 1604, *A tragédia de Gowrie* foi encenada duas vezes diante de enormes plateias. Mas, como observou um espião da corte, a peça não agradou a todos: "fosse pelo tema ou pela maneira de tratá-lo, ou por ter se achado inadequado que príncipes possam ser representados no palco ainda em vida, vim a saber que alguns importantes conselheiros ficaram muito aborrecidos com ela, de modo que se acredita que será proibida". A companhia não caiu em desgraça por culpa desse erro de cálculo, mas a peça foi evidentemente proibida. Não há registro de outra apresentação, e o texto desapareceu.

Um ano depois, com a questão do Complô da Pólvora, os Homens do Rei pensaram mais uma vez em apresentar uma peça escocesa, mas teriam de ser mais cuidadosos dessa vez. Se queriam encenar uma história escocesa de traição — a saga de um nobre anfitrião que, corrompido pela magia negra, tenta assassinar seu real hóspede —, teriam de ambientá-la num passado remoto. E se queriam apresentar algo que cativasse a imaginação do rei, teriam de estudar sua mente de forma mais detida. Essa mente, como os súditos ingleses de Jaime estavam descobrindo, era extremamente esquisita.

O afilhado da rainha Elizabeth, um poeta festejado de nome John Harington, relatou uma audiência com o rei em 1604. Jaime começou com um ar pedante — exibiu sua cultura, disse Harington, "de um modo que lembrava meu examinador em Cambridge" — e enveredou pela literatura com uma discussão sobre o poeta épico italiano Ariosto. Foi nesse ponto que a conversa tomou um rumo estranho: "Sua Majestade insistiu sobremaneira em ouvir minha opinião no tocante ao poder de Satã em questões de bruxaria, e [...] por que razão o Diabo trabalhava mais com mulheres anciãs do que com outras pessoas". Harington tentou contornar a estranha urgência da pergunta real com uma piada vulgar: lembrou ao rei que as Escrituras dizem que o diabo tem uma preferência por "andar em lugares secos". Mas Jaime não riu e simplesmente mudou de assunto. Viu-se, disse ele, uma aparição fantástica nos céus da Escócia antes da morte de sua mãe, "uma cabeça sanguinolenta dançando no ar". O cortesão inglês se conteve e não fez nova tentativa de ser engraçado.

A preocupação de Jaime com bruxas e aparições não era assunto de galhofa, e obviamente qualquer pessoa interessada em agradar o rei — fosse ele cortesão ou dramaturgo — tinha de levar isso a sério. Pode ter havido um consenso entre os Homens do Rei de que seu principal dramaturgo deveria empreender uma pesquisa sobre as fantasias de Jaime com vistas a escrever uma peça imaginada, de caso pensado, para satisfazê-lo. Nenhum acordo formal terá sido necessário, já que a utilidade de entender Jaime a fim de agradá-lo — principalmente depois do desastre que foi *A tragédia de Gowrie* — era óbvia por si só. Shakespeare pode não ter passado por Oxford por acaso em agosto de 1605; pode ter estado lá a trabalho, observando as reações de Jaime como Horácio em *Hamlet*, observa o rei.

Observar como o rei reagia aos espetáculos organizados para ele teria sido útil (nesse caso, deu uma indicação clara do tipo de coisa que o fazia dormir), mas não respondia às perguntas principais: O que faria o rei permanecer acordado? O que seria capaz de prender sua atenção sem provocar-lhe medo? O que despertaria seu interesse, satisfaria sua curiosidade, suscitaria sua generosidade, faria com que quisesse mais? Os Homens do Rei tinham de entrar na cabeça do rei. Olhar para Jaime do meio da alegre multidão não era a mesma coisa que ter com ele uma conversa, como fizera Harington, privilégio inacessível para um simples ator. No entanto, havia outros meios de chegar aos interesses e à imaginação do monarca. Jaime tinha tomado a insólita atitude de publicar um diálogo erudito sobre bruxaria em 1597, a *Daemonologie*. Essa obra, que teve duas edições em Londres em 1603 e que Shakespeare poderia facilmente ter conhecido, reconhece a existência do ceticismo — "muita gente pode ter dificuldade para crer numa coisa como a bruxaria" —, mas argumenta que a descrença é um passo na direção do ateísmo e da danação. As bruxas existem de fato e são um perigo significativo para todo o reino.

Shakespeare sabia da existência de bruxas muito tempo antes que o rei escocês desse lições a seus súditos sobre elas. Com certeza tinha conhecimento das comissões eclesiásticas que viajavam pelo país em busca de necromantes, magos e curandeiros; dos projetos de lei repetidamente aprovados pelo Parlamento tornando "a bruxaria, os sortilégios e o curandeirismo" passíveis de pena de morte; das leis que proibiam a tentativa de adivinhar por meio de fórmulas mágicas ou qualquer outro meio ilícito "quanto tempo Sua Majestade viverá ou continuará reinando, ou quem será rei ou rainha deste Reino da Inglaterra depois da morte de Sua Alteza". É bem provável que tenha lido o texto da lei aprovada em 1604, contra qualquer pessoa que

> consultar, compactuar com, receber, empregar, alimentar ou recompensar qualquer espírito do mal e perverso por qualquer intenção ou propósito; ou retirar qualquer morto, seja homem, mulher ou criança, de sua sepultura ou de qualquer lugar onde o corpo estiver, ou a pele, ossos ou qualquer outra parte de uma pessoa morta, para empregá-la ou usá-la de qualquer forma em bruxaria, curandeirismo, fórmulas mágicas ou sortilégio; ou use, pratique ou exerça qualquer bruxaria, sortilégio, fórmula mágica ou curandeirismo em resultado do qual alguma pessoa possa ser morta, destruída, deteriorada, consumida, definhada ou incapacitada em seu corpo.

Como uma pessoa que tinha profundas raízes no campo, Shakespeare deve ter ouvido falar e talvez tenha tido contato direto com casos de animais doentes, colheitas ruins e crianças moribundas cujos males persistentes tinham sido atribuídos à magia perversa de vizinhos. As pessoas também podiam atribuir essas catástrofes a fenômenos naturais, mas um acontecimento inesperado — uma tempestade violenta; uma doença misteriosa e devastadora, um caso inexplicável de impotência — os deixava resmungando ameaças contra a velha pobre, feia e indefesa do casebre do fim da rua. "Aqui há muitas bruxas", observou um visitante alemão em 1592, "que a toda hora causam muito dano por meio de chuvas e tempestades."

Um juiz de paz ambicioso e cheio de si chamado Brian Darcy publicou um relato sobre o inquérito de suspeitas de bruxaria que ele dirigiu em Essex em 1582. Seu relato dá uma visão próxima e assustadoramente detalhada do modo como uma comunidade rural luta com suas preocupações cotidianas, no caso uma comunidade instigada por seu magistrado à perseguição violenta. Valendo-se do testemunho de crianças pequenas e vizinhos litigantes para desvendar crimes ocultos que ele sabia que devia descobrir, o cioso magistrado identificou toda uma rede de bruxas que conspiravam com espíritos demoníacos — assumindo a forma de cães, gatos e ursos, com nomes como Tiffin, Titty e Suckin — para fazer suas maldades. Depois de uma desavença com a sra. Thurlow, Ursula Kemp mandou o espírito Tiffin ("em forma de um cordeirinho") para balançar o berço do bebê da sra. Thurlow a ponto de a criança quase cair ao chão. "Mãe Mansfield" foi à casa de Joan Cheston e pediu um pouco de coalho. Joan disse que não tinha, "e logo depois alguns de seus animais ficaram coxos". "A mulher de Lynd" relatou que Mãe Mansfield tinha ido à casa dela pedir "um pouco de leite"; ela recusou, explicando que "só lhe restava um pouco, o indispensável para alimentar seu bezerro". Nessa noite o bezerro morreu. E era tudo nesse nível: um pequeno ato de mesquinharia, umas poucas palavras duras — e as graves consequências. A mulher de um agricultor bate e bate, mas não consegue fazer manteiga; o fio se rompe no fuso, embora o fuso estivesse perfeitamente liso; uma criança que sempre fora robusta começa a definhar. Esse era o mundo cotidiano de lugares como Snitterfield, Wilmcote e Shottery, cidadezinhas próximas de Stratford que Shakespeare conhecia como a palma da mão. Só o que faltava, se tivessem sorte, era um Brian

Darcy para transformar as tensões, frustrações e tristezas comuns na vida das primeiras aldeias modernas em caso de polícia.

Com a *Daemonologie* de Jaime, Shakespeare aprendeu que, embora o rei estivesse intrigado com o fato de que muitas das pessoas acusadas de bruxaria fossem velhas de cidadezinhas, ele não estava nem um pouco interessado nas rivalidades e mágoas locais que davam origem à maior parte das acusações. Ao contrário de Brian Darcy, a cabeça do rei elevava-se bem além dos rancores familiares da vida rural. Como convinha a um monarca letrado, Jaime tinha grandes teorias metafísicas, complexas estratégias políticas, as ideias sutis de um intelectual e estadista. Estava, além do mais, bem consciente de que muitas das acusações de bruxaria eram meras fantasias e mentiras, e se orgulhava de sua perspicácia.

As bruxas, pensava Jaime, não tinham poderes mágicos. Mas tinham um pacto com o diabo, um pacto formalizado em assembleias tenebrosas conhecidas pelo nome de sabás. Para desviar os cristãos do caminho da fé verdadeira, o diabo induz seus seguidores a pensar que foram agraciados com poderes especiais e que têm a capacidade de causar danos ao próximo. Por isso, o que parece efeito de magia é na maior parte das vezes uma simulação, ilusões astutamente arquitetadas para enganar "os sentidos externos dos homens". Essas ilusões são quase sempre muito impressionantes, com certeza, mas sua eficácia não é surpreendente, "já que constatamos pelo senso comum que um simples prestidigitador pode fazer cem coisas parecerem a nossos olhos e ouvidos diferentes do que são". O poder do diabo tem limites, estabelecidos antes que os fundamentos do mundo fossem lançados — ele não pode fazer milagres verdadeiros, não pode destruir representantes divinos, não é capaz de ler pensamentos —, porém é mais eficiente que o maior dos charlatães. Com efeito, o diabo ensina a seus discípulos "muitos truques com cartas, dados e coisas assim, para enganar os sentidos dos homens" com falsos milagres; ele é um corruptor extraordinariamente sutil de qualquer pessoa com fraquezas morais; e, se não é capaz de ler pensamentos, é bastante conhecedor da fisionomia para descobrir os pensamentos dos homens analisando seu rosto.

O objetivo do diabo é a ruína não de um minúsculo povoado, mas de todo um reino, portanto seu alvo principal não é este ou aquele aldeão, porém o próprio representante de Deus na Terra, o rei. É para enfeitiçar príncipes que o diabo ensina truques a seus discípulos, seus "acadêmicos", como Jaime os chama, solene. E, como se poderia esperar de um ser malévolo que existe há séculos, observou de perto homens e animais no mundo natural e por toda parte ensinou a arte do engano, os truques do diabo são impressionantes. "Ele fará seus acadêmicos insinuarem-se junto a príncipes", escreve Jaime, "prevendo para eles muitas coisas grandiosas" — o resultado de batalhas, o destino das nações, coisas como essas —"em parte verdadeiras, em parte falsas". Se os acadêmicos de Satã só dissessem mentiras, seu senhor em pouco tempo perderia credibilidade, e se passassem a dizer só a verdade, sem rodeios, dificilmente poderiam fazer o trabalho do diabo. Daí que seus prognósticos sejam "sempre dúbios, como seus oráculos". Com agilidade impressionante, Satã proporciona às bruxas outros meios para agradar a príncipes, "com banquetes e pratos deliciosos, trazidos em instantes da mais remota parte do mundo". E ao que parece confere a seus agentes forças espectrais, "que não passam de impressões no ar, facilmente produzidas por espíritos", para enganar os sentidos dos homens.

Profecias ambíguas e enganadoras; prazeres sedutores; ilusões etéreas sem substância — esses são alguns dos recursos empregados pelas bruxas, acreditava Jaime, quando se propõem destruir alguém. Shakespeare, como mostra *Macbeth*, tomou nota disso com cuidado. Ele pode ter também se dado o trabalho de tomar contato com as preocupações do rei com bruxas. Poderia ter perguntado sobre essas preocupações a qualquer pessoa que houvesse estado na Escócia durante o reinado escocês de Jaime, e havia muitos informantes potenciais, já que vários de seus compatriotas tinham acompanhado o monarca a Londres. Shakespeare poderia também ter lido sobre o assunto num panfleto sensacionalista, *Notícias da Escócia*, publicado em 1591. Dois anos antes, uma tempestade tinha atrapalhado os planos matrimoniais de Jaime. Sua noiva, Anne da Dinamarca, deveria viajar da Dinamarca à Escócia em 1589, mas trovoadas, relâmpagos e chuva obrigaram seu navio a se refugiar em Oslo. Num ímpeto, Jaime embarcou para lá e casou-se com ela. Quando voltou à Escócia, meses depois, convenceu-se de que a tempestade tinha sido uma intervenção diabólica. Envolveu-se pessoalmente numa série sem precedentes de investigações sobre bruxaria que descobriu uma rede de bruxas em North Berwick — a trinta quilômetros de Edimburgo, no estuário do rio Forth —, envolvidas num culto coletivo ao demônio.

Uma das acusadas, Agnes Thompson, confessou ao rei e a seu conselho que, na véspera do Dia de Todos os Santos, em 1590, cerca de duzentas bruxas tinham viajado à cidade em peneiras. Então, uma das bruxas do conciliábulo, Geillis Duncane, executou uma canção com um pequeno instrumento, uma "corneta judaica", e elas foram cantando e dançando até a *kirk* (igreja) onde Satã esperava por elas, impaciente. O diabo então pôs a bunda sobre o corrimão do púlpito para que as bruxas a beijassem em sinal de submissão, e depois fez suas "exortações blasfemas", dirigindo sua perversidade contra "o maior inimigo que temos no mundo", ou seja, o rei da Escócia. Jaime viu-se assim como o objeto de ataque do sermão satânico, o que era sem dúvida uma confirmação satisfatória da santidade de sua real pessoa, mas também inquietante. Isso porque durante o interrogatório — e Jaime era um entusiástico usuário da tortura para obter confissões — Agnes Thompson revelou alguns dos feitiços que tinham sido usados contra ele: "Ela confessou ter apanhado um sapo negro, que deixou pendurado pelos joelhos durante três dias, recolhendo o veneno que pingava numa concha de ostra, e guardou o veneno bem tampado até conseguir uma peça ou parte de uma peça de linho usada que tivesse pertencido a Sua Majestade". Se conseguisse um fragmento de sua camisa ou de seu lenço, disse ela ao rei, e o embebesse no veneno, ele haveria de "morrer enfeitiçado". Embora esse complô tivesse fracassado, ela e suas companheiras tiveram êxito em causar-lhe pelo menos algum dano. Batizaram um gato, amarraram partes do corpo de um homem morto a suas patas e atiraram-no ao mar. O efeito foi criar "uma tempestade no mar, tão grande como nunca se tinha visto" e provocar ventos contra o navio do rei, vindo da Dinamarca. "Sua Majestade nunca teria saído do mar em segurança se sua fé não tivesse prevalecido sobre as intenções delas."

Embora disposto a acreditar em cada uma dessas absurdas acusações, Jaime tinha o cuidado de não parecer ingênuo, e declarou que as infelizes mulheres que estava interrogando, despindo, incitando escandalosamente e torturando eram todas "extremamente mentirosas". Mas uma delas, Agnes Thompson, chamou-o de lado e lhe disse "exatamente as mesmas palavras" que ele trocara com sua noiva na noite do casamento, na Noruega. Jaime ficou atônito "e jurou por Deus que acreditava que todos os demônios do inferno não poderiam ter descoberto as referidas palavras, reconhecendo que as palavras dela eram de todo verdadeiras". O rei estava convencido de que as bruxas estavam presentes não só no mar agitado pela tempestade e no cemitério onde elas desenterraram corpos e realizaram seus ritos obscenos, mas também no quarto, onde de alguma forma ouviram os momentos mais íntimos da conversa conjugal.

Essas crenças, além das pretensões políticas e do profundo medo de que elas eram indício, não estavam escondidas em algum lugar obscuro ao qual só Jaime tinha acesso; eram assunto de domínio público. Shakespeare, ao que parece, analisou-as com critério, e pode ter observado algo ainda mais relevante para seus objetivos. Quando Jaime soube que as bruxas tinham bailado na igreja de North Berwick ao som de uma dança escocesa tocada numa corneta por Geillis Duncane, foi tomado de "maravilhosa admiração". Mandou buscar a bruxa e ordenou-lhe que tocasse a mesma música para ele.

Pobre Geillis Duncane. Ela, uma criada, tinha despertado as primeiras suspeitas de seu patrão porque mostrara que tinha sucesso em suas iniciativas destinadas a "ajudar todo aquele que estivesse molestado ou infeliz por qualquer tipo de doença". Embora de início tenha afirmado sua inocência, uma série brutal de violações corporais e torturas — "o esmagador aplicado a seus dedos, o que é uma tortura dolorosa, e uma corda ou barbante apertando e machucando sua cabeça" — tirou dela a confissão desejada. Agora se encontrava ante o rei fascinado, horrorizado e satisfeito, desempenhando o papel fatal que tinha sido imposto a ela pela violência. "Em decorrência da estranheza dessas questões", relata *Notícias da Escócia*, "Jaime tinha grande prazer em presenciar esses interrogatórios." A bruxaria não era apenas um perigo assustador; era também um magnífico espetáculo.

Como Shakespeare compreendeu, o rei era levado pelas bruxas a sentir uma "maravilhosa admiração" — precisamente o efeito que os Homens do Rei pretendiam exercer sobre ele. Daí a cena surpreendente com que Shakespeare abriu seu novo espetáculo escocês:

Quando nós três nos veremos outra vez?
Na trovoada, nos relâmpagos ou na chuva?[17]

Usando o artifício de Gwinn — três sibilas entrando como se viessem de uma floresta e profetizando o futuro —, Shakespeare recapitula a promessa aos herdeiros de Banquo de uma sucessão dinástica estável. Entretanto, aqui desaparecem todas as gentis amenidades do St. John's College. Mais uma vez,

---

17. "When shall we three meet again?/ In thunder, lightning, or in rain?" (*Macbeth*, 1.1.1-2).

Shakespeare altera sua fonte de maneira radical, literalmente introduzindo opacidade — "ar sujo e enevoado" — onde antes havia simples transparência. A peça começa bem, com três estranhas criaturas:

> Quem são essas criaturas
> Tão mirradas e estranhamente vestidas,
> Que nem parecem habitantes da Terra,
> Embora aqui estejam?
> ....
> Pareceis mulheres,
> Mas vossas barbas me proíbem entender
> Que assim seja.[18]

Mas a cena é um terreno selvagem. Quando Macbeth entra, as "irmãs Parcas" o saúdam em termos que lembram exatamente, quase como numa citação, a peça de Gwinn;

> PRIMEIRA BRUXA Mil vezes salve, Macbeth! Glória a ti, Thane de Glamis!
> SEGUNDA BRUXA Mil vezes salve, Macbeth! Glória a ti, Thane de Cawdor!
> TERCEIRA BRUXA Mil vezes salve, Macbeth, que será rei daqui em diante![19]

Porém o que era reconfortante virou agora pelo avesso, o que era uma recepção calorosa tornou-se arrepiante. Mesmo dentro do universo da peça, Macbeth, para quem se faz a profecia ostensivamente propícia, dá mostras de perturbação. "Senhor", pergunta seu amigo Banquo, "por que pareces espantado e temeroso/ De coisas que parecem tão boas?"[20]

Shakespeare estava mergulhando profundamente nas negras fantasias que rondavam o cérebro do rei. Está tudo aqui: as profecias ambíguas destinadas a

---

18. "What are these/ So withered, and so wild in their attire,/ That look not like th' inhabitants o'th' earth,/ And yet are on't? […] You should be women,/ And yet your beards forbid me to interpret/ That you are so" (1.3.37-44).
19. "FIRST WITCH All hail, Macbeth! Hail to thee, Thane of Glamis!/ SECOND WITCH All hail, Macbeth, hail to thee, Thane of Cawdor!/ THIRD WITCH All hail, Macbeth, that shalt be king hereafter!" (1.3.46-8).
20. "Good sir, why do you start and seem to fear/ Things that do sound so fair?" (1.3.49-50).

atrair os homens para a desgraça, as "tempestades destruidoras e trovões medonhos"[21] que ameaçaram Anne da Dinamarca, o ódio assassino de reis ungidos, as aparições ilusórias, os enganos diabólicos, o filtro repugnante feito com partes do corpo, até mesmo a viagem das bruxas em peneiras para perpetrar seus atos diabólicos:

> Mas numa peneira vou navegar para lá,
> E, como um rato sem rabo,
> Trabalharei, trabalharei.[22]

Se ao rei Jaime fascinava uma apresentação de música diabólica, os Homens do Rei lhe dariam isso e muito mais:

> Vinde, irmãs, alegremos seu espírito,
> E mostremos o melhor de nossos deleites.
> Vou encantar o ar para que produza música
> Enquanto dançais vossa estranha dança
> De modo que este grande rei possa muito bem dizer
> Que cumprimos nosso dever.[23]

"Este grande rei" — as bruxas se referem a Macbeth, mas não foi o usurpador ficcional quem se interessou pelo entretenimento demoníaco, foi o verdadeiro rei da Inglaterra e da Escócia.

Por que Shakespeare teria corrido o risco de incorrer em ironia com essa transformação? Por que, a propósito, ele teria corrido o risco de transformar a tranquilizadora homenagem de Gwinn numa tragédia aterrorizante de traição e destruição? *Macbeth* não representa uma catástrofe miraculosamente evitada; não confirma a crença de que uma divindade protege um rei ungido por von-

---

21. "Shipwracking storms and direful thunders" (1.2.26).
22. "But in a sieve I'll thither sail,/ And like a rat without a tail,/ I'll do, I'll do, and I'll do" (1.3.7-9).
23. "Come, sisters, cheer we up his sprites,/ And show the best of our delights./ I'll charm the air to give a sound,/ While you perform your antic round./ That this great king may kindly say,/ Our duties did his welcome pay" (4.1.143-8).

tade divina; não apoia a fantasia de Jaime segundo a qual um homem verdadeiramente bom é invulnerável à maldade da bruxaria. Viola-se a confiança, destroem-se famílias, a própria natureza é envenenada. A um rei que empalidecia à vista de uma lâmina, ele oferecia o reiterado espetáculo de um punhal ensanguentado, tanto um punhal real quanto aquilo que Macbeth chama de punhal da mente. É verdade que o *pageant* promete o trono a uma sucessão sem fim de herdeiros de Banquo. É verdade também que o restabelecimento da ordem, nos momentos finais da tragédia, poderia ser visto como o restabelecimento da ordem no reino após o Complô da Pólvora: a cabeça decepada de Macbeth, empunhada no palco no instante final pelo vitorioso Macduff, era uma lembrança da cabeça dos conspiradores que as pessoas da plateia podiam ver todas as vezes que cruzavam a ponte de Londres. Assim, *Macbeth* de modo algum cumpre adequadamente a função de dar prazer ao príncipe ou tranquilidade ao povo. Os materiais com que Shakespeare trabalhou desencadearam algo peculiaríssimo dentro dele, algo que não se enquadra no esquema dominante.

Shakespeare era um profissional do risco. Escrevia sob pressão — a julgar pela brevidade inusitada da peça, *Macbeth* deve ter sido escrita em pouquíssimo tempo — e ia até onde sua imaginação o levasse. Se as alegres sibilas do St. John's transformaram-se em Parcas dançando em torno de um caldeirão fervente com seu conteúdo repugnante —

> Escama de dragão, dente de lobo,
> Múmia de bruxa, bucho e goela
> De tubarão dos mares abissais,
> Raiz de cicuta arrancada de noite,
> Fígado de um judeu blasfemo,
> Fel de bode, um ramo de teixo
> Colhido no eclipse da Lua,
> Nariz de turco, lábios de tártaro,
> Dedo de criança dada à luz numa cova,
> nascida estrangulada, de uma rameira.[24]

---

24. "Scale of dragon, tooth of wolf,/ Witches' mummy, maw and gulf/ Of the ravined salt-sea shark,/ Root of hemlock digged i'th' dark,/ Liver of blaspheming Jew,/ Gall of goat, and slips of

— então Shakespeare teria de continuar nessa linha. A alternativa seria escrever o tipo de peça que daria sono a Jaime e deixar que as massas ávidas de emoções buscassem os teatros rivais. Mas essa explicação ainda deixa em aberto a questão de por que a imaginação de Shakespeare tomou o rumo peculiar que tomou.

Talvez tenha entrado em ação algo comparável à potente mistura de oportunismo e generosidade imaginativa, apropriação e repulsa moral que nasceu em Shakespeare com o riso da multidão na execução de Lopez. Quando Shakespeare soube do encanto e deleite do rei com o desempenho de Geillis Duncane, entendeu o que poderia ser feito para gratificar as fantasias reais, e no mesmo instante sua imaginação começou a entrar na figura do condenado. Ele e sua companhia se apresentariam na própria casa da bruxa e seu grupo. Cantariam as canções, recitariam as palavras mágicas e proporcionariam o fascínio que Jaime desejava. E tornariam esse fascínio mais complicado, transportando as figuras das Parcas para o mundo mais amplo e mais conhecido da intimidade doméstica e das intrigas da corte.

Entrar na vida de outras pessoas é o dom geral da imaginação, mas no caso de bruxas há uma questão peculiar e especial: as bruxas são filhas da imaginação. Os caçadores de bruxas da Idade Média e do Renascimento — homens que achavam que deveria haver mais denúncias de vizinhos, mais violações corporais, torturas, julgamentos e, sobretudo, execuções — acreditavam que as bruxas atuavam na fantasia. Segundo o famoso manual de bruxaria *Malleus maleficarum* [O martelo das feiticeiras], os diabos provocam e moldam fantasias por intervenção tangível e direta na mente humana. Os espíritos demoníacos podem incitar aquilo que os autores do manual, os inquisidores dominicanos Heinrich Kramer e James Sprenger, chamam de "ações locais" na cabeça de pessoas acordadas ou adormecidas, suscitando e estimulando as percepções mais íntimas, "de modo que as ideias retidas no repositório de sua mente são extraídas e tornadas perceptíveis às faculdades da fantasia e da imaginação, fazendo que esses homens imaginem que tais coisas são verdadeiras". Esse processo de provocar uma fermentação da mente e transportar imagens de uma parte a outra do cérebro é, dizem eles, "tentação interior". Pode levar as pessoas a ver diante de seus olhos objetos — co-

---

yew/ Slivered in the moon's eclipse,/ Nose of Turk, and Tartar's lips,/ Finger of birth-strangled babe/ Ditch-delivered by a drab" (4.1.22-31).

mo punhais, por exemplo — que na verdade não estão ali; por outro lado, pode levar os homens a não ver outros objetos — seus próprios pênis, por exemplo — que estão ali, embora dissimulados por aquilo que os inquisidores chamaram de "encantamento". Assim, escreveram Kramer e Sprenger, "certo homem diz que, quando perdeu seu membro, procurou uma conhecida bruxa para recuperá-lo. Ela disse ao homem aflito que subisse numa árvore e que apanhasse o que lhe pareceu um ninho no qual havia diversos membros. E, quando tentou pegar o maior deles, a bruxa disse: Você não deve pegar esse, porque pertenceu a um padre".

Lendo essa e outras passagens do *Malleus malleficarum*, um contemporâneo de Shakespeare um pouco mais velho, um cavalheiro da zona rural chamado Reginald Scot, disse que estava tentado a considerar toda a obra como um "discurso obsceno", uma espécie de livro de piadas sujas. Mas refreou o impulso: "não há graça nenhuma", escreveu, "porque foram escritos por homens que eram e são os juízes que decidem a vida e a morte daquelas pessoas". A resposta de Scot foi a publicação de *A descoberta da bruxaria*, em 1584, a maior contribuição inglesa à crítica cética da bruxaria. Ao chegar ao trono inglês, Jaime ordenou que todos os exemplares do livro de Scot fossem incinerados. Mas parece que Shakespeare, pelas alusões que fez ao livro, conseguiu um exemplar e o leu quando escrevia *Macbeth*.

Scot afirma que os mestres da língua, os poetas, foram as principais fontes das criminosas fantasias que levaram à caça às bruxas. O poeta Ovídio afirma, prossegue Scot, que as bruxas

> podem provocar e extinguir relâmpagos e trovões, nuvens e ventos, tempestades e terremotos. Outros já disseram que elas são capazes de fazer cair a Lua e as estrelas. Alguns escreveram que elas, se desejarem, são capazes de enviar agulhas ao fígado de seus inimigos. Alguns, que elas podem transferir espigas de um lugar a outro. Alguns, que elas curam doenças com poderes sobrenaturais, voam pelos ares e dançam com os demônios [...]. Elas podem chamar espíritos (como dizem outros) para secar fontes, mudar o curso das águas, empalidecer o Sol, transformar o dia em noite e a noite em dia. Podem entrar e sair dos furos de uma pua, navegar numa casca de ovo ou na concha de um mexilhão ou de uma amêijoa, através de mares tempestuosos. Podem ficar invisíveis e invadir a priva-

cidade dos homens, privando-os da prática e do uso da sexualidade. Elas podem tirar almas de sepulturas.

Tais são as visões que os poetas nos deram e levaram as pessoas a torturar e a matar seus semelhantes inocentes. Mas, conclui Scot, há uma defesa contra esse grave erro: não acreditar no que cantam os poetas.

Os Homens do Rei não apregoavam nada semelhante: vestindo-se de bruxas, estavam determinados a tirar proveito dessa obsessão. As Parcas da peça de Shakespeare aparentemente transitam no mau tempo: "Quando nós três nos veremos outra vez/ Na trovoada, nos relâmpagos ou na chuva?"[25]. Ao que parece, elas provocam uma escuridão sobrenatural: "Pelo relógio, é dia,/ Mas ainda assim a escuridão da noite sufoca o sol".[26] Elas se tornavam invisíveis, voavam pelos ares, dançavam com demônios, navegavam em peneiras, lançavam feitiços e secavam os homens. Mas, embora muitos dos poderes diabólicos relacionados por Scot como invenção de poetas sejam mencionados em *Macbeth*, é estranhamente difícil determinar o que as bruxas de fato fazem na peça, se é que fazem alguma coisa.

A opacidade em *Macbeth* não se obtém pela eliminação radical da motivação que Shakespeare empregou de forma tão marcante em *Hamlet*, *Otelo* e *Rei Lear*. Se a plateia não sabe exatamente por que Hamlet assume sua loucura, ou por que Iago odeia Otelo, ou por que Lear põe à prova o amor de suas filhas, sabe com certeza por que Macbeth planeja assassinar o rei Duncan: incitado por sua mulher, ele deseja tomar a coroa para si. Mas, num torturado solilóquio, Macbeth revela que está profundamente perplexo com suas próprias fantasias assassinas:

> Meu pensamento, no qual o crime é ainda fantasia,
> Sacode de tal forma minha condição humana, que
> Se extingue em conjecturas, e nada é
> Senão o que não é.[27]

25.. "When shall we three meet again/ In thunder, lightning, or in rain" (1.1.1-2).
26. "By th' clock 'tis day,/ And yet dark night strangles the travelling lamp" (2.2.6-7).
27. "My thought, whose murder yet is but fantastical,/ Shakes so my single state of man that function/ Is smothered in surmise, and nothing is/ But what is not" (1.3.138-41).

No centro do motivo conhecido e convencional há um buraco negro — "nada é/ além do que não é". E esse buraco que está dentro de Macbeth, dentro de sua consciência e dentro do universo da peça, liga-se à presença sombria das bruxas. Teriam elas realmente despertado na mente de Macbeth a ideia de matar Duncan, ou esse pensamento já existia entes que ele as conhecesse? Teriam elas alguma afinidade com lady Macbeth — que pede aos espíritos protetores dos pensamentos mortais que a "dessexualizem"[28] — ou a perversidade delas é independente da de lady Macbeth? Será que a advertência das bruxas — "cuidado com Macduff"[29] realmente induz Macbeth a matar a família de Macduff, ou ele já está demasiado imerso em derramamento de sangue para voltar atrás? Será que essas profecias ambíguas levam-no a um excesso de confiança fatal, ou seu fim é resultado da perda de apoio popular e o poder superior do exército de Malcolm? Nenhuma dessas perguntas é respondida. Ao fim da peça, as Parcas não são mencionadas, seu papel fica sem solução. Shakespeare se recusa a permitir que a peça situe e deposite a ameaça no corpo das bruxas.

Macbeth deixa impunes as Parcas, mas dá um jeito de implicá-las numa ameaça ao tecido social da vida civilizada. O espírito da peça está ligado indissoluvelmente ao poder de transcendência que elas têm, por meio do qual a plateia nunca pode ficar satisfeita com elas, porque estão tanto mais presentes quanto menos são vistas, quando estão absortas nas relações comuns do cotidiano. Se estás preocupado com a perda da masculinidade, ou temes o poder das mulheres, não basta que olhes para as velhas barbadas da charneca, olha para tua esposa. Se estás preocupado com a tentação, teme teus próprios sonhos. Se estás apreensivo quanto ao futuro, inspeciona teus melhores amigos. E se temes a desolação espiritual, volta teus olhos não para o conteúdo repulsivo do caldeirão, mas para dentro de teu próprio cérebro: "Oh, minha mente está cheia de escorpiões, querida esposa!".[30]

As bruxas — misteriosas, indefiníveis, impossíveis de localizar com segurança ou compreender — são a personificação do princípio da opacidade que

---

28. "unsex" (1.5.38-9).
29. "beware Macduff" (4.1.87).
30. "O, full of scorpions is my mind, dear wife!" (3.2.37).

Shakespeare adotou em suas grandes tragédias. O teatro de Shakespeare é o espaço equívoco em que somem as explicações convencionais, onde uma pessoa pode penetrar na mente de outra e onde o fantástico e o material se tocam. Essa concepção de sua arte é o que significava para ele tomar o lugar de Geillis Duncane e desempenhar sua bruxaria teatral ante o olhar maravilhado do rei. Não há registro da reação do monarca, mas a companhia de Shakespeare nunca perdeu sua posição de Homens do Rei.

12. O triunfo do cotidiano

É possível que já em 1604, quando iniciou *Rei Lear*, Shakespeare tenha começado a cogitar a aposentadoria — mais refletindo sobre seus perigos do que fazendo planos. Essa tragédia é sua reflexão mais profunda sobre a extrema velhice, sobre a dolorosa necessidade de renunciar ao poder, sobre a perda de casa, terras, autoridade, amor, visão e até da razão. Esse quadro de perdas devastadoras não brotou de um eremita excêntrico, nem de um homem defrontado com o começo da própria decadência, mas de um vigoroso e triunfante dramaturgo que acabava de fazer quarenta anos. Mesmo numa época em que a expectativa de vida era menor, um homem de quarenta anos não era visto como um ancião. Era o meio do caminho, e não o momento de ajuste de contas. Shakespeare estava mais próximo à idade dos jovens da peça — Goneril, Regan, Cordélia, Edgar e Edmundo — do que à dos velhos, Lear e Gloucester, cujos terríveis destinos ele narra.

Mais uma vez, não há um vínculo óbvio entre o que Shakespeare escreveu — neste caso, uma tremenda explosão de cólera, loucura e tristeza — e as circunstâncias que se conhecem de sua própria vida. Seu pai morrera em 1601, provavelmente na casa dos sessenta. Em 1604 sua mãe ainda vivia e, até onde se sabe, não estava louca nem era despótica. Ele tinha duas filhas, mas dificilmente poderia dizer que lhes dera tudo o que tinha, ou que elas tivessem tentado expulsá-lo de sua própria casa. Tinha, é verdade, um irmão mais novo chamado Edmund, o nome do vilão conspirador de *Rei Lear*, mas Edmund Shakespeare — aspirante a ator em Londres — não se comparava ao filho bastardo de Gloucester, assim como Richard, o outro irmão de Shakespeare, não lembrava por razão nenhuma além do nome o rei corcunda e homicida.

Shakespeare bem pode ter começado a pensar sobre a história de Lear por causa de um comentado processo judicial que ocorreu no fim de 1603. As duas filhas mais velhas de um cavalheiro senil, sir Brian Annesley, tentaram fazer com que o pai fosse declarado incapaz, com o que elas assumiriam o controle de suas propriedades, enquanto a filha mais nova defendia com veemência o pai. O nome dessa filha era Cordell, quase idêntico a Cordella, que na velha lenda do rei Leir tentava salvar o pai dos malévolos desígnios das irmãs mais velhas. Era difícil resistir à notável coincidência dos nomes e das histórias.

Tenha ou não o caso de Annesley estimulado a criação da tragédia, Shakespeare estava especialmente atento para o modo como a lenda de Leir se parecia com as tensões normais de uma família e com os medos habituais associados à idade. Para definir os elementos centrais de sua peça, Shakespeare simplesmente olhou o mundo cotidiano que tinha em torno de si. Essa pode parecer à primeira vista uma afirmação descabida: de todas as suas tragédias, *Rei Lear* parece a mais violenta e a mais estranha. O velho rei jura por Apolo e Hécate e ordena ao trovão: "Arrasa os mais altos montes deste mundo!"[1] Seu amigo, o conde de Gloucester, pensa que ele é vítima da ira divina: "Somos para os deuses o que as moscas são para os meninos cruéis;/ Eles nos matam para seu deleite."[2] O mendigo de Bedlam, o Pobre Tom, grita que está possuído por uma legião de demônios exóticos: Modo, Mahu e Flibbertigibbet. Mas, apesar da constante invocação de um grandioso contexto metafísico, os acontecimentos da peça, dos mais terríveis aos mais banais, ocorrem num universo em que parece não haver nenhum desígnio superior. Os demônios são ficcionais, e os deuses invocados por Lear e Gloucester são ostensiva, terrivelmente silenciosos. O que cerca os personagens com seus amores, ódios e tormentos é o mais comum dos mundos — "nos casebres,/ nas vilas paupérrimas,

---

1. "Smite flat the thick rotundity o' the world" (3.2.7).
2. "As flies to wanton boys are we to the gods;/ They kill us for their sport" (4.1.37-8).

nos apriscos de ovelhas, nos moinhos"³ — e a ação que desencadeia toda a terrível sequência de eventos está entre as mais comuns das decisões: uma aposentadoria.

Na cultura da Inglaterra da época dos Tudor e dos Stuart, em que os mais velhos exigiam deferência pública dos jovens, a aposentadoria era motivo de especial ansiedade. Causava uma grave tensão na política e na psicologia da deferência, já que abria uma brecha entre o status — o que Lear, situado no pináculo da sociedade, chama de "O nome e tudo o que acarreta ser rei"⁴ — e o poder. Tanto no Estado como na família, a tensão pode ser aliviada com a transferência de poder ao mais velho sucessor legítimo do sexo masculino, mas, como mostram tanto a família do lendário Lear quanto a do verdadeiro Brian Annesley, esse sucessor nem sempre existe. Na ausência de um herdeiro, o velho Lear, decidido a "livrar-se de todas as lidas e os cuidados" e transmiti-los a "forças mais jovens", tenta dividir seu reino entre as filhas, na intenção de que "Futuras discórdias/ Sejam evitadas agora".⁵ Mas essa tentativa, baseada numa prova pública de amor, revela-se um fracasso total, já que o leva a expulsar a única filha que o ama de verdade.

Shakespeare dá um jeito de mostrar que o problema que seus personagens estão enfrentando não decorre simplesmente da ausência de um filho e herdeiro. Em seu mais brilhante e complexo uso de um duplo enredo, ele entrelaça a história de Lear e suas três filhas com a de Gloucester e seus dois filhos, que adaptou de um episódio que leu na romança em prosa *Arcadia*, de Philip Sidney. Gloucester tinha um herdeiro legítimo, seu filho mais velho, Edgar, assim como um filho ilegítimo, Edmundo, e nessa família o conflito trágico se origina não na maneira inusitada de transferência de propriedade de uma geração a outra, como Lear quer fazer, mas no contrário: Edmundo ferve de ressentimento assassino por causa das desvantagens de todo habituais para uma pessoa em sua posição, tanto como filho mais novo quanto como filho bastardo ou natural.

No estranho universo de *Rei Lear*, nada além da ruína está do outro lado da aposentadoria, como nada além de um sombrio e amorfo pântano há do

---

3. "low farms,/ Poor pelting villages, sheep-cotes, and mills" (2.3.17-8).
4. "The name, and all the additions to a king" (1.1.136).
5. "shake all cares and business [...]/ younger strengths [...] future strife/ May be prevented now" (1.1.37-8, 42-3).

outro lado dos portões do castelo. Na imaginação de Shakespeare, a decisão de se retirar da vida ativa — "livrar-me de todas as lidas e os cuidados", como diz Lear, e "transmiti-los a forças mais jovens" — é uma catástrofe. Na verdade, a vida ativa no caso consiste em governar um reino, e a época de Shakespeare tinha todas as razões para temer a crise de autoridade que inevitavelmente acompanhava o declínio e a transferência de poder. Mas a peça não é apenas um aviso aos monarcas. Ela explora um medo mais generalizado naquele período, que dispunha de pouquíssimos recursos que nossa sociedade (ela mesma dificilmente um modelo de virtude) hoje emprega para aliviar a ansiedade e atender às necessidades da velhice.

No mundo de Shakespeare, dizia-se com frequência que a autoridade era inerente à velhice. O que estava em jogo não era apenas um conveniente arranjo social — conveniente, em todo caso, para os velhos e para os que pretendiam um dia ser velhos —, mas a estrutura moral do universo, a sacrossanta e imemorial ordem de coisas. Porém ao mesmo tempo, eles reconheciam, inquietos, que essa ordem de coisas era instável e que a reivindicação de autoridade dos mais velhos era pateticamente vulnerável à ambição impiedosa dos mais jovens. Uma vez que um pai passasse suas propriedades aos filhos, uma vez que perdesse a capacidade de fazer cumprir sua vontade, sua autoridade começava a ruir. Mesmo na casa que outrora fora sua, ele se tornaria um hóspede. Não era impossível que houvesse até mesmo um reconhecimento ritualístico dessa mudança drástica de posição, como indica um depoimento prestado num processo judicial da época: tendo concordado em dar a mão da filha a Hugh, com metade de suas terras, o viúvo Anseline e os recém-casados deveriam morar na mesma casa. "E o próprio Anseline saiu de casa, entregou-lhes a chave da porta e, em seguida, pediu abrigo por caridade."

Recontar a história de Leir era uma forma utilizada por Shakespeare e seus contemporâneos para lidar com a ansiedade, mas havia outros meios mais práticos para enfrentar a fragilidade dos costumes. Os pais que pretendiam se aposentar muitas vezes contratavam um advogado para escrever o chamado acordo de manutenção, um contrato pelo qual, em troca da transferência das propriedades familiares, os filhos assumiam o compromisso de lhes proporcionar alimento, roupas e abrigo. O tamanho da aflição dos pais pode ser deduzido da grande especificidade de muitos desses documentos — tantos metros de lã, tantos quilos de carvão, tantos alqueires de cereais — e pelo medo difuso de serem expulsos de casa depois de uma briga. Os acordos de manutenção estipulavam que os filhos eram só guardiães legais dos bens de seus pais, "depositários" das propriedades paternas. Os pais podiam "reservar-se" alguns direitos sobre suas propriedades e, pelo menos em tese, se sua "reserva" não fosse respeitada, poderiam reclamar de volta o que tinham dado.

Rei Lear, ambientada numa Bretanha pagã mais ou menos na época do profeta Isaías, está muito distante do mundo renascentista de proteções legais e acordos consuetudinários — o mundo dos pequenos agricultores, artesãos e mercadores do qual saíra Shakespeare. Mas, não obstante a ambientação antiga da peça, no âmago da tragédia está um grande medo que assombrava a classe do dramaturgo: o medo da humilhação, do abandono e da perda da identidade em função da aposentadoria. A cólera enlouquecida de Lear é uma reação não só à cruel ingratidão de suas filhas, mas também ao horror de se transformar num velho como outro qualquer, um intruso que implora caridade aos filhos:

> Pedir-lhe perdão?
> Não vedes que tal não convém a minha estirpe?
> "Querida filha, reconheço que sou velho;
> Os velhos são inúteis. De joelhos te imploro
> Que me dês roupas, uma cama e comida."[6]

A filha malvada e inflexível, em resposta, sugere que ele "volte e se hospede com minha irmã".[7]

Perto do clímax dessa terrível cena em que as perversas Goneril e Regan reduzem implacavelmente o séquito do pai, destituindo-o de fato de sua identidade social, Lear fala como se realmente houvesse um acordo de manutenção com as filhas:

> LEAR Eu vos dei tudo...
> REGAN Em boa hora o fizeste.

---

6. "Ask her forgiveness?/ Do you but mark how this becomes the house:/ 'Dear daughter, I confess that I am old;/ Age is unnecessary. On my knees I beg/ That you'll vouchsafe me raiment, bed, and food'" (2.4.145-9).
7. "return and sojourn with my sister" (2.4.198).

LEAR Fiz de vós minhas guardiãs, fiéis depositárias;
Mas mantive o direito a ter um séquito
Desse tamanho.[8]

Mas não existe acordo de manutenção entre Lear e as filhas; não podia haver nenhum acordo no mundo de poder absoluto — tudo ou nada — em que ele vive.

Shakespeare não tinha a menor intenção de um dia ir até a porta de New Place, transpor o umbral da casa e pedir às filhas que o tivessem como hóspede. Não se tratava de desconfiança — ao que parece, ele amou pelo menos uma das filhas e confiava nela. Era uma questão de identidade. Se *Rei Lear* dá alguma pista, Shakespeare compartilhava com seus contemporâneos o medo da aposentadoria e de passar a depender dos filhos. E, a julgar pelos indícios que nos chegaram, ele dificilmente esperaria encontrar conforto no antigo vínculo com sua mulher. O meio que tinha de lidar com esse medo era trabalhar — os enormes trabalhos que lhe permitiram acumular uma pequena fortuna — e depois o investimento de seu capital em terras e em celeiros (um investimento em produtos agrícolas), de modo a garantir para si uma renda anual considerável. Ele não poderia contar para sempre com o trabalho de ator, as turnês e a produção de duas peças por ano, pois algum dia teria de parar. Então fazer o quê? De 1602 a 1613, durante seus anos de estupenda criatividade, Shakespeare acumulou dinheiro com cuidado e o investiu para que nunca precisasse, na velhice, depender das filhas — nem do teatro.

Shakespeare fez sua fortuna praticamente sozinho. A herança da mãe, de qualquer forma, primeiro foi hipotecada e depois confiscada devido à inépcia ou imprevidência de seu pai; a situação do pai em Stratford estava comprometida por dívidas e possivelmente por não conformismo; seus irmãos tinham pouco ou nada; sua irmã, Joan, casara-se com um chapeleiro pobre, e ele próprio casara-se com uma mulher de recursos muito modestos. Nenhum legado oportuno cruzou seu caminho; nenhum amigo rico proporcionou-lhe assistência em momentos cruciais, nenhum ricaço local notou a brilhante promessa que ele

---

8. "LEAR I gave you all — / REGAN And in good time you gave it./ LEAR Made you my guardians, my depositaries;/ But kept a reservation to be followed/ With such a number" (2.2.245-8).

representava quando ainda era menino e ajudou-o a começar a vida. New Place era o fruto tangível de sua própria imaginação e de seu árduo trabalho.

A compra de uma casa como aquela mostra que Shakespeare teve de poupar dinheiro. Os poucos indícios de que dispomos indicam que ele vivia frugalmente em Londres. Alugava sua moradia em bairros relativamente modestos: registros de um processo judicial de menor importância mostram que em 1604 — o ano em que ele escreveu, no todo ou em parte, *Medida por medida, Tudo vai bem quando acaba bem* e *Rei Lear*, habitava a parte de cima da loja de um francês fabricante de perucas, na esquina das ruas Mugwell e Silver, em Cripplegate, no extremo nordeste da muralha da cidade. Parece que tinha afinidade com bairros habitados por artesãos — Shoreditch, Bishopsgate, Cripplegate e Clink, em Surrey. Muitos desses artesãos eram imigrantes vindos da França ou dos Países Baixos. Não eram lugares mal-afamados, e sim modestos, onde os aluguéis eram baixos. Quantos quartos ele alugou, ou de que tamanho eram, não se sabe, mas parece que tinha poucos móveis. Suas posses pessoais em Londres, estimadas para fins tributários, eram de apenas cinco libras. (As posses do mais afluente habitante da paróquia eram avaliadas em trezentas libras.) É claro que Shakespeare podia ter coisas escondidas — livros, quadros, baixelas — para reduzir os impostos devidos, mas os avaliadores viam bem poucos sinais de riqueza.

Várias gerações de pesquisadores vasculharam os arquivos em busca de mais detalhes, porém os principais documentos são uma sucessão de notificações pela falta de pagamento de impostos. Em 1597, o ano em que Shakespeare comprou a bela New Place, os coletores de impostos do distrito de Bishopsgate afirmaram que William Shakespeare, cujas posses pessoais tinham sido avaliadas em treze xelins e quatro pence, não tinha feito o pagamento devido. No ano seguinte ele continuava inadimplente, e uma notificação posterior, em 1600, quando ele morava em Surrey, na margem do rio, indica que ainda tinha pagamentos em atraso. No final das contas ele pode ter pagado os impostos — os documentos estão incompletos —, mas isso não parece provável. Shakespeare era uma pessoa que não só levava uma vida modesta em Londres como também detestava deixar escapar por entre os dedos qualquer quantia em dinheiro.

Talvez ele se preocupasse com a segurança financeira de sua mulher e suas filhas em Stratford, talvez detestasse o exemplo dos constrangimentos pelos quais passara seu pai, talvez tivesse prometido a si mesmo fazer qualquer coisa para não acabar como o deplorável Greene. Seja qual for o motivo, parece que ele sempre tratou o dinheiro — pelo menos o dele — com muita seriedade. Ninguém se refere a Shakespeare como um avarento, mas ele não gostava de esbanjar suas posses e estava claramente decidido a não ser enrolado por ninguém. Em 1604, estocou em seu celeiro de Stratford mais malte do que ele (ou, mais exatamente, sua mulher) precisaria para o consumo doméstico. Vendeu quinhentos quilos de malte a um farmacêutico vizinho, Philip Rogers, que tinha uma cervejaria. A dívida de Roger, incluindo dois xelins que ele tomara emprestados a Shakespeare, chegava a pouco mais de duas libras. Quando o devedor pagou apenas seis xelins, Shakespeare contratou um advogado e levou o vizinho ao tribunal para recuperar os 35 xelins e dez pence restantes, mais custas. Trinta e cinco xelins e dez pence não eram uma quantia desprezível na época, mas tampouco se tratava de uma fortuna. Deu trabalho mover a ação, da mesma forma como deu trabalho o processo que ele abriria anos mais tarde para recuperar seis libras, mais custas, que, segundo afirmava, John Addenbrooke lhe devia.

Shakespeare não era o único a correr atrás de quantias modestas; ele vivia numa época de litígios, em que os tribunais estavam inundados de processos desse tipo. Mas ninguém o obrigava a abrir esses processos, que lhe exigiam bastante tempo pelo fato de, em alguns casos, ele ter de ir a Stratford para esse fim. Não, essas poucas libras, xelins e pence deviam ser importantes para ele, e não porque o dono da New Place precisasse desse dinheiro para sobreviver.

De pé no cemitério de Elsinore, Hamlet contempla uma caveira que o coveiro desenterrara com a enxada suja: "Este sujeito pode ter sido em seu tempo um grande comprador de terras", diz ele a Horácio,

> com seus títulos e contratos, com suas obrigações a solver, suas multas, suas duplas testemunhas, suas cobranças. Terá sido a multa das multas e a cobrança das cobranças ficar com o belo crânio cheio de sujeira? Será que seus fiadores já não dão garantias, ou fianças duplas para seus negócios além do comprimento e da largura de seus contratos? Seus títulos de propriedade não caberiam neste caixão — que é toda a herança que lhe cabe, não é?[9]

---

9. "This fellow might be in 's time a great buyer of land, with his statutes, his recognizances, his fines, his double vouchers, his recoveries. Is this the fine of his fines and the recovery of his re-

É bastante compreensível que Hamlet falasse com tanto desdém e ironia. De um lado, porque ele é o príncipe da Dinamarca, muito acima de um simples ganhador de dinheiro, e de outro porque, como deixou claríssimo, é indiferente a toda ambição mundana. Mas podemos perguntar: onde foi que o príncipe Hamlet obteve tal conhecimento técnico sobre as leis de propriedade que ele despreza — obrigações a solver, duplas testemunhas, cobranças e coisas afins? Com alguém que tinha um grande interesse na compra de terras: o próprio dramaturgo. Isso é hipocrisia? Absolutamente. Shakespeare era capaz de imaginar como devia se sentir um príncipe melancólico e entender seu desprezo pela vaidade da humana labuta, mas ele mesmo não podia dar-se o luxo de ficar indiferente ao embate cotidiano para ganhar a vida.

Na época em que escrevia a fala sobre o "grande comprador de terras", Shakespeare estava se tornando conhecido entre seus concidadãos por seu interesse em investir em propriedades. Essas pessoas, em todo caso, deviam estar impressionadas com seu sucesso material. Em 1598, Abraham Sturley, de Stratford, escreveu a um amigo que estava em Londres sobre uma informação que recebera: "Nosso conterrâneo, Mr. Shaksper, está pretendendo desembolsar algum dinheiro para empregá-lo em alguns terrenos em Shottery ou nas redondezas". Eram homens de negócios de Stratford que se consultavam a respeito da melhor forma de fazer com que seu "conterrâneo" investisse em alguma operação deles — o dramaturgo era evidentemente visto como rico e esperto o bastante para que se preparasse uma cuidadosa abordagem coordenada para despertar seu interesse.

Em maio de 1602, Shakespeare pagou 320 libras por quatro *yardlands* — bem mais de quarenta hectares — de terra agricultável em Old Stratford, a norte de Stratford-upon-Avon. Poucos meses depois, comprou os direitos de um terreno de mil metros quadrados, com jardim e chalé, bem em frente a New Place. E em julho de 1605, um ano depois de levar Rogers aos tribunais por causa de 35 xelins, pagou a substancial importância de 440 libras para tornar-se dono da metade dos lucros proporcionados pelo arrendamento de "celeiros

---

coveries, to have his fine pate full of fine dirt? Will his vouchers vouch him no more of his purchases, and double ones too, than the length and breadth of a pair of indentures? The very conveyances of his lands will hardly lie in this box; and must th'inheritor himself have no more, ha?" (5.1.94-102).

de trigo, grãos, capim e feno" em Stratford e nas redondezas. O arrendamento — uma anuidade, para efeitos práticos — rendia-lhe sessenta libras por ano. Ele estava fazendo planos para o futuro: os lucros dos celeiros continuariam entrando durante toda a sua vida e a de seus herdeiros.

Um investimento desse porte refletia o bom tamanho dos rendimentos de Shakespeare nos primeiros anos do reinado de Jaime I. A supressão da *Tragédia de Gowrie* poderia ter causado problemas para Shakespeare e para sua companhia, mas isso não ocorreu. Jaime tinha uma característica peculiar, muitas vezes notada por seus contemporâneos: era nervoso, melindroso e, às vezes, de uma paranoia perigosa, mas era capaz de ignorar ou até mesmo rir a bandeiras despregadas de coisas que outras pessoas — e não apenas monarcas — teriam considerado um grave insulto. No caso da principal companhia teatral de seu novo reino, ele poderia simplesmente ter considerado os atores demasiado insignificantes para preocupá-lo, para o bem e para o mal. Ou talvez visse os atores como uma versão coletiva do bobo da corte, de quem Shakespeare fala com irônica simpatia em *Noite de Reis*, *Rei Lear* e outras obras: um senhor pode eventualmente se aborrecer com seu bobo e até mesmo ameaçá-lo —"Olhe lá, sujeitinho! o chicote!"[10]—, mas teria sido vulgar ficar seriamente agastado com isso.

Os Homens do Rei estavam ocupadíssimos, tanto na corte quanto no Globe, e Shakespeare, na qualidade de escritor, diretor, ator e sócio principal, devia estar muito atarefado. Sua carga de trabalho devia ser extraordinária. Ele tinha de levar o controle das receitas e despesas, reescrever algumas das cenas, ajudar na escalação de atores, decidir cortes, avaliar decisões de interpretação, pesquisar figurinos, adereços e música e ainda decorar seus papéis. Não fazemos ideia da quantidade de peças em que ele realmente trabalhou na frenética temporada de 1604-05, mas com certeza não foram poucas. Nessas circunstâncias, as companhias não eram tão grandes a ponto de poder liberar um de seus atores famosos do trabalho no palco, ainda que esse ator estivesse ocupado com mais uma dúzia de coisas. O nome dele aparece como um dos dez "principais comediantes" numa montagem de 1598 de *Cada homem com seu humor*. Presume-se que tenha atuado de novo nessa peça, numa reapresentação na corte, e

---

10. "Take heed, sirrah; the whip" (*Rei Lear*, 1.4.94).

provavelmente teve participações em pelo menos algumas de suas próprias peças, muitas das quais exigiam grande elenco, ainda que alguns atores representassem mais de um papel.

Mesmo para atores muitíssimo experientes nas artes da memorização — e mesmo para o dramaturgo que escreveu as peças — deve ter sido exaustivo montar produções tão complexas num tempo tão curto. Mas, claro está, o convite para se apresentar ante o rei e a corte era uma honra incomum, bem como uma boa fonte de renda: recebendo dez belas libras por espetáculo, a companhia fez cem libras na temporada de Natal e Ano-Novo de 1605-06; noventa libras na de 1606-07, 130 na de 1608-09 e novamente na de 1609-10; e 150 na de 1610-11. São grandes importâncias para uma breve temporada de festas. Enquanto isso, a companhia continuava a apresentar um repertório completo no Globe, e em muitas ocasiões empacotava suas tralhas e saía em turnê: Oxford em maio e junho de 1604; Barnstaple e Oxford em 1605; Oxford, Leicester, Dover, Saffron Walden, Maidstone e Marlborough em 1606. Não se sabe se Shakespeare esteve em todas essas viagens. No início do outono, já era hora de começar a pensar seriamente na temporada seguinte, quando a companhia montaria novas peças, reencenaria outras e se apresentaria outra vez na corte, além de alegrar seu público no Globe.

Como sempre, Shakespeare tinha suas sombrias razões para lançar-se num frenesi de trabalho: numa manhã daquelas, qualquer pessoa, fosse o lacaio alojado na mansarda, fosse uma grande senhora em sua cama de dossel, podia acordar com os reveladores gânglios na virilha ou nas axilas. A peste estaria anunciando seu retorno, e em questão de dias ou semanas os teatros seriam fechados outra vez. Seria sempre de importância crucial para todos os membros da companhia pôr dinheiro no bolso enquanto fosse possível ganhar algum. Eles não podiam dar-se o luxo de perder qualquer oportunidade de lucro, e, quando a peste permitia, o regime de Jaime I proporcionava muitas ocasiões.

Shakespeare e sua companhia não tinham sido obrigados a escolher entre um palco e outro: não tinham sido excluídos da nova corte dominada por escoceses; não tinham se afastado de seu público londrino de massa; não tinham perdido contato com cidades e vilarejos onde podiam se apresentar em turnê. Pelo contrário, eles consolidaram sua ligação com cada uma dessas instâncias e buscavam com afinco novos palcos. O plano não foi de Shakespeare na origem, mas devia fazer parte de sua estratégia de longo prazo. A estratégia era dominar o mercado — entendendo-se aqui por mercado a apresentação de peças para a corte e para o público em geral, em Londres e na província — ou chegar o mais próximo possível disso.

Durante o reinado de Elizabeth, em 1596, o empresário James Burbage (pai do famoso ator) pagou seiscentas libras por uma propriedade que até a dissolução dos mosteiros tinha pertencido à ordem dos Monges Negros, ou dominicanos. A localização era invejável: embora estivesse dentro dos muros da cidade, constituía uma *liberty* e, portanto, estava fora da jurisdição dos chefes da cidade. Vinte anos antes, uma das salas dos frades servira como teatro, onde uma sucessão de companhias infantis tinha se apresentado. Mas esse empreendimento fracassou depois de oito anos de problemas financeiros, e o teatro coberto mergulhou no silêncio. O empreendedor Burbage farejou lucro na possibilidade de reabrir o teatro para espetáculos da companhia que se chamava então Homens do Lorde Camerlengo. Ele já construíra o Theater, uma das primeiras casas de espetáculos ao ar livre da Inglaterra; agora, reconstruindo o salão em que as companhias infantis tinham se apresentado, abriria a primeira casa de espetáculos coberta do país para atores adultos. O lugar tinha prestígio, pois não se situava nos subúrbios, mas no coração da cidade, longe de arenas de ursos e pátios de execução. O salão dos frades era menor que o Globe, mas tinha a grande vantagem, dadas as incertezas climáticas da Inglaterra, de ser fechado e coberto. Ao menos na comparação com teatros abertos, era um lugar muito decente e até mesmo de luxo. Não haveria multidões de pé em torno do palco horas sem conta, todos ficariam sentados. Por isso, o preço do ingresso podia ser maior — dos poucos pence no Globe passou a dois xelins no Blackfriars —, e a possibilidade de iluminar o ambiente com velas permitia espetáculos noturnos tanto quanto vespertinos.

Tudo o que se relacionava ao teatro era especulação de alto risco, mas, dada a popularidade dos Homens do Lorde Camerlengo, o esquema provavelmente teria começado a valer a pena desde o início, não fosse por uma complicação inesperada: os moradores descobriram os planos de Burbage e se opuseram a ele com veemência. Nada menos que 31 residentes da área, entre os quais o tipógrafo amigo de Shakespeare, Richard Field, e o próprio patrono da companhia, o lorde camerlengo em pessoa, que, por acaso, vivia no mesmo conjunto de edifícios, assinaram uma petição. Diziam que o teatro traria um trânsito de pesadelo, que atrairia "todo tipo de vagabundos e tarados", que as aglomerações aumentariam o risco de peste, e — argumento irretrucável — que os tambores e as cornetas dos atores interromperiam os serviços religiosos e abafariam os sermões nas igrejas próximas. O governo proibiu a abertura do teatro, e pouco depois James Burbage morreu. Sua morte não deve ter sido causada pela tristeza, como alegaram alguns. Com sessenta e tantos anos, já estava curtido por muitas crises semelhantes, e nada em sua carreira indica que tivesse um coração sensível. Seja como for, a ansiedade derivada do alto investimento pode ter toldado seus últimos dias e com certeza preocupou seus herdeiros. O salão foi alugado por quarenta libras anuais a uma companhia de meninos atores, os Filhos da Capela Real, assim pelo menos rendia alguma coisa. Foi só em 1608, doze anos após o investimento inicial, que a companhia, agora os Homens do Rei, conseguiu enfim se apresentar no Blackfriars Theater. O fato de terem chegado a isso, contra uma firme oposição, mostra como tinham se tornado poderosos.

Foi o filho de James Burbage, Richard, quem pôs em prática o projeto do pai. O brilhante ator, que desempenhou muitos dos grandes papéis criados por Shakespeare, mostrou ser também um empresário persistente, competente e astuto. Seguindo o modelo do Globe, Burbage organizou uma comissão para manter e administrar a nova casa de espetáculos. Cada um de seus sete sócios ficou com uma parte equivalente a um sétimo do teatro, durante 21 anos. Shakespeare, que já tinha sua parte no Globe, participou também da nova sociedade, a culminação de uma estratégia empresarial elaborada.

Os Homens do Rei estavam firmemente estabelecidos como os favoritos da corte. Tinham o privilégio de usar o selo real quando viajavam; atraíam enormes plateias londrinas para seu anfiteatro do Bankside, o Globe, e agora atenderiam também a uma clientela mais seleta no Blackfriars, com capacidade para quinhentos pagantes de alto nível. Os elegantes que quisessem exibir suas roupas podiam pagar para sentar-se no palco do Blackfriars e fazer parte do espetáculo. Esse hábito — não permitido no Globe — deve ter aborrecido o Shakespeare ator; lá pelo fim do século, durante uma apresentação de *Macbeth*, houve tumulto quando um nobre estapeou um ator que tinha reclamado do fato de ele ter passado bem diante da ação para cumprimentar um amigo que estava do outro lado do palco. E deve tê-lo aborrecido como dramaturgo também, já que os que se sentavam no palco podiam levantar-se e sair durante a peça. Mas o Shakespeare empresário deve ter achado irresistível o lucro extra.

De alguma forma, em meio a toda essa atividade — a mudança do Globe, a adequação ao novo regime escocês, o recrutamento de novos atores, o atropelo de espetáculos na corte, o aprendizado de novos papéis, as exaustivas turnês pela província, as turbulentas negociações de reabertura do Blackfriars e as visitas apressadas a Stratford para ver mulher e filhos, enterrar a mãe, casar a filha, comprar propriedades e mover processos de pouca monta —, Shakespeare achava tempo para escrever. Não é de estranhar que já em 1604 ele tenha começado a pensar em aposentadoria.

Para que a aposentadoria fosse uma opção viável, não bastava acumular e investir dinheiro. O autor de *Rei Lear* tinha de repensar sua relação com o mundo. A julgar pelas peças, seu cérebro era incansável —"um forasteiro desvairado e andejo", como é descrito Otelo.[11] Sua imaginação se lançava da Bretanha arcaica à Viena contemporânea, da antiga Troia ao Roussillon francês, da Escócia medieval à Atenas de Timão e à Roma de Coriolano. As cenas de *Antônio e Cleópatra* vão de cá para lá entre o palácio da rainha, em Alexandria, a Roma, com desvios por Sicília, Síria, Atenas e Ácio, englobando acampamentos militares, campos de batalha e monumentos. A estranha peça *Péricles*, que ele escreveu em colaboração com George Wilkins, um autor muito menor, ainda é mais multívaga, pois salta da Antioquia para Tiro, Tarso, Pentápolis (na atual Líbia) a Éfeso e Mitilene (na ilha de Lesbos). É como se a mente de Shakespeare, mais do que qualquer outra coisa, temesse — ou desafiasse — o enclausuramento.

Mas o problema da aposentadoria não era o enclausuramento. "Eu poderia estar preso a uma casquinha de noz", diz Hamlet, "e sentir-me o rei do universo, se não tivesse tantos pesadelos."[12] O pesadelo de Shakespeare, ou pelo menos o que *Rei Lear* leva a crer que fosse, tinha a ver com a perda de poder e a ameaça de dependência vindas com a idade. À medida que sua carreira avançava, ele desviou o foco de suas peças em rapazes e moças ardentes, impacientes para assumir sua vida, para uma geração mais velha. Esse desvio fica evidente em *Rei Lear*, com seu velho atormentado, mas também pode ser

---

11. "an extravagant and wheeling stranger" (1.1.137).
12. "I could be bounded in a nutshell and count myself a king of infinite space, were it not that I have bad dreams" (2.2.248-50).

visto, ainda que com maior sutileza, no personagem de Otelo, preocupado com a idade, e em Macbeth, cuja vitalidade decaía a olhos vistos.

> O caminho da minha vida
> Está chegando ao mato seco, à folha amarelada,
> E aquilo que deve acompanhar a velhice,
> Como honra, amor, obediência, muitos amigos,
> Não posso esperar ter.[13]

E, em vez de Romeu e Julieta, ou Rosalinda e Orlando, quando Shakespeare muda de ideia sobre o que significa em essência estar apaixonado, nos dá um Antônio "grisalho" e sua astuta Cleópatra "engelhada pelo tempo".[14]

Não é preciso forçar a mão. A última peça de Shakespeare, *Os dois nobres parentes*, que ele deve ter escrito em 1613-14 com o dramaturgo John Fletcher, quinze anos mais novo, é uma tragicomédia sobre jovens apaixonados. Outro produto dessa parceria, *Cardênio*, que se perdeu (baseada numa fonte do *Dom Quixote*), provavelmente tratava também dos perigos e prazeres da paixão de juventude. Mas surpreende que *Os dois nobres parentes* traga uma descrição grotesca de um homem muito velho, como se Shakespeare contemplasse com um estremecimento aquilo que temia encontrar adiante:

> O reumatismo dos velhos
> Deformou por completo seus pés robustos,
> A gota retorceu seus dedos em nós,
> Dores atrozes faziam seus olhos protuberantes
> Quase saltar das órbitas, tanto que o que era vida
> Nele semelhava tortura.[15]

---

13. "My way of life/ Is fall'n into the sere, the yellow leaf,/ And that which should accompany old age,/ As honor, love, obedience, troops of friends,/ I must not look to have" (5.3.23-7).
14. "grizzled [...] wrinkled deep in time" (3.13.16, 1.5.29).
15. "The agèd cramp/ Had screwed his square foot round,/ That gout had knit his fingers into knots,/ Torturing convulsions from his globy eyes/ Had almost drawn their spheres, that what was life/ In him seemed torture" (5.2.42-7).

E o que é mais significativo: as maiores de suas últimas peças, *Conto de inverno* e *A tempestade*, têm um claro tom nostálgico e outoniço. Shakespeare parece refletir conscienciosamente sobre suas conquistas na vida profissional e se conformar em deixar tudo isso para trás.

Desde o começo da carreira, Shakespeare reciclou e transformou coisas que já havia experimentado, mas os fantasmas de suas realizações passadas assombravam suas peças em grau extraordinário. *Conto de inverno* é uma re-elaboração de Otelo, como se Shakespeare novamente assumisse a tarefa de teatralizar uma história de amizade masculina e ciúme assassino, mas dessa vez sem nenhum provocador. O resultado é o exemplo mais extremo, em toda a sua obra, de excisão radical do motivo: não há nenhuma razão para que o rei Leontes suspeite que sua bela mulher, grávida de nove meses, tenha cometido adultério com o melhor amigo do marido; nenhuma razão para que ele provoque a morte de seu único filho, ordene o abandono da filha recém-nascida e destrua sua própria felicidade; e não há razão para que ele, depois de dezesseis anos, recupere a filha e a mulher que acreditava mortas havia muito. A loucura fatal lhe vem de repente e sem provocação; e a recuperação toma a forma ostensivamente irracional e perigosa de magia: uma estátua ganha vida.

Onde está Shakespeare nessa estranha história, uma história roubada de seu antigo rival Robert Greene? Em parte, ele parece nos espiar, divertido, atrás da máscara de um personagem que acrescentou à história de Greene, o vigarista Autólico, embusteiro, mascate e "comprador de um sem-fim de ninharias".[16] Como fragmento de uma astuta autorrepresentação do autor, Autólico é o ator despojado da proteção de um patrono poderoso e por isso mostrado tal como é: um ladrão, um vagabundo de duas caras. Personifica a furtiva consciência do dramaturgo a respeito do absurdo de seu negócio: extrair moedas do bolso de espectadores ingênuos e embasbacados diante do velho truque da estátua, roubado a um rival. E se o final espetacular não é apenas um truque, aparentado à intrujice de um mestre nas artes de berliques e berloques, se o dramaturgo consegue dar-lhe um poder prodigioso, então Shakespeare está em algum ponto do palco, espiando por trás de outra máscara — a da velha que prepara a cena da estátua que ganha vida. Paulina, a amiga da rainha morta,

---

16. "snapper-up of unconsidered trifles" (4.3.25-26).

tem deliberadamente algo de feiticeira, pois há algo ilícito nessa ressurreição, algo ligado à magia negra e à necromancia: "os que pensam que é uma ação ilícita/ que se retirem, porque vou fazê-la".[17]

Um mal-estar peculiar se instala perto do fim da peça. É como se não apenas essa peça, mas toda a obra de Shakespeare fosse questionada — a devolução de mortos à vida, a evocação de paixões, a supressão de motivos racionais e a exploração de lugares secretos da alma e do estado. Dedicar-se a extrair dinheiro dos otários ou é fraude ou bruxaria. Se o público fica no teatro, é por causa da maravilha do espetáculo e por causa da esperança reconfortante, articulada por Leontes, de que suas causas e efeitos sejam simplesmente as do mundo real:

> Ela está quente!
> Se é magia, que seja uma arte
> Tão lícita quanto o ato de comer.[18]

E, com isso, a peça se encaminha rapidamente pra o fim, correndo à frente da zombaria que ela sabe que está logo atrás: "Se dito fosse", diz Paulina,

> Que ela está viva, certamente riríeis
> Como de uma velha história; mas é claro que vive.[19]

Conto de inverno dá a entender, aos espectadores que ouviram com atenção bastante para captar a insinuação, que a rainha de Leontes não estava morta, mas vivera escondida durante dezesseis anos numa casa que Paulina visitava "secretamente duas ou três vezes por dia".[20] Nada acontece a partir dessa insinuação; ela deve estar ali para dar segurança aos espectadores, que talvez relutassem em aplaudir a necromancia, mas é tão rápida que fica difícil imaginar como pode ter funcionado no palco. Quem sabe, em vez disso, fosse uma garantia pessoal, uma breve nota supersticiosa do dramaturgo para si mesmo,

---

17. "those that think it is unlawful business/ I am about, let them depart" (5.3.96-7).
18. "O, she's warm!/ If this be magic, let it be an art/ Lawful as eating" (5.3.109-11).
19. "That she is living/ Were it but told you, should be hooted at/ Like an old tale. But it appears she lives" (5.3.116-8).
20. "privately twice or thrice a day" (5.2.95).

como se estivesse se resguardando contra a acusação de que havia lançado mão de uma forma de magia.

Shakespeare já tinha utilizado esse recurso antes, em *Sonho de uma noite de verão* e em *Macbeth*. Agora, no fim da carreira, voltava a ele, primeiro com uma alusão ambígua em *Conto de inverno* e depois encarando-o de frente e aderindo a ele. O protagonista de *A tempestade* é um príncipe e mago poderoso, mas também é, sem sombra de dúvida, um grande dramaturgo — manipulando personagens, idealizando relações entre eles, forjando cenas memoráveis. Com efeito, seu poder de príncipe é exatamente o poder do dramaturgo de determinar o destino de suas criaturas, e seu poder mágico é exatamente o poder do dramaturgo de alterar o espaço e o tempo, criar ilusões convincentes, enfeitiçar. É raro que as peças de Shakespeare sejam abertamente autorreferentes: ele escrevia como se achasse que havia na vida coisas mais interessantes (ou pelo menos mais dramáticas) do que escrever peças. Embora de quando em quando dê a impressão de querer surgir de algum lugar situado no interior de Ricardo III, ou Iago, ou Autólico, ou Paulina, na maior parte das vezes ele se mantém escondido. Mas pelo menos em *A tempestade* ele chega, se não à superfície, pelo menos tão perto dela que sua silhueta meio indistinta pode ser divisada.

A tempestade não é, a rigor, a última peça de Shakespeare. Escrita provavelmente em 1611, foi seguida de *É tudo verdade* (hoje mais conhecida como *Henrique VIII*), *Os dois nobres parentes* e, por fim, *Cardênio*. Mas nenhuma dessas derradeiras peças traz uma visão totalmente pessoal, pois foram escritas em colaboração com John Fletcher, a quem Shakespeare provavelmente escolhera para suceder-lhe no posto de principal dramaturgo dos Homens do Rei. *A tempestade* é a última peça que Shakespeare escreveu sozinho — sem colaborador e, até onde se sabe, sem fonte literária direta — e tem ares de adeus, de despedida da magia do teatro, de aposentadoria.

Embora no exílio, o mago Próspero tem um tipo de poder que na verdade um monarca absoluto nunca teria, o poder que só um grande artista tem sobre seus personagens. O poder, como Shakespeare o representa, é difícil de conquistar — resulta de um aprendizado profundo e de um trauma no passado distante, "o negro abismo do tempo passado".[21] Próspero tinha sido duque de

---

21. "the dark backward and abyss of time" (1.2.50).

Milão, mas, absorto em seus estudos de ocultismo e descuidado de assuntos práticos, foi deposto por seu irmão usurpador. Depois de ficar à deriva e naufragar com a irmã numa ilha, usou suas ciências ocultas para escravizar o bestial e deformado Calibã e pôr o espírito Ariel sob seu comando. Assim, quando a peça começa, o destino e seus poderes mágicos levam seus inimigos até a ilha. O irmão, seu principal aliado, junto com seus dependentes, estão nas mãos dele. O público, afeito a andar entre patíbulos a caminho do teatro, tinha uma ideia clara do destino mais provável desses homens. Próspero não estava submetido nem mesmo às limitações formais impostas pelas instituições aos governantes do Renascimento, pois na ilha que ele comanda não havia nenhuma limitação. Se o modelo principal de Shakespeare para o reino do mago é o teatro, com seu palco nu e sua receptividade a experiências — um mundo onde tudo é possível —, outro modelo invocado pela peça é uma das ilhas descobertas por viajantes europeus no Novo Mundo. Nessas ilhas, como deixam claro muitos relatos da época, as restrições legais tendiam a se dissolver; portanto, para os que mandavam, tudo era possível. Com anos de isolamento para incubar suas mágoas e planejar a vingança, Próspero está livre para fazer o que quiser com seus odiados inimigos.

E o que ele quer fazer — pelo menos para os padrões dos príncipes do Renascimento e dos dramaturgos — é quase nada. *A tempestade* não é uma peça sobre o poder absoluto, mas sobre a abdicação do poder. Lear também abdica do poder, é claro, mas sua renúncia é um desastre. Próspero reivindica aquilo que lhe é de direito — o ducado de Milão, ou seja, sua autoridade social e sua riqueza num mundo conhecido e comum. No entanto, ele abandona tudo aquilo que lhe permitiu ter controle sobre os inimigos, forçá-los a submeter-se a seus desígnios, manipular a eles e ao mundo que ele tinha lhes apresentado. Em suma, abandona a sabedoria secreta que o fizera semelhante a um deus.

> Fiz com que se apagasse
> O sol ao meio-dia, chamei ventos revoltados,
> E entre o mar verde e a abóbada cerúlea,
> Pus estrondosa guerra — o trovão assustador
> Dotei de fogo; o tronco duro do carvalho rachei
> Com o relâmpago; promontórios de fortes alicerces
> Deixei abalados, e pelas raízes arranquei

Pinhos e cedros; a uma ordem minha, os túmulos
Espertavam os que ali dormiam e deixavam-nos ir,
Tão poderosa era minha arte. Mas essa magia brutal
Neste momento abjuro.[22]

Se essas são palavras não apenas de Próspero mas também de seu criador, se refletem o que Shakespeare sentiu ao cogitar aposentar-se, elas indicam um sentimento de perda e de evolução pessoal ao mesmo tempo. Em *Rei Lear*, a aposentadoria era vista como uma catástrofe sem remédio; em *A tempestade*, parece um ato viável e adequado. Em ambos os casos, com certeza, o ato é compreendido como uma admissão de mortalidade: Lear diz que vai "se arrastar sem pesar até a morte";[23] Próspero diz que quando voltar a Milão "só terei pensamentos para minha sepultura".[24] No entanto, como indicam seus investimentos de renda anual, Shakespeare esperava viver muito mais do que de fato viveu e tinha muita clareza sobre o que o esperava no outro extremo de sua decisão. Ainda assim, a decisão de Próspero, que em *A tempestade* desiste de sua "arte poderosa" e volta ao lugar de origem, não se deve apenas ou principalmente ao cansaço ou à antevisão da morte. O mago na verdade sabe que está no auge de seus poderes: "Meus encantos funcionam".[25] Sua escolha — quebrar a vara de condão, atirar o livro de encantamentos na água "tão fundo onde nunca chegou âncora alguma"[26] e voltar para casa — é mostrada não como debilidade, mas como triunfo moral.

É um triunfo em parte porque marca a decisão de Próspero de não se vingar daqueles que o tinham magoado — "A ação mais rara/ Está na virtude,

---

22. "I have bedimmed/ The noontide sun, called forth the mutinous winds,/ And 'twixt the green sea and the azured vault/ Set roaring war — to the dread rattling thunder/ Have I given fire, and rifted Jove's stout oak/ With his own bolt; the strong-based promontory/ Have I made shake, and by the spurs plucked up/ The pine and cedar; graves at my command/ Have waked their sleepers, oped, and let 'em forth/ By my so potent art. But this rough magic/ I here abjure" (5.1.41-51).
23. "Unburthened crawl toward death" (1.1.39).
24. "Every third thought shall be my grave" (5.1.315).
25. "My high charms work" (3.3.88).
26. "deeper than did ever plummet sound" (5.1.56).

não na vingança"²⁷ —, e em parte porque alguma coisa relacionada ao poder de Próspero, embora exercido em nome da justiça e da legitimidade, da ordem e da restauração, é perigosa. Em que consiste esse poder? Criar e destruir mundos. Levar homens e mulheres a um campo de experimentos e excitar suas paixões. Despertar intensa ansiedade em todas as criaturas que encontra e forçá-las a se confrontar com o que está escondido dentro delas. Tornar as pessoas submissas para servi-lo. Os feitiços de Próspero não atuam sobre todo mundo — seu irmão Antônio é imune a eles —, mas para as pessoas em quem funcionam são potencialmente destrutivos, assim como redentores. Seja como for, é um excesso de poder, mais do que um mortal comum deveria ter.

O sinal mais claro desse excesso está no tremendo discurso de renúncia a sua "magia brutal". Como a peça começa com Próspero desencadeando uma enorme tempestade, sua alusão àquele poder mágico específico faz sentido teatral, mas ele vai em frente, ao mesmo tempo reivindicando mais alguma coisa e renunciando a ela:

> [...] a uma ordem minha, os túmulos
> Espertavam os que ali dormiam e deixavam-nos ir,
> Tão poderosa era minha arte.²⁸

Essa era, na cultura em que vivia Shakespeare, a forma mais temida e perigosa de magia, indício de poderes diabólicos. Não é algo que Próspero, o bom mago, tenha feito durante a ação de *A tempestade*, nem algo que possamos imaginá-lo fazendo a partir de seu próprio relato sobre sua vida. Mas, como descrição do trabalho do dramaturgo, mais do que o do mago, é exata. Não foi Próspero e sim Shakespeare quem ordenou que o velho Hamlet se erguesse do túmulo e quem devolveu a vida a Hermíone, injustamente acusada. Durante toda a sua carreira, o trabalho de Shakespeare foi despertar os mortos.

No fim de *A tempestade*, num epílogo raro na obra de Shakespeare, Próspero se apresenta ainda no personagem, mas destituído de seus poderes mágicos:

---

27. "The rarer action is /In virtue than in vengeance" (5.1.27-8).
28. "graves at my command/ Have waked their sleepers, oped, and let 'em forth/ By my so potent art" (5.1.48-50).

Acabaram-se todos os meus encantos,
A força que me resta é toda minha,
E é bem pouca.²⁹

Ele se tornou um homem como os outros, e precisa de ajuda. Pede aplauso e cumprimentos — a premissa teatral, ainda amarrada por um fio ao enredo, é que as mãos e o hálito do público inflem suas velas e lhe permitam voltar para casa —, mas os termos em que ele faz isso são peculiarmente intensos. O pedido de aplauso se transforma em pedido de oração:

Agora me faltam
Espíritos a subjugar, magia para encantar
E acabarei em desespero,
A menos que seja salvo pela oração,
Que sensibiliza o próprio Deus
E absolve todos os pecados.
Assim como quereis ser perdoados,
Perdoai-me e assim serei livre.³⁰

Para Próspero, cuja moralidade e legitimidade são reafirmadas com insistência, essa culpa não faz muito sentido, mas devia fazer para o dramaturgo que espiava por trás da máscara do príncipe. O que significa fazer o que Shakespeare fez? Por que, se ele mesmo está implícito na figura de seu herói mágico, sente-se obrigado a suplicar indulgência, como se estivesse pedindo para ser perdoado por um crime que houvesse cometido? O sopro de criminalidade é apenas fantasia, é claro, mas uma fantasia peculiar, de algo que leva a marca da necromancia —"Dispêndio de espírito", para citar um soneto, "num desperdício vergonhoso".³¹

---

29. "Now my charms are all o'erthrown,/ And what strenght I have's mine own, Which is most faint" (versos 1-3).
30. "Now I want/ Spirits to enforce, art to enchant;/ And my ending is despair,/ Unless I be relieved by prayer,/ Which pierces so, that it assaults/ Mercy itself, and frees all faults./ As you from crimes would pardoned be,/ Let your indulgence set me free" (versos 13-20).
31. "Th'expense of spirit in a waste of shame" (129.1).

Contra um fundo de cautela pessoal, estimativas prudentes e parcimônia, Shakespeare construiu sua carreira sobre atos de identificação compulsiva, efetuando pequenos roubos combinados a uma imensa generosidade criativa. Embora em seus próprios assuntos ele tenha se resguardado contra um destino como o de Marlowe ou Greene, no teatro traficava com paixões temerárias e ideias subversivas. Transformou tudo aquilo com que a vida o pôs em contato — dolorosas crises de caráter social, sexual e religioso — nos misteres da arte e transformou arte em lucro. Conseguiu transformar até mesmo sua dor e sua perplexidade com a morte do filho numa fonte de recursos estéticos, a prática brilhante da opacidade estratégica. É motivo de surpresa que seu orgulho por aquilo que realizou — ele chega até nós não como um daqueles que *Sonho de uma noite de verão* chama de "trabalhadores rudes",[32] mas como príncipe e mágico instruído — no final seja mesclado com culpa?

É possível também que aos poucos ele tenha se cansado do próprio sucesso ou tenha chegado a questionar seu mérito. Como intérprete e dramaturgo, ele tinha uma e outra vez solicitado aplauso, e deve ter ficado contente por recebê-lo na maioria das vezes. Mas, se sabia perfeitamente quem era — e a figura do príncipe mago sugere que Shakespeare tenha entendido o que significava ser Shakespeare —, pode ter achado que já tinha feito o bastante. Enfim, ele poderia dar as costas ao público.

A julgar pelo tipo de investimento que Shakespeare fazia, a ideia de que um dia deixaria o teatro deve ter estado em sua cabeça durante muito tempo. E como quase todos esses investimentos, a não ser os do teatro, eram em Stratford e arredores, deve ter acalentado durante muito tempo o sonho que finalmente conseguiu realizar: sair de Londres e voltar para casa. Ele estivera lá muitas vezes ao longo dos anos, é claro, mas o retorno seria decisivamente diferente. Deixaria os aposentos alugados, empacotaria seus pertences e tomaria posse efetiva da bela casa, seus anexos e das terras cultiváveis que tinha comprado. Ele se retiraria do mercado de fantasias, ou melhor, até poderia continuar escrevendo peças como atividade secundária, da mesma forma como um dia os negócios imobiliários tinham sido secundários. Viver com sua mulher, que envelhecia, e com a filha solteira, Judith; passar horas com sua amada

---

32. "rude mechanicals" (3.2.9).

filha Susanna, o marido, John Hall, e a neta, Elizabeth; supervisionar a propriedade, participar de disputas locais, visitar velhos amigos. Ele seria um respeitável cavalheiro de Stratford, nem mais nem menos.

No entanto, quanto mais perto chegava de tomar essa decisão, mais o trabalho parecia refluir sobre ele. A principal preocupação de quase todas as suas peças eram as de *A tempestade*: a história do irmão que trai o irmão; o poder destrutivo da inveja; a excelência de um governante legítimo; o perigoso trânsito da civilidade à selvageria; o sonho da restauração; fazer a corte a uma jovem e linda herdeira desconhecendo sua posição social; a estratégia de manipulação de pessoas por meio da arte, principalmente por meio da encenação de peças dentro de peças; o uso astuto de poderes mágicos; a tensão entre o inato e o adquirido; a dor de um pai ao entregar a filha ao pretendente; a ameaça de morte social e o colapso da identidade; a soberba experiência transformadora de encantar. A surpreendente revelação dessa peça tardia é que nada da imensa vida imaginativa de Shakespeare tinha se perdido. Há uma famosa canção em *A tempestade* sobre o corpo de um afogado:

> A cinco braças teu pai jaz.
> Seus ossos, massa de coral,
> Cada olho, uma gema vivaz.
> Não o desfez o mar abissal,
> Mas em algo bem diferente
> O converte o mar paciente.[33]

O mesmo vale para a imaginação poética de Shakespeare: nada havia se desfeito — tudo o que aconteceu ao longo de décadas foi que as estruturas de suas obras sofreram uma transformação marítima numa coisa diferente.

Como Shakespeare poderia abandonar tudo isso? A resposta é: ele não podia, pelo menos não completamente. Não se sabe com precisão quando foi que ele deixou Londres. Pode ter voltado a Stratford já em 1611, logo depois de terminar *A tempestade*, mas não cortou todos os antigos laços. Ele já não

---

33. "Full fathom five thy father lies./ Of his bones are coral made;/ Those are pearls that were his eyes;/ Nothing of him that doth fade/ But doth suffer a sea-change/ Into something rich and strange" (1.2.400-5).

se fazia onipresente, porém colaborou com John Fletcher em pelo menos três peças. Em março de 1613, fez o último de seus investimentos imobiliários, dessa vez não em Stratford, mas em Londres. Pela elevada quantia de 140 libras (das quais oitenta em dinheiro vivo), ele comprou uma "casa de moradia ou habitação coletiva", edificada sobre uma das maiores guaritas do antigo priorado dos Monges Negros. Esse era exatamente o tipo de moradia que poderia ter comprado antes, se quisesse que a mulher e os filhos vivessem com ele em Londres durante os longos anos de sua vida profissional. Mas só depois de voltar a Stratford resolveu que queria possuir uma casa na capital. Embora essa residência se situasse bem próxima do Blackfriars Theater e também do Puddle Wharf, onde ele poderia pegar um barco e chegar rapidamente ao Globe, ao que parece não quis comprá-la para morar. Shakespere pode ter ficado lá durante as viagens que fazia a Londres — para ver as peças em que tinha colaborado ou para tratar de negócios —, mas alugou-a a uma pessoa de nome John Robinson. Mesmo assim, ele possuía algo no lugar em que tinha usado seus poderes mágicos.

A transação comercial pela qual Shakespeare se tornou proprietário do imóvel no antigo priorado dos Monges Negros foi complexa e estranha, pois envolveu três outros compradores nominais que não entraram com dinheiro — somente Shakespeare o fez —, mas eram mencionados como agentes fiduciários. A única explicação plausível já aventada para isso é que o acerto seria um elaborado estratagema para impedir que Anne Hathaway, sua mulher, tivesse direito de herança sobre a propriedade, no caso de sobreviver a ele. Será que Anne sabia que o marido tinha feito a compra nesses termos, ou isso seria uma desagradável surpresa, juntamente com a segunda cama? Não se sabe, mas tudo indica que o retorno de Shakespeare a Stratford, sua decisão de abraçar a vida comum, não foi fácil.

Bem no começo de julho de 1613, poucos meses depois da compra da propriedade em Blackfriars, Shakespeare recebeu a notícia de um desastre que teve um poderoso impacto sobre ele: em 29 de junho, durante a apresentação de uma peça escrita por ele e Fletcher, o Globe Theater — a mesma estrutura que ele tinha ajudado a reconstruir no inverno de 1599 — foi completamente destruído pelo fogo. Segue-se uma carta escrita três dias depois do ocorrido, com uma versão do relato que deve ter chegado sem demora a Stratford:

Os Homens do Rei encenavam uma nova peça, chamada *É tudo verdade*, que representa alguns dos principais fatos do reinado de Henrique VIII, montada com muitos e meticulosos cuidados, que chegavam até o atapetamento do palco; aos Cavaleiros da Ordem, com suas imagens de são Jorge e suas jarreteiras, aos Guardas com seus casacos bordados et cetera, tudo, na verdade, em quantidade suficiente para tornar a magnificência exagerada, se não ridícula. Ora, ao chegar o rei Henrique para um baile de máscaras na residência do cardeal Wolsey, à sua entrada algumas colubrinas dispararam projéteis de papel ou outro material, com o que um deles caiu na cobertura de palha da sala, e aquilo que de início se pensou que não passasse de uma fumaceira sem maior importância, estando os olhos mais postos no espetáculo, atiçou o fogo em toda a extensão da cobertura como se fosse um estopim, consumindo em menos de uma hora todo o edifício, de cima a baixo.

Esse foi o ponto final na vida daquela construção, ainda que ninguém perecesse e só se perdessem o madeirame, a palha e algumas capas esquecidas; apenas um homem teve seus calções queimados, o que talvez lhe causasse sérias queimaduras, se um salvador providencial não tivesse apagado o fogo com uma garrafa de cerveja.

Nem mortos nem feridos, portanto, mas um grave baque financeiro para os sócios dos Homens do Rei e para os "donos de casa" do teatro, um golpe que atingiu de maneira especial o próprio Shakespeare, que era ao mesmo tempo sócio e dono de casa. Poderia ter sido muito pior: os figurinos da companhia e seus textos, bem guardados, foram salvos. Se não tivessem sido retirados às pressas, os Homens do Rei poderiam ter ido à ruína, já que os figurinos representavam um alto investimento e muitos textos talvez só tivessem uma única cópia completa. Se o incêndio tivesse se espalhado com mais rapidez, metade das peças de Shakespeare — as que ainda não tinham saído em in-quarto — nunca teria sido impressa.

Mesmo assim, a coisa foi bem ruim. Era um mundo em que não existia seguro contra catástrofes, e o custo da reconstrução teria de ser assumido por Shakespeare e pelos outros donos. Embora fosse um homem relativamente rico, esse era o tipo de desembolso de capital que Shakespeare, tendo deixado Londres e se afastado das atividades cotidianas dos Homens do Rei, poderia não querer fazer e decidisse pular fora ali mesmo. Como não há referência em seu testamento à importante participação que ele tinha na companhia e no Globe, pode ter liquidado esses ativos anteriormente, embora os documentos da transação, e com eles sua data, tenham se perdido. Se, como parece provável, Shakespeare vendeu sua parte por causa do incêndio, ele tornou sua aposentadoria um ato ainda mais decisivo.

Perto do fim de *A tempestade*, Próspero declara que "Nossos folguedos terminaram", interrompendo abruptamente o espetáculo que tinha criado com seus poderes mágicos, para o casamento da filha e do genro. Os atores, explica,

> eram todos eles espíritos, e
> Se dissiparam no ar, no ar tênue;
> E como o edifício ilusório desta visão,
> As torres cobertas de nuvens, magníficos palácios,
> As igrejas solenes, o próprio globo,
> Sim, tudo o que ele contém se dissolverá;
> E, como este espetáculo sem substância,
> Sem deixar rasto.[34]

No verão de 1613, esses versos teriam parecido misteriosamente proféticos: o próprio Globe, com efeito, se dissolveu. Shakespeare foi assombrado durante toda a vida pela ideia da insubstancialidade das coisas — é o ônus quase inelutável do ator profissional —, e o fogo apenas tornou literal aquilo que ele já sabia e que seu herói mágico declarara:

> Somos feitos da matéria
> Dos sonhos, e nossa vida insignificante
> É rematada com o sono.[35]

---

34. "were all spirits, and/ Are melted into air, into thin air;/ And like the baseless fabric of this vision,/ The cloud-capped towers, the gorgeous palaces,/ The solemn temples, the great globe itself,/ Yea, all which it inherit, shall dissolve;/ And, like this insubstantial pageant faded,/ Leave not a rack behind" (4.1.148-56).
35. "We are such stuff/ As dreams are made on, and our little life/ Is rounded with a sleep" (4.1.56-8).

O edifício propriamente dito sempre poderia ser reconstruído — o Globe estava mais uma vez de pé e funcionando um ano depois —, mas sua fragilidade era um sinal entre os tantos que Shakespeare, chegando aos cinquenta anos em 1614, podia ler em si mesmo e no mundo. Seu irmão Gilbert morrera em 1612, aos 45 anos; um ano depois morreu outro irmão, Richard, pouco antes dos quarenta. A mãe de Shakespeare, Mary, trouxera ao mundo oito filhos, dos quais apenas dois — Will e a irmã mais nova, Joan — ainda viviam. Para nós, um homem de cinquenta anos conserva toda a energia, e mesmo naquela época dificilmente seria considerado um ancião, mas ao que parece Shakespeare se via como alguém entrado em anos e pode ter tirado de dentro de si mesmo a estranha observação de Próspero: "Só terei pensamentos para a minha sepultura".

Talvez tenha sido essa percepção da evanescência o que fez com que Shakespeare se apegasse com tamanha tenacidade aos bens materiais, bastante consideráveis, que acumulara durante toda a vida. Três ricos proprietários de terras, Arthur Mainwaring, William Replingham e William Combe, arquitetaram um plano de apropriação de grandes extensões de terras nas proximidades de Stratford, entre elas algumas terras sobre as quais Shakespeare tinha direitos de posse. A grilagem de terras — a oficialização da apropriação de pequenos lotes e de terras comunitárias, que concentra a propriedade, ergue cercas e se apossa de terras não cultivadas para transformá-las em pastagens para sua lucrativa criação de ovelhas — era uma estratégia econômica que agradava aos muitos ricos, mas geralmente era odiada pelos de menores posses. Inflacionava o preço dos cereais, violava os direitos consuetudinários, causava desemprego, reduzia as esmolas dos pobres e gerava intranquilidade social. A Stratford Corporation, diga-se a seu favor, se opunha com veemência à grilagem. Como os celeiros de Shakespeare estavam em risco, seria de esperar que ele se unisse à oposição, que era liderada por seu primo Thomas Greene, o intendente da cidade.

Um memorando que Greene esboçou a respeito de uma conversa em 17 de novembro de 1614 dá uma ideia clara e detalhada do mundo real em que Shakespeare estava imerso. Ele imaginara reis e príncipes dividindo entre si imensos territórios:

De tudo nestes limites, desta linha àquela,
Com florestas sombrias e ricas campinas,

Rios caudalosos e prados amplos,
Far-te-emos senhora.[36]

Mas agora ele operava numa escala bem diversa e para interesses diferentes.

> Tendo meu primo Shakespeare chegado ontem à cidade, fui à sua casa para ver como ele estava. Disse-me que eles lhe garantiram que pretendiam cercar só até Gospel Bush e daí em linha reta (deixando parte dos vales para o campo) até o portão na sebe de Clopton, e incluir a parte de Salisbury. E que em abril eles pretendiam medir a terra e depois indenizar, mas não antes. Ele e Mr. Hall acham que não há absolutamente nada a fazer.

Secundado por seu genro John Hall, Shakespeare disse a Greene que não apoiaria a corporação no protesto contra o cercamento; com efeito, ele pensava, ou dizia pensar: "não há absolutamente nada a fazer". Ou mentiram para Shakespeare ("eles lhe garantiram") ou ele mentiu, pois menos de dois meses depois, no começo de janeiro, a obra começou. O grileiro Combe, que parece ter sido um sujeito repulsivo e belicoso, ordenou que se cavasse uma vala. Houve discussões, palavras duras e desforço físico. Mulheres e crianças de Stratford e da vizinha Bishopton se organizaram e taparam as valas, e começou uma longa batalha judicial. Shakespeare ficou de fora, talvez indiferente aos resultados. Isso porque já em outubro ele chegara a um acordo com os grileiros: se o funcionamento de seus celeiros fosse de alguma forma comprometido, ele receberia "indenização razoável [...] em forma de renda anual ou uma soma em dinheiro". Ele não arriscou nada, e preferiu não se unir ao primo Greene numa campanha em benefício de terceiros que poderiam ter menos sorte. Talvez, como já disseram alguns comentaristas, Shakespeare acreditasse na modernização da agricultura e pensasse que a longo prazo todos poderiam prosperar; porém é mais provável que ele simplesmente não se importasse. Não é uma história tenebrosa, mas tampouco é edificante. É simples e tristemente prosaica.

Talvez se possa dizer o mesmo sobre as dificuldades que cercaram o casamento da filha Judith, a desafortunada irmã gêmea de Hamnet. Sua irmã mais

---

36. "Of all these bounds, even from this line to this,/ With shadowy forests and with champains riched,/ With plenteous rivers and wide-skirted meads,/ We make thee lady" (*Rei Lear*, 1.1.61-4).

velha, Susanna, casara-se com alguém de quem Shakespeare gostava, mas o pretendente de Judith, Thomas Quiney, era feito sob medida para provocar engulhos em qualquer futuro sogro. Pelo menos ele não surgiu como grande surpresa. Os Shakespeare e os Quiney eram conhecidos havia muitos anos — e, como mostra uma das raras cartas do dramaturgo que chegaram até nós, o pai do noivo, certa vez, pediu um empréstimo a Will. O jovem Quiney, de 27 anos, era vinicultor; Judith estava com 31. A diferença de idade não chegava à que havia entre William e Anne, mas talvez fosse o bastante para provocar uma pontada de desconforto no caso de Shakespeare acreditar que um marido deve ser mais velho que sua mulher. O primeiro problema, de qualquer modo, não residia na diferença de idade, mas na licença matrimonial. O casal queria casar-se em 1616 durante o período da quaresma, quando os casamentos estavam oficialmente proibidos, a menos que houvesse uma licença especial. Como não obtiveram essa licença, casaram-se mesmo assim e foram descobertos. No dia marcado, Thomas não se apresentou à corte consistorial de Worcester, onde teria recebido uma multa, e foi prontamente excomungado. Judith deve ter recebido o mesmo castigo. Shakespeare não era um modelo de devoção, mas sempre havia tido o cuidado de evitar problemas — era uma estratégia que remontava a muito tempo atrás — e essa contrariedade deve tê-lo aborrecido.

Mas uma coisa muito mais séria estava por acontecer. Um mês depois do casamento de Judith e Thomas, uma mulher solteira de Stratford chamada Margaret Wheeler morreu ao dar à luz, assim como a criança. As transgressões sexuais — "prostituição, fornicação e imoralidade", nas palavras da homilia oficial — eram na época normalmente investigadas e punidas, e a morte da mãe solteira e da criança não encerrou o caso. De qualquer modo, teria sido difícil, numa cidade do tamanho de Stratford, guardar um segredo desse tipo durante muito tempo. Em 26 de março de 1616, o recém-casado Thomas Quiney confessou-se responsável ante o tribunal eclesiástico e foi condenado a um castigo público humilhante, que só conseguiu evitar mediante uma doação de cinco xelins aos pobres.

Shakespeare talvez estivesse com muito pouco ânimo físico e psicológico para lidar com a crise: em menos de um mês, estaria morto. A desonra pública de seu genro veio sem dúvida no pior momento possível para ele. Com efeito, alguns biógrafos chegaram a ponto de atribuir a decadência de Shakespeare ao choque da confissão e da humilhação pública de Quiney. Isso parece pouco plausível: Shakespeare era tudo menos um rígido moralista vitoriano. Em *A tempestade*, ele faz com que Próspero exija estrita castidade antes do casamento, mas escreveu também *Medida por medida* e outras peças em que fala do apetite sexual com tolerância e divertida ironia. Aliás, Anne Hathaway estava grávida quando ele a levou ao altar. Shakespeare pode ter experimentado um sentimento parecido ao do velho pastor em *Conto de inverno* — "Gostaria que não houvesse a idade entre dezesseis e vinte e três anos, ou que os jovens dormissem esse tempo todo, pois nada fazem nesse ínterim além de emprenhar moças, enganar os velhos, roubar, brigar [...]"[37] — mas é improvável que tenha desabado ao saber do comportamento do genro. Mesmo assim, era uma história desagradável, e foi sua própria filha, não alguma Audrey ou Jaquenetta imaginária, quem deve ter experimentado a força total da humilhação.

Shakespeare provavelmente sentiu-se desconfortável durante alguns meses, pois já em janeiro, quando deve ter tomado conhecimento da intenção de casamento, chamou seu procurador, Francis Collins, e pediu-lhe que fizesse um esboço de testamento. O documento, por razões que não se conhecem, não foi concluído naquela época, mas em 25 de março, véspera da condenação de Thomas Quiney pelo tribunal eclesiástico, Collins voltou e Shakespeare completou seu testamento e assinou suas páginas com letra bastante trêmula. O testamento era ao mesmo tempo lacônico e áspero em relação a sua mulher, Anne, herdeira da famosa segunda entre as melhores camas. Porém, em relação a Judith, o documento era muito mais cuidadoso e astuto. A maior parte das propriedades ficaria com Susanna e seu marido, mas Judith não foi excluída por completo. Ela receberia de imediato a bem apreciável quantia de cem libras como dote e poderia, em condições altamente restritivas, receber mais dinheiro. Collins, ou o escrevente que redigia as palavras ditadas pelo moribundo, fez uma correção significativa: "Lego a meu genro", que Shakespeare começou a dizer e em seguida, ao se lembrar de Thomas Quiney, mudou bruscamente de rumo: as palavras "meu genro" estão riscadas e em seu lugar aparece "minha filha Judith". O dote incluiria mais cinquenta libras, estipula o testamento, mas

---

37. "I would there were no age between ten and three-and-twenty, or that youth would sleep out the rest; for there is nothing in the between but getting wenches with child, wronging the ancientry, stealing, fighting [...]" (3.3.58-61).

sob a condição de Judith desistir de reivindicar uma das propriedades que ela devia esperar receber como herança. Se depois de três anos ela e algum filho que viesse a ter estivessem vivos, receberiam mais 150 libras; se Judith morresse sem filhos, cem libras desse dinheiro ficariam para a filha de Susanna, Elizabeth Hall, e cinquenta para a única irmã viva de Shakespeare, Joan. Para o marido de Judith, Thomas Quiney, nem um penny. Mesmo a própria Judith, enquanto fosse viva, receberia apenas a renda anual das 150 libras, não o principal, e Quiney só poderia reivindicar essa importância se contribuísse com terras de valor equivalente. Em outras palavras, Judith pouco receberia da fortuna do pai, e seu marido — não mencionado pelo nome no testamento — não poria as mãos em nada.

Mas isso não é tudo. Entre os muitos pequenos quinhões — a espada para Thomas Combe; cinco libras para Thomas Russell; dinheiro para comprar anéis para "meus camaradas" John Heminges, Richad Burbage e Henry Condell; e assim por diante —, havia um sinal de consideração pela filha mais nova: Judith receberia "minha grande bacia de prata". Por outro lado, quase tudo o que tinha valor — dinheiro, New Place, a casa em Blackfriars e "todas as minhas tulhas, estábulos, pomares, jardins, terras, moradias" etc. etc. etc. — ficaram para Susanna, seu marido, seus filhos e seus netos. Para os pobres de Stratford, esse homem muito rico deixou a modesta soma de dez libras. Nada para a igreja, nada para a escola, nenhuma bolsa de estudos para uma criança carente; nenhum legado a algum criado ou aprendiz de mérito. Além da família e de um mínimo círculo de amigos, não havia um mundo maior de interesse. E, mesmo dentro da família, quase tudo se concentrou na linha única que Shakespeare esperava estabelecer e manter. Anne e Judith devem ter entendido exatamente o que isso significava para elas.

A contração de seu mundo talvez ajude a explicar por que seu passamento foi tão silencioso. O sepultamento de Shakespeare, em 25 de abril de 1616, está lançado nos registros de Stratford, mas não há relatos da época sobre suas últimas horas. No entanto, ele não foi totalmente ignorado: foi sepultado, como convinha a uma pessoa tão grada, no coro da igreja da Santíssima Trindade, e já na década de 1630, o panteão fúnebre, conhecido por inúmeros visitantes de Stratford, tinha sido erigido. Mas na ocasião ninguém se lembrou de gravar os detalhes de sua doença ou de sua morte, ou nenhum documento desse tipo sobreviveu. O relato mais antigo sobre a morte de Shakespeare foi esboçado no começo da década de 1660 por John Ward, vigário de Stratford entre 1662 e 1681. Ward recorda a si mesmo o dever de ler as obras do mais famoso escritor de Stratford — "Lembrar de examinar as peças de Shakespeare e aprendê-las bem, porque não posso ser ignorante nesse assunto" — e em seguida anota o que tinha ouvido sobre a morte do grande homem: "Shakespeare, Drayton e Ben Jonson tiveram um encontro agradável, e ao que parece beberam demais, porque Shakespeare morreu de uma febre que contraiu".

Que esse alegre encontro tenha mesmo ocorrido não é implausível: Michael Drayton, poeta consagrado, era de Warwickshire e talvez, como pensam alguns, ele e Jonson podem ter ido a Stratford para o casamento de Judith. Mas não há indícios de júbilo paterno com o casamento que corroborem essa versão, e as febres normalmente não são consequência de bebedeira. A breve nota de Ward não merece mais crédito que um comentário ainda mais breve do fim do século XVII sobre os últimos dias de Shakespeare: "Morreu papista". Esse comentário, escrito por um capelão do Corpus Christi College, Oxford, chamado Richard Davies, é intrigante, dada a complicada relação de Shakespeare com o catolicismo, mas, como seu autor não oferece nenhuma prova, pode apenas refletir a ideia de que ao fim da vida Shakespeare voltara ao ponto de partida.

Mesmo deixando de lado as manobras dos grileiros, a provável decepção com a filha mais nova, a desonra de Thomas Quiney, a ira amargurada que sentia pela mulher, mesmo que se imagine a vida dele em Stratford como um mar de rosas — o grande poeta observando as frutas a amadurecer no pessegueiro numa latada, ou brincando com a neta —, é difícil fugir a uma sensação de tristeza e perda. O mago renuncia a seu dom assombroso e visionário, retira-se para seus domínios provincianos e se sujeita ao peso esmagador e glacial do cotidiano.

Ele, que imaginara a vida de reis e rebeldes, imperadores romanos e guerreiros negros; ele, que conquistara um lugar no mundo selvagem do teatro londrino, agora abraçaria a vida comum. Shakespeare encenaria um último e fantástico experimento teatral: a vida cotidiana de um cavalheiro rural, o papel que aos poucos ele construíra ao longo dos anos, com a compra da cota de armas, os investimentos, a decisão de manter a família em Stratford, o cuidadoso cultivo de antigos laços sociais. Por que teria feito isso? Em parte, por causa de uma sensação persistente de vazio. Shakespeare começou a vida com perguntas sobre sua fé, seu amor e seu papel social. Nunca encontrou nada parecido com a fé pela qual alguns de seus contemporâneos apostaram a vida. Se alguma vez foi atraído por um compromisso desse tipo, estava havia muito afastado dele. Na verdade, ele misturara sua visão teatral com as reminiscências essenciais daquela fé, mas nunca perdeu de vista a irrealidade do palco nem fingiu que suas visões literárias pudessem substituir as crenças que levaram à morte uma pessoa como Campion. E, embora ele possa ter tido breves vislumbres de êxtase, nunca encontrou e sequer conseguiu entender o amor sobre o qual escrevia e com que sonhava tão poderosamente. Da perspectiva dessa sensação de vazio — uma indicação cética de falta de fé e de amor —, seu desempenho no papel de um cavalheiro comum podia ser uma realização essencial.

Mas a dedicação ao cotidiano com certeza não é apenas uma questão de carência e compensação; é uma questão da natureza de toda a sua realização imaginativa. Ao longo de sua carreira, Shakespeare foi fascinado por ambientações exóticas, culturas arcaicas e personagens transcendentes, porém sua imaginação estava intimamente ligada ao familiar e ao íntimo. Ou melhor, ele adorava revelar a presença do comum em meio ao extraordinário. Shakespeare tem sido criticado de tempos em tempos por essa característica: pedantes azedos observaram que seus romanos de toga atiravam chapéus para cima, como se fossem operários londrinos; críticos preocupados com o decoro reclamaram que um lenço — algo em que se assoa o nariz — é um objeto vulgar demais para ser mencionado, quanto mais para ser o centro de uma tragédia; e pelo menos um grande escritor — Tolstói — achava que um Lear idoso que deambula delirando deveria ser objeto não de respeito, mas de repulsa moral e de desprezo estético.

É verdade: a imaginação de Shakespeare nunca ascendeu além do cotidiano, nunca adentrou os augustos salões da metafísica, fechando a porta ao corriqueiro. Em *Vênus e Adônis*, vemos suor na face da deusa do amor. Em *Romeu e Julieta*, enquanto os pais enlutados choram sobre o corpo sem vida de Julieta, os músicos contratados para o casamento brincam em silêncio uns com os outros à medida que guardam os instrumentos, e então decidem ficar para o jantar fúnebre. Em *Antônio e Cleópatra*, o mesmo observador que descreve a ardente Cleópatra em sua esplêndida barca pinta também um quadro bem diferente: "Uma vez a vi/ Dar quarenta saltos pela rua".[38]

---

38. "I saw her once/ Hop forty paces through the public street" (2.2.234-5).

Bem cedo na vida ele tomou uma decisão, ou talvez uma decisão foi tomada em lugar dele: ele tinha em si alguma coisa de surpreendente, mas não seria o dom do demiurgo; seria mais propriamente algo que nunca perderia de vez suas raízes. Numa carta que escreveu pouco depois de perder seu cargo em Florença e ser obrigado a ir para o campo, Maquiavel fala da repulsa pelos assuntos vulgares e jogos estúpidos que era obrigado a presenciar nas tabernas locais. Seu único alívio eram as noites, quando ele podia tirar as roupas contaminadas pela banalidade do dia. Vestido com uma rica camisa de dormir, ele tirava das estantes seus autores queridos — Cícero, Tito Lívio, Tácito — e sentia que pelo menos tinha companhia à altura de seu intelecto. Nada podia estar mais longe da sensibilidade de Shakespeare. Ele nunca deu sinais de enfado com a conversa diária, as atividades triviais e os jogos simplórios das pessoas comuns. O maior ato de seu mago Próspero foi abdicar de seus poderes mágicos e voltar ao lugar de onde viera.

Talvez Shakespeare tenha voltado para casa por alguma outra razão, um motivo que — ao contrário de todos os demais em sua vida privada — parece estar bem à vista. Todo mundo percebeu a ofensa que ele fez a Anne em seu testamento, assim como a ofensa a sua filha Judith e seu infame marido. Mas o testamento é também uma extraordinária e silenciosa declaração de amor que pode contribuir para explicar o que o levou de volta a Stratford. A mulher que mais o atraíra em toda a sua vida era vinte anos mais nova que ele: sua filha Susanna. Não pode ser por acaso que três de suas últimas peças — *Péricles, Conto de inverno* e *A tempestade* — tenham como tema central a relação pai e filha e falem de desejos incestuosos com tanta apreensão. O que Shakespeare queria era algo que só poderia ter do modo mais comum e natural: o prazer de viver perto da filha, do genro e da neta. Ele percebia que esse prazer tinha uma dimensão estranha, um tanto melancólica, uma alegria intimamente entrelaçada com renúncia — que é o âmago daquelas últimas peças. Mas é uma estranheza que se esconde dentro dos limites do cotidiano. Foi onde ele decidiu terminar seus dias.

Notas bibliográficas

Todos os estudos biográficos de Shakespeare se baseiam necessariamente na pesquisa sistemática, às vezes obsessiva, feita em arquivos, e nas especulações de muitas gerações de acadêmicos e escritores. A longa história dessa atividade é o tema de *Shakespeare's Lives*, de Samuel Schoenbaum (Nova York: Oxford University Press, 1970) e de *Reinventing Shakespeare: A Cultural History from the Restoration to the Present*, de Gary Taylor (Nova York: Weidenfeld and Nicolson, 1989). Shoenbaum se diverte relatando as extravagâncias e os absurdos da biografia de Shakespeare, mas o livro encerra pelo menos tanto volume de materiais admiráveis quanto de ridículos.

Consultei não apenas pesquisas recentes, que trouxeram à luz alguns novos detalhes curiosos sobre a vida e a época do dramaturgo, como também estudos do século xix e do início do xx. Esses estudos foram duramente atacados por C. J. Sisson em 1934 num ensaio de prestígio, "The Mythical Sorrows of Shakespeare" (in *Studies in Shakespeare: British Academy Lectures*, Peter Alexander, org. [Londres: Oxford University Press, 1964], pp. 9-32), mas estudos acadêmicos mais recentes, como *Shakespeare's Ghost Writers: Literature as Uncanny Causality*, de Marjorie Garber (Nova York: Methuen, 1987); *Puzzling Shakespeare: Local Reading and Its Discontents*, de Leah Marcus (Berkeley: University of California Press, 1988); e *Will Power: Essays on Shakespearean Authority*, de Richard Wilson (Detroit: Wayne State University Press, 1993), reavaliaram sua importância e utilidade. Entre todos eles destaca-se a obra em dois volumes de J. O. Halliwell-Phillipps, *Outlines of the Life of Shakespeare*, 10ª ed. (Londres: Longmans, 1898). Também úteis e reveladores são *Shakspere: A Critical Study of His Mind and Art*, de Edward Dowden (Londres: Henry King, 1876); *A Chronicle History of the Life and Work of William Shakespeare, Player, Poet, and Playmaker*, de Frederick Fleay (Londres: Nimmo, 1886); *A Life of William Shakespeare*, de Sidney Lee (Nova York: Macmillan, 1898); *William Shakespeare: A Critical Study*, de George Brandes (Nova York: Frederick Unger, 1898); *William Shakespeare, His Family and Friends*, de Charles Elton (Londres: John Murray, 1904); *Shakespeare's Warwickshire Contemporaries*, de Charlotte Stopes (Stratford-upon-Avon: Shakespeare Head Press, 1907); e *Shakespeare Personally*, de David Masson (Londres: Smith, Elder, 1914). Os dois volumes de *Shakespeare, Man and Artist*, de Edgar Fripp (Londres: Oxford University Press, 1938), são uma arca do tesouro caótica, cheia de informações valiosas, que garimpei repetidamente.

Entre as biografias mais recentes, a mais completa e informativa é *Shakespeare: A Life*, de Park Honan (Oxford: Oxford University Press, 1998), que consultei com frequência. A ótima coletânea de ensaios de Jonathan Bate, *The Genius of Shakespeare* (Londres: Picador, 1997), contém importantes observações biográficas, assim como *Ungentle Shakespeare: Scenes from His Life*, de Katherine Duncan-Jones (Londres: Arden Shakespeare, 2001). Entre os demais estudos biográficos que consultei estão o vívido *Shakespeare of London*, de Marchette Chute (Nova York: Dutton, 1949); *Shakespeare: His World and His Work*, de M. M. Reese (Londres: Edward Arnold, 1953); *Shakespeare: A Dramatic Life*, de Stanley Wells (Londres: Sinclair-Stevenson, 1994); *The Real Shakespeare: Retrieving the Early Years, 1564-1594*, de Eric Sams (New Haven: Yale University Press, 1995); *Shakespeare, In Fact*, de I. L. Matus (Nova York: Continuum, 1999); *William Shakespeare*, de Anthony Holden (Boston: Little, Brown, 1999); e *In Search of Shakespeare*, de Michael Wood (Londres: BBC, 2003), escrita como complemento de uma série televisiva da BBC.

Suspeitas por definição e, com muita frequência, imprecisas ao extremo, algumas das mais perspicazes reflexões sobre a vida de Shakespeare assumem a forma de ficção: *Nothing Like the Sun: A Story of Shakespeare's Love-Life*, de

Anthony Burgess (Londres: Heinemann, 1964), que também escreveu uma biografia transparente e franca (*Shakespeare* [Hammondsworth: Penguin, 1972]); *Bingo*, peça de Edward Bond (Londres: Methuen, 1974); o roteiro do filme *Shakespeare apaixonado*, de Marc Norman e Tom Stoppard (Nova York: Hyperion, 1998); e, sobretudo, o brilhante capítulo "Cila e Caríbdis" do *Ulisses* de James Joyce.

No extremo oposto do espectro, diversos livros importantes proporcionam documentos históricos fundamentais nos quais se baseiam todas as biografias de Shakespeare. Entre esses volumes, que consultei sistematicamente enquanto escrevia este livro, estão *The Shakespeare Documents: Facsimiles, Transliterations, and Commentary*, 2 vols., de B. R. Lewis (Stanford: Stanford University Press, 1940); *William Shakespeare: Records and Images*, de Samuel Schoenbaum (Nova York: Oxford University Press, 1981); *Shakespeare in the Public Records*, de David Thomas (Londres: HMSO, 1985); *Shakespeare in the Stratford Records*, de Robert Bearman (Phoenix Mill, Reino Unido: Alan Sutton, 1994); e, acima de todos, *William Shakespeare: A Documentary Life*, de Schoenbaum (Nova York: Oxford University Press, 1975; também disponível numa edição compacta de 1977).

Igualmente indispensável é o conhecimento acadêmico do incansável E. K. Chambers: os dois volumes de *William Shakespeare: A Study of Facts and Problems* (Oxford: Clarendon, 1930), riquíssimo em detalhes importantes, muitas vezes ocultos em notas de rodapé, notas e apêndices; os dois volumes do *Medieval Stage* (Londres: Oxford University Press, 1903); e o monumental *Elizabethan Stage* (Oxford: Clarendon, 1923), em quatro volumes. Os oito volumes de *Narrative and Dramatic Sources of Shakespeare*, de Geoffrey Bullough (Nova York: Columbia University Press, 1957-75), reúnem quase todas as fontes conhecidas das peças de Shakespeare, oferecendo por conseguinte um guia valioso para uma leitura abrangente e exaustiva.

Em cada capítulo deste livro estão presentes os dados cuidadosamente colhidos, editados e avaliados por Schoenbaum, Chambers e Bullough. Nas notas bibliográficas que se seguem, relacionei as outras fontes primárias e secundárias que consultei. Na medida do possível, agrupei essas fontes por assunto, na ordem em que aparecem em cada capítulo, de modo que o leitor interessado em se aprofundar em um ou outro aspecto de Shakespeare e sua época possa encontrar seu caminho na imensa floresta de recursos críticos.

Uma boa orientação sobre o conhecimento acadêmico da época de Shakespeare pode ser encontrada em duas valiosas coletâneas de ensaios, que consultei inúmeras vezes: *A Companion to Shakespeare*, David Scott Kastan, org. (Oxford: Blackwell, 1999), e *New History of Early English Drama*, John D. Cox e David Scott Kastan, orgs. (Nova York: Columbia University Press, 1997). Muitos dos ensaios desses volumes estão relacionados a tópicos que abordei.

Todas as citações das obras de Shakespeare que aparecem neste livro foram extraídas de *The Norton Shakespeare*, Stephen Greenblatt, Walter Cohen, Jean E. Howard e Katharine Eisaman Maus, orgs. (Nova York: W. W. Norton, 1997). As citações do *Rei Lear* vêm da versão textual consolidada. A edição de Oxford das peças de Shakespeare, na qual se baseia *The Norton Shakespeare*, traz um detalhadíssimo *Textual Companion*, Stanley Wells e Gary Taylor, orgs., que considero valioso, assim como os volumes publicados na série Arden Shakespeare.

1. CENAS PRIMEVAS

Sobre a escolaridade de Shakespeare, o volumoso *William Shakspere's Small Latine and Lesse Greeke*, de William Baldwin (Urbana: University of Illinois Press, 1944), em dois volumes, é abrangente, mas nebuloso e desanimador. *School in Tudor England*, de C. R. Thompson (Ithaca: Cornell University Press, 1958), é uma introdução muito útil. *The Tudor Play of Mind*, de Joel Altman (Berkeley: University of California Press, 1978), vincula sugestivamente exercícios escolares à elaboração de peças. *The Schoolmaster* (1570), de Roger Ascham, texto pedagógico elisabetano fundamental em que as peças em latim ocupam lugar de destaque, pode ser encontrado numa edição moderna, Lawrence Ryan, org. (Ithaca: Cornell University Press, 1967).

Sobre o discurso amoroso na cultura elisabetana, *Elizabethan and Metaphysical Imagery*, de Rosemond Tuve (Chicago: University of Chicago Press, 1947), é um clássico. A respeito da abrangência da produção literária no período, o brilhante e dogmático *English Literature in the Sixteenth Century, Excluding Drama*, de C. S. Lewis (Oxford: Clarendon, 1954), continua indispensável. Dentre o imenso número de estudos críticos sobre a relação de

Shakespeare com a língua, *Shakespeare's Language*, de Frank Kermode (Nova York: Farrar, Straus and Giroux, 2000), é um ponto de partida esclarecedor.

Sobre as peças de mistérios, veja-se *The Play Called Corpus Christi*, de V. A. Kolve (Stanford: Stanford University Press, 1966); *The English Mystery Plays*, de Rosemary Woolf (Berkeley: University of California Press, 1972); e *Early English Stages: 1300 to 1660*, 2ª ed., de Glynne Wickham (Nova York: Routledge, 1980). Dois livros mais antigos, *The Medieval Heritage of Elizabethan Tragedy*, de Willard Farnham (Berkeley: University of California Press, 1935), e *Mysteries' End: An Investigation of the Last Days of the Medieval Religious Stage*, de H. C. Gardiner (New Haven: Yale University Press, 1946), continuam especialmente valiosos. *Shakespeare and the Allegory of Evil*, de Bernard Spivack (Nova York: Columbia University Press, 1958), e *Shakespeare and the Popular Tradition in the Theater: Studies in the Social Dimension of Dramatic Form and Function*, de Robert Weimann (Baltimore: Johns Hopkins University Press, 1978), são guias úteis para as peças de moralidade que contribuíram para a formação de Shakespeare. "The Authority of the Globe and The Fortune", de Andrew Gurr, em *Material London, ca. 1600*, org. Lena Cowan Orlin (Filadélfia: University of Pennsylvania Press, 2000, pp. 250-67), é esclarecedor sobre o poder dos magistrados para autorizar peças. Sobre rituais sazonais, veja-se *Shakespeare's Festive Comedy: A Study of Dramatic Form and Its Relation to Social Custom*, de C. L. Barber (Princeton: Princeton University Press, 1959), e *Shakespeare's Festive World: Elizabethan Seasonal Entertainment and the Professional Stage*, de François Laroque (Cambridge: Cambridge University Press, 1993).

A hostilidade à encenação de peças, seja por colegiais ou profissionais, é explorada em *The Antitheatrical Prejudice*, de Jonas Barish (Berkeley: University of California Press, 1981). Para uma visão mais próxima da importante companhia itinerante à qual Shakespeare pode ter se associado, veja-se *The Queen's Men and Their Plays*, de Scott McMillan e Sally-Beth MacLean (Cambridge: Cambridge University Press, 1998).

Os principais relatos sobre as viagens oficiais de Elizabeth são encontrados em *The Progresses and Public Processions of Queen Elizabeth*, 3 vols., de John Nichols, org. (Londres, 1823). A carta de Robert Langham que descreve as festividades de Kenilworth está disponível numa edição moderna de R. J. P. Kuin, *Robert Langham: A Letter* (Leiden: Brill, 1983).

2. O SONHO DE REABILITAÇÃO

Sobre o ambiente provinciano de Shakespeare, *Shakespeare in Warwickshire*, de Mark Eccles (Madison: University of Wisconsin Press, 1961), propicia uma sucinta iniciação, surpreendentemente rica. C. L. Barber e Richard Wheeler fazem sugestivas reflexões psicanalíticas sobre a relação de Shakespeare com seu pai em *The Whole Journey: Shakespeare's Power of Development* (Berkeley: University of California Press, 1986) e em "Shakespeare in the Rising Middle Class", in *Shakespeare's Personality*, Norman Holland, Sidney Homan e Bernard Paris, orgs. (Berkeley: University of California Press, 1989). Sobre jargões técnicos em Shakespeare, veja-se *Shakespeare's Words: A Glossary and Language Companion*, de David Crystal e Ben Crystal (Londres: Penguin, 2002). Sobre o tema de perda e recuperação nas peças tardias de Shakespeare, veja-se *A Natural Perspective: The Development of Shakespearean Comedy and Romance*, de Northrop Frye (Nova York: Harcourt, Brace and World, 1965).

Middle-Class Culture in Elizabethan England, de L. B. Wright (Ithaca: Cornell University Press, 1935), é um guia clássico, ainda que contestado, sobre as estruturas sociais da Inglaterra elisabetana, assim como *The Crisis of the Aristocracy: 1558-1641*, de Lawrence Stone (Londres: Oxford University Press, 1986). Vejam-se também *The Gentry in England and Wales, 1500-1700*, de Felicity Heal e Clive Holmes (Basingstoke, Reino Unido: Macmillan, 1994), e *Sixteenth Century England: The Penguin Social History of Britain*, de Joyce Youings (Londres: Penguin, 1984). Sobre a classe dos *yeomen*, da qual Shakespeare descendia, veja-se *The English Yeoman under Elizabeth and the Early Stuarts*, de Mildred Campbell (New Haven: Yale University Press, 1942). Sobre o comércio de lã, veja-se *The Wool Trade in Tudor and Stuart England*, de Peter J. Bowden (Londres: Macmillan, 1962). Sobre Stratford, veja-se *Minutes and Accounts of the Corporation of Stratford-upon-Avon and Other Records, 1553-1620*, Richard Savage e Edgar Fripp, orgs. (Dugdale Society, 1921-30), complementado por um volume de mesmo título publicado por Levi Fox (Dugdale Society, 1990).

É difícil comparar os preços e salários da época de Shakespeare com os do mundo moderno, mas para um primeiro olhar veja-se a proclamação real sobre salários em Londres republicada em *The Privileged Playgoers of Shakespeare's London: 1576-1642*, de Ann Jennalie Cooke (Princeton: Princeton University

Press, 1981). E. A. J. Honigmann e Susan Brock publicaram uma edição dos testamentos de Shakespeare e seus contemporâneos no teatro londrino, *Playhouse Wills, 1558-1642* (Manchester: Manchester University Press, 1993).

3. O GRANDE MEDO

Sobre o conflito entre católicos e protestantes no século XVI, vejam-se *The Birthpangs of Protestant England*, de Patrick Collinson (Houndmills, Reino Unido: Macmillan, 1988); *Habits of Thought in the English Renaissance*, de Debora Shuger (Berkeley: University of California Press, 1990); e *The Stripping of the Altars: Traditional Religion on England c. 1400-1580*, de Eamon Duffy (New Haven: Yale University Press, 1992); todos eles propiciam pontos de orientação valiosos e diversos.

Sobre a religião de Shakespeare e sua família, o debate continua aceso. Contra a afirmação de Fripp em *Shakespeare, Man and Artist*, segundo a qual o pai de Shakespeare seria um puritano, *Shakespeare's Religious Background*, de Peter Milward (Londres: Sidgwick and Jackson, 1973), reúne argumentos a favor de seu catolicismo. O "testamento espiritual" de John Shakespeare poderia confirmar que ele era católico, mas o original se perdeu e sua autenticidade tem sido contestada. Há artigos valiosos de James McManaway, "John Shakespeare's 'Spiritual Testament'" in *Shakespeare Survey* 18 (1967): 197-205 e de F. W. Brownlow, "John Shakespeare's Recusancy: New Light on an Old Document," in *Shakespeare Quarterly* 40 (1989): 186-91. A questão da autenticidade está tratada em *Outlines of the Life of Shakespeare*, de J. O. Hallivell--Phillips (1898), 2: 399-404 e foi vigorosamente retomada por Robert Bearman em "John Shakespeare's 'Spiritual Testament': a Reappraisal" in *Shakespeare Survey* 56 (2003): 184-203, mas pesquisas mais recentes tendem a confirmar a autenticidade do documento.

O importante *Shakespeare: The Lost Years*, de E. A. J. Honigmann (Manchester: Manchester University Press, 1985), tem como foco as possíveis ligações do jovem Shakespeare com Lancashire, que continuam a ser investigadas e debatidas. *Reformation and Resistance in Tudor Lancashire*, de Christopher Haigh (Londres: Cambridge University Press, 1975), proporciona um relato valioso das lutas religiosas na região. Alguns dos achados mais interessantes sobre os estudos de Shakespeare estão relatados em "Shakespeare and the Jesuits," in *The Times Literary Supplement*, de Richard Wilson (19/12/1997): 11-3 e são explorados em *Shakespeare and the Culture of Christianity in Early Modern England*, Dennis Taylor e David N. Beauregard, orgs. (Nova York: Fordham University Press, 2003). Aqui também há pontos de vista divergentes, entre eles o que Robert Bearman apresenta em "'Was William Shakespeare William Shakeshafte?' Revisited" in *Shakespeare Quarterly* 53 (2002): 83-94. Os argumentos de Bearman são contestados por Honigmann em "The Shakespeare/Shakeshafte Question, Continued" in *Shakespeare Quarterly* 54 (2003): 83-6. Jeffrey Knapp, em *Shakespeare's Tribe* (Chicago: University of Chicago Press, 2002), afirma com exaustiva argumentação que o Shakespeare adulto se identificava com um cristianismo erasmiano de base ampla, cuidadosamente limitado a suas premissas doutrinárias centrais, tolerante para com as variadas crenças e práticas alheias a essas premissas e resolutamente comunitarista. Tive também o privilégio de ler os originais do livro *Secret Shakespeare: Studies in Theatre, Religion, and Resistance*, de Wilson (Manchester: Manchester University Press, 2004). Na opinião desse autor, o jovem Shakespeare vinculou-se de alguma forma às "células terroristas" jesuítas em Lancashire. Embora cauteloso contra o fanatismo, Shakespeare, segundo Wilson, permaneceu católico por toda a vida, e suas peças contêm mensagens católicas codificadas.

Sobre Campion, a biografia de 1867 de Richard Simpson, *Edmund Campion* (Londres: Williams and Norgate), continua respeitada; *Edmund Campion*, de Evelyn Waugh (Boston: Little, Brown, 1935) é eloquente e altamente favorável. Vejam-se também *Campion and Parsons: The Jesuits Missions of 1580-1*, de E. E. Reynolds (Londres: Sheed and Ward, 1980); *The Jesuits and the Joint Mission to England during 1580-1581*, de Malcolm South (Lewiston, NY: Mellen, 1999); e *A Jesuit Challenge: Edmund Campion's Debates at the Tower of London in 1581*, de James Holleran (Nova York: Fordham University Press, 1999).

4. NAMORO, CASAMENTO, ARREPENDIMENTO

Sobre o casamento de Shakespeare, a principal fonte continua sendo *Shakespeare's Marriage*, de J. W. Gray (Londres: Chapman and Hall, 1905). *Birth, Marriage, and Death: Ritual, Religion, and the Life-Cycle in Tudor and*

Stuart England, de David Cressy (Nova York: Oxford University Press, 1997) é um guia esclarecedor do comportamento da época em relação aos acontecimentos mais importantes da vida. Para as estimativas demográficas, baseei-me em *The Population History of England 1541-1871*, de E. A. Wrigley e R. S. Schofield (Cambridge, Mass.: Harvard University Press, 1981). O interessante romance de Anthony Burgess, *Nothing Like the Sun*, gira em torno da suposição de que Anne Whatley, de Temple Grafton, era uma pessoa real, o amor perdido de Shakespeare, e não efeito de um erro de grafia.

Sobre o retrato sentimental de Shakespeare no seio de sua família, veja-se a litografia anônima do século xix reproduzida em *William Shakespeare: Records and Images*, de Schoenbaum, p. 199. A ideia de que o soneto 145 possa ter sido um antigo poema dedicado a Anne Hathaway é discutida em "Shakespeare's First Poem: Sonnet 145", de Andrew Gurr, in *Essays in Criticism* 21 (1971): 221-6.

A segunda de minhas melhores camas é interpretada como uma "terna lembrança" por Lewis em *The Shakespeare Documents*, 2:491, que cita Joseph Quincy Adams. Para uma leitura mais realista do testamento de Shakespeare, veja-se "Shakespeare's Will and Testamentary Tradition", de E. A. J. Honigmann, in *Shakespeare and Cultural Traditions: The Selected Proceeding of the International Shakespeare Association World Congress, Tokyo, 1991*, Tetsuo Kishi, Roger Pringle e Stanley Wells, orgs. (Newark: University of Delaware, 1994), pp. 127-37. Frank Harris, em *The Man Shakespeare and His Tragic Life-Story* (Nova York: Michael Kennerley, 1909), mostra um Shakespeare consumido pela aversão que sente pela mulher. Em Harris encontrei a suposição de que a maldição lançada sobre a pessoa que removesse os ossos de Shakespeare foi uma maneira de evitar que a mulher repousasse a seu lado. Sobre o visitante do fim do século xvii a quem disseram que a maldição era o último poema de Shakespeare, ver *William Shakespeare*, de Chambers, 2:259.

5. A TRAVESSIA DA PONTE

Sobre a caça (e sua variante ilegal, a caça clandestina), veja-se *Shakespeare and the Hunt: A Cultural and Social Study*, de Edward Berry (Cambridge: Cambridge University Press, 2001). A visão irônica de Samuel Schoenbaum sobre Thomas Lucy se acha em *William Shakespeare: A Documentary Life*, p. 107. Há um capítulo sugestivo sobre Somerville em *Shakespeare's Warwickshire Contemporaries*, de Charlotte Stopes. Em *Secret Shakespeare*, Richard Wilson retoma a teoria, enunciada anteriormente pelo crítico vitoriano Richard Simpson, de que Somerville não era um lunático solitário, mas membro de uma conspiração séria. Nessa versão, ele não teria cometido suicídio na torre, porém sido assassinado por outros conspiradores para evitar que revelasse fatos incriminadores no momento da execução. (Não fica claro por que ele esperaria até esse instante.) Em algum momento antes de escrever *Hamlet* (1600-01), Shakespeare provavelmente leu *Of Prayer and Meditation*, de Luis de Granada (1582), mas o vínculo com Somerville não deve ser exagerado: há outra edição da obra de Granada publicada em 1599 sem a incendiária dedicatória de Richard Harris que levou Somerville a sua decisão fatal.

Sobre as turnês, os volumes dos *Records of Early English Drama* (Toronto: University of Toronto Press, 1979-), que continuam sendo publicados, são inestimáveis. "Touring", de Peter Greenfield, in *New History of Early English Drama,* John D. Cox e David Scott Kastan, orgs. (Nova York: Columbia University Press, 1997), pp. 251-68; e "The Players on Tour", de Sally-Beth MacLean, in *Elizabethan Theatre*, vol. 10, C. E. McGee, org. (Port Credit, Ontario: P. D. Meany, 1988), pp. 55-72, é útil e sugestivo. Sobre a possível relação de Shakespeare com os Homens da Rainha, veja-se *The Queen's Men and Their Plays*, de McMillan e MacLean.

Sobre a impressão que Londres causava nos visitantes de primeira viagem, o ponto de partida é *England as Seen by Foreigners*, de William Rye (Londres: John Russell Smith, 1865). Vejam-se também *London 1500-1700: The Making of a Metropolis*, de A. L. Beier and Roger Finlay, orgs. (Londres: Longman, 1986); *Tudor London Visited*, de N. L. Williams (Londres: Cassell, 1991); *Literature and Culture in Early Modern London*, de Lawrence Manley (Cambridge: Cambridge University Press, 1995), e "London's Dominion: The Metropolis, the Market Economy, and the State", de David Harris Sacks, in *Material London, ca. 1600*, pp. 20-54. A caracterização de Londres como "a feira que dura o ano inteiro" é citada por Sacks.

Uma primeira fonte essencial para este capítulo e o seguinte é o *Survey of London*, de John Stow, publicado em 1598 e disponível numa edição moderna organizada por C. L. Kingsford (Oxford: Clarendon, 1971).

Sobre o conceito legal de "benefício do clero", veja-se meu "What Is the

History of Literature?", in *Critical Inquiry* 23 (1997): 460-81. Sobre o conceito de "sorte moral", veja-se Bernard Williams, *Moral Luck: Philosophical Papers, 1973-1980* (Cambridge: Cambridge University Press, 1981).

6. A VIDA NOS SUBÚRBIOS

Ian Archer fez um valioso relato da Londres da época em "Shakespeare's London", in *A Companion to Shakespeare*, David Scott Kastan, org. (Oxford: Blackwell, 1999), pp. 43-56. Sobre a "área de entretenimento" de Londres, veja-se *The Place of the Stage: License, Play, and Power in Renaissance England*, de Steven Mullaney (Chicago: University of Chicago Press, 1987). Sobre a arena de ursos, vejam-se "The Master of the Bears in Art and Enterprise", de S. P. Cerasano, *Medieval and Renaissance Drama in England* 5 (1991): 195-209; e "When Theaters Were Bear-Gardens; or, What's at Stake in the Comedy of Manners", de Jason Scott-Warren, in *Shakespeare Quarterly* 54 (2003): 63-82. O espectador que se divertiu com o espetáculo do macaco montado no pônei foi o secretário espanhol do duque de Najera, que visitou Henrique VIII em 1544 (citado por Chambers em *Elizabethan Stage*, de onde vieram também a citação de Dekker e o relato sobre o espetáculo em Southwark).

Um comerciante de produtos fúnebres de meados do século XVI fez um arrepiante relato do "teatro das punições" em Londres: *The Diary of Henry Machyn, Citizen and Merchant-Taylor of London, from A.D. 1550 to A.D. 1563*, John Gough Nichols, org. (Londres: Camden Society, 1848). O diário de Machyn termina antes do nascimento de Shakespeare, mas não há indício de uma redução substancial nos castigos que ele vê com tanta frequência.

Sobre o projeto e o funcionamento das principais casas de espetáculos de Londres na época de Shakespeare, vejam-se, além de *Elizabethan Stage*, de Chambers, *Shakespeare's Playhouses*, de Herbert Berry (Nova York: AMS Press, 1987); *The Shakespearean Stage, 1574-1642*, 3ª ed., de Andrew Gurr (Cambridge: Cambridge University Press, 1992); *The Business of Playing: The Beginnings of Adult Professional Theater in Elizabethan London*, de William Ingram (Ithaca: Cornell University Press, 1992); e *Shakespeare by Stages*, de Arthur Kinney (Oxford: Blackwell, 2003). Muitos dos detalhes sobre a arquitetura teatral e as finanças das companhias continuam em discussão.

Uma fonte famosa para estudos elisabetanos é o minucioso livro contábil do empresário Philip Henslowe. O livro, *Henslowe's Diary*, foi editado por R. A. Foakes (2ª ed.; Cambridge: Cambridge University Press, 2002). Mesmo com esses registros bastante detalhados, é difícil compreender o significado dos lançamentos na época. Para isso, são utilíssimos *Playing Companies and Commerce in Shakespeare's Time*, de Roslyn L. Knutson (Cambridge: Cambridge University Press, 2001); *The Profession of Dramatist in Shakespeare's Time, 1590-1642*, de G. E. Bentley (Princeton: Princeton University Press, 1971); e "Commerce and Patronage: The Lord Chamberlain's Men's Tour of 1597", de Peter Davison, in *Shakespeare Performed*, Grace Ioppolo, org. (Londres: Associated University Presses, 2000), pp. 58-9.

Os ataques de Northbrooke e Gosson ao teatro, além do diálogo irônico de Florio, estão reunidos, convenientemente, em *Elizabethan Stage*, de Chambers. Há um excelente relato das ansiedades dos funcionários do governo da era elisabetana em *Treason in Tudor England: Politics and Paranoia*, de Lacey Baldwin Smith (Princeton: Princeton University Press, 1986). Sobre as tentativas do governo de controlar o teatro, vejam-se *Mastering the Revels*, de Richard Dutton (Londres: Macmillan, 1991) e *"Art Made Tongue-Tied by Authority": Elizabethan and Jacobean Dramatic Censorship*, de Janet Clare (Nova York: St. Martin's, 1990).

Todas as citações de peças de Christopher Marlowe, à exceção de *Tamerlão parte 2*, foram retiradas de *English Renaissance Drama*, David Bevington, Lars Engle, Katharine Eisaman Maus e Eric Rasmussen, orgs. (Nova York: W. W. Norton, 2002). A citação de *Tamerlão parte 2* vem de *Plays*, de Christopher Marlowe, David Bevington e Eric Rasmussen, orgs. (Oxford: Oxford University Press, 1998). A vasta literatura crítica sobre a influência de Marlowe sobre Shakespeare inclui um artigo esclarecedor de Nicholas Brooke, "Marlowe as Provocative Agent in Shakespeare's Early Plays", in *Shakespeare Survey* 14 (1961): 34-44.

Com relação a Edward Alleyne, veja-se "Edward Alleyn: 1566-1626", de S. P. Cerasano, in *Edward Alleyn: Elizabethan Actor, Jacobean Gentleman*, Aileen Reid and Robert Maniura, orgs. (Londres: Dulwich Picture Gallery, 1994), pp. 11-31. Não há provas de que Edward Alleyn tenha sido o primeiro Tamerlão, mas ele ficou famoso pelo papel, e a referência que Nashe faz a ele em 1589, como o Roscius dos atores da época, leva a crer que tenha interpretado o personagem.

No tocante à atitude de Shakespeare em relação ao livro impresso, vejam-se *Shakespeare and the Book*, de David Scott Kastan (Cambridge: Cambridge University Press, 2001), e *The First Folio of Shakespeare*, 2ª ed., de Peter W. M. Blayney (Nova York: W. W. Norton, 1996). Sobre as leituras de Shakespeare, além dos oito volumes da *Narrative and Dramatic Sources of Shakespeare*, de Bullough, utilizei *Shakespeare's Books: A Dissertation on Shakespeare's Reading and the Immediate Sources of His Works*, de Henry Anders (Berlim: Reimer, 1904); *The Sources of Shakespeare's Plays*, de Kenneth Muir (Londres: Methuen, 1977); *Shakespeare's Reading*, de Robert S. Miola (Oxford: Oxford University Press, 2000), e "What Did Shakespeare Read?", de Leonard Barkan, in *Cambridge Companion to Shakespeare*, Margareta de Grazia e Stanley Wells, orgs. (Cambridge: Cambridge University Press, 2001), pp. 31-47.

7. SHAKESPEARE SACODE A CENA

Sobre o mundo competitivo em que Shakespeare trabalhava, vejam-se James Shapiro, *Rival Playwrights: Marlowe, Jonson, Shakespeare* (Nova York: Columbia University Press, 1991) e James Bednarz, *Shakespeare and the Poets' War* (Nova York: Columbia University Press, 2001). No que tange às colaborações que coexistiam com as rivalidades, vejam-se Jeffrey Masten, *Textual Intercourse: Collaboration, Authorship, and Sexualities in Renaissance Drama* (Cambridge: Cambridge University Press, 1997); Jonathan Hope, *The Authorship of Shakespeare's Plays: A Socio-Linguistic Study* (Cambridge: Cambridge University Press, 1994) e Brian Vickers, *Shakespeare, Co-Author: A Historical Study of Five Collaborative Plays* (Oxford: Oxford University Press, 2002). É curioso que as cinco peças a que Vickers dedica seu alentado estudo — *Tito Andrônico, Timão de Atenas, Péricles, Henrique VIII* e *Os dois nobres parentes* — estejam, por folgado consenso, entre as mais fracas que levam a assinatura de Shakespeare. Assim, o efeito colateral do mais recente estudo sobre colaboração vem reforçar a ideia tradicional sobre a singularidade do gênio criativo de Shakespeare.

Bentley, *The Profession of Dramatist in Shakespeare's Time, 1590-1642;*

Peter Thompson, *Shakespeare's Professional Career* (Cambridge: Cambridge University Press, 1992); Andrew Gurr, *The Shakespearian Playing Companies* (Oxford: Clarendon, 1996) e Knutson, *Playing Companies and Commerce in Shakespeare's Time*, são obras úteis e informativas sobre a maneira como Shakespeare e seus contemporâneos organizavam e conduziam sua vida profissional. Ainda que nem sempre confiável, T. W. Baldwin, em *The Organization and Personnel of the Shakespearean Company* (Princeton: Princeton University Press, 1927), proporciona muitas informações fundamentais. T. J. King, *Casting, Shakespeare's Plays: London Actors and Their Roles, 1590-1642* (Cambridge: Cambridge University Press, 1992); Tiffany Stern, *Rehearsal from Shakespeare to Sheridan* (Oxford: Oxford University Press, 2000) e David Bradley, *From Text to Performance in the Elizabethan Theatre: Preparing the Play for the Stage* (Cambridge: Cambridge University Press, 1992), são esclarecedores, como também o é G. E. Bentley, *The Profession of Player in Shakespeare's Time, 1590-1642* (Princeton: Princeton University Press, 1984). Em *Shakespeare as Literary Dramatist* (Cambridge: Cambridge University Press, 2003), Lukas Erne sustenta que Shakespeare estava mais interessado na impressão de suas peças, assim como na montagem delas, do que os estudiosos normalmente admitem.

Sobre Shakespeare como ator, veja-se Meredith Skura, *Shakespeare the Actor and the Purposes of Playing* (Chicago: University of Chicago Press, 1993). David Wiles, *Shakespeare's Clown: Actor and Text in the Elizabethan Playhouse* (Cambridge: Cambridge University Press, 1987), e David Mann, *The Elizabethan Player: Contemporary Stage Representation* (Londres: Routledge, 1991), são úteis, bem como Jean Howard, *The Stage and Social Struggle in Early Modern England* (Londres: Routledge, 1994).

O extraordinário talento de Shakespeare não escapou a seus contemporâneos e rivais. Para algumas de suas reações, vejam-se E. A. J. Honigmann, *Shakespeare's Impact on His Contemporaries* (Londres: Macmillan, 1982), e os dois volumes de *Shakspere Allusion-Book: A Collection of Allusions to Shakspere from 1591 to 1700,* John Munro, org. (Londres: Oxford University Press, 1932). Emrys Jones, em *The Origins of Shakespeare* (Oxford: Clarendon, 1977), é esclarecedor sobre o desabrochar de seu talento.

A vida estranha e violenta de Marlowe foi tema de muitas biografias, entre as quais se inclui o cativante e especulativo *The Reckoning: The Murder of*

Christopher Marlowe, de Charles Nicholl (Londres: Jonathan Cape, 1992); *Chirstoper Marlowe: A Renaissance Life*, de Constance Kuriyama (Ithaca: Cornell University Press, 2002), e *The World of Christopher Marlowe*, de David Riggs (Londres: Faber, 2004). *Greene's Groatsworth of Wit, Bought with a Million of Repentance* (1592) é acessível numa edição bastante informativa de D. Allen Carroll (Binghamton: Center for Medieval and Early Renaissance Studies, 1994).

8. SENHOR-SENHORA

Sobre Southampton como o belo jovem dos sonetos, veja-se principalmente G. P. V. Akrigg, *Shakespeare and the Earl of Southampton* (Cambridge, MA: Harvard University Press, 1968). Sobre a carreira do possível intermediário, veja-se Frances Yates, *John Florio: The Life of an Italian in Shakespeare's England* (Cambridge: Cambridge University Press, 1934).

Joel Fineman, que tinha pouco ou nenhum interesse pela biografia de Shakespeare, escreveu, na minha opinião, o mais profundo estudo dos sonetos do ponto de vista psicológico, *Shakespeare's Perjured Eye* (Berkeley: University of California Press, 1986). As edições dos sonetos preparadas por Stephen Booth (New Haven: Yale University Press, 1977), Katherine Duncan-Jones (Arden Shakespeare, 1997) e Colin Burrow (Oxford Shakespeare, 2002) são ricas em comentários, da mesma forma que *The Art of Shakespeare's Sonnets*, de Helen Vendler (Cambridge, MA: Harvard University Press, 1997). Duncan-Jones enumera em detalhes as identificações conflitantes das principais figuras da sequência. Em *Shakespeare and the Goddess of Complete Being* (Londres: Faber and Faber, 1992), Ted Hughes escreve páginas brilhantes sobre *Vênus e Adônis*, que no seu entender é a chave de toda a obra poética de Shakespeare. *Politics, Plague, and Shakespeare's Theater: The Stuart Years*, de Leeds Barroll (Ithaca: Cornell University Press, 1991), fala das circunstâncias que levaram ao fechamento dos teatros por questões de saúde pública. Em "Elizabethan Protest, Plague, and Plays: Rereading the 'Documents of Control'", in *English Literary Renaissance* 26 (1996): 17-45, Barbara Freedman rebate a ideia de que o fechamento devido à peste era sempre obrigatório.

O homoerotismo da sequência de sonetos de Shakespeare foi registrado com escândalo pelo menos até o século XVIII, quando o editor George Steevens afirmou que "é impossível ler [a sequência] sem uma mistura equitativa de repulsa e indignação". Sobre o complicado ambiente erótico em que Shakespeare vivia, trabalhava e supostamente amava, vejam-se Stephen Orgel, *Impersonations: The Performance of Gender in Shakespeare's England* (Cambridge: Cambridge University Press, 1996); Alan Bray, *Homosexuality in Renaissance England*, 2ª ed. (Nova York: Columbia University Press, 1995), e Bruce R. Smith, *Homosexual Desire in Shakespeare's England: A Cultural Poetics* (Chicago: University of Chicago Press, 1991), assim como *Shakespeare and Masculinity*, de Smith (Nova York: Oxford University Press, 2000). O capítulo sobre os sonetos, no livro de Eve Kosofsky Sedgwick, *Between Men: English Literature and Male Homosocial Desire* (Nova York: Columbia University Press, 1985), também é extremamente interessante.

9. RISO AO PÉ DO CADAFALSO

Em *Shakespeare and the Jews* (Nova York: Columbia University Press, 1996), James Shapiro afirma que na época de Shakespeare existia em Londres uma significativa colônia judaica, ainda que clandestina. Embora essa afirmação seja duvidosa, Shapiro oferece muitos indícios do amplo interesse pelos judeus durante o reinado de Elizabeth e o de Jaime. Vejam-se também David S. Katz, *The Jews in the History of England, 1485-1850* (Nova York: Oxford University Press, 1994), e Laura H. Yungblut, *Strangers Settled Here Amongst Us: Policies, Perceptions, and the Presence of Aliens in Elizabethan England* (Londres: Routledge, 1996).

Em "'There Is a World Elsewhere': William Shakespeare, Businessman", in *Images of Shakespeare: Proceedings of the Third Congress of the International Shakespeare Association, 1986*, Werner Habich, D. J. Palmer e Roger Pringle, orgs. (Newark: University of Delaware Press, 1988), pp. 40-6, E. A. J. Honigmann analisa o envolvimento de Shakespeare com agiotagem e outros empreendimentos comerciais, como faz William Ingram em "The Economics of Playing", in *A Companion to Shakespeare*, David Scott Kastan, org. (Oxford: Blackwell, 1999), pp. 313-27.

Sobre o único manuscrito ainda existente que pode conter cenas escritas de próprio punho por Shakespeare, vejam-se Scott McMillin, *The Elizabethan Theatre and "The Book of Sir Thomas More"* (Ithaca: Cornell University Press, 1987), e T. H. Howard-Hill, org., *Shakespeare and Sir Thomas More: Essays on the Play and Its Shakespearian Interest* (Cambridge: Cambridge University Press, 1989). A data da criação de *Sir Thomas More* e a da participação de Shakespeare no projeto são desconhecidas. O roteiro pode ter sido esboçado por Anthony Munday e outros em 1592-93 ou 1595, à época da mobilização contra "estrangeiros"; Shakespeare talvez tenha participado desde o começo ou, como parece mais provável, teria feito acréscimos mais tarde, em 1603 ou 1604, em mais uma tentativa de fazer a censura permitir a encenação da peça.

Indícios diretos do envolvimento pessoal de Shakespeare com a comunidade de "estrangeiros" de Londres datam do início do século XVII. Em 1604, e provavelmente um pouco antes, ele viveu em cômodos alugados na esquina das ruas Mugwell e Silver. Seus vizinhos de moradia eram Christopher Mountjoy, um francês protestante, e sua mulher, Marie. Mountjoy tinha fugido para a Inglaterra em decorrência da Noite de São Bartolomeu em 1572 e teve sucesso como fabricante de perucas e adereços de cabeça para senhoras. Em 1612, Shakespeare depôs como testemunha num processo em que Mountjoy e seu genro, Stephen Belott, se enfrentavam. Belott dizia que o sogro lhe prometera sessenta libras na ocasião do casamento e uma herança de duzentas libras. Ambas as partes afirmavam que em 1604 Shakespeare tinha ajudado a convencer o jovem, a pedido dos futuros sogros, a desposar a filha de Mountjoy e que, por conseguinte, conhecia os termos do acordo feito nessa ocasião. Em seu depoimento, Shakespeare falou bem dos Mountjoy e de Belott, que, como disse, conhecia "havia dez anos ou algo assim", mas declarou sob juramento que não se lembrava dos termos financeiros estabelecidos no acordo de casamento. Os documentos do processo foram desenterrados em 1909. Há um bom apanhado deles em *Records and Images*, de Samuel Scheonbaum, e em *Shakespeare: A Life*, de Park Honan.

10. FALANDO COM OS MORTOS

Com relação ao desenvolvimento do solilóquio shakespeariano, veja-se Wolfgang Clemen, *Shakespeare's Soliloquies*, tradução de C. S. Stokes (Londres:

Methuen, 1987). Sobre a criação e recriação de *Hamlet* e de outras peças, veja--se John Jones, *Shakespeare's at Work* (Oxford: Clarendon, 1995). No tocante ao impacto da morte de Hamnet sobre Shakespeare, ver a arguta exposição psicanalítica de Richard P. Wheeler, "Death in the Family: The Loss of a Son and the Rise of Shakespearean Comedy", in *Shakespeare Quarterly* 51 (2000): 127-53. Em *Hamlet in Purgatory* (Princeton: Princeton University Press, 2001), escrevi exaustivamente sobre as consequências que teve sobre Shakespeare a mudança na relação entre os vivos e os mortos. Veja-se também Roland M. Frye, *The Renaissance Hamlet: Issues and Responses in 1600* (Princeton: University Press, 1984). Sobre questões históricas, culturais e teológicas mais amplas, veja-se Theo Brown, *The Fate of the Dead: A Study of Folk-Eschatology in the West Country after the Reformation* (Ipswich, Reino Unido: D. S. Brewer, 1979); Clare Gittings, *Death, Burial, and the Individual in Early Modern England* (Londres: Croom Helm, 1984); Julian Litten, *The English Way of Death: The Common Funeral since 1450* (Londres: R. Hale, 1991); Cressy, *Birth, Marriage, and Death*; e Duffy, *The Stripping of the Altars*.

11. O REI E OS FEITIÇOS

Em *Shakespeare, the King's Playwright: Theater in the Stuart Court, 1603--1613* (New Haven: Yale University Press, 1995), Alvin Kernan discute a relação de Shakespeare com o rei Jaime. Sobre a relação entre *Macbeth* e o Complô da Pólvora, vejam-se Henry Paul, *The Royal Play of Macbeth* (Nova York: Macmillan, 1950) e Garry Wills, *Witches and Jesuits: Shakespeare's Macbeth* (Nova York: Oxford University Press, 1995). Quanto à conspiração de Gowrie, veja-se Louis Barbé, *The Tragedy of Gowrie House* (Londres: Alexander Gardner, 1887). O *Malleus maleficarum* de Kramer e Sprenger está disponível em tradução e edição em inglês (1928; repr., Nova York: Dover, 1971) de Montague Summers, que também editou *Discoverie of Witchcraft*, de Reginald Scot (1930; repr., Nova York: Dover, 1972). Especialmente úteis com relação ao lugar do ocultismo na mentalidade do período são Keith Thomas, *Religion and the Decline of Magic* (Londres: Weidenfeld and Nicolson, 1971), e Stuart Clark, *Thinking with Demons: The Idea of Witchcraft in Early Modern Europe* (Oxford: Clarendon, 1997). Em "Shakespeare Bewitched", in *New Historical Literary*

Study: Essays on Reproducing Texts, Representing History, Jeffrey N. Cox e Larry J. Reynolds, orgs. (Princeton: Princeton University Press, 1993), pp. 108-35, discuto em profundidade a relação de Shakespeare com a caça às bruxas.

12. O TRIUNFO DO COTIDIANO

Shakespeare at the Globe, de Bernard Beckerman (Nova York: Macmillan, 1962) e *Shakespeare's Blackfriars Playhouse: Its History and Its Design*, de Irwin Smith (Nova York: New York University Press, 1964), são introduções extremamente úteis aos principais teatros de Shakespeare na última parte de sua carreira. Sobre a encenação, *A Dictionary of Stage Directions in English Drama, 1580-1642*, de Alan Dessen e Leslie Thomsons (Cambridge: Cambridge University Press, 1999), é esclarecedor, assim como *Elizabethan Stage Convention and Modern Interpreters*, de Dessen (Cambridge: Cambridge University Press, 1984). O relato do incêndio do Globe em carta datada de 2 de julho de 1613, escrita por sir Henry Wotton a seu sobrinho sir Edmund Bacon, é citado por Chambers em *Elizabethan Stage*, 4: 419-20.

Crédito das imagens

1. Cortesia da W. W. Norton & Company.
2. V&A Images/Victoria and Albert Museum, Londres.
3. Com permissão da Folger Shakespeare Library.
4. Maya Vision International/David Wallace.
5. Com permissão do Governors of Stonyhurst College.
6. Com permissão da Shakespeare Birthplace Trust.
7. Com permissão da Bridgeman Art Library.
8. Com permissão da Folger Shakespeare Library.
9. Com permissão da Folger Shakespeare Library.
10. Com permissão da Folger Shakespeare Library.
11. Com permissão da Bridgeman Art Library.
12. *Putative portrait of Christopher Marlowe*, 1585. Reproduzida com permissão de Master and Fellows of Corpus Christi College, Cambridge.
13. London Metropolitan Archives.
14. Com permissão da Folger Shakespeare Library.

15. University Library, Utrecht, MS 842, fol. 132r.

16. The British LibraryBoard. Harley MS 7368 f. 9ª.

17. The Huntington Library, San Marino, Califórnia.

18. Com permissão da Folger Shakespeare Library.

19. Com permissão da Folger Shakespeare Library.

20. Com permissão da Folger Shakespeare Library.

21. The British Library Board. Ashley MS 617.

22. National Portrait Gallery, Londres.

23. Com permissão da Bridgeman Art Library.

24. Cortesia do International Shakespeare Globe Center. Fotografia de John Tramper.

Índice remissivo

Aarão, o mouro (personagem), 30
ABC e o Catecismo, O, 21
abstrações personificadas: nas peças de moralidade, 27, 28; Shakespeare e o uso de, 29
açoite, 23, 28, 88, 152, 179; como entretenimento público, 179
acordo de manutenção, 367, 368, 369
Acts and Monuments (Foxe), 160
Adams, Joseph Quincy, 147, 407
Addenbrooke, John, 371
adereços, 25, 83, 239, 373, 415
Adônis (personagem), 126, 244, 245, 246, 248
Adriana (personagem), 129
adultério: na vida cortesã, 236; nos sonetos, 144, 259
Agincourt, 225, 304, 316
agiotagem, 56, 271, 275, 276, 277, 414; John Shakespeare e a, 56, 276; judeus e a, 265, 275, 276, 288; Shakespeare e a, 276
Aglionby, Edward, 39
Aguecheek, sir Andrew (personagem), 69
aia (personagem), 121

alaúde, 73, 75; Shakespeare como estudante de, 75, 150
Alba (Burton et al.), 339
Albany, duque de (personagem), 126
Albion's England, 318
Aldgate, 164, 166
alegres comadres de Windsor, As (Shakespeare), 63, 134, 155, 156, 157, 178, 216, 296, 337; pedido de Elizabeth, 224
Alemanha, 91, 271
Allen, Giles, 297
Allen, William, cardeal, 109
Alquimista, O (Jonson), 167
alta corte de justiça, 61
América, 72
Amleth (personagem), 310, 312
Andrew, sir *ver* Aguecheek, sir Andrew (personagem)
Ângelo (personagem), 30, 109, 136
Anne da Dinamarca, rainha da Inglaterra, 339, 353, 357
Anne, lady (personagem), 125
Annesley, Cordell, 365
Annesley, sir Brian, 365, 366

Antígona (Sófocles), 201, 209
Antígono (personagem), 84
Antônio (personagem *Antônio e Cleópatra*), 66, 144, 148, 251, 378
Antônio (personagem de *A tempestade*), 384
Antônio (personagem de *O mercador de Veneza*), 261, 276, 284, 286, 288, 290
Antônio e Cleópatra (Shakespeare), 66, 302, 377, 397; em First Folio, 16; embriaguez em, 66; fontes de, 195, 302; maiores amantes de Shakespeare em, 144, 148
aposentadoria: em *Rei Lear*, 133, 366, 367, 368, 369, 377, 382; projeto de Shakespeare para a, 364, 369, 377, 378; renúncia de Próspero e a, 382, 383, 384, 385, 390, 391; volta de Shakespeare a Stratford na, 145, 146, 147, 148, 149, 210, 386, 388, 389, 391, 392, 393, 395, 396, 397, 398
arco e flecha, como lazer público, 177
Arden, Edward, 57, 158, 159, 161, 175
Arden, família, 57, 75, 85, 101, 118, 159
Arden, Mary (mulher de Edward), 161
Arden, Mary *ver* Shakespeare, Mary
Arden, Robert, 57, 80
arena de bois: entretenimento elisabetano da, 178, 179; peças dividindo espaço com, 183
arenas de ursos, 375; como entretenimento público, 178, 179, 180; entretenimento elisabetano da, 178, 179; peças dividindo espaço com, 183; suspensão das, 239
Aretino, 209
Ariel (personagem), 382
Árion, 43, 44, 45, 46, 51
Ariosto, 349
Aristóteles, 303
Armado (personagem), 122
armas, 73, 74, 298
Armin, Robert, 299
Asbies (fazenda), 57, 59
Ascham, Roger, 20, 402
Aspinall, Alexander, 53
Astrophil and Stella (Sidney), 129
atores, 167; aprendizado teatral e, 72; baixa extração social dos, 73, 74, 78, 205, 206, 207; como vagabundos, 77, 88; Greene, desprezo pelos, 205, 206, 207, 213; Lancashire, grupos de, 103, 104; memória e improvisação entre os, 164, 301; "rolos" e, 301; técnicas e talento dos, 72, 73; turnê, 25, 26, 27, 28, 29, 185, 189, 295, 374; *ver também* atores e companhias específicos
"Atores de sir Thomas Lucy", 160
Aubrey, John, 52, 53, 69, 88, 145, 210, 338
auditórios públicos, 185
Aufídio (personagem), 126
Austen, Jane, 133
Autólico (personagem), 379, 381
Auvergne, condessa de (personagem), 199

Bacon, Francis, 208, 258, 279
bailios, jurisdição dos, 58
Baldwin, William, 196
Bale, John, 90
Ball Facada, 206, 217
Ball, Em, 206
bandurria, 73
Bankside, 201, 207, 298, 376
Banquo, 340, 342, 343, 347, 355
Banquo (personagem), 138, 343, 356, 357
Bardolfo (personagem), 219, 225
Barnstaple, 374
Barrabás (personagem), 262, 270, 272, 275, 283, 287
Bartholomew Fair (Jonson), 167, 183
Barton-on-the-Heath, 59, 67, 68
Bassânio (personagem), 135, 276, 285
bastardia, 30, 122, 366
Batalha de Alcazar, A (Peele), 203
Bath e Wells, bispos de, 165
Beatrice (personagem), 134, 135, 181, 263, 296, 304
Bedford, conde de, 113
Beeston, Christopher, 88
Beeston, William, 88
Bela Em, A, 260
Belleforest, François de, 302, 311
Belott, Stephen, 415
Benedick (personagem), 134, 135, 181, 263, 264, 296, 304
"benefício do clero", 173

Berço da segurança, O, 26, 30
Bertram (personagem), 123
Bertram, conde (personagem), 136
Bíblia, 90, 91, 265; em inglês, 32; hebraica, 265; Novo Testamento, 91, 273; Velho Testamento, 273, 285
bilheteria, 186
Birmingham, 57
Bishopsgate, 184, 370
Bishopton, 392
Blackfriars, 195, 299; casa de Shakespeare em, 388, 395
Blackfriars Theater, 375, 376, 388
Blunt, sir Walter (personagem), 223
Boato (personagem), 29
Bolena, Ana (personagem), 54
boliche, imagem do jogo de, 177
Bolingbroke (personagem de *Henrique IV*), 306
bordéis, 29, 177, 182, 183, 220
Borromeo, Carlo, cardeal, 100, 101
Bottom, Nick (personagem), 31, 32, 49
Brabâncio (personagem), 126, 133
Bradley, William, 202
Brasil, 202
"Bravata de Campion, A", 106
Brayne, John, 183, 184, 186
Bretchgirdle, John, 93, 95
Bridewell, prisão de: castigos públicos na, 179
British Library, 267
Brooke, Ralph, 79
Bruno, Giordano, 195
Brutus (personagem), 127, 128, 307, 308, 309, 310, 315
bruxas, 140, 263, 341, 342, 349, 350, 351, 352, 353, 354, 355, 357, 359, 360, 361, 362, 417
Bryan, George, 104, 278
bubônica, peste, 260; crenças elisabetanas sobre a, 176; em Londres, 164, 277; em Stratford, 93; fechamento do Theater e a, 238, 239, 243, 277, 374
bulas papais, 92, 99
Bull, Eleanor, 272
Burbage, James, 184, 186, 297, 375, 376

Burbage, Richard, 199, 278
Burgess, Anthony, 124, 401, 407
Burghley, William Cecil, lorde, 230, 231, 238, 244, 278
Burton, Robert, 339

caça ao cervo, 151, 152, 153
Cada homem com seu humor (Jonson), 336, 373
Cada homem sem seu humor (Jonson), 79, 336
Cade, Jack (personagem), 38, 168, 170, 197
Calibã (personagem), 382
Calvino, João, 195
camarim, 185
Cambridge, Universidade de, 23, 63, 89, 96, 114, 230, 318, 349; gênios universitários em, 194, 203, 204, 207, 209, 220, 228, 261, 273
Camden, William, 281
Campion, Edmund, 96, 101, 105, 106, 107, 108, 109, 110, 111, 112, 113, 114, 115, 116, 117, 118, 150, 157, 397, 406
Canárias, Ilhas, 202
Cantuária, 91, 164, 177
Cantuária, arcebispo de *ver* Cranmer, Thomas
"Capela da Guilda, reparo" da, 94
Cardênio (Shakespeare), 378, 381
Carlos, príncipe, 340
carpintaria teatral, 29
carpinteiros, 33, 34, 49, 165
casamento: banquete nupcial e, 38; casais desajustados no, 136; ideias de felicidade no, 128, 129; na literatura, 133
casas de diversão *ver* bordéis
Castelo da perseverança, O, 28
Catesby, sir William, 101
Catherine (personagem de Henrique V), 64
católicos, catolicismo, 57, 92-116; crenças sobre a morte, 319, 320, 321, 322, 323; destruição protestante de ritos e objetos dos, 89, 90; do mestre escola de Shakespeare *ver* Hunt, Simon; Jenkins, Thomas; Elizabeth como obstáculo à restau-

ração do, 92; festivais tradicionais e, 35; John Shakespeare e o, 100, 101, 102, 113, 118, 161, 322, 323, 324, 327; judaísmo e, 266; Mary Shakespeare e, 99, 100, 101, 118, 161, 322, 323; padres, 91, 93, 94, 97, 98, 99; padres escondidos por, 103, 107, 158, 159, 161; perseguição de, 99, 100, 101, 114, 115, 158, 159, 160, 161, 162; rebelião incitada entre, 98, 99; remanescentes, 89, 90; Shakespeare e o, 89, 103, 107, 108, 113, 114, 115, 150, 159, 162, 163, 324, 325, 327, 328, 396; símbolos religiosos do, 100; supostas conspirações de, 106, 161, 162, 273, 279, 343, 344; visto como mácula, 21

cavalheiro: aspiração de John Shakespeare a ser, 76, 77, 78, 79, 80, 81; aspiração de Shakespeare a ser, 38, 75, 77, 78, 79, 80, 85, 150, 205, 387, 396; como papel de atores, 73, 74; como pretensão de Greene, 205, 207

"cavalheiros, salões de", 186

Cavendish, Thomas, 202

Cecil, Robert, 278

Célia (personagem), 167

cenário, 13, 114, 128, 171, 185, 339

cercamento, impacto econômico do, 392

César, Júlio (personagem), 66, 149, 170, 308

Cesário (personagem) *ver* Viola (personagem)

"céu", 184

Chapman, 235, 406

Charing Cross, 168

Chark, William, 114

Charlecote, 58, 93, 151, 152, 154, 160

Chaucer, Geoffrey, 177, 318

Cheston, Joan, 351

Chettle, Henry, 213, 215, 216, 228, 267

Chronicles of England, Scotland, and Ireland, The (Holinshed), 170, 197, 343

ciclos de mistérios, 193

Cina, 170

cítara, 73

Clapham, John, 231, 232

Cláudio (personagem de *Hamlet*), 137, 216, 309, 311, 314, 317

Cláudio (personagem de *Muito barulho por nada*), 135, 181

Cleópatra (personagem), 144, 148, 171, 251

Clink, 370

Cobham, sir John Oldcastle, lorde, 160, 222

Cobham, William Brook, lorde, 294, 316

Coke, sir Edward, 344

Colégio de Armas, 75, 77, 78, 80, 85; solicitação da família Shakespeare ao, 75, 76, 77, 78, 79, 80

Coleridge, Samuel Taylor, 251, 333

Collins, Francis, 394

Combe, Thomas, 395

Combe, William, 75, 391

comédia, 181, 302, 304; limite entre tragédia e, 30, 303; no desenvolvimento de Shakespeare, 303; problema, 136; romântica, 241, 285, 291

Comédia dos erros, A (Shakespeare), 24, 54, 80, 129, 130, 170, 209, 213, 281, 337; Plauto como fonte de, 24, 129

Como gostais (Shakespeare), 37, 55, 135, 178, 208, 274, 275, 296, 302; ceticismo sobre o amor em, 134, 135; temas pastorais em, 53, 62, 119, 304

Complô da Pólvora, 345, 347, 348, 358, 416

Condell, Henry, 16, 395

condestável, função pública do, 58

conselheiro municipal: John Shakespeare como, 59; jurisdição do, 59, 166, 183

Conselho Privado, 61, 105; Marlowe e o, 266, 273; questões religiosas e o, 94, 105, 161, 162, 346; teatro e o, 104, 184, 238

Conto das velhas senhoras (Peele), 204

Conto de inverno (Shakespeare), 29, 37, 53, 54, 55, 84, 85, 111, 118, 130, 132, 141, 145, 251, 297, 379, 380, 381, 394, 398

conventos, 93, 109, 136, 166, 282, 283

Cordélia (personagem), 37, 83, 335, 336, 364

Cordella (personagem), 335, 365

Corino (personagem), 55

Coríntios, Primeira Epístola aos, 32

Coriolano (personagem), 377

Coriolano (Shakespeare), 125, 171, 195, 302
coro (em *Henrique V*), 316
Corpus Christi College: Cambridge, 194; Oxford, 396
Corpus Christi, *pageants* de, 34
Costard (personagem), 122, 264
costumes populares, 29, 36, 37, 38, 49
Cottam, John, 97, 98, 99, 102
Cottam, Thomas, 97, 98, 99, 100, 114, 116
Coventry, 33, 34, 40, 41, 42, 47, 93, 160, 162
Cox, capitão, 41
Cradle of Security, The ver *Berço da segurança, O*
Cranmer, Thomas, 91
crianças, taxa de mortalidade de, 295
Cripplegate, 164, 299, 370
Cristianismo: bruxaria e, 352; judeus e o, 265; na educação, 22; *ver também* católicos, catolicismo; protestantes, protestantismo
Cromer, sir James (personagem), 173
Cross Keys, estalagem de, 186
Curtain Theater, 186, 191, 202, 297

Da abundância (Erasmo), 20
Daemonologie (Jaime I), 350, 352
dança, 73, 74, 75, 177
Dante Alighieri, 128
Darcy, Brian, 351, 352
Davenant, Jane, 338
Davenant, John, 338
Davenant, Robert, 338
Davenant, William, 338
Davies, Richard, 151, 396
Day, William, 114
Debdale, Robert, 96, 97, 98, 116, 117
Dekker, Thomas, 168, 179, 267
Demétrio (personagem), 134
Derby, Henry Stanley, lorde Strange, conde de, 104
Descoberta da bruxaria, A (Scot), 360
Desdêmona (personagem), 30, 126, 132, 181, 251, 332, 333
Desgraça do gênio e a loucura do mundo, A (Lodge), 216
Dethick, sir William, 78, 79, 80

Devereux, Penelope, 129
Dez razões (Campion), 107, 113, 114
Dickens, Charles, 88
Dinamarca, 65, 300, 302, 311, 318, 341, 353, 354, 372
dinamarqueses, 33, 41, 42
divórcio, literatura a favor do, 128
Dois cavalheiros de Verona, Os (Shakespeare), 21, 118, 213, 263, 276
Dois nobres parentes, Os (Shakespeare), 378, 381, 411
Dom João, o Bastardo (personagem), 181
Dom Quixote, 378
Domesday Book, 56, 85
dominicanos, 359, 375
Donati, Gemma, 128
Donne, John, 147, 148, 175, 208, 337
Douai, Universidade de, 16, 96
Doutor Fausto (Marlowe), 261
Dover, 97, 164, 374
Drayton, Michael, 396
Dulwich College, 192
Duncan (personagem), 342, 345, 361
Duncane, Geillis, 354, 355, 359, 363
Durham, bispos de, 165
Dyos, Roger, 93
Dyrmonth, Adam, 15

É tudo verdade ver *Henrique VIII*
Edgar (personagem), 115, 167, 364, 366
Edgeworth, Roger, 95
Edimburgo, 353
Edmund (personagem), 30, 364, 365, 366
Edstone, 158
Eduardo I, rei da Inglaterra, 262
Eduardo II (Marlowe), 208, 260
Eduardo VI, rei da Inglaterra, 21, 89, 91, 321
educação: de Shakespeare, 16, 17, 22, 23, 24, 52, 62, 64, 72, 96, 102, 172, 209; mulheres excluídas da, 22, 23, 24
Egeu (personagem), 126
Elizabeth I, rainha da Inglaterra, 9, 21, 61, 165, 230, 294, 317, 339, 340, 341, 375; arena de ursos apadrinhada por, 178; como "espetáculo", 42; como protestante,

60, 91, 92, 93, 96, 321; conhecimento de latim de, 20; cortejos reais de, 39, 40, 41, 42, 43, 45, 46, 47, 48, 58; culto da virgindade, 45, 258; e o perdão pelo assassinato de Marlowe, 273; Essex e, 278, 315, 316; Falstaff admirado por, 224; incitamento do papa contra, 92, 98, 99, 106, 113, 158; inseguranças de, 189; Lucy favorecido por, 154, 160; Maria, rainha da Escócia, condenada por, 340; morte de, 336; o caso Lopez e, 278, 279, 280, 281, 282, 291; peças censuradas por, 346, 348; serviço de informações de, 272; teatro apoiado por, 26, 188, 203; tentativas de assassinato contra, 162, 273, 299

Ensaios (Montaigne), 229

Erasmo, 20

Escócia, 336, 340, 344, 347, 348, 349, 353, 354, 357, 377

escravidão, vagabundos submetidos a, 88

Esopo, 214

espada, manejo da, 72, 73, 74

Espanha, 68, 162, 262, 278, 279, 283, 291

espectadores sentados no palco, 376

Espelho para magistrados, Um (Baldwin), 196

espiões, 106, 107, 279, 313

Espírito e ciência, 28

Essex House, 278

Essex, conde de, 278, 315, 318

estalagens, 177, 185, 189, 208, 294

Estreito de Magalhães, 202

Eurípides, 203

Evans, sir Hugh (personagem), 63, 156

Exagerada, Senhora (personagem), 182

Falstaff (personagem), 37, 68, 216, 263, 264, 296; como figura paterna fracassada, 69, 70, 218, 219; Greene como modelo de, 217, 219, 220, 221, 222, 223, 224, 225, 227, 255; o Vício como modelo de, 30, 222; Oldcastle como modelo de, 222, 316

Famosas vitórias de Henrique V, As, 222

fantasmas: descrença dos protestantes em, 327; em *Hamlet*, 310, 311, 312, 314, 325, 327, 329

Faversham, 295

Fawkes, Guy, 343

Felton, John, 92

Feng (personagem), 309

Ferdinando (personagem), 143

Feridas da guerra civil, As (Lodge), 202

Feste (personagem), 54, 216

festivais sazonais, 34, 38

Field, Jacqueline Vautrollier, 195

Field, Richard, 194, 195, 243, 375

figurinos, 23, 25, 27, 33, 73, 74, 76, 185, 189, 205, 239, 277, 298, 339, 373, 389

Filhos da Capela Real, 299, 376

Filipe II, rei da Espanha, 162, 279

Finsbury Field, 177

First Folio, 16

Fitton, Mary, 235

Fletcher, John, 378, 381, 388

Floresta de Arden, 37

Florio, John, 188, 229, 410, 413

Flute, Francis (personagem), 49

Folguedos do Rei, 339

Fortune Theater, 191, 299

Foxe, John, 91, 160

França, 17, 96, 99, 109, 225, 269, 271, 273, 340, 370

Fripp, Edgar, 125, 400, 404, 405

Frizer, Ingram, 272, 273

"Funeral, O" (Donne), 147

funileiros, 33, 54

galerias, 184, 185, 186

Gales *ver* País de Gales

Garnet, Henry, 343, 344, 346

Gauguin, Paul, 163

gênios universitários, 202, 210, 211, 217, 218, 261, 300

Gênova, 91, 286, 288, 289

Geoffrey of Monmouth, 196

Gertrudes (personagem), 137, 216, 312, 314

Gerutha (personagem), 309

Gilborne, Samuel, 72, 73

Giovanni, Ser, 275, 276

Giraldi, Giambattista (Cinthio), 332

Globe Theater, 37, 191, 299, 337, 375, 376,

377, 388, 417; incêndio do, 388, 389; Novo, 298; reconstrução do, 391
Gloucester, 26, 27, 93
Gloucester (personagem de *Rei Lear*), 167, 180, 364, 366
Gloucester *ver* Ricardo III (Gloucester, personagem)
Goldingham, Harry, 46, 48
Goneril (personagem), 126, 364, 368
Gosson, Stephen, 187, 275, 410
Gowrie House, 348, 416
Gowrie, conde de, 347, 348
Granada, Luis de, 158, 160, 408
Gray, Joseph, 124
Gray's Inn, 114, 230
Graziano (personagem), 135, 284, 285
Great Stone Gate, 174
Greene, Doll, 205, 217, 221
Greene, Fortunatus, 206
Greene, Robert, 201, 204, 210, 220, 221, 255, 379; atores desprezados por, 205, 206, 207; automistificação de, 205, 206, 207; como modelo de Falstaff, 217, 219, 220, 221, 222, 223, 224, 225, 227, 255; doença e morte de, 211, 212, 221, 226, 386; memórias póstumas de, 213, 214, 215, 228, 272
Greene, Thomas, 391
Gregório XIII, papa, 99
Guilda da Santa Cruz, 21
Guildenstern, 312
Guilherme, o Conquistador, 57, 165
Gwinn, Matthew, 339, 341, 343, 355, 356, 357
Gyllome, Fulk, 103, 104

Hal, príncipe (personagem de *Henrique V*), 30, 37, 70, 217, 219, 220, 221, 225
Hall, Edward, 170, 196
Hall, Elizabeth, 387, 395
Hall, Hugh, 158, 159
Hall, John, 145, 387, 392, 393, 395, 398
Hamlet (personagem), 30, 54, 65, 69, 137, 138, 159, 216, 300, 309, 310, 311, 312, 314, 361, 371, 377; Burbage no papel de, 187; loucura assumida por, 314, 331, 361; peça de Kyd sobre, 204, 300, 301, 310, 325
Hamlet (Shakespeare), 30, 54, 137, 138, 204, 261, 300; duplicidade em, 102, 156; embriaguez em, 65; fantasma em, 309, 310, 311, 312, 314, 325, 327, 329; frenesi criativo iniciado com, 304, 331; morte de Hamnet e, 318, 319, 320, 327, 328, 329; opacidade estratégica em, 331, 361, 386; palavras novas em, 315; vida interior refletida em, 309, 310, 311, 312, 314, 325, 327
Hamlet, rei (personagem), 138, 309, 313, 314, 384
Harington, John, 349, 350
Harris, Richard, 158, 408
Harvey, Gabriel, 207, 209, 211, 215, 318
Hathaway, Anne *ver* Shakespeare, Anne Hathaway
Hathaway, Bartholomew, 117
Hathaway, Richard, 116, 117
Helena (personagem de *Sonho de uma noite de verão*), 136
Helena (personagem de *Tudo vai bem quando acaba bem*), 134
Heminges, John, 16, 104, 278, 299, 395
Henrique IV parte 1 (Shakespeare), 30, 38, 126, 127, 156, 219, 295; in-quarto edição de, 298
Henrique IV parte 2 (Shakespeare), 29, 68, 70, 216
Henrique V (Shakespeare), 64, 316, 318; Falstaff excluído de, 225
Henrique VI (personagem), 109
Henrique VI parte 1 (Shakespeare), 123, 196, 197, 199, 200, 202, 208, 210, 211, 213; influência de Marlowe sobre, 194, 198, 199, 260
Henrique VI parte 2 (Shakespeare), 38, 168, 170, 175, 196, 197, 202, 210; influência de Marlowe sobre, 194, 260
Henrique VI parte 3 (Shakespeare), 196, 197, 202, 210; influência de Marlowe sobre, 194, 198, 260, 261
Henrique VII, rei da Inglaterra, 80

Henrique VIII (Shakespeare), 43, 381, 411
Henrique VIII, rei da Inglaterra, 27, 40, 158, 178, 236, 341, 389; como protestante, 89, 93, 321
Henry, príncipe, 339
Henslowe, Philip, 183, 192, 278, 410
Herbert, William, 234
Herefordshire, 203
Hérmia (personagem), 126, 134
Hermíone (personagem), 130, 131, 132, 384
Hero (personagem), 135, 181
Hero e Leandro (Marlowe), 261
Hesketh, sir Thomas, 89, 103, 104, 105, 107
Heywood, Thomas, 267
Hicox, 75
Hipólita (personagem), 50
Historia regum Britanniae (Geoffrey of Monmouth), 196
Hock Tuesday, 33, 40, 41, 42, 47
Hoghton, Alexander, 89, 102, 103, 105
Hoghton, Richard, 105
Hoghton, Thomas, 103
Holinshed, Raphael, 170, 196, 197, 343
Holofernes (personagem), 20
Holywell, 184
Homens da Rainha, 25, 26, 27, 163, 196, 206, 222, 277, 334, 335, 408; possível adesão de Shakespeare a, 163, 164
Homens de Lorde Hunsdon *ver* Homens do Lorde Camerlengo
Homens do Conde de Derby, 277, 278
Homens do Conde de Essex, 162
Homens do Conde de Leicester, 27
Homens do Conde de Sussex, 277
Homens do Conde de Warwick, 27
Homens do Conde de Worcester, 25, 27
Homens do Conde Hertford, 277
Homens do Conde Pembroke, 277
Homens do Lorde Almirante, 191, 192, 202, 277
Homens do Lorde Camerlengo, 79, 104, 277, 278, 294, 299, 300, 317, 336, 375; Conspiração de Essex e os, 316, 317; "parceiros", 278, 299; textos de peças vendidos pelos, 297

Homens do Rei, 344, 347, 348, 349, 350, 355, 357, 361, 363, 376, 381, 389; espetáculos na corte dos, 336, 337, 341; tentativa de assassinato de Gowrie e os, 346, 347, 348, 349; turnês dos, 373, 374
homens selvagens, 36
homossexualidade, 144, 258; de Jaime I, 340; de Marlowe, 273; de Shakespeare *ver* Shakespeare, William, sexualidade de; na Inglaterra elisabetana, 257; nos sonetos, 235, 236, 237
Honigmann, Ernst, 102, 214, 405, 406, 407, 412, 414
Hooper, John, 93
Hope Theater, 183, 191
Hopton, sir Owen, 114
Horácio, 108
Horácio (personagem), 54, 65, 312, 349, 371
"hornbook", 21
Horwendil, rei (personagem), 309, 310
hóstia, elevação da, 90
Hotspur (Harry Percy, personagem), 126, 127
Houndsditch, 166
Howard de Effingham, Charles Howard, lorde, 277
huguenotes, 99
humor, 29, 66, 89, 121, 131, 219, 224, 270, 283
Hunsdon, George Carey, lorde, 294
Hunsdon, Henry Carey, lorde, 277, 294
Hunt, Simon, 16, 17, 96, 97, 102, 117
Hythe, 164

Iago, 30, 31, 180, 181, 332, 333, 361, 381
Idade Média, 23, 58, 265, 304, 359; especialistas em bruxas da, 359; teatro medieval, 34
Igreja Anglicana, 60, 89, 95, 99, 328
Igreja Holandesa, 266, 272
iluminação teatral, 185, 375
imperador de Constantinopla, O, 260
impressão, 196
"inferno", 185
Inglaterra de Jaime, arena de animais na, 179

Inglaterra dos Stuart, 366
Inglaterra dos Tudor, 366; distúrbios religiosos na, 89, 93; hierarquia social na, 209
Inglaterra elisabetana, 236, 237; apreço pela eloquência rebuscada na, 20; arenas de animais na, 178, 179; ausência de judeus na, 265, 266; caça clandestina na, 152; cidades na, 167; comércio internacional de livros na, 275; estrangeiros na, 266; expectativa de vida na, 364; grafia não uniforme de nomes na, 103; homossexualidade na, 257; leis de saúde pública na, 238; mães solteiras na, 122; morte no parto na, 133; sociedade hierarquizada na, 75; taxas de mortalidade infantil na, 295; teoria literária na, 303; vagabundagem na, 88
Inglaterra medieval, judeus expulsos da, 262, 269, 285
Innogen (Imogen, personagem), 167
Instituição da religião cristã (Calvino), 195
Interlúdio da juventude, O, 28, 30
Invencível Armada, 278
Irlanda, 38, 105, 315, 320, 340
Irmãs Menores, 166
Isabela (personagem), 109, 136
Isam, sr., 211
Isam, sra., 211, 212, 221
Itália, 229
Ithamore (personagem), 270, 272

Jaggard, William, 237
Jaime I, rei da Inglaterra, 9; ansiedades de, 340, 341, 344, 373; bruxas e o sobrenatural temidos por, 340, 349, 350, 351, 352, 353, 354, 355; caçadas de, 340, 347; casamento de *ver* Anne da Dinamarca, rainha da Inglaterra; como patrono do teatro, 337, 347, 373, 374; Complô da Pólvora contra, 343, 344, 345, 346, 347, 348, 358; em Oxford, 339, 340, 341; homossexualidade de, 340; *Macbeth* escrito para, 341, 342, 343; tentativa de assassinato em Gowrie, 347, 348

Jaime VI, rei da Escócia *ver* Jaime I, rei da Inglaterra
Jaques (personagem), 63
Jenkins, Thomas, 24, 96, 97, 101, 102
Jéssica (personagem), 133, 135, 276, 286, 287, 290
jesuítas, 96, 101, 106, 117, 157, 162, 280, 282, 323, 344, 406
Joana d'Arc (personagem), 109, 199
João de Gand (personagem), 263
Johnson, Samuel, 151
Jonson, Ben, 175, 190, 229, 295, 337, 396, 411; dramaturgia de, 64, 79, 167, 183, 260, 336; morte de Shakespeare e, 396; sobre Shakespeare, 15, 190
Joyce, James, 145, 401, 404
Judeu de Malta, O (Marlowe), 261, 267, 270, 272, 275, 283, 292; e a narrativa da conspiração de Lopez, 280, 282
judeus, 261, 262, 263, 264, 265, 266, 267, 269, 273, 275, 276, 277, 280, 286, 288, 293, 414; agiotagem praticada por, 265, 275, 276, 288; como antecessores espirituais do cristianismo, 265; conversão ao cristianismo de, 262, 270, 282, 285; imaginação inglesa e, 262, 264; insultos de Shakespeare aos, 263, 264, 269; na expulsão da Inglaterra, 262, 269, 285; ortodoxos, 288; secretos, 262; *ver também Judeu de Malta, O* (Marlowe); Lopez, Roderigo; *Mercador de Veneza, O* (Shakespeare)
Julgamento de Paris, O (Peele), 203
Julieta (personagem de *Medida por medida*), 142
Julieta (personagem de *Romeu e Julieta*), 53, 111, 121, 122, 148, 337, 378, 397
Júlio César (Shakespeare), 54, 127, 170, 195, 216, 299, 302, 304, 307, 315, 318, 330; no First Folio, 16; relato de testemunha de antiga montagem de, 299

Kate (personagem), 126
Kemp, Ursula, 351
Kempe, Will, 104, 278, 299
Kenilworth, 40, 41, 42, 43, 44, 45, 47, 48, 403

Kent, 295
King's New School, 21, 23, 24, 53, 63, 95, 98, 117; mestres-escola católicos na, 17, 94, 95, 96, 97, 101
Knell, William, 163
Kramer, Heinrich, 359, 360, 416
Kyd, Thomas, 201, 204, 266, 300, 301, 310; peça sobre Hamlet atribuída a, 204, 300, 301, 310, 325

lã, tráfico de, 62
Labirinto espanhol, O, 336
Laertes (personagem), 137, 317, 319
Lambert, Edmund, 59
Lamentável tragédia, plenamente mesclada com deliciosa alegria, que conta a vida de Cambises, rei da Pérsia, Uma (Preston), 49
Lancashire, 89, 95, 97, 98, 102, 103, 105, 107, 112, 113, 114, 117, 150, 175, 273, 319, 405
Lance (personagem), 263
Lancelote (personagem), 286
Langham (Laneham), Robert, 40, 41, 43, 403
Lanier, Emilia, 235
Lapworth, 101
latim, 20, 21, 22, 23, 24, 40, 55, 62, 63, 64, 71, 90, 107, 194, 195, 201, 204, 209, 210, 231, 302, 339, 402
Latimer, Hugh, 35, 93
Laura, 129
Lavínia (personagem), 180
Lear, rei (personagem), 37, 126, 133, 167, 334, 335, 336, 361, 364, 365, 366, 367, 368, 369, 382, 383, 397
Lei de Vadiagem (1604), 88
lei, na obra de Shakespeare, 71, 173
Leicester, 162, 374
Leicester, Robert Dudley, conde de: Campion e, 96, 113; e visita de Elizabeth a Kenilworth, 40, 41, 42, 43, 45, 46, 47
Leir, rei (personagem), 335, 365, 367
Leontes (personagem), 84, 130, 131, 132, 379, 380
Letra D, escrita manual de Shakespeare, 267, 289
"liberties", isenção legal das, 166

Lisandro (personagem), 134
Little Conduit, 91
Liverpool Street, estação da, 186
Livro Comum de Oração, 60, 90, 91, 99, 195
Livro da oração e da meditação (Granada), 158
Livro dos mártires (Foxe), 91, 160
Lodge, Thomas, 201, 202, 204, 208, 209, 213, 216, 300, 310
Londres, 24, 38, 49, 52, 67, 70, 72, 97, 100, 112, 124, 125, 145, 151, 157, 161, 168, 175, 179, 180, 182, 183, 184, 185, 188, 189, 191, 194, 201, 203, 207, 208, 210, 222, 229, 235, 239, 273, 276, 277, 279, 294, 295, 315, 316, 322, 337, 339, 346, 350, 353, 365, 370, 372, 388, 404, 409; "áreas de lazer" suburbanas, 177, 178, 179, 180, 181, 182, 183; campo e, 177; como palco de punições, 179, 180, 181; descrição de, 164, 165, 166, 167, 168, 170, 171, 172, 173, 174, 175; emigrantes em, 262, 370, 415; falta de força policial em, 298; multidões de, 170, 171; partida de Shakespeare de, 386, 388, 389; perigo de, 164; residências de Shakespeare em, 266, 299, 415; tamanho e geografia de, 164, 165, 167; teatro em, 183, 184, 185, 186, 187, 188, 189, 190, 375
Londres, ponte de, 159, 173, 174, 217, 252, 344, 358; cabeças de traidores na, 174, 252, 344, 358
Lopez, Roderigo (Ruy), 278, 279, 280, 281, 282, 284, 285, 286; origem judaica de, 279, 285, 291
Lourenço (personagem de *O mercador de Veneza*), 135, 276, 286
Lourenço, frei (personagem), 110, 121
Lúcio (personagem), 123, 136
Lucy, família, 93, 155
Lucy, sir Thomas, 58, 98, 101, 151, 152, 155, 157, 160, 161, 162, 163, 167, 407; atores mantidos por, 153, 160; como protestante militante, 160, 161, 162, 163, 323
Lucy, sir William, 156
Ludgate, 164

Lutero, Martinho, 93, 266
Lyly, John, 201

Macbeth (personagem), 137, 138, 139, 140, 179, 180, 345, 356, 357, 361, 378
Macbeth (Shakespeare), 138, 139, 140, 141, 179, 281, 302, 331, 341, 342, 343, 345, 346, 356, 357, 358, 360, 361, 362, 376, 381, 416; bruxas em, 341, 342, 353, 356, 357, 358, 359, 360, 361, 362; cena das batidas em, 344, 345; como reafirmação para Jaime, 341, 342, 343, 344, 357, 358; intimidade conjugal em, 138, 139, 140; no First Folio, 16; opacidade estratégica, 361, 362
Macbeth, lady (personagem), 139, 140, 345, 362
Macduff (personagem), 358, 362
Maidstone, 374
Mainwaring, Arthur, 391
Malcolm (personagem), 362
Malleus maleficarum, 359, 416
Malone, Edward, 100
Malvólio (personagem), 29, 66, 82, 83
Mamílio (personagem), 84
Mansfield, Mãe, 351
Maquiavel, Nicolau, 398
Margaret, rainha (personagem), 198
Maria (personagem), 82
Maria, rainha da Escócia, 105, 158, 162, 340
Maria, rainha da Inglaterra, 91, 93, 160
Mariana (personagem), 136
Marina (personagem), 126
Marlborough, 374
Marlowe, Christopher, 200, 204, 212, 213, 277, 301; como autor rival de sonetos, 235; como espião, 273; como rival de Shakespeare, 199, 208, 260, 272, 274, 275; e libelo da Igreja Holandesa, 266, 272; formação de, 194, 209; morte de, 212, 272, 273, 386; natureza irresponsável de, 192, 201, 215, 273; *O judeu de Malta*, 261, 267, 270, 272, 275, 280, 282, 283, 292; peças sobre Henrique VI influenciadas por, 194, 198, 199, 260, 261, 410; popularidade de, 194; *Tamerlão*, 191, 192, 193, 194, 196, 197, 198, 203, 208, 210, 216, 260, 261
marranos, 262
Marshalsea, prisão de: punições públicas na, 179
mascaradas, 64
mascates, 67, 87, 379
Massacre de Paris, O (Marlowe), 267
Mastro, 35
Medida por medida (Shakespeare), 30, 109, 123, 136, 137, 142, 177, 337, 370, 394
medo, transgressão e, 30
Megera domada, A (Shakespeare), 47, 54, 67, 118, 133, 135, 213
Menaphon (Greene), 204
mendigos, classificação dos, 88
Menecmos, Os (Plauto), 24
Mercador de Veneza, O (Shakespeare), 81, 135, 261, 270, 275, 276, 282, 284, 285, 289, 290, 291, 295, 303, 337; mal-estar e, 135, 283, 287, 288, 289, 290, 291, 293; reflexões sobre o caso Lopez em, 282, 284, 285, 291
Mercúcio (personagem), 54, 289, 290
Meres, Francis, 201
Metamorfose de Cila, A (Lodge), 204, 208
Middleton, Thomas, 168
Midlands, 33, 37, 39, 61, 89, 101, 163
Milton, John, 128
mímica, 36, 205
Miranda (personagem), 126
misoginia, 127, 258; em *Macbeth*, 362; em *Vênus e Adônis*, 246
missa, 89, 90, 94, 99, 105, 112
Monges Negros, 166, 375, 388
Montaigne, 229
moralidade, peças de, 27, 31, 49, 403; Shakespeare influenciado pelas, 29, 30, 31, 32, 222
More, sir Thomas, 216, 267, 268, 269, 272, 289, 321, 415
morris, dançarinos de, 36, 39
Mortimer, Edmund (personagem), 127
mosteiros, 89, 93, 166, 321, 375

Mote (personagem), 208
Mountjoy, Marie, 415
Muito barulho por nada (Shakespeare), 134, 135, 181, 251, 263, 296, 302
mulheres: alfabetização e as, 22, 124, 125; corrupção de, 187; desconfiança das, 362; inferioridade de gênero atribuída a, 257; morte ao dar à luz, 133; na peça da Hock Tuesday, 33, 41; perigo de viagem para, 87
Munday, Anthony, 267, 415
música, como entretenimento público, 177
musicais, instrumentos, 51, 73; estudo de Shakespeare de, 75, 150

"Narciso" (Clapham), 231, 232
Nashe, Thomas, 199, 201, 203, 204, 206, 208, 209, 211, 213, 218, 228, 229, 300, 318, 410; *Um vintém do espírito de Greene*, 213, 228
Natal, 36, 37, 38
Negro, Lucy, 235
Nerissa (personagem), 135
New Globe, 299
New Place, 125, 145, 337, 369, 370, 371, 372, 395
Nicklyn, Thomas, 42
Noite de Reis (Shakespeare), 29, 38, 43, 54, 66, 81, 104, 123, 135, 216, 229, 241, 302, 373
North Berwick, 353, 355
North, sir Thomas, 195
Northbrooke, John, 23, 24, 187, 410
Norwich, 204, 209
Notícias da Escócia, 353, 355
Novo Mundo, 382
Novo Testamento *ver* Bíblia
Nowell, Alexander, 114

Oberon (personagem), 44, 45
Ofélia (personagem), 216, 312, 319
Old Stratford, 372
Oldcastle, sir John (Lord Cobham), 160, 222, 316
Olívia (personagem), 83, 241
Orange, príncipe de, 158

Orgulho e preconceito (Austen), 133
Orlando (personagem), 53, 62, 126, 134, 135, 136, 378
Orlando Furioso (Greene), 206
Orsino (personagem), 123, 124, 135, 136, 229, 241
Ortelius, 194
Otelo (personagem), 30, 31, 181, 251, 333, 361, 377, 378, 379
Otelo (Shakespeare), 132, 141, 180, 302, 332, 333, 334, 335, 337; estratégica em, 331, 332, 334, 335, 361
Ovídio, 108, 237, 360
Oxford, 91, 93, 338, 339, 374
Oxford, conde de, 189
Oxford, Universidade de, 16, 23, 61, 62, 89, 96, 98, 106, 113, 158, 396; caça clandestina na, 152, 157; gênios universitários da, 201, 202, 203, 204, 209, 220; peças para o rei Jaime na, 339, 340, 341, 342, 349

paganismo, festas ligadas ao, 35
Page, sra. (personagem), 63
País de Gales, 167
Países Baixos, 72, 370
palco, estrutura do, 184
Pandosto (Greene), 208
"panos pintados", como sinal de cultura, 57
papel, custo do, 22, 53
Paraíso perdido (Milton), 128
Park Hall, 57, 74, 75, 85, 158
Parlamento, 99, 152, 161, 162, 165, 340, 346
Paroles (personagem), 222, 223
Parry, William, 162
Parsons, William, 61, 62, 97, 101, 105, 113, 117, 406
Páscoa, *pageants* públicos da, 33
Patrício, são, 320, 326
patrulhamento social, 79
Paulina (personagem), 379, 380, 381
Paulo, são, 32
Peça do Prefeito, 25
Pecarone, Il (Giovanni), 275
peças: anticatólicas, 90; cômicas *ver* comédia; como espetáculo, 39, 40, 41, 42, 43, 45,

46, 47; de gabinete, 9; de mistério, 34, 193; de moralidade, 27, 29, 30, 31, 32, 49, 222, 403; justificativas para, 41; latim, 23; mascaradas, 64; medievais, 34; missa comparada a, 90; rolos de, 301; romanas, 64; tradicionais, 33, 34, 35, 36, 37, 38, 39; trágicas *ver* tragédia; turnês e demanda de, 189, 190

peças históricas, 38, 109, 110, 112, 168, 170, 171, 208, 224, 260, 269, 343; limite entre tragédia e, 302, 303; no desenvolvimento de Shakespeare, 304

Peele, George, 201, 203, 204, 208, 209, 213, 216

Pembroke, William Herbert, conde de, 234

Pentecostes, 35, 107

Percy, Harry (Hotspur, personagem), 126, 127

Percy, Kate (personagem), 126, 127, 129

Perdita (personagem), 37, 167

Peregrino passional, O, 237

Péricles (personagem), 126, 167

Péricles (Shakespeare), 377, 398, 411

Perlin, Etienne, 174

peste *ver* bubônica, peste

Peto (personagem), 263

Petrarca, 128, 201

Petruchio (personagem), 54

Phillipps, sir Thomas, 119

Phillips, Augustine, 72, 74, 104, 278, 299, 317

Pio v, papa, 92

Pistola (personagem), 216, 225

Platter, Thomas, 299

Plauto, 23, 24, 118, 129

Plume, Thomas, 65

Plutarco, 195

Pobre Tom (personagem), 19, 365

pobres, educação vedada aos, 22

poemas de amor, pseudônimos usados em, 235

poetas, insistência dos dramaturgos em ser chamados de, 200, 211

Poley, Robert, 272, 273

Polônio (personagem), 137, 138, 216, 312

ponte de Londres *ver* Londres, ponte de

Pope, Thomas, 104, 278, 299

Pórcia (personagem de *Júlio César*), 127, 129

Pórcia (personagem de *O mercador de Veneza*), 135, 291

Porta dos Traidores, 165

Portinari, Beatrice, 128

portugueses, 262, 280

Praga, 96, 109

prefeito, jurisdição do, 166, 183

Preston, Thomas, 49

Primeiro de Maio, 37, 47

privacidade, raridade da, 177

proclamas, 119

Profecia do mascate, A, 260

Próspero (personagem), 126, 133, 143, 381, 382, 383, 384, 385, 391, 394; como *alter ego* de Shakespeare, 381, 382, 383, 384, 385, 390, 391, 398

protestantes, protestantismo, 60, 89, 93, 282; descrença em fantasmas, 327; descrença no purgatório pelos, 321, 322, 326; destruição da decoração da igreja pelos, 90; Elizabeth I como, 60, 91, 92, 93, 96, 321; em Stratford, 89, 93, 94; execuções de Maria, 91; exigência de frequência à igreja pelos, 60, 328; família Hathaway como, 116, 117; formas de culto católico atacadas pelos, 89, 90; Henrique VIII como, 89, 93, 321; Homens da Rainha como propagandistas dos, 163; hostilidade aos *pageants* tradicionais pelos, 34, 40, 41; judaísmo e, 266; mosteiros destruídos pelos, 89; na Irlanda, 105; padres como traidores dos, 98; peregrinações impedidas pelos, 87, 89; salvação somente pela fé para os, 89; serviço fúnebre dos, 319, 320, 322, 328; teatro como alvo dos, 186, 187, 188

Puck (personagem), 31, 32, 44, 45

Puddle Wharf, 388

pugilato, 178

purgatório, 92, 319, 320, 321, 322, 326, 328

puritanos, 26, 117, 179, 238

Puttenham, George, 38

quaresma, 26, 393

Quickly, sra. (personagem), 64, 221, 225

433

Quince, Peter (personagem), 32, 49
Quiney, Richard, 276
Quiney, Thomas, 393, 394, 395, 396

rabeca, 72, 73
Rabelais, 209, 220
Rainha das fadas, A (Spenser), 334
Rainolds, John, 23, 24
Ralegh, sir Walter, 72, 105, 165, 208, 235, 315
Ramsay, John, 347
Rapto de Lucrécia, O (Shakespeare), 15, 57, 243, 249, 260
Rasga-Lençóis, Doll (personagem), 29, 182, 217
Red Bull Theater, 191
Red Lion, 184
Reforma, 90, 91, 95, 101, 160, 161, 165, 166, 328
Regan (personagem), 364, 368
Rei João (Shakespeare), 110, 295, 296
Rei Lear (Shakespeare), 19, 30, 37, 73, 83, 115, 126, 164, 180, 302, 331, 365, 366, 369, 370, 373, 377, 383, 402; aposentadoria em, 133, 366, 367, 368, 369, 377, 382; como reflexão sobre a velhice, 364, 368; opacidade estratégica em, 334, 335, 336, 361
"Relíquia, A" (Donne), 148
Renascimento, 184, 382; feitiços no, 359; lei e costume no, 368
Replingham, William, 391
Restauração, 338
restrição, fechamento dos teatros como, 294
Revolta dos Camponeses (1381), 170
Ricardo II (personagem), 306, 307
Ricardo II (Shakespeare), 260, 303, 306, 307, 317, 318, 330; edição em in-quarto de, 298
Ricardo III (Gloucester, personagem), 29, 30, 126, 180, 304, 305, 306, 381
Ricardo III (Shakespeare), 47, 213, 281, 303, 305, 318, 330; edição em in-quarto de, 298
Richard (personagem de *Henrique VI parte 3*), 197
rinha de galos, como entretenimento público, 177

Robin Hood, 35, 36, 37
Robinson, John, 388
Rochester, 65
Rogers, Philip, 371
romanças, no desenvolvimento de Shakespeare, 304
romanos, 164, 171, 343, 396, 397
Romeu (personagem), 53, 54, 111, 121, 122, 142, 148
Romeu e Julieta (Shakespeare), 50, 110, 111, 121, 142, 289, 302, 304, 330, 331, 397
Rosalind (Lodge), 202, 208
Rosalinda (personagem), 126, 134, 135, 136, 167, 378
Rose Theater, 191, 278, 298, 299
Rosencrantz (personagem), 300, 312, 313
roupas, restrições sociais sobre as, 76
Rowe, Nicholas, 62, 151, 155, 329
Rufford, 89
Russell, Thomas, 395
Ruthland, conde de, 229
Rychardson, John, 122, 124

Saco de novidades, Um, 260
Sadler, Hamnet, 318
Sadler, Judith, 318
Saffron Walden, 374
Salério (personagem), 284, 285, 286, 291
Salisbury, conde de, 346
Sampson, Agnes, 354
Sandells, Fulke, 122, 124
Sander, Nicholas, 105
Sands, James, 72, 73
Santa Maria, Igreja de, 113
Santíssima Trindade, Igreja da (Stratford), 295, 319, 395
Santíssima Trindade, priorado da, 166
São Bartolomeu, massacre da noite de, 415
São Magno, praça de, 173
São Paulo, catedral de, 114, 165, 195; estandes no pátio da, 195
São Paulo, cemitério de, 344
Saunders, Laurence, 93
Saxo, o Gramático, 309, 311
Saye, Lord (personagem), 172, 173

Schoenbaum, Samuel, 154, 399, 401, 407
Scot, Reginald, 360, 416
Sebastião (personagem), 81, 82
Sêneca, 108
Senhor do Desgoverno, 36
Senior, Duke (personagem), 37
Shakeshafte, William, 103, 406
Shakespeare apaixonado (filme), 13, 401
Shakespeare, Anne (irmã), 295
Shakespeare, Anne Hathaway, 117, 118, 119, 146, 322, 407; abandonada em Stratford, 124, 125, 144, 145; gravidez de, 119, 120, 122; incompatibilidade com Shakespeare, 128, 142, 144, 145, 146, 147, 148, 149, 258, 259; independência de, 118; lápide de Shakespeare e, 149; mais velha que Shakespeare, 116, 120, 393; mínimo legado de Shakespeare a, 146, 147, 148, 388, 394, 398; namoro e casamento de Shakespeare com, 116, 117, 119, 120, 128
Shakespeare, Edmund, 64, 78, 150, 365, 369
Shakespeare, Gilbert, 64, 78, 150, 369, 391
Shakespeare, Hamnet, 72, 124, 125, 162, 163, 167, 209, 238; morte de, 125, 146, 294, 295, 296, 297, 318, 322, 323, 324, 327, 328, 329, 336, 337, 386
Shakespeare, Joan, 78, 93, 150, 369, 391, 395
Shakespeare, John: agricultura e investimentos em terras de, 55, 56, 59; alfabetização parcial de, 21; ascensão social de, 58, 74, 75, 101; como agiota, 56, 276; como funcionário municipal, 21, 26, 27, 40, 57, 58, 59, 60, 77, 78, 79, 80, 161; como luveiro, 57, 65, 76, 78, 150, 167, 170; como traficante de lã, 54, 55, 61, 80, 167; cota de armas desejada por, 77; declínio financeiro de, 58, 59, 60, 61, 62, 66, 67, 69, 70, 75, 77, 80, 85, 120, 152, 167, 369, 370; duplicidade católico-protestante, 101, 102, 113, 161, 323; intimação para comparecer perante a alta corte de justiça, 61, 62; morte de, 319, 324, 328, 329, 364; reforma protestante e serviço público de, 94, 95, 96, 99, 100, 101; suspeito de alcoolismo, 66, 67, 69, 70, 78; "testamento espiritual" católico assinado por, 100, 101, 323, 324, 328
Shakespeare, Judith, 72, 124, 125, 154, 162, 163, 167, 209, 238, 318, 337, 364, 369, 370, 387; casamento de, 396; *ver também* Quiney, Thomas; e o testamento de Shakespeare, 145, 146, 394, 395, 398
Shakespeare, Mary: como católica, 100, 101, 118, 161, 322, 323; como herdeira, 57, 60, 80, 85, 369; família Arden e, 56, 57, 74, 158, 161; morte de, 133, 377
Shakespeare, Richard, 65, 78, 150, 365, 369, 391
Shakespeare, Susanna, 72, 116, 119, 124, 125, 150, 154, 162, 163, 167, 209, 238, 322, 337, 364, 370; casamento de, 377; *ver também* Hall, John; como herdeira e inventariante de Shakespeare, 145, 146, 175, 394, 395, 398; relação de Shakespeare com, 369, 387, 398
Shakespeare, William: afirmação de Davenant de que era filho ilegítimo de, 338; agiotagem praticada por, 276; anos perdidos de, 52, 71, 72, 87, 88, 150, 154; aposentadoria em Stratford de, 145, 146, 147, 148, 149, 210, 386; ataques a, 204; atitude em relação à autoridade, 153; atores de Lancashire e, 103, 104, 105, 150; batismo e data de nascimento de, 16, 93; biografias de, 10, 56, 62, 152, 154, 250, 329; Campion e, 107, 108, 109, 110, 111, 112, 113, 114, 115, 116; casa em Blackfriars de, 388, 395; casamento de *ver* Shakespeare, Anne Hathaway; caso de caça clandestina, 151, 152, 153; catolicismo e, 89, 103, 107, 108, 113, 114, 115, 150, 159, 162, 163, 324, 325, 327, 328, 396; cercamentos não denunciados por, 391; como "Shakeshafte", 103, 113; como ator, 52, 192, 252, 329, 330, 373; como boa companhia, 69, 208; como cavalheiro, 38, 75, 77, 78, 79, 80, 85, 150, 205, 387, 396; como "Corvo arrivista", 214, 228; como diretor de teatro, 373; como dramaturgo, 52, 60, 67, 252, 260, 374; como escreven-

te de advogado, 71, 150, 154; como Letra D, 267; como mestre da contradição, 156; como professor, 89, 102, 150; como provinciano, 209, 210, 211; como sócio da companhia teatral, 278, 298, 373, 389; como sócio do Blackfriars Theater, 376; como sócio do Globe, 298, 376, 389; como trabalhador esforçado, 370; companhia teatral dirigida por, 210, 211; conhecimentos de direito de, 71, 372; crenças religosas de, 102, 112, 116, 327, 328, 385, 396, 397; educação de, 16, 17, 22, 23, 24, 52, 62, 64, 72, 96, 102, 172, 209; em Lancashire, 89, 102, 112, 175, 319; em processos judiciais, 370, 371, 372; evasão de impostos de, 370; facilidade para escrever de, 190; fama em sua época de, 15; Field como fonte de livros para, 194; filhos de, 72; frugalidade de, 370; impacto de *Tamerlão* sobre, 191, 192, 193, 194, 195, 196, 197, 198, 199; investimentos imobiliários de, 56, 156, 337; latim estudado por, 20, 21, 62; leituras de, 196; limites desafiados por, 303, 304; memória de, 301; morte de, 393, 395, 396; na luvaria do pai, 53, 54, 64, 150, 167, 170; natureza moralmente conservadora de, 210; New Place, casa de, 125, 145, 337, 369, 370, 371, 372, 395; no papel do fantasma em *Hamlet*, 329; nos Homens do Lorde Camerlengo, 79; opiniões pessoais sem registro de, 175; patronato e, 243, 260; possível adesão aos Homens da Rainha de, 163, 164; primeiros contatos com o teatro de, 23; probidade e responsabilidade financeira de, 210, 211; processo de criação de, 289; projeto de aposentadoria de, 364, 369, 377, 378; raízes campestres de, 55, 56, 209, 210, 351; residências em Londres de, 299, 370, 415; riqueza de, 337, 372, 373; sepultura de, 149, 395, 396; sexualidade de, 25, 118, 144, 235, 241, 257, 258, 259, 386, 414; sobriedade de, 69; testamento de, 145, 146, 147, 148, 390, 394, 395, 398; vasto vocabulário de, 71,

210; venda de malte em Stratford de, 371; vida privada, 145

Shakespeare, William, peças: atitudes em relação ao casamento nas, 120, 121, 122, 123, 125, 145; castidade nas, 142, 143, 394; civilidade nas, 45; colaboração nas, 196, 199, 202, 208, 377, 378, 381, 388, 411; comédia, 213; conhecimento de leis mostrado nas, 71; cultura popular nas, 29, 36, 37, 38, 49; desejo nas, 143; embriaguez nas, 65; excisão radical nas, 379; execuções nas, 280; falta de interesse do autor na publicação das, 196; falta de religiosidade nas, 32; falta de um padrão nítido de desenvolvimento artístico nas, 303; família nas, 126; flerte e romance nas, 118, 119; fontes das, 11; formação cultural usada e transformada nas, 168, 170, 351; heroísmo nas, 110; humor nas, 29; imagens de lã nas, 54; imagens de luvas e couro nas, 53, 54, 169; influência de *Tamerlão* nas, 191; linguagem religosa e, 91; linguajar e piadas obscenos nas, 63; opacidade estratégica nas, 331, 334, 335, 336, 361, 386; peças escritas como ator e não por um poeta, 211; personagens das, 29, 30, 31, 32; primeiras, sobre história inglesa, 112; problemas das comédias de, 136; publicação das, 16, 298; santos e ideólogos nas, 109; subjetividade nas, 305; subversão em ação nas, 45; teatro londrino e oportunidade para, 189, 190; tema da reabilitação nas, 80; toque de realidade nas, 11; tragédia, 202, 213; violência de massas nas, 170, 171; *ver também as peças individualmente*

Shakespeare, William, poemas de, 10, 53, 144, 231, 244; na lápide, 149; sonetos de *ver* sonetos de Shakespeare; suposta balada de Lucy de, 151, 153; *ver também O rapto de Lucrécia; Vênus e Adônis*

Shake-speares Sonnets, 234, 236

Shallow, juiz (personagem), 155, 157

Shoreditch, 184, 201, 207, 278, 297, 298, 370

Shottery, 96, 97, 116, 117, 124, 351, 372

Shylock (personagem), 133, 135, 261, 262, 275, 276, 277, 284, 285, 286, 287, 288, 289, 290, 291, 292
Sidney, sir Philip, 129, 189, 235, 236, 237, 303, 366
Sileno, 220
Sir Thomas More (Shakespeare et al.), 267, 269, 272, 289, 415
Skeres, Nicholas, 272, 273
Sledd, 97
Slender (personagem), 134, 155, 178
Sly, Christopher (personagem), 67, 80
Sly, Stephen, 67
Smith, sir Thomas, 76
Smithfield, 179
Snitterfield, 56, 57, 59, 351
Snout, Tom (personagem), 49
Snug, o Marceneiro (personagem), 48, 49
Sobre os judeus e suas mentiras (Lutero), 266
sócios, 16, 186, 194, 376
sodomia, proibição da, 257
Sófocles, 201
Solânio (personagem), 284, 285, 286, 291
solilóquios, vida íntima revelada em, 305
Somerville, John, 158, 159, 160, 161, 175, 408
sonetos: como prática aristocrática, 252; de Sidney, 235, 237; de Watson, 201, 208; de Wyatt e Surrey, 201
sonetos de Shakespeare: amor do poeta pela juventude nos, 235, 242, 249, 250, 252, 253, 254, 255, 256, 258, 259; autoidentificação nos, 235; imagem da procriação nos, 232, 243; mudança do jovem para a mulher escura nos, 251; mulher escura nos, 235, 251, 252, 258, 259; natureza transparente dos, 236; número 1, 232; número 10, 239, 254; número 106, 242; número 110, 253; número 111, 253; número 116, 259; número 120, 250; número 127, 250; número 129, 259; número 135, 235; número 138, 250, 251, 252; número 145, 259; número 147, 259; número 15, 239; número 151, 259; número 152, 259; número 17, 240; número 18, 240; número 19, 242; número 20, 257; número 27, 242; número 3, 232; número 37, 254; número 4, 233; número 42, 249; número 48, 242; número 53, 242; número 55, 242; número 60, 242; número 62, 255; número 63, 242; número 71, 255; número 73, 256; número 81, 242; número 82, 242; número 98, 242; poeta rival nos, 235, 252; primeiras edições dos, 234, 235, 236, 237
Sonho de uma noite de verão (Shakespeare), 31, 37, 45, 46, 47, 48, 49, 50, 54, 85, 111, 133, 134, 245, 302, 304, 331, 381, 386; entretenimentos de Kenilworth como influência sobre, 44, 45, 46, 47, 48, 49, 50
Southampton, Henry Wriothesley, conde de, 165, 229, 234, 243, 315
Southwark, 174, 177, 182, 183, 201, 207, 238, 298, 299, 409
Spenser, Edmund, 208, 235, 257, 258, 334
Sprenger, James, 359, 360, 416
St. John's College, Cambridge, 209
St. John's College, Oxford, 96, 339, 341, 355
Starveling, Robin (personagem), 49
Stationer's Company, 195
Stepney, 184
Stow, John, 165, 166, 167, 190, 408
Strange, Ferdinando Stanley, lorde, 104
Strange, Henry Stanley, conde de Derby, lorde, 104
Stratford Corporation, 276, 391
Stratford-upon-Avon: aposentadoria de Shakespeare em, 145, 146, 147, 148, 149, 210; bolsas de estudos dadas pela municipalidade de, 22; cercamento de terras perto de, 391; companhias teatrais visitantes em, 25, 26, 27, 162; conselho municipal de, 95, 96, 97; escola primária gratuita em, 16, 17, 21, 22, 23, 24, 53, 62, 97; incêndio em, 61; palco na prefeitura de, 33; partida de Shakespeare de, 150, 151, 152, 153, 154, 156, 157, 158, 159, 160, 161, 162, 163, 164, 210; peste bubô-

nica em, 93; prefeitura de, 21; protestantismo em, 89, 90, 93, 94; punições públicas em, 179; simpatizantes católicos em, 95, 96, 97; tamanho de, 55; visitas de Shakespeare a, 295, 319, 337, 377
Streete, Peter, 298
Stuart, dinastia, 179
Stubbes, Philip, 35, 36
Sturley, Abraham, 61, 276, 372
Sturley, Henry, 61
Sturley, Richard, 61
Surrey, 370
Surrey, conde de, 236
"suspensão deliberada da incredulidade", 252
Swan Theater, 191

Tabar Inn, 177
Taberna da Sereia, 69
tabernas, 29, 145, 170, 177, 189, 206, 217, 218, 220, 226, 301, 398; *ver também* estalagens
Talbot (personagem), 107, 198, 199
Tamerlão (Marlowe), 191, 193, 194, 196, 197, 198, 203, 208, 210, 260, 410
Tamerlão (personagem), 192, 193, 197, 198, 216, 261, 267, 410
Tâmisa, rio, 164, 165, 173, 177, 298
Tasso, 201
Taverne, adega, 338
teatro: ausência de eventos políticos contemporâneos no, 346, 347, 348; entrada no, 185, 186, 375; magia *versus* realidade, 50; popularidade do, 188
teatros: arquitetura dos, 185; ataques moralistas aos, 183, 187, 188, 294; espetáculos nos, 182; fechamento dos, 188, 238, 239, 243, 277, 294, 413; *ver também os teatros individualmente*
Tempestade, A (Shakespeare), 16, 84, 118, 167, 261, 381, 382, 383, 384, 387, 398; aposentadoria imaginada em, 379, 381, 382, 383, 384, 385, 386, 390; promoção da castidade em, 143, 394

Temple Grafton, 124, 407
Tempo (personagem), 29
Terêncio, 23
Teseu, 48, 50
textos de peças, 297, 389
Thame, 163
Theater, 184, 191, 297, 298, 375
Theatrum orbis terrarum (Ortelius), 194
Thomas Becket, santo, 94, 174
Thompson, Agnes, 353, 354
Thorpe, Thomas, 234
Thurlow, sra., 351
Tilney, Edmund, 267
Timão de Atenas (personagem), 83
Timão de Atenas (Shakespeare), 195, 411
tiro de pistola, como entretenimento público, 177
Titânia (personagem), 46
Tito Andrônico (Shakespeare), 30, 180, 208, 213, 302, 330, 411
Toby Arroto, sir, 29, 66, 69
Tolstói, Leon, 397
Torre de Londres, 281
Touchstone (personagem), 135, 274
Tower Hill, 179
Towne, John, 163
Trabalhos de amor perdidos (Shakespeare), 15, 20, 109, 208, 264, 304, 337; edição in-quarto de, 298
tragédia: limite entre comédia e, 30, 303; limite entre história e, 302, 303; no desenvolvimento de Shakespeare, 303
Tragédia de Gowrie, A, 348, 349
Tragédia espanhola, A (Kyd), 311
Trágica história do aleijado tártaro, A, 260
Tratado de enganação, Um (Garmet), 344
Três mulheres de Londres, 260
Tubal, 286, 288, 289, 290
Tudo vai bem quando acaba bem (Shakespeare), 123, 136, 137, 222, 370
Tudor, dinastia, 179, 196
Tudor, Maria *ver* Maria, rainha da Inglaterra
Turchill, 85

Tyburn, 98, 115, 179, 206, 281
Tyndale, William, 91
Tyrone, conde de, 315

Ulisses (Joyce), 145, 268, 401
União das duas nobres e ilustres famílias de Lancaster e York, A (Hall), 196
usura *ver* agiotagem

Vadiagem, Lei de (1604), 88
vagabundos, 25, 74, 88, 179, 375
Vautrollier, Thomas, 195, 196
Veneza, 265
Vênus (personagem), 71, 126, 244, 245, 246, 248
Vênus e Adônis (Shakespeare), 208, 243, 244, 246, 248, 249, 260, 318, 397, 413
Verdadeira crônica histórica do rei Leir, A, 334
Vernon, Elizabeth, 258
verso branco, 203; em *Tamerlão*, 192
Vertumnus (Gwinn), 339
vestimentas *ver* roupas
Viajante desventurado, O (Nashe), 204
Vicenzio, duque (personagem), 136
Vício, o, 29, 30, 31, 222
Vidas paralelas (Plutarco), 195
vinho, embriaguez e, 68
Vintém do espírito de Greene comprado por um milhão de arrependimento, Um, 213, 214, 216, 228, 243
Viola (personagem), 43, 82, 135, 136, 167, 241, 358
Virgílio, 108

Walpole, Henry, 115
Walsingham, Frances, 129
Walsingham, sir Francis, 273
Ward, John, 396
Warwick, 39
Warwick, cadeia de, 75
Warwick, conde de, 58, 95
Warwickshire, 56, 98, 101, 124, 151, 156, 157, 158, 160, 162, 193, 400, 404, 408
Watson, Thomas, 201, 203, 212
Westminster, abadia de, 91
Westminster, palácio de, 266
Whatley, Anne, 124, 407
Wheeler, Margaret, 393
Whitaker, William, 114
Whitechapel, 166
Whitehall, 165
Wilkins, George, 377
William (personagem), 63
Willis, 26, 27, 28
Wilmcote, 57, 59, 80, 351
Winchester, bispo de, 95
Wincot, 67, 68
Windsor, 114
Worcester, 124, 393
Worcester, Edwin Sandys, bispo de, 58, 119
Wyatt, sir Thomas, 201, 236

xerez, 38, 68, 69, 218

yeomen, 76, 404
York, 79
York, duque de (personagem), 38, 197

1ª EDIÇÃO [2011] 1 reimpressão

ESTA OBRA FOI COMPOSTA EM MINION PELO ESTÚDIO O.L.M./ FLAVIO PERALTA
E IMPRESSA EM OFSETE PELA PROL EDITORA GRÁFICA SOBRE PAPEL PÓLEN SOFT
DA SUZANO PAPEL E CELULOSE PARA A EDITORA SCHWARCZ EM ABRIL DE 2016